U0142017

文史哲學集成

傅璇琮 著

唐代科舉與文學

文史哲出版社 印行

國立中央圖書館出版品預行編目資料

唐代科舉與文學 / 傅璇琮著. -- 初版. -- 臺北市：文史哲，民83
面； 公分. -- (文史哲學集成；293)
ISBN 957-547-811-8(平裝)

1. 科舉 - 中國 - 唐(618-907) 2. 中國文學 - 歷史與批評 - 唐(618-907)

573.4414 82006694

文史哲學集成 293

唐代科舉與文學

著者：傅璇琮
出版者：文史哲出版社
登記證字號：行政院新聞局局版臺業字五三三七號
發行人：彭正雄
發行所：文史哲出版社
台北市羅斯福路一段七十二巷四號
郵撥〇五一二八八一二彭正雄帳戶
電話：三五一一〇二八
印刷者：文史哲出版社

實價新台幣六〇〇元

中華民國八十三年八月初版

本書經行政院新聞局同意出版字號爲新聞局局版臺陸字第一〇〇〇六一號

ISBN 957-547-811-8

出版說明

民國卅八年政府遷臺，與大陸幾近於隔絕有四十多年，其間雙方交流得最早，持續不斷，且逐漸累積的，可說是出版品。

大陸地區印行臺灣地區的出版品詳細情形，不易細講，不過由少而漸多，當是事實。而臺灣地區，在四十年初，已有書局印行大陸出版的圖書，其實就內容說，一直都很自我約束，不要說是在意識形態方面謹守分寸。就是在文字上稍涉違礙甚至遇有留在大陸學者的姓名，都自動加以刪改。近幾年，兩岸往來，建立制度，尺度也跟著放寬。而大陸所編印的圖書，無論是經整理過的古籍，或是新著，不但有較高的水準，而且每有新的資料，為研討、學習人文學科者所常需採用。所以出版漸多，不過各行其是，可說沒有章法。

近年兩岸又各訂辦法，保障各有關人士、機構的權益，合法的印行。本社一本出版學術專著的宗旨，現已出版過若干著述，今後還要慎選有助於文化教育的書籍，繼續促進兩岸出版品的交流。原來用簡化字排印的，改用正體字重排，並請作者再加校訂，以求完善。這一工作，敬請讀者不吝指教，以求不斷改進。

唐代科舉與文學　目錄

序

這本書把唐代的科舉與唐代的文學結合在一起，作爲研究的課題，是想嘗試運用一種方法。這種方法，就是試圖通過史學與文學的相互滲透或溝通，掇拾古人在歷史記載、文學描寫中的有關社會史料，作綜合的考察，來研究唐代士子（也就是那一時代的知識分子）的生活道路、思維方式和心理狀態，並努力重現當時部分的時代風貌和社會習俗，以作爲文化史整體研究的素材和前資。

巴爾扎克曾說：「我也許能夠寫出一部史學家們忘記寫的歷史，即風俗史。」①《人間喜劇》就是這樣一部內容豐贍的巨著。說它是一部歷史巨著，主要是這位藝術大師寫出了那個特定時期的整體形象，這整體形象包含了這個社會的思想史、情感史、風尙習俗，而這些又是通過生動形象的各種人物來體現的。

同樣，「十八世紀德國的狀況完全反映在康德的《實踐理性批判》中。」《實踐理性批判》是思維性極強的哲學著作，但十八世紀德國那種普魯士式的經濟和政治發展，通過思想的折光，在這本書上反映出來，而且反映得是那樣的完整和深刻。這也昭示我們，文化是一個整體，爲了把握一個時代，一個民族的歷史活動，需要從文學、歷史、哲學等等的著作中，以及遺存的文物群體中，作廣泛而細心的考察，把那些最足以說明生活特色的材料集中起來，並盡可能作立體交叉的研究，讓我們所研究的對象（不管是一個人、一群人，或是一個社會），站起來，活起來。使我們仿佛走進了那個時代，迎面所接觸的是那個社會所特有的色彩和音響。

如果說《歐根、奧涅金》是俄羅斯社會生活的「百科全書」的話，那麼，從詩歌反映現實的廣度和深度來說，杜甫的詩正是唐朝安史之亂前後幾十年生活的「百科全書」。在杜詩中，集中地出現了大唐帝國由盛到衰這一轉變時期社會生活的許多重要問題。杜詩描繪了這個社會的多樣而曲折的過程，充分地反映了這個過程的複雜性；而與此同時，詩人又把生活本身的豐富多樣的面貌，精細地描畫出來，使我們看到盛唐時代從通都大邑到鄉野鎮落各不相同的生活場景。杜詩被號稱為「詩史」，就是以其深邃的歷史內容和多彩的世態人情所獲得的。李商隱生活在與杜甫不同的年代，那是一個「夕陽無限好，只是近黃昏」，使人眷戀而又充滿失望的年代。李商隱的詩充分發展了主觀抒情的特點，但我們通過他那瑰麗奇偉而又帶有濃厚感傷情調的詩句，可以真切地感受到政治鬥爭的脈搏。中晚唐腐朽勢力的猖獗，革新派的被扼殺，唐朝廷的一蹶不振，腐敗的風氣彌滿朝野，是李商隱悲劇的根源。作為李商隱沉博綺麗而又撲朔迷離的富有悲劇色彩的詩歌的背景，正是大唐帝國在激烈的自我鬥爭中從腐敗走向滅亡的歷史。在同時代找不到任何一部歷史著作，能夠像玉溪生詩集所揭櫫的那樣，使人們可以從中感受到時代情緒的真諦。

從研究一個作家、學者，或者政治人物著手，來展示一個時代，已經成為許多著作者所採用的方線索，把一些零散的社會現象和人物行跡串連起來，使內容的覆蓋面更大一些呢？

鑑於社會是在不斷的發展，社會生活又是如此的紛繁多彩，研究方式也應有所更新，要善於從經濟、政治與文化的相互關係中把握住恰當的中介環節。

由此，我想到了科舉制度。科舉制度產生於七世紀初，一直存在到二十世紀的頭幾年，足有一千三百年的歷史。有哪一項政治文化制度像科舉制度那樣，在中國歷史上，如此長久地影響知識分子的生活道路、思想面貌和感情形態呢？讀過《儒林外史》的人，難以忘卻周進這個老童生。他受了大半輩子屈辱，後來跟隨一些買賣人到貢院觀看，一陣心酸，一頭撞在號板上，不省人事。往前推七、八百年，我們看唐代人的一則記載：

> 苗給事子纘應舉次，而給事以中風語澀，而心中至切。臨試，又疾亟。纘乃爲狀，請許入試否。給事猶能把筆，淡墨爲書曰：「入！入！」其父子之情切如此。（《劉賓客嘉話錄》）

這眞是一則傳神的小品。苗給事爲苗粲，是個老練世故的官僚，在官場中混了許多年。他懂得科舉入仕對保持門風家世是何等的重要，因此即使得了中風病，連話也說不出來，但一聽說兒子要進考，就急忙叫人給他一支筆，淡墨寫了兩個「入」字。有其父乃有其子，苗粲的兒子也顧不得侍奉病情危急的老父親，趕緊入圍應試。苗粲與周進，時代不同，身分地位不同，但他們的精神狀態與思維方式卻又何其相似！

不妨再舉一例。北宋初年人錢易，寫了一部名爲《南部新書》的筆記，多記中晚唐情事，其中有一則說：

杜羔妻柳氏，善爲詩。羔屢舉不第，將至家，妻先寄詩與之曰：「良人的有奇才，何事年年被放回。如今妾面羞君面，君若來時近夜來。」羔見詩，即時回去。（丁卷）

看來這位「善爲詩」的柳氏，眞是酸腐得厲害。在她眼中，丈夫的才奇不奇，是以是否及第爲標準的。這不禁使人想起了《儒林外史》第十一回所寫的魯小姐。這位小姐自幼稟承庭訓，把八股制藝一套弄得很熟，不想招來一個女婿蘧公孫卻是自命風流的名士，不把舉業放在心上。家裡人見她平時「愁眉淚眼，長呼短嘆」，就勸她，說這位姑爺眞是「少年名士」，不想她卻說：「自古及今，幾曾看見不會中進士的人可以叫做個名士的。」這眞是既可悲可嘆，又令人忍俊不禁。

唐代人有時不免帶著浪漫主義的情調來稱頌進士試，他們把進士及第比爲登龍門，說一個讀書人登科後，「十數年間」就能「擬跡廟堂」，「臺閣清選，莫不由茲」。張籍所謂「二十八人初上第，百千萬里盡傳名」，這是說一旦金榜題名，就能名揚天下。而孟郊的「春風得意馬蹄疾，一日看遍長安花」，則是寫寒士中舉後的喜悅心情。但是在這些得意、喜悅的背後，卻不知道有多少屢試不第的悲酸，請看貧寒士人夫妻的遭遇：

公乘億，魏人也，以辭賦著名。咸通十三年，垂三十舉矣。嘗大病，鄉人誤傳已死，其妻自河北來迎喪。會億送客至坡下，遇其妻。始，夫妻闊別積十餘歲，億時在馬上見一婦人，粗衰跨驢，依稀與妻類，因睨之不已。妻亦如是，乃令人詰之，果億也。億與之相持而泣，路人皆異

之。（《唐摭言》卷八）

這是極有代表性的唐代進士考試中的悲劇，這種悲劇對於一些出身貧寒的讀書人來說，並非絕無僅有。而以往這類具有典型意義的材料，卻多被忽視。

唐代進士科所取的人數，前後期有所不同，但大致在三十人左右。據唐宋人的統計，錄取的名額約占考試人數的百分之二、三。明經科較多，約一百人到二百人之間。進士、明經加起來，也不過占考試者總人數的十分之一。可以想見，風塵僕僕奔波於長安道上的，絕大部分是落第者。公乘億考了將近三十次，還有的則是終生不第。這種落第的失望與悲哀，屢見於唐人的詩文中。韓愈在回憶屢試不利、困居長安時，發出了極爲沉痛的嘆息：

當時行之不覺也，今而思之，如痛定之人思當痛之時，不知何能自處也。（《與李翺書》）

五代人王定保說：「三百年來，科第之設，草澤望之起家，簪紱望之繼世。孤寒失之，其族餒矣，世祿失之，其族絕矣。」（《唐摭言》卷九）科舉制度的發展，使得爭取科舉及第成爲獲得政治地位或保持世襲門第的重要途徑，它牽連著社會上各個階層知識分子的命運。研究科舉在唐朝的發展，事實上就研究了當時大部分知識分子的生活道路。

我在研究唐朝文學時，每每有一種意趣，很想從不同的角度，探討有唐一代知識分子的狀況，並由此研究唐代社會特有的文化面貌。我想，從科舉入手，掌握科舉與文學的關係，或許可以從更廣的背景來認識唐代的文學。如果可能，還可以從事這樣兩個專題的研究，一是唐代士人是怎樣在地方節鎮內做幕府的，二是唐代的翰林院和翰林學士。這兩項專題的內容，其重點也是知識分子的生活。我想，研究中國封建社會，特別是研究其文化形態，如果不著重研究知識分子的歷史變化，那將會遇到許多障隔。魏晉時期的知識分子與唐代不同，我的老師林庚先生曾以飲酒作爲比喻，說「魏晉人是消極的，是中年人飲悶酒的方式；唐人的飲酒卻是開朗的，酒喝下去是爲更興奮更痛快的歌唱，所以杜甫有『李白斗酒詩百篇』的名句」（《中國文學簡史》第二五九—二六〇頁，上海文藝聯合出版社一九五四年版）。同樣，宋代知識分子的氣質又與唐人不同，宋代的作家更帶有學者的氣質與修養。明代的知識分子，清人批評他們不學無術，遊談無根，但明代中後期文人的某種狂放不羈卻也非清代士人拘守於繁瑣餖飣之學所能及。我們閉眼一想，就會自然地想到各個歷史時期的文化風貌，與當時文人的生活方式和心理狀態有密不可分的聯繫。知識分子既然可以作爲文學作品描寫的對象，爲什麼不可以作爲學術研究的對象呢？

當然，運用這種綜合研究的方法，是有一定難度的。以唐代的科舉與文學來說，首先遇到的是現有的成果極少。唐代文學的研究，可資利用的成果還比較多一些，科舉的研究幾乎需要白手起家。建國以來，我們還沒有一部能稱得上學術著作的中國科舉史，當然更沒有專題論著性的唐代科舉史。研究唐代的科舉制，還不得不以一個半世紀前寫成的《登科記考》作爲基本的材料。因此，我努力從頭建立資料的基地，這是研究工作的出發點。在研究工作中，我們不能忘記恩格斯的話，科學研究必須「從最頑強的事實出發」。

基於一定的考慮，我決定本書採取描述的方式，而不是主要採取考證或論述的方式。我想盡可能地引用有關的材料，將這些材料按各專題加以介紹。科舉制牽涉的面太廣，其本身也有不少細節需要弄清，我的史學修養不夠，在涉獵中感到有些問題很棘手。我期待著有眞正專題研究性質的唐代科舉史著作的產生。我只是把科舉作爲中介環節，把它與文學溝通起來，來進一步研究唐代文學是在怎樣的一種具體環境中進行的，以及它們在整個社會習俗的形成過程中起著什麽樣的作用。

本書的一小部分內容，曾以專題論文的形式，在一些學術刊物上發表，它們是《歷史研究》、《文學遺產》、《文史》、《中華文史論叢》、《草堂》、《北方論叢》、《學林漫錄》等。在收入書中時，則經過材料的補充和內容的增刪。

唐代是中國古代社會的一個充分發達的時期。唐代文化是有著強烈的吸引力的。今年八、九月間，筆者在蘭州參加中國唐代文學學會第二屆年會，爾後又隨會議的代表一起去敦煌參觀。車過河西走廊，在晨曦中遠望嘉峪關的雄姿，一種深沉、博大的歷史感使我陷於沈思之中，我似乎朦朧地感覺到，我們偉大民族的根應該就在這片土地上。在通往敦煌的路上，四周是一片沙磧，灼熱的陽光直射於沙石上，使人眼睛也睜不開來。但就在一大片沙礫中間，竟生長著一株株直徑僅有幾釐米的小草，雖然矮小，卻頑強地生長著，經歷了大風、酷熱、嚴寒以及沙漠上可怕的乾旱。這也許就是生命的奇跡，同時也象徵著一個古老民族的歷史道路吧。來到敦煌，我們觀看了從北魏到宋元的石窟佛像，那種種奇彩異姿，一下子征服了我們。我們又在暮色蒼茫中登上鳴沙山，俯瞰月牙泉，似乎歷史的情景與現實融合爲一。敦煌學的先驅者之一向達先生，在一九五六年初，結集其一生的心血，刊出論文集《唐代長安與西域文明》。這位老學者結合自身的經歷，敘述了敦煌學艱難曲折的發展歷程，他在自序中說：「回想以前埋首伏案於倫敦、巴黎的圖書館中摸索敦煌殘卷，以及匹馬孤征，僕僕於驚沙大漠之間，深夜秉燭，獨自欣賞六朝以及唐人的壁畫，那種『擿埴索塗』、『空山寂歷』的情形，眞是如同隔世！」這幾句飽含感情的話語訴說了半世滄桑。到過敦煌的人，會更眞切地感到敦煌學以及我們整個人文科學，變化是多麼巨大。我又想，敦煌在當時雖被稱爲絲綢之路上的一顆明珠，但它終究還處於西陲之地，敦煌的藝術已經是那樣的不可逾越，那末那時的文化中心長安與洛陽，該更是如何輝煌絢麗！但俯仰之間，已成陳跡。除了極少的文物遺留外，整個文化的活的情景已不可復見了。作爲一個偉大民族的後人，我們在努力開闢新的前進道路的同時，盡可能重現我們祖先的燦爛時代的生活圖景，將不至於被認爲是無意義的歷史癖吧。

程千帆先生爲本書封面題簽，陝西人民出版社爲本書的出版給予了很大的關懷和幫助，南京大學中文系周勛初先生和西北大學中文系閻琦先生曾對本書提出過寶貴意見，謹此一併致謝。

一九八四年十一月寫於北京一九八四年十二月修改於廈門

【附註】

①《中國大百科全書·外國文學》（I）第九五頁引。

第一章　材料敘説：唐登科記考索

有關唐代科舉制的研究材料，最基本的應當是唐人的登科記。但唐代的登科記，無論是唐朝人所作，還是宋朝人所作，今天都已不可得見。從總的科舉史來說，特別是在登科記方面，唐代比起以後的幾個朝代來，材料是最少的了。我們從《宋會要輯稿》中可以看到不少宋代科舉制的原始材料，好幾種宋元方志保存有宋人歷年登科的名單。明清的有關材料更爲繁多，《明清進士題名碑錄》，及乾隆十一年（一七四六）所刊的《國朝歷科題名碑錄初集》，都可給我們提供詳細的登科人姓名。上千卷的《大清會典》及《會典事例》，與清代實錄，關於禮部貢舉、職官銓選、學校措施等，都有分門別類的檔案記錄。

可以慶幸的是，在一百多年以前，也就是清朝道光年間，有一位學問面很寬廣的學者徐松，編撰了一部唐代科舉史的專著，給這門學科塡補了空白，也給後人提供了不少進一步研究的線索。在有關唐代科舉考試的重要史料——登科記完全散失的情況下，徐松對大量的史料進行搜集、整理、排比和考證，著成《登科記考》一書。《登科記考》作爲一部內容豐富的唐代科舉編年史，向人們提供了唐五代科舉考試的發展演變，以及有關人物的具體活動。徐松並不以選揀幾條乾巴巴的正史有關條文爲滿足，他以其淵博的學識，注目於唐宋時期衆多的雜史、筆記、詩文、小說，他想用當時生活的具體記述，來重現唐三百年間對於文人生活和文學藝術有重大影響的科舉考試幾個重要方面的歷史情景。這是一項開拓性的工作，應當看作是清代勃興的考據學應用於學術史的一種積極嘗試。

在徐松《登科記考》已經達到的基礎上，讓我們回溯一下唐宋時期有關唐人登科記記載的情況，探索一下學術史上前人走過的足跡，正好像我們在飽覽長安的漢唐名勝之後再去觀看半坡遺址，使我們可以對歷史發展的鏈條看得更加清楚。

一

本書對所用材料的敘述，就先從對唐宋人所作的登科記的考索入手。

首先應當說明一下，唐代所謂設科取士，究竟有哪些科目。《新唐書·選舉志》說：「其科之目，有秀才，有明經，有俊士，有明法，有明字，有明算，有一史，有三史，有開元禮，有道舉，有童子。而明經之別，有五經，有三經，有二經，有學究一經，有三禮，有三傳，有史科。此歲舉之常選也。」所謂歲舉之常選，就是國家對考試的科目和要求有固定的規定，並按時舉行。但《新唐書·選舉志》所載，雖然詳細，卻較凌亂。《唐六典》、《通典》則將常貢之科大要分爲六項，即秀才、明經、進士、明法、明書、明算。又徐松《登科記考》的「凡例」中說，明法、明字、明算、史科、道舉、開元禮、童子科都算是諸科，五經、二經、三經、學究一經、三禮、三傳應入明經科。這方面，還是清人王鳴盛講得較爲有頭緒，他在《十七史商榷》中說：「其實若秀才則爲尤異之科，不常舉。若俊士與進士，實同名異。若道舉，僅玄宗一朝行之，旋廢。若律、書、算學，雖常行，不見貴。其餘各科不待言。大約終唐世爲常選之最盛者，不過明經、進士兩科而已。」①常選之外有制科。制科的具體名目更加繁多，常見的有賢良方正直言極諫、才識兼茂明於體用、孝弟力田聞於鄉里、詳明吏理達於教化等科，據宋朝人統計，有唐一代，制科的名目大約有八十六個。②

記錄以上各科登第者，稱登科記。③據封演《封氏聞見記》卷三《貢舉》條說，從中宗神龍（七〇五—七〇七）時起，就有人逐年記載登第進士的姓名，稱做《進士登科記》。封演在玄宗天寶時曾入長安太學讀書，④他在天寶末登進士第，⑤太學的同學諸生就將他的姓名續記在已有的《進士登科記》之末。當時有一個叫張繟的讀書人，也應進士舉，初落第，出於對進士及第的羡慕，就用兩手把那本《登科記》捧在頭頂上，說：「此『千佛名經』也！」從封演的記載中可以知道，從中宗時起，就有登科記一類的書，而且可以逐年增添。由於進士科尤爲特出，當時就有人專記進士登科的，這種進士登科記被視爲光榮簿，因而也就有可能在社會上流傳。如詩人張籍《贈賈島》詩中說：「蹇驢放飽騎將出，秋卷裝成寄與誰？……姓名未上登科記，身屈惟應內史知。」（《張籍詩集》卷四，上海古籍出版社點校本）張籍是中唐時人，可見當時登科記已盛行於社會，士人能以姓名上登科記爲榮。

又據宋人《蔡寬夫詩話》所記，謂：「故事，放榜後，貢院小吏多錄新及第人姓名，以獻士大夫子弟之求者舉者（琮按此『求者舉者』疑當作『求舉者』）。」（郭紹虞《宋詩話輯佚》卷下，頁四一八，係輯自《苕溪漁隱叢話》後集卷二十一）這當是禮部貢院小吏因職務所近，將當年的新及第進士姓名記錄下來，以獻於士大夫子弟，備他們應酬交際及將來應試的參考，有其實用的目的。這樣歷年積累，也就自然成爲登科記一類的材料。可見在唐代，登科記材料的纂集是相當普遍的。

說到進士登科記，應該先約略談一下唐代進士的放榜情況。關於這方面的詳細情節，本書第十一章《進士放榜與宴集》有專章論述，但爲敘述方便起見，把有關情況先在這裡談一下還是有好處的。

唐代的進士榜，大致有兩種，一種是張榜，開元二十四年（七三六）以後進士歸禮部試，就用大字書寫貼於禮部南院東牆，詳情可參見五代時人王定保《唐摭言》一書。晚唐詩人黃滔有《送人明經及第東歸》詩，中云：「亦從南院看新榜，旋束春關歸故鄉。」（《唐黃御史公集》卷三）似乎明經放榜也在禮部南院。另一種是所謂榜帖，類似後世的「題名錄」，又與「捷報」相彷彿。唐人王仁裕《開元天寶遺事》中的《泥金帖子》條載：「新進士才及第，以泥金書帖子附家書中，用報登科之喜。」又《喜信》條載：「新進士每及第，以泥金書帖子附於家書中，至鄉曲親戚，例以聲樂相慶，謂之喜信。」所謂泥金，就是用金箔和膠水製成的金色顏料，榜上貼有這種金花，所以榜帖又稱金花帖子。據王仁裕所記，則這種金花帖子至少在開元、天寶時就已經盛行了。又據宋趙彥衛所記，這種金花帖子在北宋初仍還流行，其所著《雲麓漫鈔》（卷二）中有具體的記述：「國初循唐制，進士登第者，主文以黃花箋長五寸許，闊半之，書其姓名，花押其下，護以大帖，又書姓名於帖面，而謂之榜帖，當時稱爲金花帖子。」另外，南宋人洪邁也有這方面的記載，⑥他曾獲得北宋眞宗咸平元年（九九八）

孫僅榜的盛京榜帖，說這種榜帖「猶用唐制，以素綾爲軸，貼以金花」，上面寫知舉者姓名、年歲、生辰，以及父祖名諱，其後寫本榜狀元姓名、籍貫及同科登第人。在唐代，這種榜帖有專人差送至及第進士的家鄉或所在地，如《玉泉子》記趙琮進士及第，人還未回家，榜已送至所屬州府。又如曹希幹於咸通十四年（八七三）登第，這時其父曹汾爲忠武節度使（治許州），「榜至鎮，開賀宴日，張之于側」。⑦這種榜帖備載登第者姓名、籍貫，同榜狀元及同年名次，又載本科知貢舉者的姓名、年歲、父祖名諱、私忌，等等，其本身已經具備成爲唐人登科記的原始材料。唐代前期一些私人所編的登科記，其材料來源主要當即是通行於社會上的這種榜帖。

唐人所編的登科記，在穆宗長慶（八二一—八二四）以前，就有十幾種。⑧大抵在宣宗以前的登科記，都係私人所編。⑨這些私人編錄，在《新唐書·藝文志》中只記載了三種，那就是：崔氏《唐顯慶登科記》五卷，姚康《科第錄》十六卷，李奕《唐登科記》二卷。

《顯慶登科記》的著者崔氏，《新唐書·藝文志》注云「失名」，生平事跡無從考知。《文苑英華》卷七三八收有趙傪《李奕登科記序》，末云：「自武德至乎貞元，閱崔氏本紀，前後嗣續者在我公爲多焉。顧惟寡昧，獲與斯文，因濡翰而爲之序。貞元七（原注一作十七）年春三月丁亥序。」同一篇文章，《全唐文》卷五三六，則變成作序者爲李奕，篇名爲《登科記序》。其實《文苑英華》與《全唐文》都有錯誤。《玉海》卷一一五《選舉》引《中興書目》載有《崔氏登科記》，下云：「貞元十七年三月丁亥校書郎趙傪序曰：『武德五年，詔有司特以進士爲選士之目，仍古道也。』」南宋人洪适還收藏有崔氏書，他說「貞元中校書郎趙傪爲之序」（《盤洲文集》卷三十四《重編唐登科記序》）。由此可見，這篇序確是趙傪作的，而他所序之書則爲崔氏的《顯慶登科記》，而不是李奕的《登科記》。據趙傪序，崔氏書所錄爲唐高祖武德至德宗貞元時的進士登第者。顯慶原是唐高宗的年號，崔氏所作爲什麼叫做《顯慶登科記》，殊不可解。或顯慶非指年號，泛指爲喜慶之意。又，崔氏書，《新唐書·藝文志》作五卷，而《玉海》引《中興書目》作一卷，可見宋時已亡佚大半。據《玉海》所記，其書本來是專載進士登科的，後有續之者，則「自元和方列制科，起武德五年，迄周顯德六年」。

《文苑英華》和《玉海》都說是趙傪爲《顯慶登科記》作序，但有些書上則說趙傪自己撰有《進士登科記》一書。如《唐摭言》卷一《述進士上篇》謂：「永徽已前，俊、秀二科猶與進士並列；咸亨之後，凡由文學一舉於有司者，競集於進士矣。由是趙傪等嘗刪去俊、秀，故目之曰《進士登科記》。」另外，南宋吳曾說他家有「唐趙傪撰《唐登科記》」，並記貞元七年、八年（七九一—七九二）知舉者、登第者姓名，及所試詩賦題目。其所著《能改齋漫錄》卷四《林藻歐陽詹相繼登第》條記：

> 予家有唐趙傪撰《唐登科記》。嘗試考之，德宗貞元七年，是歲辛未，刑部杜黃裳知貢舉，所取三十人，尹樞爲首，林藻第十一人……賦題《珠還合浦》，詩題《青雲千呂》。次舉貞元八年，是歲壬申，兵部侍郎陸贄知貢舉，所取二十三人，賈稜爲首，歐陽詹第三人……賦題《明水》，詩題《御溝新柳》

同書同卷《閩人登第不自林藻》條也言及趙傪之書，說「唯《唐登科記》，神龍元年第五十四人有薛令之」。很可能王定保、吳曾所看到的這一《進士登科記》仍是崔氏所作，而趙傪爲之序，或有所補正，因此五代和宋朝人刻書時就把趙傪也作爲編撰者了，《唐摭言》說是「趙傪等」，當是這個意思。趙傪爲南陽人，其祖趙駰，京兆士曹參軍；父趙涉，侍御史。⑩趙傪於貞元三年（七八七）進士及第，受到德宗的賞識，由監察御史裏行、浙東觀察判官特授京畿高陵縣令。⑪趙傪爲趙璘的伯父，趙璘於宣宗大中間曾替鄭顥編修登科記，趙氏中外姻親中知名者甚衆，因此趙傪爲崔氏書作補正或另撰一書，都是有可能的。

《新唐書·藝文志》在著錄姚康《科第錄》十六卷時，注云：「字汝諧，南仲孫也，兵部郎中、金吾將軍。」姚南仲，兩《唐書》有傳，見《舊唐書》卷一五三、《新唐書》卷一六二。南仲爲華州下邽人，大曆時任諫官，曾上疏論代宗貞懿皇后獨孤氏陵墓事，直言爲世所稱。德宗時任義成節度使，對監軍的宦官薛盈珍有所抵制，爲薛盈珍誣告，後來其部將曹文洽殺身以救南仲，此事也是傳聞於一時的。⑫姚康元和十五年（八二〇）登進士第，能詩。⑬敬宗寶曆元年（八二五）在京兆府司錄任上。⑭據《新唐書·歸融傳》，文宗朝，姚康在任左司員外郎判戶部案時，曾因贓罪貶嶺南尉。後還朝，宣宗時任太子詹事。他的著作，除《科第錄》外，還有《帝王政纂》十卷，《統史》三百卷，後者所記，「上自開闢，下盡隋朝，帝王美政、詔令、制置、銅鹽錢穀損益、用兵利害，下至僧道是非，無不備載，編年爲之」（《舊唐書·宣宗紀》大中五年十一月）。⑮可見姚康在史書的編纂上有一定的素養。《科第錄》是姚康的早年著作，《玉海》卷一一五《選舉》曾載其長慶二年（八二二）序，云：「自武德已來，登科名氏編紀凡十餘家，皆不備具。康錄武德至長慶二年，列爲十一卷。」據此，則其書所載登科人名，至長慶二年爲止，而且只是十一卷。《玉海》又注云：「自三年畢天祐丙寅，續爲五卷，合十六卷。」則自長慶三年到唐末天祐三年（九〇六）的五卷，爲後人所補，非姚康作，姚康原書爲十一卷。其書北宋時尚存，《崇文總目》仍作十六卷。南宋人洪興祖作韓愈年譜，⑯曾有好幾處引述《科第錄》。洪皓於南宋初出使金國，在雲中、燕都等地居留了十多年，回南宋時帶來在北地獲得的姚康書的前五卷，所載爲唐高祖、太宗兩朝進士、秀才兩科（洪适《盤洲文集》卷三十四《重編唐登科記序》）。則《科第錄》在南北宋之際已非全書。南宋的兩大藏書家晁公武與陳振孫都沒有著錄過姚康的書，大約南宋中葉其書已不存，而《宋史·藝文志》（史部傳記類）卻載有姚康《唐登科記》十五卷，書名、卷數都與《新志》、《玉海》所載不符，似不足爲據。

《新唐書·藝文志》又載李奕《唐登科記》二卷。按《新唐書·宰相世系表》有二李奕，一爲秘書少監李益子，一爲慈州別駕李沆子。後者時代過晚，作《唐登科記》者恐是李益子李奕。但此李奕的事跡也不詳，陳振孫已說「李奕書亦不存」。⑰大約其書亡於北宋時。

爲《新唐書·藝文志》所不載的還有一部官修登科記。《冊府元龜》卷六四一《貢舉部·條制》三記載道：「（大中）十年四月，禮部侍郎鄭顥進諸家科目記十三卷，敕付翰林，自今放榜後仰寫及第人姓名及所試詩賦題目進入內，仍付所司逐年編次。」實際上，鄭顥所進的登科記，具體是由趙璘編次的，《唐語林》（卷四）對此有稍爲詳細的記述：「宣宗尙文學，尤重科名。大中十年，鄭顥知舉，宣宗索登科記，顥表曰：『自武德以後，便有進士諸科，所傳前代姓名，皆是私家記錄。臣尋委當行祠部員外郎趙璘訪諸科目記，撰成十三卷，自武德元年至於聖朝。』敕翰林，自今放榜後，仰寫及第人姓名及所試詩賦題目進入。仰所司逐年編次。」⑱由此可知：一、此次編登科記，係出於宣宗的動議，由大中十年（八五六）鄭顥知貢舉時委托祠部員外郎趙璘編纂，進呈於宣宗。二、此次所編之十三卷登科記，起自唐高祖武德，直至宣宗時，係纂輯前此私家所編的幾種登科記而成，因此又稱「諸家科目記」；其所輯集的，除進士科以外，還有其他科目。三、從此以後，命令翰林院逐年編次及第人姓名及所試詩賦題目，由政府統一進行此項工作。

鄭顥爲憲宗時宰相鄭絪之孫，史稱絪「踐歷華顯，出入中外者逾四十年」（《舊唐書》卷一五九《鄭絪傳》）。鄭顥尙宣宗女萬壽公主，拜駙馬都尉，宣宗時曾兩次知禮部貢舉，「恩寵無比」。⑲由他出面來編錄登科記，而又由趙璘擔任實際的編纂工作，自是理想的人選。趙璘是德宗時宰相趙宗儒的侄孫，父伉，曾任昭應尉。其中外姻親，多爲顯族。趙璘本人登大和八年（八三四）進士第，又開成三年（八三八）博學宏詞登科，歷任漢州、衡州刺史等職。他的《因話錄》六卷，記中唐士族及社會習俗，詳贍可據。

按理說，趙璘所編的登科記，以官府之力，又集諸家之長，而且此後又由翰林院逐年編次，這樣的資料，後世是應當可得保存完整的。但其書不見載於《新唐書・藝文志》，《崇文總目》也未見著錄，洪适在《重編登科記序》中只引《唐會要》提了一下書名，又說「今多亡矣」。只有北宋末年以「廣蓄異書」見稱的董逌，才藏有殘存的六卷，起開元二十三年（七三五），至貞元九年（七九三），「其間亦又有缺剝，不可倫敘，或遺去十年，少或三四年，在姓名中又泯滅過半」。[20]可見鄭顥、趙璘所編的這部官修的登科記，命運也不見佳，大約經兩宋之際的兵火，連這六卷的殘本也不復存世了。

唐朝晚年，大約還有一些登科記流散於各地。如《因話錄》卷四曾記載一則笑話：「京兆龐尹及第後，從事壽春。有江淮舉人，姓嚴，是登科記誤本，倒書龐嚴姓名，遂賃舟丐食，就謁時，郡中止有一判官，亦更不問其氏，便詣門投刺，稱從侄。龐之族人甚少，覽刺極喜，延納殷勤，便留款曲，並命對舉七筯。久之，語及族人，都非龐氏之事，龐方訝之。因問止竟：『郎君何姓？』曰：『某姓嚴。』龐撫掌大笑曰：『君誤矣！余自姓龐，預君何事？』揖之令去。其人尙拜謝叔父，從容而退。」這裡所說的登科記，當是私人傳抄的一種，極爲簡陋，不僅把姓名抄顚倒了，而且沒有注明籍貫，害得這位江淮舉人錯認同宗，弄明眞相後還裝作不知，眞是絕妙的諷刺。可見當時社會上流傳的登科記，是詳略粗細，各式各樣都有的。又有專記某一年進士同年姓名的，如昭宗於天祐元年（九〇四）爲朱溫所脅迫，遷都洛陽，春二三月在陝州，放進士榜，北宋初陝郡開元寺還有這一年的進士登科題名（見宋尹洙《河南先生文集》卷四《王氏題名記》）。一些地方志中也還保留唐人登科記的材料，如翁承贊於乾寧二年（八九五）登進士第，他在杏園宴時曾作過探花使，[21]莆陽縣的縣學登科記就記有他的登第名次（見宋王邁《臞軒集》卷六《謝陳侍郎立縣學續登科記並書啓》）。又如徐松《登科記考》卷二十四昭宗乾寧四年進士第韋彖下，據《永樂大典》引《池州府志》，謂「唐登科記」云云。又據宋葉夢得《石林燕語》卷十載，王禹玉作龐籍神道碑，龐家送潤筆，除金帛外，還有古書名畫三十種，其中就有晚唐詩人杜荀鶴及第時試卷一種。㉒這也是唐代進士登科的珍貴材料。

宋人所作唐代登科記，值得提出的有二人，一是北宋人樂史，一是南宋人洪适。《玉海》卷一一五《選舉》載：「雍熙三年（九八六）正月，樂史上《登科記》三十二卷，《唐登科文選》五十卷，《貢舉事》、《題解》各二十卷，以爲著作郎、直史館。」又見《玉海》卷五十四《藝文》，及《宋史·樂黃目傳》，《十國春秋》卷一一五《拾遺》。《郡齋讀書志》卷九著錄爲三十卷，謂其書「記進士及諸科登名者，起唐武德迄天祐末」。樂史是由五代入宋的人，當時他看到的唐人科舉材料當還不少，因此除了編登科記三十卷以外，還有文選五十卷，其他有關材料四十卷，可見他在這方面做了不少的工作。明萬曆時陳第據其所藏書編《世善堂藏書目錄》，卷二有《唐登科記》三十卷，疑即樂史之書，則其書當亡於明後期。㉓另外是洪适的《重編唐登科記》，據其自序（《盤洲文集》卷三十四），他根據姚康《科第錄》的前五卷（即唐高祖、太宗兩朝），其後又據崔氏《顯慶登科記》及續書，再參考《唐會要》、《續通典》及唐人文集加以補正，故名「重編」，共十五卷。他的做法類似於徐松的書，體例是較爲完善的。據《玉海》卷一一五《選舉》條，此書編成於高宗紹興三十年（一一六〇）十月，但此後除了《直齋書錄解題》（卷七）著錄以外，就再也未有記載，可能南宋後期即已經亡佚。

這裡應當提到的是，《文獻通考》卷二十九《選舉考》二曾有一份《唐登科記總目》，載唐初至昭宗天祐四年（九〇七）歷年登科的人數，末謂「右唐二百八十九年逐歲所取進士之總目」。這裡說的是「進士之總目」，實際所載卻不限於進士，如高祖武德元年就記載「上書拜官一人」，這或者可以用武德初未設進士科來解釋，但在這之後也仍有上書拜官的記載，如太宗貞觀十九年（六四五），高宗顯慶五年（六六〇）等。又如唐初至高宗永徽元年（六五〇），大多載有秀才登第的人數，至永徽二年注明「其年始停秀才舉」，在這之後就未載秀才登第人數，而增載諸科，但所載諸科的人數卻甚少，如高宗顯慶三年（六五八）一人，麟德元年（六六四）二人，儀鳳元年（六七六）四人，其中武后垂拱四年（六八八）爲三十人，睿宗景雲二年（七一一）爲五十六人，憲宗元和元年（八〇六）爲三十六人，穆宗長慶元年（八二一）爲三十八人，敬宗寶曆元年（八二五）爲三十二人，文宗大和二年（八二八）爲三十六人，算是較多的，大多數則每年不超過十人。顯然這所謂諸科並非指明經，因爲唐代每年所取的明經人數要比進士多好幾倍。另外，除高宗乾封元年（六六六）載有幽素舉十二人外，其他都未載制科名目。則這個所謂登科記總目，當是以進士科爲主，並包括秀才、諸科（不含制科和明經）在內的登科人數的記錄。馬端臨在這份總目之後有一個按語，其中說：

> 按昌黎公《贈張童子序》言：「天下之以明二經舉，其得升於禮部者，歲不下三千人，謂之鄉貢，又第其可進者屬之吏部，歲不及二百人，謂之出身。」然觀登科記所載，雖唐之盛時，每年禮部所放進士及諸科，未有及五七十人者，與昌黎所言不合。又開元十七年限天下明經、進

士及第每年不過百人，又大和敕進士及第不得過四十人，明經不得過百一十人，然記所載逐年所取人數如此，則元未嘗過百人，固不必爲之限也。又明經及第者姓名尤爲寥寥，今日不得過百一十人，則是每科嘗過此數也。豈登科記所載未備而難憑耶？《唐史》、《摭言》載華良入爲京兆解不第，以書讓考官曰：「聖唐有天下垂二百年，登進士科者三千餘人。」以此證之，則每歲所放不及二十人，登科記不誤矣。

這裡有好幾處提到登科記如何如何，則馬端臨是看到過唐登科記的，他的這個總目即根據他所看到的唐登科記而編製。在《文獻通考》自序中，馬端臨說，所謂「文」者，「凡敘事，則本之經史，而考之以歷代會要，以及百家傳記之書，信而有徵者從之，乖異傳疑者不錄」；所謂「獻」者，「凡論事，則先取當時臣僚之奏疏，及諸儒之評論，以及名流之燕談，稗官之記錄，凡一語一言可以訂典故之得失，證史傳之是非者，則採而錄之。」這就是說，他在書中所徵引的史料，皆有根據，絕非杜撰。事實上像唐登科記總目那樣的材料，也是杜撰不出來的。因此，馬端臨所看到的唐登科記，一定是宋元之際尚傳存於世的。但據前面所說，見於著錄的唐代三種私家編撰的登科記和一種官府所編的鄭顥登科記，到南宋中期都已不存，洪适的一種至南宋末是否傳存也未可必，獨樂史所撰的，明人陳第還有著錄，且其書卷帙也不算小，馬端臨看到的唐登科記，很可能就是樂史的一種。[24]

另外，元人辛文房作有《唐才子傳》一書，共十卷，其自序謂「頃以端居多暇，害事都捐，游目簡編，宅心史集，或求詳累帙，因備先傳，撰擬成篇，斑斑有據」。《唐才子傳》所列詩人是按時代先後編排的，其特點之一是對絕大多數人注明進士登第年，有時並說明那一年知舉者姓名，或狀元姓名（這些材料往往爲徐松所吸收）。顯然，辛文房也必定有一份唐人的登科記。根據同樣的理由，我認爲辛文房所看到並作爲依據的，當也是樂史所撰的一種。

岳珂《寶眞齋法書贊》卷九載有北宋詩人林和靖曾向人借咸通中登科記一冊。《文苑英華辨證》中好幾處提到唐登科記，並用以考證唐人詩賦篇名及人名。明人徐應秋的《玉芝堂談薈》，卷二有《歷代狀元》條，雖有錯誤，㉕但其材料來源，當有所本。這些大約也是唐宋人留存的散見的登科記，但現在已不能考知其作者及卷帙。

唐代制科名目與登科者姓名是另有專書記載的，中唐時就有人專門編錄制科策文以供應試者閱讀揣摩。㉖《郡齋讀書志》卷九曾著錄有《唐制舉科目圖》一卷，作者不詳（《宋史·藝文志》謂蔡元翰作），其書列七十六科，不僅列人名，而且注明後來哪些人當了宰相。此書已亡佚。至於現在所見記載制科名目的，則有好幾種，如《唐會要》卷七十六《貢舉中·制科舉》，宋趙彥衛《雲麓漫鈔》卷六，王應麟《困學紀聞》卷十四，高似孫《緯略》卷三，馬端臨《文獻通考》卷三十三。內容不再詳舉，可參見本書第六章《制舉》。

唐代還有一種記載科舉考試的有關事項或軼事的，當也保存了登科記的材料。《新唐書·藝文志》著錄有《文場盛事》一卷，未注撰者姓名，《玉海》卷五十一《藝文》對其內容有些說明：「載唐人世取科第，及父子兄弟門生座主同時者。」晁《志》卷九著錄《唐宋科名分定錄》，謂不題撰人姓名，晁公武謂此當是北宋哲宗元符年間（一〇九八—一一〇〇）所著之書，並略引其序云：「己卯歲得張君房所志唐朝科場故事，今續添五代及本朝科名分定事，迄於李常寧云。」己卯即元符二年（一〇九九），晁《志》所謂元符間書，當即據此。由此可見《文場盛事》爲張君房所作，其書於宋哲宗時又爲人編入《唐宋科名分定錄》。《唐詩紀事》卷六十六記李質事，謂「質字公幹，襄陽人。……質登第後二十年，廉察豫章，時大中十二年也。」即注謂據《科名分定錄》。

類似的還有稱爲《諱行錄》的，《玉海》卷一一五《選舉》著錄爲一卷，云：「以四聲編進士族系名字、行第、官秩，及父祖之諱、主司名氏，起興元元年盡大中七年。」洪興祖於北宋徽宗宣和時作韓愈年譜，於韓愈世系的敘述中，有幾處引及《諱行錄》，如記韓湘，謂：「《諱行錄》云長慶四年李宗閔下擢進士第，時試《金用礪賦》、《震爲良竹詩》。字有之，行第十一。」記韓湘云：「《諱行錄》云長慶三年擢進士第，行第二十一。」記韓綰云：「《諱行錄》云咸通四年第進士，時右常侍蕭仿知舉，試《謙光賦》、《澄心如水詩》，中第八，行第二十五。」則尚在大中之後。又據洪邁《容齋續筆》卷十三《貽子錄》條，說其父皓自燕都歸，帶回《貽子錄》一書，其中載唐咸通七年盧子期撰作《初舉子》一書，書中詳細記載舉子應試時的各種注意事項（如如何避諱等等）。㉗限於篇幅，這裡就不作詳細介紹。㉘

如上所述，可見唐宋時期，有關唐代登科記的材料是不少的，甚至可以說是十分豐富的。可惜隨著時間的推移，這些材料差不多都散失亡佚了。在這些原始材料亡失的情況下，徐松廣泛搜羅有關資料，編纂成一部包括唐五代三百多年中進士、明經、制科及其他科目在內的登第人名及有關事跡，共三十卷，凡六七十萬言，其功確不可沒。

二

在徐松已取得的成就的基礎上，我們應該再往前進一步。這裡且不說觀點方面的問題，我們今天無論對唐代科舉制度的看法，或者是對唐代文學發展及其與科舉關係的看法，從總的方面說是應該超過了徐松的。就是從史料的運用上說，我們也可以比徐松看得更全面，可以把過去爲人忽視的材料，用新的觀點和方法，作出合乎歷史實際的聯繫。就是說，我們今天完全有條件，在一個更高的起點上來研究唐代的科舉制度，以及這個制度給予當時的文學發展、文人生活、社會風氣等等深刻而廣泛的影響。

如果從這點出發，那末，在我們面前，材料的面可以說是相當寬廣的；「唐代科舉與文學」這一專題的材料學，有它深厚的基礎。

首先是一些正式的史書。兩部政書——作於唐代中期的《通典》和作於宋末元初的《文獻通考》，都有專門的章節論述科舉與學校，以及官員的銓試。作爲有見識的史學家，杜佑把封建社會幾個重要的制度放在歷史發展的過程中加以敘述，從遠古時期起，直到唐玄宗天寶末，[29]——而安史之亂正是明顯地劃分了中國古代封建社會的前後期。杜佑而且不無自覺地意識到社會經濟發展對其他一些制度來說，是有首要的作用，因此在全書的結構安排上，把「食貨」放在第一，他在自序中說：「夫理道之先在乎行教化，教化之本在乎足衣食。」這種「足衣食」的思想當然是得之於先秦的某些思想家的啓發，但杜佑把它運用於社會制度的全面研究上，這在中國古代歷史學上還是第一次。有意義的是，《通典》在「衣食」部分之後，緊接著的則是「選舉」，「選舉」之後是「職官」，其次是「禮」、「樂」、「兵」、「刑」、「州郡」、「邊防」。杜佑對這幾方面的關係，他是這樣表達的：「夫行教化在乎設職官，設職官在乎審官才，審官才在乎精選舉；制禮以端其俗，立樂以和其心，此先哲王致治之大方也。」（《通典》自序）杜佑歷任中央和地方要職，他對社會問題的看法當然不能越出封建臣僚的範圍。他認爲對百姓施行教化，必須依靠大大小小的官員，因此就必須設職官，而設職官就先要有一套審察官員才德的辦法，而這種辦法就在於對選舉制度要有嚴密合理的規定。杜佑把選舉制度作爲實施封建政教的前提加以敘述，有著強烈的實用目的。他把占六卷篇幅的「選舉」分成兩大類，一是制度沿革的敘述，一是對歷代制度得失的評論。他的這種著作體例大體爲以後的同類著述所沿襲，像馬端臨《文獻通考》在記敘「選舉」、「學校」、「職官」等時，就明確聲稱：「俱效《通典》之成規，自天寶以前，則增益其事跡之所未備，離析其門類之所未詳，自天寶以後，至宋嘉定之末，則續而成之。」（《通考》自序）

《唐會要》與《冊府元龜》都有關於科舉的專章，顯然是受《通典》的影響；《新唐書》的志的部分專設《選舉志》，在斷代正史中是體例上的創舉，實際上是承襲了在它之前的幾部大的史書的作法。另外，像《唐六典》中的禮部與吏部部分，我們可以參見開元以前有關科舉的正式規定；而《唐大詔令集》的一些詔令文書，提供了不少科場事件的公開法令記錄。

以上是所謂正式的、帶有官方檔案性質的史書。我們要較爲全面的探討科舉制，當然不能僅限於此，雖然就篇幅來說，以上這幾部書加起來已經有好幾百卷，夠一個研究者花相當的時間去閱覽的了。另有一部分材料，我們姑且名之曰「史料筆記」，是非常值得探討的地域，只要我們稍作努力，就會有所收穫。其中較著名的如《唐摭言》、《唐語林》、《封氏聞見記》、《隋唐嘉話》、《朝野僉載》、《大唐新語》、《劉賓客嘉話錄》、《因話錄》、《劇談錄》，等等。這些書一般是當時人記當時事，可信性較大。科舉制對唐朝人來說是新事物，又是與讀書人出處攸關的大事，因此不少筆記的作者對此感興趣，他們結合社會風尚、文人生活對科舉制作了不同側面的記述，可以極大地豐富我們的認識。

另有一部分是唐代新興的傳奇小說，單本如《玄怪錄》、《續玄怪錄》、《獨異志》、《博異志》等，總集如《太平廣記》五百卷。這不但是我國古小說寶庫中的佳品，也是我們研究唐代科舉與文人生活的眞切而生動的材料。別看它們是小說，透過一些虛構的神鬼怪異的情節，可以看到當時社會的新鮮的生活。對於現實生活的多方面的記述，對社會情景的浮雕般的刻劃，和人與人之間關係的細致描寫，都是正式的史書所不能及的。

唐人衆多的有特色的詩文，當然更應該是極好的材料。前人在論述時也曾注意於此，並加以引用。除了別集外，《全唐詩》和《全唐文》都是極爲方便的和有用的文獻。本書較多地引用了這些作品，目的是想從更廣的社會歷史背景中向讀者提供唐代科舉與文學的具體聯繫。

宋代與唐代，不但時間上接近，而且無論就科舉來說，或文學的發展來說，關係實在太密切了。在中國詩史上，唐詩之後人們接著就會想到宋詩；以古代散文來說，說到韓、柳的古文，難道可以不提歐陽修和蘇東坡嗎？「唐宋八大家」，幾乎成爲古文寫作的楷模。同樣，宋代的科舉，不少方面也是對唐代的繼承和發展，我們往往從宋人的著述中更能容易理解唐代科舉的某些變化。因此本書是盡可能引用一些宋人的材料。當然，宋人的材料實在是太多了，而且不像唐代的集中，因此搜輯甚爲困難，本書引用時難免會有掛一漏萬之失（由此可以推想，如果效徐松之書的體例，編撰一部《宋登科記考》，材料一定會是更豐富，但搜輯和排比的工夫一定會更繁重。）宋以後的材料，也間有徵引，那就更有疏漏了；其實清人的評論和考證是很可以探尋的，這方面的材料還有待於開發。

近人的材料，雖然從數量上說，沒有上面所說的那幾部分多，但近人的研究成果是我們應該彌足珍貴的。因爲科舉史的研究本來是剛興起的學科，而以科舉與文學作爲研討的對象，則似乎是介於史學與文學之間的邊緣科學，涉足的人就更爲少了。我們應當尊重前輩學者的建樹，同時對當今學者作出的新成就更應有足夠的重視。如陳寅恪、岑仲勉等老先生在建國以前的著作，雖然在科舉方面未有專文論述，但他們有時涉及到這方面的問題所表示的見解，是很足使人啓發的。當今幾位文史前輩學者，如唐長孺、王仲犖、啓功、程千帆等先生的著述，都給筆者以啓迪。我覺得，應當有人來作這樣的工作，把近代學者有關唐代科舉史研究的成果加以明晰的綜述，作出充分的肯定；當然，也可以在肯定的基礎上指出進一步研究的線索和方向。

本書就是希望以上述的材料爲依據，作出自己一點微小的努力。

【附註】

①王鳴盛《十七史商榷》卷八十《一取士大要有三》。

②王應麟《困學記聞》卷十四《考史》。

③徐松在《登科記考》的「凡例」中，謂唐人登科記中不載明經及第的人名。這只是推論，有待進一步查考。

④見《封氏聞見記》卷二《石經》。

⑤《新唐書·藝文志》編年類著錄有封演《古今字號錄》一卷，下注云：「天寶末進士第。」徐松《登科記考》即據以定封演爲天寶十五載（七五六）進士第。

⑥洪邁《容齋隨筆》卷十三《金花帖子》。

⑦參見《唐摭言》卷三。

⑧見《玉海》卷一一五《選舉》引姚康《科第錄敘》。

⑨《唐語林》卷四載鄭顥於大中十年（八五六）上登科記表，中云：「自武德以後，便有進士諸科，所傳前代姓名，皆是私家記錄。」

⑩《新唐書》卷七三下《宰相世系表》。

⑪ 趙璘《因話錄》卷一。《唐語林》卷一說趙傪爲貞元六年進士第，誤。徐松《登科記考》卷八即據《因話錄》加以駁正。

⑫ 柳宗元有《曹文洽韋道安傳》（《柳河東集》卷十七），其文已佚。

⑬ 見宋計有功《唐詩紀事》卷五〇。

⑭ 《劉禹錫集》卷二《高陵縣令劉君遺愛碑》。

⑮ 《新唐書·藝文志》史部類著錄姚康復《統史》三百卷，下注云「大中太子詹事」。這當是與《舊唐書·宣宗紀》大中五年十一月著《統史》三百卷的太子詹事姚康爲同一人，《新志》衍《復》字。我與張忱石、許逸民同志合編的《唐五代人物傳記資料綜合索引》（中華書局一九八二年四月版），把姚康復與姚康分爲二人，即沿襲《新志》之誤，應加改正。

⑯ 洪興祖《韓子年譜》，見宋魏仲舉《五百家音注昌黎先生集》附錄。

⑰ 陳振孫《直齋書錄解題》卷七傳記類洪适《唐登科記》下注。

⑱ 關於此事，又可參見《唐會要》卷七十六《緣舉雜錄》。

⑲ 《新唐書》卷一六五《鄭絪傳》附。又《唐語林》卷四云：「崔起居雍，少有令名，進士第，與鄭顥齊名。士之遊其門者，多登第。時人語爲崔雍、鄭顥世界。」

⑳ 董逌《廣川書跋》卷八《趙璘登科記》。

㉑ 見《全唐詩》卷七〇三翁承贊《擢探花使三首》，又參本書第十一章《進士放榜與宴集》。

㉒ 王珪字禹玉，其所著《華陽集》卷三十五有《龐莊敏公籍神道碑》。

㉓ 按陳第《世善堂書目》自序有云：「吾性無他嗜，惟書是癖，雖幸承世業，頗有遺本，然不足以廣吾聞見也。自少至老，足跡遍天下，遇書輒買，若惟恐少，故不擇善本，亦不爭價值。又在金陵焦太史、宣州沈刺史家得未曾見書，抄而讀之。積三四十餘年，遂至萬有餘卷，縱未敢云汗牛充棟，然以資聞見，備採擇，足矣足矣。今歲閒居四郊，伏去涼生，課兒僕輩曬涼入簏，粗爲位置，以類相從，因成目錄，得便查檢。」可見《世善堂書目》所著錄的書，都是陳第平生於各地搜輯抄錄所得，爲實有其書。

㉔ 徐松《登科記考》卷首「凡例」中說：「宋人著述，每引登科記，而不言某氏本。其總目載馬端臨《通考》，進士之外，統曰諸科。按《讀書志》云樂史《登科記》記進士及諸科登名者，是《通考》用樂史本也。」據此，則徐松也認爲《文獻通考》所載的《唐登科記總目》即根據樂史的《唐登科記》而編纂的。

㉕ 清陸以湉《冷廬雜識》卷一《玉芝堂談薈》條謂：「徐應秋《玉芝堂談薈》，類摭故實，累牘連章，可稱華縟。然祺書有二失，一則搜羅未遍，即正史猶有所遺；一則援引昔人文辭，每不標明某書。前之失猶可言也，後之失既乖體要，且蹈攘善之愆矣。」《四庫全書總目》卷一二三子部雜家類對其得失的評價爲：「是書亦考證之學，而嗜博愛奇，不免兼及瑣屑之事。其例立一標題爲綱，而備引諸書以證之，大抵採自小說雜記者爲多。……然其捃摭既廣，則兼收並蓄者不主一途，軼事舊聞，往往而在，故考證掌故、訂正名物者，亦錯出其間，披沙揀金，集腋成裘，其博洽之功，頗足以抵冗雜之過，在讀者別擇之而已。」

㉖ 參見元稹《酬翰林學士代書一百韻》（《元稹集》卷十）。

㉗《初舉子》一書，又可參見《北夢瑣言》卷四。

㉘根據清《咸寧縣志》所載，還有一種叫《廣人物志》的，也與唐科舉有關，其書卷十五經籍志子部載：「《廣人物志》十卷，鄉貢進士京兆杜周士撰。《文獻通考》陳氏曰唐鄉貢進士京兆杜周士撰，敘武德至貞元選舉荐進人物事實，凡五十五科。」杜周士的事跡，見《新唐書》卷五十九，又柳宗元《送杜留後詩序》舊注謂貞元十七年（八〇一）進士第；又見《全唐詩》卷七八〇，《全唐文》卷六九三。

㉙唐李翰《通典序》謂《通典》敘事，「自黃帝至於有唐天寶之末」。

第二章 總論唐代取士各科

一

所謂科舉，也就是設科取士的意思。封建朝廷按照不同的行政管理的需要，規定不同的考核內容，設置一定數量的科目，使地主階級文人根據各人不同的文化程度和志趣，分別選擇一項科目，進行考試，並通過考試而進入仕途。

關於唐代的取士各科，《新唐書·選舉志》有一個概括的敘述，這一段文字也是爲歷來論唐代科舉者所經常援引的：

唐制，取士各科，多因隋舊，然其大要有三。由學館者曰生徒，由州縣者曰鄉貢，皆升於有司而進退之。其科之目，有秀才，有明經，有俊士，有進士，有明法，有明字，有明算，有一史，有三史，有開元禮，有道舉，有童子。而明經之別，有五經，有三經，有二經，有學究一經，有三禮，有三傳，有史科。此歲舉之常選也。其天子自詔者曰制舉，所以待非常之才焉。

《新唐書》的這一段話，雖然多爲人所援引，但其敘述的邏輯很不清楚。譬如，它首先說取士之科大要有三，這應當說的是取士的科目，那末這三個科目是什麼呢？沒有回答。接下去說的卻是應試者的來源，說應試者由學館荐送的稱做生徒，由州縣荐送的稱做鄉貢。——這兩種，合起來叫「歲舉之常選」，就是說每年定期舉行的考試。「歲舉之常選」與所謂「天子自詔」的制舉是相對而言的；與常選不同，制舉科的考試項目與考試時間都不固定。這樣說來，制舉與常選是並列的兩種，並非如《新唐書》所說的那樣「大要有三」。至於常選中，有從秀才到童子凡十二科，其中明經又再分爲七科；制科，據唐宋人的記載，則有多至八九十科的。因此《新唐書·選舉志》所說的唐代的取士之科大要三，可以說無從著落。從上下文意推測，《新唐書·選舉志》說的「大要有三」可能指的是生徒、鄉貢和制舉，但這三者實際上不是同一類別，因而也是不能相比而言的。

清人王鳴盛在《十七史商榷》中對《新唐書·選舉志》上述的一段話也有過類似的分析，他說：

> 《新·選舉志》：唐制，取士大要有三，……。愚謂雖大要有三，其實惟二，以其地言，學館、州縣異，以其人言，生徒、鄉貢異，然皆是科目，皆是歲舉常選，與制舉非常相對。（卷八十一《取士大要有三》）

王氏接著又論述各科的具體情況說：

> 其實若秀才則爲尤異之科，不常舉。若俊士與進士，實同名異。若道舉，僅玄宗一朝行之，旋廢。若律、書、算學，雖常行，不見貴。其各科不待言。大約終唐世爲常選之最盛者，不過明經、進士兩科而已。（同上）

王鳴盛從大處著眼，指出《新唐書·選舉志》的不夠確切之處，顯示出清朝漢學家思考問題確較前人為精密。他所歸納的各科興廢的大概和地位的輕重，有些雖不盡符合於實際，但大致是可信的。

如果進一步觀察，《新唐書·選舉志》所說的各科，還有使人可懷疑之處。今列表如下：

明經
- 五經
- 三經
- 二經
- 學究一經
- 三禮
- 三傳
- 史科

常選
- 秀才
- 明經
- 俊士
- 進士
- 明法
- 明字
- 明算
- 一史
- 三史
- 開元禮
- 道舉
- 童子

常選中的一史、三史是與明經並列的，而明經中又有史科，這其間的關係怎樣？沒有說明。同樣是禮，開元禮是常科，三禮又屬於明經，實際情況恐非如此。根據現在所見唐人的記載，如《唐六典》、《通典》，則將常選分為六科，即秀才、明經、進士、明法、明書、明算，都較《新唐書》為明白簡括。

通常所說的唐代科舉項目，主要是指進士、明經和制舉，尤其是進士科，更爲人所稱道，唐人所謂「國家取士，遠法前代，進士之科，得人爲盛」，①宋人說：「某嘗謂李唐設科舉以網羅天下英雄豪傑，三百年間，號爲得人者，莫盛於進士」。②關於進士、明經、制舉，本書各有專章論述，爲敘述方便起見，這裡擬大致依《新唐書·選舉志》所列的次序，介紹秀才等科的情況。

二

秀才之稱，唐以前就有，但與科舉無關。關於唐代以前秀才含義的變化，清人趙翼《陔餘叢考》有一個概述，頗可作爲參考，其書卷二十八《秀才》條說：

《禮記》有秀才。《漢書·賈誼傳》，河南守吳公聞誼秀才，召置門下。秀才之名，始見於此。公孫宏奏博士弟子，內有秀才異等，輒以名聞。是皆謂之秀才者，非竟以爲士子之專稱也。晉世始有秀才之舉，永寧初，王接舉秀才，報友人書曰：「非榮此行，實欲極陳所言，冀有覺悟耳。」此士子專稱秀才之始。元帝時，所舉秀才皆不能試經，尚書孔坦請展限五年，聽其講習，詔許之，則秀才有不能試經者矣。後魏令中正掌選舉，其秀才對策第居上者表敘之。北齊令中書策秀才，濫劣者有罰墨汁之例。南朝亦重此科，王融、任昉俱有策秀才文，載《文選》，可考也。

蘇鶚《蘇氏演義》卷上說，唐代的秀才科與進士科，同置於唐高祖武德四年（六二一）：「近代以諸科取士甚多，武德四年，復置秀才、進士兩科，秀才試策　，進士試詩賦。其後秀才合爲進士一科。」按《函海》本《蘇氏演義》有清李調元序，謂：「蘇鶚字德祥，秦之武功人，唐光啓二年（八八六）進士，作《蘇氏演義》一篇。陳振孫稱其考究書傳，訂正名物，辨訛正誤，有益見聞。」《四庫全書總目提要》也稱蘇鶚此書「於典制名物，具有考證」（卷一一八子部雜家類）。《文獻通考》卷二十九《選舉考》二所載《唐登科記總目》，記唐高祖武德二年、三年、四年皆不貢舉，武德五年始載「秀才一人，進士四人」。則蘇鶚說秀才科設置於武德四年，當大致可信，即武德四年決定立秀才科，第二年即正式開科取士。但《蘇氏演義》這段話有兩點不確：一、唐初進士也試策，非試詩賦，試詩賦是在武后以後，這時秀才科已經停止。二、秀才科並不是合於進士科，而是由於一定的原因而廢止。

修成於開元時的政書《唐六典》，記載秀才科說：「其秀才試方略策五條，文理俱高者爲上上，文高理平、理高文平者爲上中，文理俱平者爲上下，文理粗通者爲中上，文劣理滯者爲不第。」又說：「此科取人稍峻，自貞觀後遂絕。」（卷二《吏部．考功員外郎》）③後來《通典》也說：「初秀才科等最高，試方略策五條，有上上、上中、上下、中上，凡四等。貞觀中有舉而不第者，坐其州長，由是廢絕。（卷十五《選舉》三《歷代制》）由此可知，第一，在唐初，秀才科在各種科目中是名望最高的。第二，考試是試方略策五條，即是說與進士試同樣試策文。所謂方略策，具體何所指，由於沒有策文傳下來，已不能確知其詳情，如作望文生義的推測，或者是陳述對國家大政方略的主張。第三，秀才科「自貞觀後遂絕」，至於廢絕的原因，《唐六典》說是由於所定的標準太高，《通典》說是如有舉送而落第，則州的長官要受責罰。這二者是可以統一起來的，就是說，秀才科所定的標準高，標準高則錄取的人少，人們就畏而不敢求試，而且州郡長官怕受連累，也就不敢舉送，這樣，就使得秀才科應試的人逐漸稀少，遂至廢止。

《舊唐書》卷一九〇上《文苑·張昌齡傳》謂：「張昌齡，冀州南宮人。弱冠以文詞知名，本州欲以秀才舉之，昌齡以時廢此科已久，固辭，乃充進士貢舉及第。」據徐松《登科記考》卷一，張昌齡爲太宗貞觀二十年（六四六）進士及第，則冀州要想將他以秀才科舉送，當在貞觀二十年以前。據《文獻通考》所載《唐登科記總目》，貞觀十一年、十二年、十三年、十四年、十五年、十八年、十九年皆有秀才登科，因此不能說「時廢此科已久」，但登第者每年只一、二人，要求太高，這就使人望而卻步，張昌齡固辭以此科舉送，是有其時代的原因的。

《新唐書·選舉志》又說：「高宗永徽二年，始停秀才科。」《玉海》所記更爲明確，說：「按登科記，永徽元年猶有秀才劉瑩一人，二年始停秀才舉。」（《文獻通考》所載《唐登科記總目》同）永徽二年爲六五一年，距張昌齡登進士第之貞觀二十年（六四六），晚五、六年。這當是：貞觀時，秀才科雖應舉者和錄取者寥寥，但仍時斷時續，如永徽元年就有劉瑩登第（《玉海》所據登科記，當係唐末五代人所存，是可信的），至永徽二年，則索性正式下令停舉，從此，作爲科目之一的秀才科，就在歷史上終止。過了六年，也就是高宗顯慶二年（六五七），劉祥道拜相，任黃門侍郎，主管吏部官員的選拔，曾經向皇帝上奏，論當時吏部銓注之失，其中第四條論到秀才科，他極力主張恢復秀才科，說：「國家富有四海，已四十年，百姓官僚，未有秀才之舉。豈今人之不如昔人，將荐賢之道未至？寧可方稱多士，遂間斯人。望六品已下。爰及山谷，特降綸言，更審搜訪，仍量爲條例，稍加優獎。不然，赫赫之辰，斯舉遂絕，一代盛事，實爲朝廷惜之。」（《舊唐書》卷八十一《劉祥道傳》）④劉祥道說唐開國四十年來，「未有秀才之舉」，這是誇張其辭，事實是秀才科登第者雖少，但還是有一些的，如據《文獻通考》中《唐登科記總目》，貞觀十八年一人，十九年三人，二十年一人。但比起進士、明經來，確是少得可憐，已處於難以爲繼的狀態。而劉祥道的主張，又因「公卿已下憚於改作，事竟不行」，因而秀才科也終於未能恢復。

《通典》論秀才科時又說道：「開元二十四年以後復有此舉，其時進士漸難，而秀才科本無帖經及雜文之限，反易於進士。主司以其科廢久，不欲收獎，應者多落之，三十年來無及第者。至天寶初禮部侍郎韋陟始奏請有堪此舉者令官長特荐，其常年舉送者並停。」《通典》的這段話，說的是秀才科自永徽二年停舉後的餘響。它說開元二十四年（七三六）以後，進士應試者增多，競爭加劇，考試場次中又有帖經及詩賦等項目，而秀才科只試策文，反而容易，因此又曾一度恢復。但主考者對此興趣不大，「不欲收獎」，故而實際上應試者也甚寥落，以至三十年來並未有一人及第。到天寶初，韋陟就索性奏請再度停常年舉送，所謂「有堪此舉者令官長特荐」，也不過是虛應故事罷了。

在唐代科舉史上，秀才科的施行時間雖然不長，但在唐代前期，也就是開元以前，它的聲望確實是高出於進士科的。這種情況我們可以從玄宗時的兩道判詞中看出。《全唐文》卷二九六載有權寅獻的《對鄉貢進士判》，判詞的開頭是：「鄉舉（一作貢）進士，至省求考秀才，考功不聽，求訴不已。」判詞中說：「進士以鋪翰振藻，見舉於鄉閭，文麗筆精，允光於省闥。據才雖稱片玉，無狀須依一名。出敬梓之鄉，但論進士；入握蘭之署，旋求茂才。名異奏名，事便於僻……請依鄉舉，謂充公途。」《全唐文》卷三九八又載趙邑的同題判詞，中云：「文藝小善，進士之能；訪對不休，秀才之目。……以窮鄉之莫知，徒舉其小；庶會府之達識，即致其大。」權寅獻與趙邑都是開元時人，從開頭所謂「考功不聽」一句來看，這兩道判文還是作於開元二十四年知貢舉者由考功員外郎改爲禮部侍郎之前。這裡說的是，有一個應進士試的舉人，到禮部報到後，請求改考秀才，考功員外郎不准，而舉人仍「求訴不已」，因此作此判詞，斷析這種情況。權寅獻與趙邑都傾向於考功的意見，認爲秀才的規格要比進士高，舉子不能臨時改易科目；趙邑說得更明確，他認爲進士偏重於文藝，只不過是「小善」，而對秀才的要求則是「訪對不休」，「會府之達識」。這大約代表唐代前期相當一部分人的看法。

這裡要注意的是，在這以後，也就是開元、天寶以後，凡是稱秀才的，一般就是稱進士科（有時也指明經），或者泛指一般的讀書人。這種情況初唐就有，如《全唐詩》卷三十八載孔紹安《別徐永元秀才》詩，孔紹安爲越州山陰人，南朝陳尚書孔奐之子，隋末任監察御史，入唐爲內史舍人。這首詩泛敘別離之情，稱徐永元爲秀才，並非送徐應秀才科，只是一種泛稱罷了。這種情況在初唐似乎只偶一爲之，天寶以後就相當普遍了。如權德輿《唐故揚州兵曹參軍蕭府君（惟明）墓志銘》謂：「天寶中舉秀才，數上，行過乎謙，竟不得居甲乙科。」（《權載之文集》卷二十五）此處所謂舉秀才，即指進士，因爲進士及第是分甲乙科的（詳後）。又如獨孤及《唐故朝散大夫中書舍人秘書少監頓丘李公墓志》（《毘陵集》卷十一），此頓丘李公爲李誠，卒於天寶七載（七四八），年五十三，其子二人，長曰興，次曰殷，「殷舉秀才甲科」。這裡的秀才甲科也就是進士甲科。《毘陵集》卷十八還有《策秀才問三道》，也是進士策試的試題。因爲唐代前期秀才科是美稱，⑤自從進士及第被譽爲登龍門以後，於是有些人就以秀才來稱呼進士科了。更多的場合，則是以秀才來稱呼一般的讀書人或應試舉子。如《玄怪錄》卷一《郭代公》篇，說「代國公郭元振，開元中下第，自晉之汾，夜行陰晦失道」。後來見一大宅，「公使僕前曰：『郭秀才見。』」宅內主人前來相見，問：「秀才安得到此？」小說這裡所寫的，無論是郭元振自稱，或主人相問，「秀才」一詞都是讀書人的意思。至於如權德輿《送密秀才貢舉》、《送裴秀才貢舉》（同上卷五），顯然都是指一般舉子而言。這類例子甚多，不一一列舉。

三

明法、明字、明算，都是考核專門人才的。雖如趙翼所說，這幾科都「不見貴」，它們之列入科舉項目，卻也爲唐代所獨有，因此在一定程度上也促使了這幾門學科的發展。

正因爲是考核專門人才，所以明法、明字、明算三者多從學館中培養。關於他們學習和考試的具體辦法，放到後面「學校」一章中去講，這裡只講明法的一般情況。

《舊唐書》卷五〇《刑法志》，記敘高宗即位後，命太尉長孫無忌等撰定律令格式，永徽三年（六五二），下詔：「律學未有定疏，每年所舉明法，遂無憑準。」由此可見，明法考試當也是每年舉行的，至少唐代前期是如此。但到唐末五代，情況就大不一樣，和凝《請減明法科選限奏》中說：「臣竊見明法一科，久無人應。今應令請減其選限，必當漸舉人，謹案課考令，諸明法試律令十條，以識達義理、問無疑滯者爲通，所貴懸科待士，自勸講學之功；爲官擇人，終免曠遺之咎。況當明代，宜舉此科。」（《全唐文》卷八五九）和凝於五代後唐時歷任禮部、刑部二員外郎，後知貢舉。⑥由和凝這一奏議，可知至少在五代時明法一科，「已久無人應」，這當是與社會動亂、吏治敗壞有關。中晚唐情況如何，限於材料，不得而知。

明法及第，也有任地方上縣一級基層官員的，如張說爲他的父親所作的《府君墓志》，稱：「年十九，明法擢第，解褐饒陽尉。」（《張說之文集》卷二〇）另有其父所作的《唐贈丹州刺史先府君碑》中也說：「以明法，歷饒陽、長子二尉，介休主簿，洪洞丞。」（卷同上）唐代進士、明經及第後，有時也授以縣尉、縣丞之職，從這點來說，明法與明字、明算不同，而與進士、明經相近。

據《舊唐書·穆宗紀》，三史科設置於長慶三年（八二三），《穆宗紀》長慶三年二月載：「諫議大夫殷侑奏禮部貢舉請置三傳·三史科，從之。」此事在《唐會要》卷七十六《貢舉中·三傳（三史附）》中有較詳的記載，據所載殷侑奏，所謂三史，是指司馬遷《史記》，班固《漢書》，范曄《

後漢書》，稱之爲「音義詳明，懲惡勸善，亞於六經，堪爲此教」。考試的辦法是：「每史問大義一百條，策三道，義通七、策通二以上爲及第。」從殷侑的奏疏中，還可知道，在此之前已有一史科；所謂一史，就是從《史記》、《漢書》、《後漢書》、《三國誌》中選其一史而通之。

徐松《登科記考》卷二十三，咸通七年（八六六）諸科及第中有幸軒，引《瑞陽志》（輯自《永樂穌典》）：「幸南容之孫名軒，咸通七年中三史科。」又《新唐書》卷一八三《朱朴傳》：「以三史舉，由荆門令進京兆府司錄參軍。」朱朴爲昭宗時人。由此可見，三史科自長慶二年設置以後，直至唐末仍有人應試，且及第後也有擔任地方官的。至於一史的情況，則不得而詳。

唐玄宗開元十四年（七二六），應通事舍人王嵒所請，修開元禮，後於開元二十九年（七四一）修成頒發，共一百五十卷，全名爲《大唐開元禮》。⑦但作爲科舉取士的項目之一，試開元禮起於何時，史無明文。《唐會要》卷七十六《開元禮舉》載：

> 貞元二年六月十一日敕：開元禮，國家盛典，列聖增修，今則不列學科，藏在書府，使效官者昧於郊廟之儀，治家者不達昏冠之義，移風固本，合正其源。自今以後，其諸色舉人中，有能習開元禮者，舉人同一經例，選人不限選數許習，但問大義一百條、試策三道，全通者超資與官，義通七十條、策通兩道以上者，放及第，以下不在放限。其有散官能通者，亦依正官例處分。至貞元九年五月二十日敕：其習開元禮人，問大義一百條、試策三道，全通者爲上等，大義通八十條以上、策兩道以上爲次第，餘一切並準三禮例處分，仍永爲常式。

從這條文字看來，則開元禮設科似即在貞元二年（七八六）以後，至貞元九年（七九三）又重申考核辦法，就已經固定化了。又據《唐會要》同卷所載，元和八年（八一三）四月吏部奏，把開元禮與「學究一經」並提。「學究一經」是屬於明經科的，可見開元禮的考核實與明經相近，而凡應開元禮及第的，大多授予太常寺的官職。太常寺乃掌管朝廷的禮樂、郊廟、社稷之事（可參見兩《唐書》的《職官志》、《百官志》）。

李唐王朝本來攀附老子爲本家，借以抬高其身價，因此立國之初，即崇尚道教。這種風氣到玄宗後期更盛。開元末、天寶初，由於玄宗的倡導，整個社會對道教的尊崇以及與此有關的迷信活動，使得整個社會烏煙瘴氣，道舉就是在這種情況下開始設置的。據說開元二十九年（七一四）正月，玄宗在一個晚上做了個夢，夢見老子（在唐代尊稱他爲「玄元皇帝」）告訴他說：「吾有像在京城西南百餘里，汝遣人求之，吾當與汝興慶宮相見。」李耳的托夢，使得玄宗的活動掀起又一個高潮，於是派人從長安西南的周至山谷間求得老子像，迎置於城內的興慶宮，當年五月，「命畫玄元眞容，分置諸州開元觀」（《通鑑》卷二一四）。也就在這同時，設置了道舉科。

《舊唐書．玄宗紀》開元二十九年正月載：「丁丑，制兩京、諸州各置崇元皇帝廟並崇玄學，令習《老子》、《莊子》、《列子》、《文子》，每年準明經例考試。」《新唐書．選舉志》也載：「（開元）二十九年，始置崇玄學，習《老子》、《莊子》、《文子》、《列子》，亦曰道舉。其生，京、都各百人，諸州無常員。官秩、蔭第同國子，舉送、課試如明經。」

開元二十九年九月，玄宗還在興慶門親試應道舉科的舉人，規格如同制科，已經超出進士、明經等科（進士、明經只是禮部試，從無皇帝親試的）。這頭一年的道舉科，應試對策的有五百多人，後來代宗時的宰相元載就是這次及第的。晚唐人高彥休《唐闕史》說：「明皇朝，崇尚玄元聖主之教，故以道舉入仕者歲歲有之。」（卷下《太清宮玉石像》）事實確實如此，如天寶七載（七四八）還再一次下詔：「道教之設，風俗之源，必在弘闡，以敦風俗，須列四經之科，冠九流之首……天下諸色人中，有通明《道德經》及《南華》等四經，任於所在自舉，各委長官考試申送。」（《唐大詔令集》卷九《天寶七載冊尊號赦》）我們現在回過頭來看這段歷史，當然會覺得這實在是荒唐的舉動，但在時代風氣之下，那時的人們對此卻是一本正經、並不以爲怪。如著名詩人岑參就寫有與此有關的一首詩：

雲送關西雨，風傳渭北秋。孤燈燃客夢，寒杵搗鄉愁。灘上思嚴子，山中憶許由。蒼生今有望，飛詔下林丘。

這首詩的題目是《宿關西客舍寄東山嚴許二山人時天寶初七月初三日在內學見有高道舉徵》（《岑參集校注》卷一）。這就是說，詩作於天寶元年，岑參在關中，因見朝廷有道舉之徵召，就特地寫了這一首詩，希望隱居在嵩山的嚴、許二位山人出來應試。「蒼生今有望，飛詔下林丘」，我們的詩人竟如此天眞地抱著誠摯的期望，可見時代的風氣給予人的影響的強烈。

除了岑參，還有大詩人李白。他有《送于十八應四子舉落第還嵩山》詩（《李白集校注》卷十七。）

這裡所謂的四子舉，就是開元二十九年設置的《老》、《莊》、《列》、《文》。詹鍈先生認為此詩係天寶三載（七四四）春作，那時李白還在長安任供奉翰林之職。李白似乎也把老子當成他的始祖，而且眞誠地信奉：「吾祖吹橐籥，天人信森羅。歸根復太素，群動熙元和。」于十八應道舉落第，李白安慰他，讓他寬心：

勸君還嵩丘，開酌盼庭柯。三花如未落，乘興一來過。

李白雖然對道舉科未予否定，但他認為于十八下第，返歸嵩山，更能領略大自然的樂趣與眞諦，這是他與當時道教迷信的崇奉者與製造者不同的地方。

前面所引的王鳴盛《十七史商榷》的一段話，說：「若道舉，僅玄宗一朝行之，旋廢。」從現有材料看來，王鳴盛的這一論斷並不確切。如權德輿的文集中就有《道舉策問二道》、《道舉策問三道》、《道舉策問（一道）》等（《權載之文集》卷四〇）。這當是權德輿在德宗貞元年間知貢舉時所作。又如皮日休有《請〈孟子〉為學科書》，其中說：「今有司除茂才、明經外，其次有熟莊周、列子書者亦登於科。其誘善也雖深，而懸科也未正。夫莊、列之文，荒唐之文也，讀之可以為方外之士，習之可以為鴻荒之民，有能汲汲以救時補教為志哉？伏請命有司去莊、列之書，以《孟子》為主，有能精通其義者，其科選似明經。」（《皮子文藪》卷九）從皮日休的這一段文中，可以見出以《莊》、《列》為核心內容的道舉科，到晚唐時仍還舉行。

《新唐書·選舉志》談童子科說：「凡童子科，十歲以下能通一經，及《孝經》、《論語》，卷誦文十，通者予官；通七，予出身。」童子科的首要條件，是年齡須在十歲以下，這是唐朝廷多次重申的，如《唐會要》卷七十六《貢舉》中記廣德二年（七六四）五月二十四日敕，說「童子仍限十歲以下者」，大曆三年（七六八）四月二十五日敕，「童子舉人取十歲以下者」。宣宗大中十年（八五六）三月，中書門下奏，就曾批評當時應童子科者超過年齡的規定，說是：「其童子科近日諸道所荐送者，多年齡已過，僞稱童子，考其所業，又是常流。」（《舊唐書·宣宗紀》）唐代前期，從童子科中確實出了一些人才，如楊炯十歲及第，⑧裴耀卿八歲及第，⑨劉晏七歲及第，⑩等等。但後來因產生僞報年齡、學業不修等弊病，就時行時停，如廣德二年（七六四）停，大曆三年（七六八）又復，大曆十年（七七五）再停，開成三年（八三八）下令今後不得更有聞荐。但正如馬端臨所說：「雖有是命，而以童子爲荐者比比有之。」（《文獻通考》卷三十五《選舉考》八）至五代時張允又有《請罷童子科奏》，其中說：「童子每當就試，止在念書背經，則雖似精詳，對卷則不能讀誦，及成名貢院，身返故鄉，但刻日以取官，更無心而習業，濫蠲徭役，虛占官名。其童子一科，亦請停廢。」（《全唐文》卷八五五）張允的奏議，不只在年齡上發議論，而是揭示童子科考試本身的弊端，而且指出，童子科一旦得第，又能豁免徭役，享受特權，減少國家的收入，增加社會的負擔。可能在這之後，童子科遂即停止。

除了《新唐書·選舉志》所載的科目以外，還有兩種順便在這裡說一說，一是日試百篇科，一是日試萬言科。

日試百篇科見於白居易《日試百首田夷吾、曹璠等授魏州、兗州縣尉制》：

> 敕：乃者魏、兗兩帥，以田夷吾、曹璠善屬文，貢置闕下。有司奏報，明試以詩，五言百篇，終日而畢。藻思甚敏，文理多通。賢侯荐延，宜有升獎。因其所貢郡縣，各命以官。而倚馬爰來，衣錦歸去，以文得祿，亦足爲榮。可依前件。

此見於《白居易集》卷五十二中書制誥。按白居易於元和十五年（八二〇）十二月任主客郎中、知制誥，長慶元年（八二一）十月眞授中書舍人，長慶二年七月自中書舍人外出爲杭州刺史。這首制詞當是作於長慶元年至二年七月以前。從制詞中可知，這所謂日試百篇，皆非歲舉之常科，而是由藩鎭臨時向朝廷舉荐，再由朝廷加以考核，也不經過吏部試，就直接授以官職。可能田、曹二人本來就是魏州、兗州兩節度使幕府中的人物，因此朝廷考試及第後再回原來的節鎭。但這種考試又與制舉不同，制舉主要是考策文，而且名義上又由皇帝親試，而這所謂日試百篇科卻試的是詩歌，這點又與進士科相近。

另一是日試萬言科。據《唐詩紀事》卷六十六載：

> 長沙日試萬言王璘，詞學富贍，崔詹事廉問表荐於朝。先試之使廨，璘請十書吏，皆給筆札，璘口授，十吏筆不停輟。首題《黃沙賦》三千字，復爲《鳥散餘花落》詩二十首，援筆而就，時忽風雨暴至，數幅爲回飆所卷，泥滓沾漬。璘曰：「勿取，但將紙來。」復縱筆一揮，須斯復十餘篇矣。時未停午，已七千餘言。時路巖方當鈞軸，遣一介召之。璘杖策而歸，放曠杯酒

間，雖屠沽無間然矣。璘與李群玉相遇於岳麓寺，群玉曰：「公何許人？」璘曰：「日試萬言王璘！」

路巖拜相是在懿宗咸通五年（八六四）至十二年（八七一），王璘應日試萬言即在這一時期之內。試的是詩賦，也與進士科相同。王璘雖然落第了，但卻以曾應此科而自負。可以注意的是，王璘也是由湖南觀察使向朝廷推荐的（據吳廷燮《唐方鎭年表》卷六，咸通六年至八年崔黯爲湖南觀察使），這與田夷吾、曹璠由魏、兗兩鎭舉荐相同。這兩科既與進士、明經等常科不同，也與制舉有別，無所歸屬，因此放在這一章中附帶敘述，可以看出唐代科舉項目的繁多。

四

從以上的敘述中可以得出兩點認識：

第一，秀才、明法、開元禮、道舉等科，在唐代，就其重要性來說，都比不過進士、明經和制科。秀才在唐初爲尤異之科，但時間極短，只不過三、四十年，而且所取的人也寥寥無幾，未有什麼名人。道舉在玄宗天寶年間盛極一時，但也不過聊作點綴。三史、開元禮都始於中唐，明法、明字、明算都偏於一隅，與當時政局都很少關涉。在唐代，做到宰相和六部大員，及地方州郡長官的，很多是通過進士、明經和制科而逐步得到升遷；進士、明經和制科代表了唐代科舉制的主要特點，也是唐代高級官員入仕的重要途徑。

第二，唐代科舉項目的衆多，説明了兩方面的問題：一方面，經過隋末農民大起義的打擊，世族門閥地主在經濟和政治上的控制權基本上被剝奪，大批非士族出身的地主在掌握了一定的文化知識以後，也要求取得一定的政治地位，他們希望通過各種渠道取得大小官職，而不同要求的科目正好適合這種需要。另一方面，對於地主階級國家來説，在全國大一統的局面下，設置衆多的科目，通過考試來選拔管理人材，是團結地主階級的大多數、鞏固其統治的一種有效的辦法。科目的多樣性，考試辦法、考試内容的相對靈活性，反映了唐代作爲中國封建社會充分發展時期的歷史特點。

【附註】

① 《全唐文》卷九六六，大和九年十二月中書門下奏：《請更定三考奏改並及第人數奏》。

② 宋華鎮《上門下許侍郎書》（《雲溪居士集》卷二十四。據《宋史》卷三四三《許將傳》，將於徽宗崇寧時爲門下侍郎）

③ 《唐六典》卷二《吏部．考功員外郎》：「凡諸州每歲貢人，其類有六，一曰秀才，二曰明經，三曰進士，四曰明法，五曰書，六曰算。」又卷四《禮部》：「凡舉試之制，每歲仲冬率與計偕，其科有六，一曰秀才，二曰明經，三曰進士，四曰明法，五曰書，六曰算。……凡此六科，求人之本，必取精究理實，而升爲第。」又《通典》卷十五《選舉》三《歷代制》：「其常貢之科，有秀才，有明經，有進士，有明法，有書，有算。」

④ 劉祥道此奏，又見《通典》卷十七《選舉》五《雜論議》中。

⑤ 顧炎武《日知錄》卷十六《秀才》條，中云：「玄宗御撰《六典》，言凡貢舉人，有博識高才、強學待問、無失俊選者爲秀才，通二經以上者爲明經，明閑時務、精熟一經者爲進士。《張昌齡傳》，本州卻以秀才舉之，昌齡以時廢此科已久，固辭，乃充進士貢舉及第。是則秀才之名，乃舉進士者之所不敢當也。」

⑥ 見《舊五代史》卷一二七《和凝傳》。

⑦ 據《唐會要》卷三十七《五禮篇目》。

⑧ 參視拙著《唐代詩人叢考·楊炯考》，中華書局一九八〇年一月版。

⑨ 見孫逖《裴公德政頌》（《全唐文》卷三一二），王維《裴僕射遺愛碑》（趙殿成《王右丞集箋注》卷二十一）。

⑩《舊唐書》卷一四九《劉晏傳》。

第三章 鄉 貢

五代詞人牛希濟寫道：

郡國所送，群眾千萬，孟冬之月，集於京師，麻衣如雪，滿於九衢。——《薦士論》（《全唐文》卷八四六）

這些集中於長安通道的士子們，他們是從哪裡來的呢？他們又是通過什麼樣的考試途徑，經歷了什麼樣的悲喜遭遇，風塵僕僕，來至這座「複道斜通鳷鵲觀，交衢直指鳳凰臺；小堂綺帳三千戶，大道青樓十二重」（駱賓王《帝京篇》）、「玉輦縱橫過主第，金鞭絡繹向侯家；百丈游絲爭繞樹，一群嬌鳥共啼花」（盧照鄰《長安古意》）的繁華帝都的呢？

從本章開始，我們將按照科舉考試的順序，對舉子們的活動，作一些具體的介紹。

一

前面說過，唐代的常科一般是每年舉行的，因此也叫歲舉。舉子的來源有兩種途徑，由中央和地方的各類學館，經過規定的學業考試，選拔送到尚書省的，叫生徒：「而舉選不由館、學者，謂之鄉貢，皆懷牒自列於州、縣」（《新唐書·選舉志》）。關於唐代的各級各類學校，後有專章論述，這裡不作細講。關於鄉貢的情況，韓愈在一篇《贈張童子序》中說：

> 始自縣考試定其可舉者，然後升於州若府，其不能中科者，不與是數焉。州若府總其屬之所升，又考試之如縣，加察詳焉，定其可舉者，然後貢於天子而升之有司，其不能中科者，不與是數焉。——謂之鄉貢。（《韓昌黎文集校注》卷四）

這就是說，鄉貢是先由縣一級考試，經過淘汰，選取若干名送到中央，然後會同生徒一起參加尚書省的有關機構考試（前期是吏部考功司，開元以後是禮部，詳後）。鄉貢是唐代選拔官吏制度有別於過去時代察舉制和九品中正制的主要的標誌，這就是：一是經過逐級考試，憑考試成績決定取捨和名次高低，二是所謂「懷牒自列於州、縣」，不分門第高下，不問士族寒門，都可以按照正常條件報名投考，因此中唐時的李肇，在其所著《國史補》中，就簡單明瞭地說「投刺謂之鄉貢」（卷下）。這在封建國家政體的演進上應該說是一個飛躍，因爲它從法律上規定了國家行政機構的組成是向著整個地主階級成員開放的，這就把地主階級各個階層吸引到政權的周圍，擴大和鞏固了統治的基礎，打破了一小部分豪門世族霸占政權的壟斷局面。這在當時來說，應該說是一次人才的解放。唐朝文化的空前繁榮與發達，與人才解放這一歷史性事件的出現是有直接關係的。

我們可以再進一步看看學校與鄉貢的地位輕重，在唐代前後期的變化。

學校的具體情況，本書在後面將有敘述，這裡只簡單提一下。唐代的國子監共分六學，即國子學、太學、四門學、律學、書學、算學。就讀的生徒，有著明顯的出身等級的差別。如據《新唐書·選舉志》所載，國子學生徒三百人，「以文武三品以上子孫若從二品以上曾孫及勛官二品、縣公、京官四品帶三品勛封之子爲之」；太學生五百人，「以五品以上子孫、職事官五品期親若三品曾孫及勛官三品以上有封之子爲之」；四門學生一千三百人，其中五百人「以勛官三品以上無封、四品有封及文武七品以上子爲之」，八百人「以庶人之俊異者爲之」；律學生五十人，書學生三十人，算學生三十人，「以五品以下及庶人之通其學者爲之」。律、書、算都是專門之學，這方面的人才在政治上起不了多大作用，因此不僅人數少，而且對於家庭出身的等級要求也不高。國子學、太學、四門學各有差次，它們與弘文、崇文兩館的生徒，是通向科舉入仕的主要學館，往往品級越高的子弟就更易取得入仕的機會。

《唐摭言》說：「開元以前，進士不由兩監者，深以爲恥。」（卷一《兩監》）所謂兩監，就是西監和東監，西監是西京長安的國子監，東監是東都洛陽的國子監。國子監是當時的最高學府。《唐摭言》卷一《進士歸禮部》條又說：「永徽之後，以文儒亨達，不由兩監者稀矣。於是場籍，先兩監而後鄉貢。」永徽是唐高宗的年號（六五〇—六五五）。這就是說，高宗、武則天統治時，以及玄宗的開元前期，進士及第而享文名的，大多從東西兩京國子監生徒出身，如不經兩監就學，則「深以爲恥」。而主考官在取捨中，也有意偏重生徒。《唐摭言》曾舉例說，高宗咸亨五年（六七四），考功員外郎覆試十一人，其中只張守貞一人爲鄉貢；開耀二年（六八二），考官劉思立所取五十一人，只雍思泰一人爲鄉貢；永淳二年（六八三），劉廷奇取五十五人，只元求仁一人爲鄉貢；武則天光宅元年（六八四），劉廷奇重試所取十六人，只康廷芝一人爲鄉貢；長安四年（七〇四），崔湜取四十一人，只李溫玉稱蘇州鄉貢（卷一《鄉貢》）。《唐摭言》的作者王定保似乎對這種重兩監的情況頗爲嚮往，他不無感慨地說：「洎乎近代，厥道衰微，玉石不分，薰蕕錯雜。長我之生殊缺，遠方之來亦乖。」（卷一《進士歸禮部》）王定保是五代人，他所說的近代，時代的概念並不十分明確，似乎應該指的是晚唐，但書中所舉鄉貢與學校地位輕重變化的例子又是玄宗的天寶開始，他說：「爾後物態澆漓，稔於世祿，以京兆爲榮美，同、華爲利市，莫不去實務華，棄本逐末；故天寶十二載（七五三）敕天下舉人不得言鄉貢，皆須補國子監及郡學生。廣德二年（七六四）制京兆府進士，並令補國子生，斯乃救壓覆者耳。奈何人心既去，雖拘之以法，猶不能勝，矧或執大政者不常其人，所立既非自我，則所守亦不堅矣。」（卷一《兩監》）

玄宗的開元、天寶時期，是唐朝社會的一個轉折點。這時唐朝立國已一百多年，隨著封建經濟的發展，豪強地主對於土地的兼併日益加劇，均田制也就終於破壞。隨著土地制度這一根本情況的變化，兵農合一的府兵制也逐步爲募兵制所代替。與此同時，租庸調法也逐漸流於形式，中唐時終於代之以兩稅法。再加上對外戰爭以及內亂，這一切，都促成人口的流動，使不少人徙居不定，不能長期在本籍居住。天寶以後，社會的不安和動亂，又使得政府缺乏足夠的經濟力量來興辦學校，不少學校徒具名義，教員資糧不充，又人非其材，學生不安於學，這在韓愈的《進學解》中也可窺見一二。憲宗時的宰相李絳《請崇國學疏》說：「自羯胡亂華，乘輿避狄，中夏凋耗，生人流離，儒碩解散，國學毀廢，生徒無鼓篋之志，博士有倚席之譏，馬厩園疏，殆恐及此。」（《全唐文》卷六四五）《通鑑》永泰元年（七六五）十二月也記載：「自安史之亂，國子監室堂頽壞，軍士多借居之。」而中唐以後，地方經濟又有所發展，尤其是長江流域以及兩廣、福建一帶，經濟上升，隨之而來的就有大批中小地主階級文人興起，他們缺乏資格就讀於兩都的國子監，而又想要通過科舉來開拓仕途。這樣，鄉貢重於國學的情況就在客觀形勢的變化中確立。

從天寶開始，唐朝政府在正式文告中，曾好幾次重申須由國子學生徒應科舉試，如：

（天寶十二載）「七月壬子，天下齊人不得鄉貢，須補國子學生然後貢舉」（《舊唐書·玄宗紀》）

舉人舊重兩監，後世祿者以京兆、同、華爲榮，而不入學。（天寶）十二載，乃敕天下罷鄉舉，舉人不由國子及郡、縣學者，勿舉送。……十四載，復鄉貢。（《新唐書·選舉志》）

天寶十二載七月十三日詔，天下舉人，不得充鄉賦，皆須補國子學士及郡縣學生，然後聽舉。至至德元年（七五六）以後，依前鄉貢。（《唐會要》卷七十六《貢舉中·緣舉雜錄》）

文宗大和七年（八三三）赦節文，應公卿士族子弟取來年正月以後不先入國學習業者不在應明經、進士之限。（《文獻通考》卷四十二《學校考》二）

會昌五年（八四五）三月，中書門下奏，貢舉人並不許於兩府取解，仰於兩都國子監就試。（《唐會要》卷七十六《貢舉中·進士》）

文告的屢次申明舉人須經國子監就學方能應試，禁止鄉貢，恰好從反面說明，從天寶開始，由鄉貢入試者的比重已大大超過國子監生徒，登第者也已非高宗、武后時那樣鄉貢只占一、二個名額。如果鄉貢不成爲大勢所趨，唐朝政府就根本沒有必要作出這些敕令的。鄉貢比起學館來，對於門第的要求相對來說較爲寬一些，天寶以後由鄉貢應舉者超過學館，說明一般非身份地主（大多爲中小地主）在科舉中所占比重的提高。這一歷史性的變化是值得重視的。

二

唐代鄉貢，由各州、府向中央報送的人數是多少呢？

《通典》有一個記載，說：「大唐貢士之法，多循隋制，上郡歲三人，中郡二人，下郡一人，有才能者無常數。」又說：「其不在館學而舉者謂之鄉貢。舊令諸郡雖一二三人之限，而實無常數。」（卷十五《選舉》三《歷代制》下）《唐摭言》則進一步確認這項規定的時間是在開元二十五年（七三七）：「開元二十五年敕，應諸州貢士，上州歲貢三人，中州二人，下州一人；必有才行，不限其數。」（卷一《貢舉釐革並行鄉飲酒》）而根據《新唐書·地理志》，唐太宗貞觀十三年（六三九）定簿，當時州府共三百五十八，縣一千五百五十一。開元、天寶之際爲唐代疆域的極盛時期，據開元二十八年（七四〇）戶部賬，當時凡郡（即州）府三百二十八，縣一千五百七十三。如大致按開元二十八年所定郡府計算，再據《通典》、《唐摭言》所記上中下州郡貢士的規定，則每年的舉子最多不超過一千人，或者只有六七百人。

這裡應當注意兩點：第一，《通典》、《唐摭言》所說的，只是指進士和明經，並不包括制舉和其他科目。第二，兩書都說：必有才行，不限其數。這就是說，如果確有文才和德行，就可不受一二三數字的限制（這在玄宗之前就已是如此，如《全唐文》卷十九載睿宗《申勸禮俗敕》中說：「每年貢明經、進士，不須限數，貴在得人」）。有了這一補充規定，貢士的數字也就必然增加。實際上，單是明經和進士，每年報送到京都的決不止一千人。柳宗元《送辛殆庶下第遊南鄭序》中曾說：

朝廷用文字求士，每歲布衣束帶，偕計吏而造有司者，僅半孔徒之數。（《柳宗元集》卷二十三）

照此說來，則每年集合於長安的舉子，大約有一千六百人左右，而韓愈的估計則更多，他說當時長安的人口達百萬，前來考試的讀書人，連同其僕人，占長安人口的百分之一（《論今年權停選舉狀》，作於貞元十九年秋）。按照韓愈的說法，應試者就有五七千人。韓愈的話可能有誇張，而且他是連同制舉等科而言的，但無論如何，在正常年份，每年到長安應試的，二三千人是會有的。這一點，我們只要看一下武宗會昌五年（八四五）的一個規定，就可更加清楚。《唐摭言》卷一有《會昌五年舉格節文》，具體地限定國子監及各節鎮所送明經、進士的人數，很有參考價值，今抄錄於下：

公卿百寮子弟及京畿內士人寄客外州府舉士人等修明經、進士業者，並隸名所在監及官學，仍精加考試。所送人數：其國子監明經，舊格每年送三百五十人，今請送三百人；進士，依舊格送三十人；其隸名明經，亦請送二百人；其宗正寺進士，送二十人；其東監、同、華、河中所送進士，不得過三十人，明經不得過五十人。其鳳翔、山南西道、東道、荆南、鄂岳、湖南、鄭滑、浙西、浙東、鄜坊、宣商、涇邠、江南、江西、淮南、西川、東川、陜虢等道，所送進士不得過一十五人，明經不得過二十人。其河東、陳許、汴、徐泗、易定、齊德、魏德、澤潞、幽、孟、靈夏、淄青、鄆曹、兗海、鎮冀、麟勝等道，所送進士不得過一十人，明經不得過一十五人。金汝、鹽豐、福建、黔府、桂府、嶺南、安南、邕、容等道，所送進士不得過七人，明經不得過十人。其諸友郡所送人數，請申觀察使爲解都送，不得諸州各自申解。

會昌年間，重學校而輕鄉貢，因此國子監所送生徒，占了很大的比數。現在按照這段文字的記載，含學校與各地所送，凡明經一千三百九十人，進士六百六十三人，總計爲二千零五十三人，比柳宗元《送辛殆庶下第遊南鄭序》所說的多四百餘人，而比韓愈所說的要少一二千人。要注意的是，會昌五年舉格所說的數字，是極限，就是說最多不得超過這些數目，由此可見，在這之前，一定是較多地超過這些數目的，因此才有這次的限額。

三

本節論士人舉送的時間和禮節。

《唐摭言》卷一《統序科第》條載唐高祖武德四年（六二一）四月一日敕，諸州有「明於理體，爲鄉里所稱者，委本縣考試，州長重覆，取其合格，每年十月隨物入貢。」就是說，經過縣和州兩級考試合格，於十月間隨貢物一起送到京都。但《新唐書、選舉志》卻說是「每歲仲冬，州、縣、館、監舉其成者送之尙書省。」仲冬是十一月。徐松在《登科記考》卷一武德四年條已注意到兩書所記月份的差異，說《新志》所記，「與《摭言》言十月者異」。但徐松沒有作出案斷。前面所引牛希濟《荐士論》也說是「孟冬之月，集於京師」。孟冬即十月。

《新唐書·選舉志》當是本杜佑的《通典》，《通典》記舉送的時間與禮節說：

> 每歲仲冬，郡、縣、館、監課試其成者，長史會屬僚，設賓主，陳俎豆，備管弦，牲用少牢，行鄉飲酒禮，歌《鹿鳴》之詩，徵耆艾，敘少長而觀焉。既餞而與計偕。（卷十五《選舉》三《歷代制》下）

《通典》說仲冬時才設餞送行，舉行鄉飲酒禮，時是太晚了，與唐人的其他記載不合。歐陽詹有《泉州刺史席上宴邑中赴舉秀才於東湖亭序》，說：「貞元癸酉歲，邑有秀士八人，公將首荐於闕下。秋八月，與八人者鄉飲之禮既修，遂有東湖亭之會。」（《歐陽行周文集》卷九）貞元癸酉是貞元九年（七九三）。歐陽詹是貞元八年進士及第的，這篇文章當是他在進士及第後回福州，第二年參與泉州刺史餞送舉士時所作。因爲是當時人寫當時事，應該說是可信的。從文中可知，行鄉飲酒禮與餞送都是在八月。這當是因爲泉州離長安路程較遠，根據那時的交通條件，起程是要早一些的，以便十月間趕到京都。歐陽詹另外還有一首送人赴舉詩，題爲《賦得秋河曙耿耿送郭秀才赴舉雜言》（《歐陽行周文集》卷二），其中的兩句說：

> 月沒天欲明，秋河尙凝白。

看來這也是在八月間。另外，《新唐書》卷一六六《令狐綯傳》曾經記載一事，說令狐綯在宣宗時任宰相，他的兒子令狐滈避嫌不得舉進士，但令狐綯極想令狐滈能早日進士及第。因此等到宣宗死，懿宗即位，令狐綯就馬上辭去相位，並且請求讓滈應進士試，得到了皇帝的允許，令狐滈果然就在當年進士及第，這中間自然還有種種請托、舞弊等關節，引起了當時輿論的非議。《新唐書》的傳中說：「諫議大夫崔瑄劾奏綯以十二月去位，而有司解牒盡十月，屈朝廷取士法爲綯家事，請按御史按實其罪。」令狐綯的事以後再談，這牽涉到唐代科舉中的弊病；這裡可以注意的是「有司解牒盡十月」，就是說京兆府舉送到十月爲止（《冊府元龜》卷六五一《貢舉部·謬濫》載崔瑄奏議，亦謂「伏以舉人文卷皆須十月以前送納」）。從這些情況看來，則是各地將舉子於十月送到京都的說法是較爲可靠的，而行鄉飲酒之禮又在此之前，譬如泉州，如歐陽詹的文中所說，就是在八月。

關於鄉飲酒禮，前面所引歐陽詹的文中曾經提到。《新唐書·選舉志》說：「試已，長吏以鄉飲酒禮，會僚屬，設賓主，陳俎豆，備管弦，牲用少牢，歌《鹿鳴》之詩，因與耆艾敘長少焉。」大約是州的刺史主持，邀約州中有聲望有文名的人物參與，舉行禮樂，送本州所貢的舉士。《通典》卷一三〇《禮》九〇《鄉飲歌》一節有詳細的記載，其禮至爲繁縟，如說：「鄉飲酒之禮，刺史爲主人（小注：此爲貢人之中有明經、進士出身兼德行孝悌灼然明著德表門閭及有秀才，皆刺史爲主人；若無，上佐攝行事）。先召鄉之致仕有德者謀之，賢者爲賓，其次爲介，又其次爲衆賓，與之行禮而賓舉之。」以下敘述具體細節，繁瑣之極，爲省篇幅，不再引述，這裡僅引《通鑑》卷二一二開元六年（七一八）

八月「頒鄉飲酒禮於州縣」條胡三省注，以見其大概：

唐鄉飲酒之禮，刺史爲主人，先召致仕鄉有德者謀之，賢者爲賓，其次爲介，其次爲衆賓，與之行禮。縣則令爲主人，鄉之老人年六十以上有德望者一人爲賓，次一人爲介，又其次爲三賓，又其次爲衆賓。年六十者三豆，七十者四豆，八十者五豆，九十者及主人皆六豆。主、賓、介、三賓、衆賓既升，即席，工持瑟升自階就位，鼓《鹿鳴》。卒歌，笙入立於堂下北面，奏《南陔》。乃間歌，歌《南有嘉魚》，笙《崇丘》，乃合樂《周南·關雎》、《召南·鵲巢》。司正升自西階，贊禮，揚觶，而戒之以忠孝之本，主、賓、介以下皆再拜。莫酬既畢，乃行無算爵，無算樂。

胡注是從《通典》概括出來的，省去不少層次，但即以此而論，繁文縟節也已很可觀了（據《唐會典》卷二十六所載，鄉飲酒禮的頒行，始於太宗貞觀六年（六三二），此年詔曰：「可先錄鄉飲酒禮一卷，頒行天下，每年令州縣長官，親率長幼，遞相勸勉，依禮行之，庶乎時識廉恥，人知敬禮。」）但實際上並未貫徹施行，唐隆元年（七一〇）七月十九日敕中就說「鄉飲酒禮之廢，爲日已久」；開元十八年（七三〇）裴耀卿爲宣州刺史時上疏，也說「竊以鄉飲酒禮頒於天下，比來唯貢舉之日，略用其儀，閭里之間，未通其事」。至開元二十五年則又重申：「其所貢之人，將申送一日，三鄉飲酒禮」）。當時舉送士子時，是否即按照這種儀式施行，是大可懷疑的，至少要打很大的折扣。睿宗景雲元年（七一〇）七月十九日詔令，就已經指出，「鄉飲之禮，廢日已久」。①晚唐人劉蛻在一篇文章中還專論此事，說：「昨日送貢士堂上，得觀大禮之器，見籩豆破折，尊盂穿漏，生徒倦怠，不稱其服，賓主向背，不習其容。嗚呼，天下所以知尊君敬長，小所以事大者，抑非其道乎？天下之用其道不過於一日，尚猶偷惰如此，況天下尊君敬長能終日者乎？」（《江南論鄉飲酒禮書》，《劉蛻集》卷六）唐代前期，如睿宗時，已經說鄉酒禮廢日已久，晚唐時軍閥割據，戰亂頻仍，這種不急之務當然更不爲人所重視，劉蛻說的是江南的情況，江南在當時還算是社會較爲安定、經濟較爲發達的，尚且已是如此，北方就更不足論了。

唐人及後世所稱道的唐人餞送舉子行鄉飲酒禮，在大多數場合，恐怕只不過是具文而已。

四

據《宋史》卷一五五《選舉志》一，眞宗景德四年（一〇〇七），曾訂定《考校進士程式》，頒各地施行。其中規定：「士不還鄉里而竊戶他州以應選者，嚴其法。每秋賦，自縣令佐察行義保任之，上於州，州長貳復審察得實，然後上本道使者類試。」這就是說，士人必須還本籍應鄉試，不能「竊戶他州以應選」，否則要嚴加懲辦。清人趙翼《陔餘叢考》卷二十九《寄籍》一條，曾引宋人《閑居詩話》，記當時發生的一件事情：福州人周總，眞宗天禧二年（一〇一八）應鄉試，來不及還本州，恰好有故人爲譙郡太守（宋代應爲知州），就前去投奔，「而國家申嚴條約，不許寄籍」，周總就認當地的一個郡吏周吉爲父，其祖上三代的名字也寫上周吉的。鄉試果然考中了，而周總的父親聞知其事，寄了一首詩給他，說：「文章不及林洪範，德行全虧李坦然。若拜他人爲父母，直須焚卻《蓼莪》篇。」周總接到詩後，「遂鬱鬱以卒」。這大約是實有其事的，從這件事情中我們可以知道天禧二年仍施行景德四年還本籍鄉試的規定。周總之所以冒認周吉爲父，因爲周吉既是同姓，又是譙郡本地人氏，這也算是冒籍，在那時是非法的。

這是宋代的情況，唐代的情況怎樣呢？前面引述過的《唐摭言》卷一所載武德四年四月一日敕，說諸州有「明於理體、爲鄉里所稱者，委本縣考試，州長重覆」云云，似也是舉本地籍貫。《舊唐書》卷八十四《郝處俊傳》載：「郝處俊，安州安陸人也。……貞觀中，本州舉進士，吏部尚書高士廉奇之，解褐授著作佐郎。」這是唐代初期由本州舉送的例子。中唐時孟郊有《湖州取解述情》詩（《孟東野詩集》卷三），中說：「霅水徒清深，照影不照心。白鶴未輕舉，衆鳥爭浮沉。因茲掛帆去，遂作歸山吟。」孟郊是湖州武康人，故於湖州舉送取解，②時爲貞元七年（七九一）。但自中唐時起，有更多的材料記載士人不限於本州舉送，而可以在別州應試而入舉。如大詩人白居易籍貫爲太原下邽，出生於鄭州，父親死後，奉母居於洛陽。貞元十四年（七九八）春，其兄幼文任饒州浮梁縣主簿，他的叔父季康這時又在宣州的溧水做官。饒州與宣州爲鄰州，溧水又爲宣州屬縣，大約由於這些緣故，白居易就在貞元十五年秋從洛陽趕赴宣州應鄉試，又從宣州荐送到長安應進士試。③又如沈亞之是吳興人，他於元和五年（八一〇）到長安應舉，考了十年，才得一第。他有《與同州試官書》（《沈下賢文集》卷八），說：「今年秋，亞之求貢於郡，以文求知己於郡之執事。凡三易郡，失其知，輒去。」可見他至少曾在三個州郡應試。《沈下賢文集》同卷又有《與京兆試官書》，題下注「七年冬作」，也是他求舉於京兆府的例證。

又如張籍爲和州人，他於貞元十五年（七九九）登進士第（見南唐張洎《張司業集序》及元辛文房《唐才子傳》卷五），貞元十四年韓愈在徐州節度使張建封幕下，向張建封推荐了張籍，張籍乃自徐州解送。他有《徐州試反舌無聲》詩（《張籍詩集》卷三），就是徐州鄉試的試題。到了晚唐，國內戰爭更爲頻繁，士無定居，自他州舉送的情況更爲普遍，江南因爲相對安定，因此北方士人有遠至江南求舉的，如《唐摭言》卷二《爭解元》條說：「國朝自廣明庚子之亂，甲辰，天下大荒，車駕再幸岐梁，道殣相望，郡國率不以貢士爲意。江西鍾傳令公起於義聚，奄有疆土，充庭述職，爲諸侯表式，而乃孜孜以荐賢爲急務。……時舉子有以公卿關節，不遠千里而求首荐者，歲常不下數輩。」又如晚唐詩人黃滔，於昭宗乾寧二年（八九五）登進士第，但在這之前二十多年，曾屢試不第，他的詩集中有《廣州試越臺懷古》、《襄州試白雲歸帝鄉》《河南府試秋夕聞新雁》等（《唐黃御史公集》卷四），可見他應試於南北州府，跋涉千里，也可見出當時讀書人求舉的艱辛。

由沈亞之上同州試官書，可見士人在應州試前，也如同省試時一樣，宜先向考試官投文，以文才自顯，而求荐送。這在唐代前期就已如此。如駱賓王《上兗州崔長史啓》，先頌揚崔之政績，接著說：

> 方今玉琯纏秋，金風動籟。……竊不揆於庸識，輒輕擬於揚庭。所冀曲逮恩波，時留咳唾，倘能分其斗水，濟濡沫之枯鱗，惠以餘光，照嫠棲之寒女，得使伏櫪駑蹇，希騏驥而蹀足，竄棘

翩翾，排鸞鶱而刷羽，則捐軀匪悕，碎首無辭。（陳熙晉《駱臨海集箋注》卷七）

在《上兗州張司馬啓》中又說：

方今涼秋屆節，嚴飆扇序。……弓旌之禮斯及，辟聘之際是期。不揆庸愚，輕斯自衒。所冀分其末照，惠以餘波，得預觀光，全由咳唾。（同上）

這些投啓之文，初唐時用高華典麗的駢文寫成，中唐以後則用古文散體，剴切直陳，這也可見出文體的變化給予科舉風習的不同的影響。④

五

從開元時起，禮部試進士，大抵分三場，即帖經。雜文（詩賦各一）及時務策五條。州府所試（包括京兆府），則與此相應，如《唐六典》卷二《吏部・考功員外郎》記謂：「諸州每歲貢人，……其進士帖一小經及《老子》，試雜文兩首，策時務五條。」帖經有時可以用詩來代替，叫「贖帖」，如呂溫於貞元時應河南府試 一爲《賦得失群鶴》，另一即爲《河南府試贖帖賦得鄉飲酒》（《呂和叔文集》卷二），這後一首詩即以詩來代替帖經的。所謂雜文，當時即指詩賦（詳後）。如前面說過，白居易於貞元十五年由宣州取解，他在宣州所試的詩賦題即爲《宣州試射中正鵠賦》、《窗中列遠岫詩》，賦題下原注云：「以『諸侯立誡衆士知訓』爲韻，任不依次用韻，限三百五十字以上成。」這一規定也與省試相同。當時所試的賦都是律賦，用古語一句八字爲韻，有依次序爲韻的，也可不依次序爲韻的，白居易的這首賦就注明「任不依次爲韻」。又如劉知幾有《京兆試愼所好賦》（《全唐文》卷二七四），注明以「重譯獻珍信非寶也」爲韻，約三百九十字；李子卿有《府試授衣賦》（《全唐文》卷四五四），注明以「霜降此時女工云就」爲韻，也是三百九十多字。大約賦的字數在三百五十至四百之間。縣一級的考試，所見的材料有呂鏻《萬年縣試金馬式賦》（《全唐文》卷五九四），注明以「漢朝鑄金爲名馬式」爲韻，三百九十六字。呂鏻爲貞元十四年（七九八）進士及第。《全唐文》卷六十四三又有王起《萬年縣試金馬式賦》，韻同，當是同年所試，字數爲四百零六字，稍多一些。

試詩則一般爲五言律詩十二句，如李頻《府試丹浦非樂戰》、《府試風雨聞雞》、《府試觀蘭亭圖》、《府試老人星見》等（皆爲《全唐詩卷五八九》），馬戴《府試水始冰》（《全唐詩》卷五五五），吳融《府試雨夜帝里聞猿聲》（《全唐詩》卷六八七）。這些詩大多是千篇一律，比較死板。當然偶而也有寫得較爲有個性的，如中唐時劉得仁，他本是公主之子，卻屢試不第，記載上說他出入舉場三十年，終於無成，死後引得不少人的同情（《全唐詩》中收有一些詩僧悼念他的篇什）。他有一首《京兆府試目極千里》詩（《全唐詩》卷五四五）：

> 獻賦多年客，低眉恨不前。此心常鬱矣，縱目忽超然。送驥登長路，看鴻入遠天。古墟煙冪冪，窮野草綿綿。樹與金城接，山疑桂水連。何當開霽日，無物翳平川。

這首詩用「目極千者傷客心」的典，寄寓身世的感慨，竟使人不覺得是試律詩了。又如盧肇《江陵府初試澄心如水》詩（《全唐詩》卷五五一）：

丹心何所喻，唯水並清虛。莫測千尋底，難知一勺初。內明非有物，上善本無魚。澹泊隨高下，波瀾逐卷舒。養蒙方浩浩，出險每徐徐。若灌情田裡，常流盡不如。

這首詩有哲理，也有明淨雅潔的景物描寫，不落試律詩的俗套。盧肇爲武宗會昌年間進士第，是李德裕貶袁州刺史時所賞識的當地讀書人，在武、宣時以文才見稱。

至於時務策，則所出的試題與考試官本人的思想識見很有關係。我們可以舉出幾個與現實時事聯繫較密切的試題，以供研究。大家知道，元結是肅、代時關心民瘼的優秀詩人，他的《春陵行》、《賊退示官吏》兩詩，反映了安史亂後湖南一帶的民生疾苦，被杜甫贊譽爲「兩章對秋月，一字偕華星」（《同元使君春陵行》）。元結於廣德元年（七六三）九月敕授道州刺史，廣德二年五月到任。永泰元年（七六五）夏罷守道州，永泰二年即大曆元年（七六六）再守道州。[5]他有《問進士》五道（《元次山集》卷九），題下注「永泰二年道州問」，就是他再任道州時所出的時務策的試題。如第一道問：

天下興兵，今十二年矣，殺傷勞辱，人似未厭。控強兵、据要害者，外以奉王命爲辭，內實理車甲，招賓客，樹爪牙。國家亦因其所利，大者王而相之，亞者公侯，尚不滿望。今欲散其士卒，使歸鄉里，收其器械，納之王府，隨其才分，與之祿位，欲臨之以威武，則力未能制，欲責之以辭讓，則其心未喻；若捨而不問，則未睹太平。秀才通明古今，才識傑異，天下之兵須解，蒼生須致仁壽，其策安出，子其昌言。

這表面看來是一篇試題，實則可以說是借題發揮，是元結對強藩擅命、稱兵割據的斥責。

元結所出試題的第二道是清吏道，問何以「得僥倖路絕」。第三道問如何使百姓安生樂業，而這又與方鎮稱兵割據聯繫起來，說是：「太倉空虛，雀鼠尤餓，至於百姓，朝暮不足，而諸道聚兵，百有餘萬，遭歲不稔，將何爲謀。今欲勸人耕種，則喪亡之後，人自貧苦，寒餒不救，豈有生資；今欲罷兵息戍，則又寇盜猶生，尙須防遏。使國家用何策，得人安俗阜。」第四道問粟帛估錢情況。第五道問三禮、三傳、儒、墨等古代文獻的基本知識。從這裡我們可以見出州試時務策的基本情況。

又如杜甫於肅宗乾元元年（七五八）六月由左拾遺出爲華州司功參軍，同年秋，撰《華州試進士策問五道》（《杜詩詳注》卷二十五）。按上一年十一月肅宗始還長安，唐軍對安史叛軍的戰爭仍在河南、河北一帶進行，因此杜甫策問的第一道說：「欲使軍旅足食，則賦稅未能充備矣；欲將誅求不時，則黎元轉罹疾苦矣。」安史之亂是開元、天寶年間積累起來的深刻的社會矛盾的總爆發，戰爭固然由安史集團挑起，但以唐玄宗爲首的上層統治集團所執行的腐朽的對內對外政策是它的總根子；安史叛軍對人民實行燒殺搶掠，固然不得人心，遭到人民的反對，但唐朝廷對安史集團的鬥爭，歸根結底是爲了恢復李唐王朝的統治，他們對人民所實行的也仍是壓迫和統治，有時唐朝的軍隊在他們所到之處，也同樣是掠奪和踐踏，而且由於唐朝統治集團的昏庸無能、爭權奪利，幾次造成指揮的失當，使這場戰爭不必要地延長了好幾年。杜甫在那時當然還不可能明確認識到這一點，但他憑對人民的同情和對實際情況的體察，在策問中寫出了唐王朝在平叛戰爭中捉襟見肘的困難處境，是有很大的現實意義的。

杜甫所作策問的第二道，是講華州情況的，說華州地當要衝，但平日素無蓄積，「欲使輶軒有喜，主客合宜，閭閻罷杼軸之嗟，官吏得從容之計，側佇新語，當聞濟時。」這算是本地風光，問治華州之策。另外，第三道問華陰的漕渠以如何開築爲宜；第四道問兵卒如何輪休，第五道問錢弊。都有強烈的現實針對性。

白居易於元和二年（八〇七）秋從周至尉調充京兆府進士考試官，周至爲京兆府的屬縣，因此京兆府試時是可以將屬縣的職官調充試官的。《白居易集》卷四十七《進士策問五道》，就是此時所作。⑥這五道策問，前兩道問經書文義，第四、五兩道，一問百官職田取俸之制，一問如何解決當時社會上出現的農貧商富之弊，也是從現實出發的。

由此可見，當時州府的進士考試，除了詩賦外，時務策五道是對當時士人識見的考核；有些關心民瘼的試官，往往在試題中表現出關心現實政治的積極態度。有些書上把州府試的採取與否說成僅僅取決於個別詩句境界的高下，恐怕不一定符合於當時的實際。如所謂徐凝與張祜爭解元的故事，就是一例。《唐摭言》卷二《爭解元》條記：

白樂天典杭州，江東進士多奔杭取解。時張祜自負詩名，以首冠爲己任。既而徐凝後至，會郡中有宴，樂天諷二子矛盾。祜曰：「僕爲解元，宜矣。」凝曰：「君有何嘉句？」祜曰：「甘露寺詩有『日月光先到，山河勢盡來』，又金山寺詩有『樹影中流見，鐘聲兩岸聞』。」凝曰：「善則善矣，無奈野人句云『千古長如白練飛，一條界破青山色』。」祜愕然不對。於是一座盡傾，凝奪之矣。

這段記載，如果作爲藝術鑑賞來看，不無參考價值，但如果看作是當時州試的實錄，就大錯特錯了。因爲如上所說，州試進士也同省試那樣，是要考帖經、詩賦及時務策的，有嚴格規定的程序（如《唐摭言》卷一《會昌五年舉格節文》載：「諸州府所試進士雜文，據元格並合封送省。……今諸州府所試，各須封送省司勘檢，如病敗不近詞理，州府妄給解者，試官停見任用缺」）。雖然唐人重詩賦，但也不能在宴席上以舊作的某些詩句定名次。這只不過是詩人的軼事佳話，並不能信以爲眞，我們不能把它作爲科舉考試的確切史料，也不能據此來考述徐凝或張祜的生平事跡。（按，皮日休有《論白居易荐徐凝屈張祜》一文，見《皮子文藪》，又見《全唐文》卷七九七。皮日休從張祜、徐凝詩風的不同，論述白居易荐徐凝、抑張祜的原因，說「樂天方以實行求才，荐凝而抑祜，其在當時，理其然也」。由皮日休的這篇文章，可知徐凝與張祜到杭州求試的事情是有的，但如《唐摭言》所寫的以兩人的幾句詩來當場定留放，則是出於後人的附會，在當時是不可能發生的。）

六

在鄉貢中，長安的京兆府舉送占據特殊的地位。《唐摭言》卷一《兩監》說開元以前，舉士以出身於西京和洛陽的國子監爲榮，後來就發生了變化，即「以京兆爲美，同、華爲利市」。又據卷二《京兆府解送》、《元和元年登科記京兆等第榜敘》等條所載，這種變化大約發生在開元、天寶之際，如果屬於京兆府所送前十名的，稱等第（從憲宗元和時起，京兆府前十名的舉子，就仿進士登科記之例，每年編爲《神州等第錄》），凡列於等第的，登科的希望就「十得其七八」。如果京兆府所送前十名有好幾個落第的，京兆府可以移文書於貢院，請考試官回覆這些舉子落第的原因。這些都是外地州府所不能望其項背的。如《太平廣記》卷一五四《陸虞賓》條引《前定錄》，說吳郡人陸虞賓，累舉不第，困居京師，寶曆二年（八二六）春，想回南方，有一僧人名惟瑛的勸他不要走，預測他明年可以成名，惟瑛說：「但取京兆荐送，必在高等。」可見在當時人心目中，但能得京兆府考試合格，省試及第就大致有望了。柳宗元《送辛生下第序略》中也說：

京兆尹歲貢秀才，常與百郡相抗。登賢能之書，或半天下。取其殊尤以爲舉首者，仍歲皆上第，過而就黜，時謂怪事，有司或不問能否而成就之。（《柳宗元集》卷二十三）

柳宗元說，凡京兆府荐送名列前茅而禮部試落第的，會被人視爲怪事，甚至省試時不問實際成績如何，只要京兆府荐送在前數名的，一概錄取。柳宗元是以當時人論當時事，他的話更可證實前面所引《唐摭言》、《前定錄》等記載的可靠性。甚至是京兆府舉送首名所謂解頭，更爲人所稱道，如中唐詩人趙嘏在《贈解頭賈嵩》一詩中說：

賈生名跡忽無倫，十月長安看盡春。（《全唐詩》卷五五〇）

又據《唐詩紀事》所載，京兆府第一名解送而被省試落下的，整個唐代只有九個人（卷六十五「平曾」條）。因此，搶奪京兆解頭，就成爲唐代士子們的一場激烈的爭鬥。這裡，不仿舉所傳王維舉解頭的故事，幫助我們具體瞭解那一時代的社會風習。《集異記》卷二《王維》篇：

王維右丞，年未弱冠，文章得名。性閑音律，妙能琵琶。遊歷諸貴之間，尤爲岐王之所眷重。時進士張九皋聲稱籍甚，客有出入於公主之門者，爲其致公主邑司牒京兆試官，令以九皋爲解頭。維方將應舉，具其事言於岐王，仍求庇借。岐王曰，「貴主之強不可力爭，吾爲子畫焉。子之舊詩清越者可錄十篇，琵琶之新聲怨切者可度一曲，後五日當詣此。」維即依命如期而至。岐王謂曰：「子以文士請謁貴主，何門可見哉。子能如吾之教乎？」維曰：「謹奉命。」岐王則出錦繡衣服，鮮華奇異，遣維衣之，仍令賫琵琶，同至公主之第。岐王入曰：「承貴主出內，故攜酒樂奉宴。」即令張筵，諸伶旋進。維妙年潔白，風姿都美，立於前行。公主顧之，謂岐王曰：「斯何人哉？」答曰：「知音者也。」即令獨奏新曲，聲調哀切，滿座動容。公主自詢曰：「此曲何名？」維起曰：「號《鬱輪袍》。」公主大奇之。岐王曰：「此生非止音律，至於詞學，無出其右。」公主尤異之，則曰：「子有所爲文乎？」維即出獻懷中詩卷。公主覽讀驚駭曰：「皆我素所誦習者，常謂古人佳作，乃子之爲乎？」因令更衣，升之客坐。維風流蘊藉，語言諧戲，大爲諸貴之所欽矚。岐王因曰：「若使京兆今年得此生爲解頭，誠爲國華矣。」公主乃曰：「何不遣其應舉？」岐王曰：「此生不得首荐，義不就試。然已承貴主論托張九皋矣。」公主笑曰：「何預兒事！本爲他人所托。」顧謂維曰：「子誠取解，當爲子力。」維起謙謝。公主則召試官至第，遣宮婢傳教，維遂作解頭，而一舉登第。

這則記載爲後世所傳稱，明人傳奇中有《鬱輪袍》，即敷演此事。論王維生平行跡者也往往引用此事。實際上《集異記》的這則記事，具體情節是不符合歷史事實的。張九皋爲開元時名相張九齡之弟，新舊《唐書》的《張九齡傳》載張九皋事甚爲簡略，未能爲我們提供可據以論證的材料。但我們可以查到蕭昕所作的張九皋神道碑，載於《文苑英華》卷八九九和《全唐文》卷三五五，碑文題目全稱爲《唐銀青光祿大夫嶺南五府節度經略採訪處置等使攝御史中丞賜紫金魚袋殿中監南康縣開國伯贈揚州大都督長史張公神道碑》。碑文載張九皋以天寶十四載（七五五）四月二十日卒於長安，年六十六。據此推算，其生年應爲武后天授元年（六九〇）。碑文中又謂張九皋「弱冠孝廉登科」，就是說，二十歲時明經登第。二十歲爲中宗景龍三年（七〇九）。王維進士登第的年歲，過去有兩說，一是開元十九年，一是開元九年，以開元九年爲確。開元九年爲公元七二一年，已在張九皋明經登第之後十二年。因此，《集異記》所說王維與張九皋爭解頭的事，是不可能發生的。但，《集異記》所記仍有其濃厚的生活氣息和獨有的時代風貌，它寫出了當時文士爭京兆府解頭的活動，寫出了貴戚之家對科舉考試的干涉，堂堂的京兆府試官，只要公主傳話，即奔赴其府第，並且遵命將原定的解頭換與別人，從這點來說，《集異記》所寫的，又合乎歷史的眞實。

正由於經京兆府舉荐就易於登第，因此一方面有外地士人爭來考試，如前面所引，沈亞子本爲吳興人，卻前來京兆應試；又如徐申「東海郯人，永泰元年（七六五）寄籍京兆府舉進士」；⑦許稷本閩人，後在終南山讀書三年，「出就府荐」，遂於貞元十七年（八〇一）進士及第。⑧另一方面，托人情、通關節等事也就隨之而起，前所引《集異記》是一例（類似情況，外地州府也有，如晚唐時鍾傳鎭江西，「時舉子有以公卿關節，不遠千里而求首荐者，歲常不下數輩」，見《唐摭言》卷二《爭解元》；又如牛希濟《荐士論》說：「諸侯所荐，率皆應權幸之旨，承交遊之命，取其虛名奏署，謂之借聽，取其謬舉之說，謂之横荐。」見《全唐文》卷八四六。不過京兆府試的情況更爲嚴重），今再摘抄兩條，以見概況：

秘書監劉禹錫，其子咸允，久在舉場無成。禹錫憤惋宦途，又愛咸允甚切，比歸闕，以情訴於朝賢。大和四年（八三〇），故吏部崔群與禹錫深於素分，見禹錫蹭蹬如此，尤欲推挽咸允。其秋群門生張正謨充京兆府試官，群特爲禹錫召正謨，面以咸允托之，覬首選焉。及榜出，咸允名甚居下。群怒之，戒門人曰：「張正謨來，更不要通！」（《太平廣記》卷一五六引《續定命錄》）

唐尚書持，大和六年（八三二）尉渭南，爲京兆府試進士官。杜宰相悰時爲京兆尹，將托親知問等第（自注：時重十人內爲等第），召公從容，兼命茶酒。及語舉人，則趨而下階，俯伏不對，杜公竟不敢言而止。（唐趙璘《因話錄》卷三商部下。此事又見《新唐書》卷八十九《唐儉傳》附《唐持傳》）

當然，有時也有例外，如宋言於大中十一年（八五七）京兆府試爲解頭，後京兆尹張毅夫發覺試官有私，於是覆試，宋言就從第一名退爲第六十五名。⑨又如黃頗、劉纂等都屬於京兆府試的等第，即在前十名荐送之內的，但黃頗十三年後及第，劉纂竟於二十一年後及第。⑩這些都算是特殊的事例，因此過去的記載中就特爲提出。⑪

七

現在我們來討論所謂「以同、華爲利市」，也就是州府荐送較易得第的，除了京兆府外，其次就要數到同州和華州。

根據新舊《唐書》的《地理志》記載，同、華二州本無特別的出產，農業生產並不發達，這兩個州在關中算是並不富裕的地區。如《舊唐書》卷一四六《盧徵傳》載盧徵於德宗貞元年間歷任華州、同州刺史，「故事，同、華以地近人貧，每正至、端午、降誕，所獻甚薄；徵遂竭其財賦，每有所進獻，輒加常數，人不堪命」。可見同、華二州，本已貧瘠，再加上州官進奉有加，誅求無已，人民所受的負擔十分沉重。據李吉甫《元和郡縣志》卷二所載，華州開元時戶三萬七百八十七，元和時降至一千四百三十七，同州開元時戶五萬六千五百九，元和時降至四千八百六十一，戶口減少的情況相當嚴重。同、華地位的重要性當與其地理位置有關，據《元和郡縣志》，華州西至長安一百八十里，東至洛陽六百八十里，潼關即在州境之東，是長安通向關東的門戶；同州在長安東北二百五十里，是關中通河東（山西）的要道。在唐代，宰相有時因故免職，就暫時任命爲華州或同州刺史，由於同、華離長安近，他們可以隨時召回。大約由於這些政治上的原因，使得這兩個州在舉子的解送中占有特殊的地位。《唐摭言》卷二《爭解元》條說：「同、華最推利市，與京兆無異，若首送，無不捷者。」就是指此而言。《續玄怪錄》卷三《竇玉妻》說的是鬼怪的故事，但其中寫舉子們競赴同州求舉送，以至同州的旅店有人滿之患，是寫得相當眞實的：

進士王勝、蓋夷，元和中求荐於同州。其時客多，賓館頗溢，二人聞郡功曹王翥私第空閑，借其西廂，以俟郡試。既而他室皆有人，唯正堂以小繩繫門……

這些人當中，有不少是拿著朝廷貴官的書啓來通關節、走門路的。憲宗元和時，令狐楚守華州，秋試時帖榜說：「特加置五場。」由於懸格高，試題難，這些「常年以清要書題求荐者」，「其年莫有至者，雖不遠千里而來，聞是皆寢去」（見上《唐摭言》卷二）。令狐楚只是特殊的例子，從這裏我們倒可以見出，在一般情況下，華州秋試時，一定有不少人「以清要書題求荐」。

比起同、華來，作爲東都的洛陽河南試，其重要性則是差多了。河南府試也是先經過所屬縣的考試，然後再加甄錄。韓愈於元和五年（八一〇）任河南令，曾作《燕河南府秀才》詩，記其事云：「元和五年冬，房公尹東京（琮按房公指房式，元和四年十二月爲河南尹）。功曹上言公，是月當登名。乃選二十縣，試官得鴻生。」（錢仲聯《韓昌黎詩繫年集釋》卷七）又德宗貞元時與柳宗元、劉禹錫交好，政治思想也接近的呂溫，早年即以文才著稱。他的文集《呂和叔文集》卷三有一篇《上族叔齊河南書》，這個齊河南爲齊抗（據岑仲勉《讀全唐文札記》）。書中說齊抗「前歲罷鎭南服，入侍東掖」，指齊抗由湖南觀察使入爲給事中，又據《舊唐書·德宗紀》，齊抗於貞元十年（七九四）二月由給事中出爲河南尹。呂溫之應河南府試也就是在這一年。呂溫集卷二有《河南府試贖帖賦得鄉飲酒》、《賦得失群鶴》二詩，即爲府試時所作。劉禹錫所作呂溫文集序，稱溫「以文學震三川，三川守以爲貢士之冠」（《劉禹錫集》卷十九《唐故衡州刺史呂君集紀》），則呂溫是以河南府試第一名舉送的，但省試時卻未及第，呂溫《送薛大信歸臨晉序》（《呂和叔文集》卷三）中說：「予被鄉曲之譽，賦於闕下，以文乖時體，行失俗譽，再爲有司所黜。」以呂溫這樣的人材，又爲河南府首荐，卻未能於禮部試登科，則河南府試之地位也可想見。

州府試的詩，一般爲五言律詩十二句，但現在李賀集中有《河南府試十二月樂詞》（王琦《李長吉歌詩匯解》卷一），體例卻很特別。此詩從正月寫起，每月一首，到十二月，再加閏月，共十三首；非律詩，句子長短不齊，有三言、五言、七言的。現選錄二月、八月的兩首於下：

飲酒採桑津，宜男草生蘭笑人，蒲如交劍風如薰。勞勞胡燕怨酬春，薇帳逗煙生綠塵。金翅峨髻愁暮雲，沓颯起舞眞珠裙。津頭送別唱《流水》，酒客背寒南山死。（二月）

孀妾怨長夜，獨客夢歸家。傍檐蟲緝絲，向壁燈垂花。簾外月吐光，簾內樹影斜。悠悠飛露姿，點綴池中荷。（八月）

清人方扶南《李長吉詩集批注》卷一說此詩「皆言宮中，猶古《房中樂》」，又說「詩亦深思，但非詩帖所宜，有唐人詩帖行世，可鑑也」。王琦注引朱卓月之說，謂「諸詩大半閨情多於宮景」。詩中所寫的具體內容，是一般民間的閨情還是宮景，前人的說法雖有不同，但這組詩大致是通過描敘十二個月季節寒暑的變化，反映婦女的思念之情。這樣的內容與情調，與正式的州府試詩要求應該說是不合的，至於體制句法，也與一般的規定大爲懸殊。此詩是否即爲河南府試時所作，如詩題所標者，很可懷疑；如確爲所試「雜文」，則貞元時河南府所試眞是相當自由，可以說是科舉試詩的別格。

【附註】

① 參徐松《登科記考》卷四引《文苑英華》《唐大詔令集》。

② 請詳參華忱之《孟郊年譜》（華忱之校訂《孟東野詩集》附錄，人民文學出版社出版）。

③《白居易集》卷四十三《送侯權秀才序》：「貞元十五年秋，予始舉進士，與侯生俱爲宣城守所貢。」又參朱金城先生《白居易年譜》（上海古籍出版社一九八二年出版）。

④ 也有用詩篇投獻的，如李頻《投京兆府試官任文學先輩》（《全唐詩》卷五八九）：「高興每論詩，非才獨見推。應當明試日，不比暗投時。出口人皆信，操心自可知。孤單雖有托，際會別無期。取捨知由己，窮通斷在茲。賤身何足數，公道自難欺。澤國違甘旨，漁舟積夢思。長安未歸去，爲倚鑑妍媸。」按李頻大中八年（八五四）進士第。

⑤ 關於元結任道州刺史的年月，參孫望先生《元次山年譜》（中華書局上海編輯所出版）。

⑥ 按，沈亞之有《京兆府試進士策問三道》（《沈下賢文集》卷十）。沈亞之曾於元和六年、七年應京兆府試，與白居易充京兆府試官的時間相近，但其答策只有三道，未知何故，待考。

⑦ 李翺《嶺南節度使徐公「申」行狀》（《李文公集》卷十一）。

⑧ 參徐松《登科記考》卷十五。

⑨ 見范攄《雲溪友議》卷下《去山泰》。

⑩ 見《唐摭言》卷二《爲等第後久方及第》。

⑪ 徐松《登科記考》卷十四貞元十四年進士第李翺、張仲素名下云：「按《廣川書跋》載李翺慈恩題名，云李翺第一，張仲素次之，十人解送而九人入等，蓋李、張皆於上年爲京兆等第也。」又中晚唐時，京兆試也有廢等第之說的，如《唐摭言》卷二《廢等第》條載：「開成二（年八三七），大尹崔珙判云：選文求士，自有主司，州府送名，豈合差等？今年不定高下，不鎖試官，既絕猜嫌，暫息浮競。差功曹盧宗回主試。除文書不堪送外，便以所下文狀爲先後。試雜文後，重差司錄侯雲章充試官，竟不列等第。」但只施行了一年，「明年，崔珙出鎮徐方，復置等第。」又如《唐語林》卷一《政事》上，載：「京兆府進士、明經解送，設殊、次、平等三級，以甄行能，其後撓於權勢而不行。宣宗時，韋澳爲尹，榜曰：『禮部舊格，本無等第，京府解送，不當區分。今年所送省進士、明經等，並以納策試前後爲定，更不分等第之限。』」但大中以後仍有等第的記載，則看來韋澳之廢等第也行之未有多久。

第四章 舉子到京後活動概説

據前面一章所述，我們已經知道，各地州府所貢的舉子，在秋冬之際（最遲在十月），陸續集中於京都；他們與兩都的國子監學生相匯合，形成一支上千人的頗爲不小的隊伍，出現在長安的街巷和里坊。「麻衣如雪，滿於九衢」（牛希濟《荐士論》），確是非常形象地描繪了舉子們匯聚的盛況。唐代一位落第的士子，感嘆其不遇的遭際，也寫到過麻衣，説：

麻衣未掉渾身雪，皀蓋難遮滿面塵。（李山甫《下第臥疾寄盧員外召遊曲江》）①

在本章中，將敘述這批尚未脱掉麻衣的士子們在京都的一些活動。士子們的活動是多種多樣的，如他們爲了取得榜上有名，便多方結交名公貴人，向他們投獻詩文，叫做行卷，在考試前又須向禮部交納習作，稱爲納卷；舉子們又互通聲氣，甚至結成朋黨，造成聲勢，唐代習稱叫做棚（或朋）；也有眠花醉柳，遊宿於倡伎之家，直等到把錢財花盡爲止，甚至有流落爲乞丐的；眞是各色各樣，本書在後面將各有專章論述。這裡只對舉子們到京以後，應辦的手續，應參加的活動，以及考試中的一般性規定與情況，向讀者作一概括的介紹。

一

應當先交代一下中央考試的地點。唐代的科舉考試，並不一定就固定在京都長安舉行，有時在東都洛陽，有時則長安與洛陽同時並試。

《唐摭言》有一則記載說：「永泰元年，始置兩都貢舉，禮部侍郎官號皆以『知兩都』爲名，每歲兩地並放及第。自大曆十一年停東都貢舉，是後不置。」（卷一《兩都貢舉》）永泰、大曆都是代宗年號，永泰元年爲公元七六五年，大曆十一年爲公元七七六年。按照《唐摭言》的說法，則唐代於長安與洛陽同時設置貢舉試，都是在代宗時期。

《唐摭言》的這一說法並不確切。

據徐松《登科記考》卷三載，武后永昌元年（六八九），進士及第的，神都（洛陽當時稱神都）六人，西京二人。永昌元年較永泰元年早七十多年。因此徐松說：「按《摭言》以兩都貢舉始以永泰元年者誤。」《登科記考》在天授元年（六八〇）下又載本年進士及第者，神都十二人，西京四人。就是說，在永昌元年以後，接著第二年又是東西兩都並試。但在這之後，徐松的書中就未有記載，這大約是材料缺失之故。按武則天於光宅元年（六八四）稱帝，改國號爲周，就長期居住在洛陽。既然以洛陽爲政治中心，當然開科取士也要在洛陽舉行，同時照顧到傳統的做法，在長安也加考試，而所取則較洛陽爲少，以顯示其差別。顯然，武則天時的兩都並試，是由於政治上的原因。

代宗時的兩都試舉人，則是唐代歷史上的第二次。這一次與上一次不同，是出於經濟上的考慮。《舊唐書》卷一九〇中《文苑中·賈至傳》：「廣德二年　轉禮部侍郎。是歲，至以時艱多歉，舉人赴省者，奏請兩都試舉人，自至始也。」廣德二年爲七六四年。這時長達八年的安史之亂平定不久，長期戰爭所帶來的經濟創傷還未能得到修復，政府的財政甚爲困難，大批舉子集中長安，影響京都的供應，因此唐朝廷不得不作出兩都貢舉的決定。我們可以舉出另一個例子來說明這種情況：德宗貞元十九年（八〇三），這年關中地區自正月起，至七月，一直沒有下雨。於是「秋七月戊午，以關輔饑，罷吏部選、禮部貢舉」（《舊唐書·德宗紀》）。韓愈有《論今年權停舉選狀》，議論此事，說：「右臣伏見今月十日敕，今年諸色舉選權停者，道路相傳，皆云以歲之旱，陛下憐憫京師之人，慮其乏食，故權停舉選以絕其來者，所以省費而足食也。」（《韓昌黎文集校注》卷八）有半年沒有下雨，就要停來年的考試，則長期的戰亂，財政支出、物資供應等，情況當更爲嚴重。洛陽地近江淮漕運，有一部分舉子在那裡應試，也可減輕長安及關中的壓力。廣德二年九月作出決定，實行則是在明年，即永泰元年（七六五），一直到大曆十年（七七五）五月，才又下令「罷兩都貢舉，都集上都」，這其間一共有十一年。大歷後期經濟有一定的恢復，社會也出現相對安定的局面，因此唐政府又將貢舉考試集中於首都。

唐代自玄宗開元二十五年（七三七）起以禮部侍郎知貢舉，永泰元年的貢舉試，洛陽由禮部侍郎楊琯主持，可見那時對東都試的重視。②

《唐摭言》說「自大曆十二年停東都貢舉，是後不置」，也不確。事實是，在過了半個世紀以後，唐文宗時，又曾決定在洛陽考試，而且與上兩次不同，不是兩都並舉，而只在洛陽置舉。《舊唐書．文宗紀》大和元年（八二七）七月，「辛巳，敕今年權於東都置舉」。爲什麼有這一決定，原因不甚清楚。敬宗於上一年十二月爲宦官殺害，文宗即位。文宗即位之初，施行了一些善政，改變敬宗時紊亂無章法的朝政。但這時社會情況沒有什麼大的變化，似沒有特別必要停長安舉試，以改在洛陽一地舉行。大和二年三月的《放制舉人策》中，有「朕以菲德，祇膺大統，歲屬凶旱，人思底寧」的話（《唐大詔令集》卷一〇六），這「歲屬凶旱」或許是原因之一。但大和時期的東都試只實行了一年，即大和二年（八二八），如果眞的由於兵亂與饑荒之故，僅僅一年似也並不解決問題。

大和元年七月作出東都試的決定，在這之後尙有一些補充規定，就是凡長安的國子監的生徒及宗正寺、鴻臚寺舉人，可以待主考官於東都試畢回京都後，在長安應試。十月間，京兆府的鄉貢明經舉人「孫延嗣等三百人進狀，舉大曆六年、七年例，請同國子監生上都考試，從之。」③則有一小部仍是在長安應試。但這只是在洛陽考試完畢之後的一次補充考試，大和二年知貢舉者只禮部侍郎崔郾，並未如大曆時那樣在東西兩都分別委派知貢舉的官員。

大和二年的東都試是很隆重的。《唐摭言》卷六《公荐》條載：「崔郾侍郎既拜命於東都試舉人，三署公卿皆祖於長樂傳舍，冠蓋之盛，罕有加也。」就在餞送的宴席上，名士吳武陵向崔郾推荐了杜牧，當衆朗讀了杜牧的名作《阿房宮賦》，杜牧即在這一年登進士第。在《唐故平盧軍節度巡官隴西李府君墓志銘》中，杜牧自稱大和元年「鄉貢上都，有司試於東都」（《樊川文集》卷九），則京兆府所解送的舉人，也是往洛陽應試，與明經舉人在長安考試者不同。關於這一年的東都試，杜牧有詩記之，云：

> 東都放榜花未開，三十三人走馬回。秦地少年多釀酒，卻將春色入關來。（《及第後寄長安故人》，見《樊川文集・外集》。又見《唐摭言》卷三《慈恩寺題名遊賞賦詠雜記》）

可見禮部試雖在洛陽舉行，但吏部過堂即所謂關試，仍須回長安。杜牧這一七絕寫新進士及第的豪興，很有特色。

關於大歷時的東都試，據唐人所記，還可補充一些具體情節。閻濟美是大歷九年（七七四）進士及第的，他是在洛陽應試。《太平廣記》卷一七九據《干𦠆子》載，這一次的考試提前在十二月上旬舉行，試詩賦的那天，「其日苦寒」。閻濟美所作獲得初步通過，他的同考友人盧景莊前來相賀，但告訴他：「前與足下並鋪試《蜡日祈天宗賦》，竊見足下用『魯某』對『衛賜』。據義，衛賜則子貢也，足下書衛賜作駟馬字，唯以此奉憂耳。」閻濟美聽了，甚爲惶駭。但榜出，濟美卻仍然登第，於是他與其他新及第者一同參謁座主：

> 座主曰：「諸公試日，天寒急景，寫札雜文，或有不如法。今恐文書到西京，須呈宰相，請先輩等各買好紙，從來請印，如法寫淨送納，抽其退本。」諸公大喜。

閻濟美把他原來的試卷換下來，一看，果然寫的是「駟」字，這「駟」字還有用朱筆加上一個大點，於是對座主感恩不盡。從這點可以看出幾點：第一，當時東都試的及第者卷子，回京後要送呈宰相覆閱。第二，主考官可自行作主，將試卷發還給舉子，讓其重新謄寫，以改正錯字（這算是特例，一般情況當是不可能這樣的）。第三，謄寫好以後的卷子，再送交蓋印，則知唐代禮部試時，試卷上是要蓋印的，以防有作弊等紕漏。《宋史》卷一五五《選舉志》一「科目」條，曾載北宋州府試時，「試紙，長官印署面給之」；又載太宗端拱元年（九八八）知貢舉宋白所定貢院故事，禮部試時，「進士具都榜引試，借御史台驅使官一人監門，都堂帘外置案，設銀香爐，唱名給印試紙」。可見宋代無論州府試還是省試，試紙都加官印。唐代沒有這方面的明確規定，但由《干膜子》所載，可知至少省試時是要加印的。這項措施，一直沿用至明、清，辦法則愈來愈嚴密。

二

舉子們到京都後，第一道手續是到尙書省報到，結款通保，尙書省的有關機構（戶部）則加以考核檢查。

《通典》卷十五《選舉》三：「（舉人）到尚書省，始由户部集閱，而關於考功課試。」

《冊府元龜》卷六三九《貢舉部・總序》：「其不在學而舉者謂之鄉貢。至尚書省，始由户部集閱，而關於考功課試，可者爲第。」

《新唐書・選舉志》：「既至省，皆疏名列到，結款通保及所居，始由户部集閲，而關於考功員外郎試之。」

這三處的記載，基本相同，詳略可互爲補充。三者說的是開元二十五年（七三七）前的情況，那時貢舉考試由考功員外郎主持，舉子們報到後，由戶部集閱（戶部是掌管戶籍的），考功員外郎考試。開元二十五年後改由禮部侍郎知貢舉，考試由禮部主持，則舉子就向禮部納家狀。《唐會要》卷七十六《貢舉中·進士》載，開成元年（八三六）十月中書門下奏，有「舉人於禮部納家狀」的話，則有關舉子報到、核閱等一系列事項，可能都由禮部掌管了。

有關唐代科舉的文字中，有「家狀」、「文解」這樣的詞語。《唐會要》卷二十四《諸侯入朝》條載：「建中二年（七八一）七月二十二日，敕諸州府，今年朝集使，宜且權停，其貢納及文解等，准例令考典赴上都。」這裡的文解，顯然是指各州府在送奉貢物的同時所獻進的章表等文字。而在科舉上，則所謂文解，當是各州府發給舉子們的荐送證件，由舉子向尚書省有關機構（先戶部，後禮部）投送。如《文獻通考》卷三十《選舉考》三，記載後唐莊宗同光三年（九二五）工部侍郎任贊奏請，說一般的舉人須「各於本貫一例分明比試，如非通贍，不許妄給文解」；又記載後周廣順三年（九五三）詔令，說是「今後舉人須取本鄉貫文解，若鄉貫阻隔，只許兩京給解」。五代時北方一帶戰爭頻繁，人戶流徙的情況比較嚴重，上述的奏議與詔令大約是爲了限定士人在本鄉著籍、國家可以取得賦役來源而制定的，唐代則一般讀書人可以在外地州府應試並加舉送。但由此仍可見出，所謂文解，是由州府所發，交給舉子，唐代應當也是這樣的。

家狀則是舉子所寫的本人家庭狀況表，內容包括籍貫及三代名諱。如文宗大和八年（八三四）正月，中書門下曾奏請，說是根據慣例，禮部侍郎須先將及第人姓名呈宰相閱看，然後放榜，今年以後，就不必再呈榜，不過，「其及第人所試雜文，及鄉貫、三代名諱，並當日送中書門下，便合定例」（《唐會要》卷七十六《貢舉中·進士》）。所謂「便合定例」，就是說在這之前是一直這樣做的。可見舉子在應試前就須塡寫鄉貫及三代名諱，向禮部交納。家狀的內容還包括哪些，史書上沒有詳細的記載。可知的有：後周廣順二年（九五二）規定，「有父母、祖父母亡歿未經遷葬者，其主家之長不得輒求仕進，所由司亦不得申舉解送；如是卑幼在下者，不在此限」（《舊五代史》卷一一二《周書·太祖記》）。要想赴舉者，必須等葬禮事畢，或是卑幼在下的，這些情況都要在家狀中寫明，「不得罔冒」。④後唐天成三年（九二八）還規定，家狀內要寫明本人是曾爲官還是不曾爲官，改名不改名，曾經做過官的，先納歷任文書。⑤這是五代的情況，可以作爲我們研究唐代時的參考。

家狀的寫法是有一定規格的，稍不合適，就要受到責罵，甚至被「駁放」，即取消考試的資格。文宗朝當過宰相，後來不幸於大和九年（八三五）甘露之變時被宦官殺害的舒元輿，他於元和八年（八一三）登進士第，他在一篇題爲《上論貢士書》（《全唐文》卷七二七）中，回憶他應試時的實際情況，說：

臣年二十三，學文成立，爲州縣察臣，臣得備下士貢士之數。到闕下月餘，待命有司，始見貢院懸板樣，立束縛檢約之目，磨勘狀書，劇責與吏胥等倫。臣幸狀書備，不被駁放，得引到尚書試。

這裡的所謂狀書，當是包括家狀在內的文件。禮部貢院門口掛有「板樣」，上面寫著種種規定或須備檢查的項目，有關的官員就據此來考查家狀等所寫是否合格，並加種種責難，簡直把舉子與衙門裡的役吏一般對待。這裡所謂的板樣，也叫板榜，是高掛在貢院門口的，如唐末、五代初人王易簡所說：「伏見禮部貢院逐年先書板榜，高立省門，用示舉人，俾知狀樣。」（《請頒示文解板樣奏》，《全唐文》卷八六一）

交納文解和家狀後，就要結款通保並寫明在長安寓居的地址。所謂通保，大約有兩種，一種是舉子互保，也叫合保，中唐時李肇所著《國史補》，卷下載科舉試的各種習稱，其中說：「將試各相保任，謂之合保。」又如《唐會要》所載開成元年（八三六）十月中書門下奏所說：「今日以後，舉人於禮部納家狀後，望依前五人自相保，其衣冠則以親姻故舊、久同遊處者，其江湖之士則以封壤接近、素所諳知者爲保。如有缺孝弟之行，資朋黨之勢，跡由邪正，言涉多端者，並不在就試之限。如容情故，自相隱蔽，有人糾舉，其同舉人並三年不得赴舉。中唐以後，在唐代的官私文書中，正式出現了衣冠戶這一名稱，主要是指「前進士及登科有名聞」，因而被免除課役的地主階級的一部分，在中晚唐時有特定的含義。⑥但在一般情況下，衣冠則泛指官僚士大夫，如《舊唐書》卷一一三《苗晉卿傳》說安史之亂起，「朝廷失守，衣冠流離道路，多爲逆黨所脅」，這裡的「衣冠」，在《新唐書》卷一四〇的《苗晉卿傳》裡寫成「搢紳」，含義相同而更爲貼切。《唐會要》這裡所說的「衣冠」就是指做官的或已卸任的搢紳之士家庭出身。與之相對的，則所謂江湖之士，當是指未有官職的一般地主階級。「如有缺孝弟之行」幾句，是檢查舉子品德行爲的幾條準則。當然，在封建社會中，眞正缺孝弟之行的未必能檢查得出，至於「資朋黨之勢」，則更是公開或半公開地在朝野上下進行著。這幾項只是一些門面話，不過作爲互保者的約束之辭。又，《冊府元龜》卷六四一《貢舉部·條制》三也載同樣內容的奏議，時間卻作會昌四年（八四四）十月，而且「五人自相保」作「三人自相保」，未能斷定以何者爲是。《唐會要》的「其同舉人並三年不得赴舉」，《冊府元龜》作「其同保人並三年不得赴舉」，似以《冊府》爲是。

根據《唐會要》和《冊府元龜》所記，以上通保的這些規定，須由禮部「明爲戒勵，編入舉格」。格是什麼意思呢？「格者，百官百司之所常行之事也」（《新唐書》卷五十六《刑法志》）。這大約也是貢院門口所懸板樣的內容。

通保的第二種情況，是從制舉科中推尋出來的。天寶十載（七五一）九月，玄宗在勤政殿親試懷才抱器舉人，發現舉人中有「私懷文策」者，於是「坐殿三舉，並貶所保之官」。可見制科舉人是有做官的人相保的。像進士、明經等鄉貢舉人是否有所保之官，史無明文，但推想制舉如此，則鄉貢也當如此，如張鷟所作判文中，有《諸州貢舉，悉有保命，及其簡試，蕪濫極多，若不量殿舉主，或恐奸源漸盛，並仰折中處分》一道，判詞中也有「貢人不充分數，舉目自合徵科，法有常刑，理難逃責」的話（《全唐文》卷一七二），此事尙待進一步論證。

三

舉子們在交納文解和家狀，並具結通保以後，到正式考試以前，還有一些活動須得參加。如北宋初人錢易在《南部新書》（丙卷）中說：「每歲十一月，天下貢舉人於含元殿前，見四方館舍人當直者，宣曰：『卿等學富詞雄，遠隨鄉荐，跋涉山川，當甚勞止。有司至公，必無遺逸，仰各取有司處分。』再拜舞蹈訖退。」

《四庫總目提要》稱《南部新書》「皆記唐時故事，間及五代，多錄軼聞瑣語，而朝章國典，因革損益，亦雜載其中，故雖小說家言，而不似他書之侈談迂怪，於考證尚屬有裨。」關於貢舉人於十一月見於含元殿前的記載，不見於其他唐五代人的著述，錢易所記當有所本，這是唐代科舉史的一條有用的材料。

隋煬帝時，曾在長安建國門外設置四方館，以待四方使者。所謂四方，據《通典》卷二十一《職官》三《中書省．通事舍人》條，乃是指中國傳統的對四周少數民族的稱謂，即東夷、南蠻、西戎、北狄。正因如此，這個四方館是屬於鴻臚寺管轄的。唐代仍有四方館，其職掌的官員稱通事舍人，「掌通奏、引納、承旨、宣勞，皆以善辭令者爲之」（見前《通典》卷二十一）。因此現在出版的有些辭語工具書把唐朝的四方館說成只是接待四周少數民族的官署。《唐會要》有一處也談及四方館，其書卷二十四《受朝賀》條說：「天寶六載十二月二十七日敕，中書門下奏：承前，諸道差使賀正，十二月早到，或有先見，或有不見，其所賀正表，但送有司，又不通進，因循日久，於禮全乖。望自今已後，應賀正使，並取元日，隨京官例，序立便見，通事舍人奏知，其表直送四方館，元日伏下候一時同進。敕旨，依。」唐朝各道各州府有賀正使的規定，各道各州府派出使臣，進獻貢物及賀表，向皇帝祝賀元日。《唐會要》這裡說，各地賀正使應在元旦那一天隨京官例朝見，由四方館的通事舍人奏知，而賀表則直接送往四方館即可。由此可知，四方館還負有接待各州府使臣的職責。從這點來看，《南部新書》所載舉子於十一月在含元殿前見四方館當直者，由當直者加以慰勞勸勉，當屬可信。

接著是元日引見。原來在古代封建社會，各地荐送的舉子，也是被看作爲貢品由各地州府向朝廷進奉，並作爲元日賀正的禮品，在元旦的那一天則由皇帝接見，表示收受。但在先前，舉子們還不如物品，物品在元日陳列在「御前」，也就是皇帝的跟前，而舉子們則只能在外面朝堂拜列。於是在武則天稱帝後，長壽二年（六九三），十月，左拾遺劉承慶上書，說：「豈得金帛羽毛升於玉階之下，賢良文學棄彼金門之外，恐所謂貴財而賤義，重物而輕人。」他建議「貢人至元日引見，列在方物之前，以備充庭之禮」。這一建議得到武則天的許可，也就爲以下各朝所遵行（見《唐會要》卷七十六《緣舉雜錄》）。

元日引見的儀式，也有因戰亂而停止的，最長的一次是安史之亂以後，有二十多年沒有舉行。《唐會要》卷二十四《受朝賀》說：「建中元年十一月朔，御宣政殿，朝集使及貢士見。自兵興以來，典禮廢墜，州郡不上計、內外不會同者二十五年，至此始復舊典。二年正月朔，御含元殿，四方貢獻，列爲庭實，復舊例也。」德宗建中元年爲公元七八〇年，這時距天寶末年確是二十五年，可見整個肅宗、代宗兩朝，都未舉行過這種儀式。

元日引見的具體情況，唐人沒有文字記載，不得其詳。北宋中葉沈括倒有一則詳細的記敘，寫得很有風趣，雖然說的是北宋的情況，但也很可以作爲參考：

> 舊制，天下貢舉人到闕，悉皆入對，數不下三千人，謂之群見。遠方士皆未知朝廷儀範，班列紛錯，有司不能繩勒。見之日，先設禁圍於著位之前，舉人皆拜於禁圍之外，蓋欲限其前列也。至有互相抱持，以望黼座者。有司患之。近歲遂止令解頭入見，然尚不減數百人。嘉祐中余忝在解頭，別爲一班，最在前列，目見班中唯從前一兩行稍應拜起之節，自餘亦終不成班綴而罷，每爲閤門之累。常言殿廷中班列不可整齊者，唯有三色，謂舉人、蕃人、駱駝。（《夢溪筆談》卷九）

沈括把舉人與駱駝並提，詼諧帶有挖苦，把一些從遠方來的讀書人不識禮儀、搶先恐後的紛亂情狀，描寫得極爲傳神。唐代常貢的各科舉人，也不下千人，中唐以後有至二三千人或更多的，這麼多的人都要在御前引見，恐怕難以不發生《夢溪筆談》所寫的那種情況。

唐代的進士、明經試一般即在正二月舉行，因此元日引見後，接著就要進考場考試了。不過在這中間還有一種活動，就是舉子們到國子監拜謁孔子像，並聽學官們講經問難。現存的《唐大詔令集》

卷一〇五有《令明經進士就國子監謁先師敕》，注明是開元五年（七一七）；《唐摭言》卷一《謁先師》條也載這一詔令，說是開元五年九月，則實行當是在開元六年。《唐大詔令集》所載的敕文中說：

> 其諸州鄉貢明經、進士，見訖，宜令引就國子監謁先師，學官爲之開講，質問其義。仍令所司優厚設食，兩館及監內得舉人亦准此。其清資官五品以上及朝集使，並往觀禮，即爲常式。

唐朝的五品官，在官品上是一個很重要的級別，五品與六品有著明顯的政治地位的差異。《舊唐書》卷八十二《李義府傳》載李義府於高宗時受任修《姓氏錄》，就訂定：「皇朝得五品官者皆升士流。」五品以上官都算士流，全家可以免除賦役，六品以下則只能免除本人的賦役。又如在入學上，三品以上的子弟入國子學，五品以上的入太學，六品以下只能入四門學以及律、書、算學（《新唐書·選舉志》）。又如唐代的官蔭，三品以上蔭曾孫，五品以上蔭孫，五品以下沒有恩蔭特權（《唐六典》卷二《吏部》）。又如官吏的任命，「五品以上，以名上中書門下，聽制授其官；六品以下，量資任定」（《舊唐書·職官志》）。現在規定五品以上的清資官（《文苑英華》卷四四〇玄宗時《優恤德音》說「五品以上清資官」）參加國子監的聽講，是表示對舉子們的看重。《通典》卷十五《選舉》三記載此事時，說宰相也要參加：「宰輔以下皆會而觀焉。」則朝廷中的高級官員幾乎都參預這一盛典了。具體情況，我們可以從中唐時王起的一首詩中略見一二，王起《貢舉人謁先師聞雅樂》：

> 藹藹觀光士，來同鵠鷺群。鞠躬遺像在，稽首雅歌聞。度曲飄清漢，餘音遏曉雲。兩楹凄已合，九仞杳難分。斷續同清吹，洪纖入紫氛。長言聽已罷，千載仰斯文。

（《全唐詩》卷四六四）

王起寫了舉子們謁見孔子聖像時聞奏雅樂的一個場面，氣氛肅穆莊重。不過整個說來，無論謁孔子像，還是聽國子監學官講經義，是比較刻板枯燥的，引不起人們多大的興趣，只不過虛應故事而已，一有事故，也就容易停廢。唐末五代人崔悅就說過：「自經多故，其禮寢停。」（《請貢舉人復詣國子監謁先師奏》，《全唐文》卷八五一）。

宋王辟之《澠水燕談錄》卷六《貢舉》謂：「國初，詔諸州貢舉人群見訖，就國子監謁先師，迄今行之，循唐制也。」王辟之是北宋中葉人。可見，謁孔子像的活動一直沿襲到宋代。

四

在敘述正式考試之前，先說一下唐代的「別頭試」。

別頭試是一種迴避制，就是主考官的親屬移往別一指定機構考試。據《唐摭言》所載，這種別頭試起始於高宗上元二年（六七五），其書卷二《別頭及第》條說：「別頭及第，始於上元二年錢令緒、鄭人政、王悌、崔子恂等四人，亦謂之承優及第。」這時貢舉考試還是由吏部考功員外郎主持，不知此時的別頭試歸哪一官署，從這寥寥數語中看不出更多的情況。

可以知道得較多情況的，是在玄宗的開元二十九年（七四一）。《唐會要》卷五十八《尚書省諸司郎中・考功員外郎》載：「開元二十九年十一月十九日，禮部侍郎韋陟奏：『准舊例，掌舉官親族，皆於本司差郎中一人考試，有及第者，尙書覆定，然後附奏。臣本司今缺尙書，縱差郎官，是臣麾下，事在嫌疑，所望釐革。伏望天恩，許臣移送吏部，差考功員外郎試揀，侍郎覆定，任所司聞奏，即望浮議止息。」敕旨，依。」從韋陟的奏疏中可知，知舉官的親族避嫌別試，是舊例。開元二十五年起，由禮部侍郎知貢舉，凡禮部侍郎的親族，即在禮部內差一郎中另行考試，其中有及第的，再由禮部尙書覆核，然後一起聞奏。就是說，別頭試也是在禮部的範圍內進行。據此類推，則開元二十四年以前由考功員外郎知貢舉，別頭試當是由考功郎中主持，及第者則由吏部尙書覆核，即都在吏部的範圍內進行。

現在再來說開元二十九年。那年科試時正好禮部尙書缺人，因此韋陟說，即使差禮部的郎中來主持別頭試，這郎中也仍是禮部侍郎的下屬。他建議索性將別頭試「移送」吏部，即由考功員外郎主試，吏部侍郎覆核。從此就成爲定制。應當說，這未始不是預防和杜絕考試作弊的一項措施。

但別頭試在德宗貞元時曾一度停止，《舊唐書·德宗紀》載貞元十六年（八〇〇）「十二月戊寅，罷吏部覆考判官及禮部別頭貢舉」。據《新唐書·選舉志》，這次之罷別頭試，是出於中書舍人高郢的奏請，而兩《唐書·齊抗傳》，說是抗「奏罷之」。這是因爲貞元十六年高郢以中書舍人知貢舉，奏請罷別頭試，而此時齊抗正好作宰相（參《新唐書·宰相表》），乃因高郢的建議而奏請皇帝，下令停止別頭試，仍委禮部考試。至憲宗元和十三年（八一八）十月，應權知禮部侍郎庾承宣之請，又恢復吏部之別頭試，中間停了十八年。庾承宣的理由也還是「臣有親屬應明經、進士舉者，請准舊例送考功試」；有些主考官爲了避嫌，是寧肯實行別頭試，以避免是非的。

但在封建社會中，再好的防弊之法也是有漏洞可鑽的，別頭試並不就能杜絕作弊行私。柳宗元《唐故秘書少監陳公行狀》一文，記陳京曾任考功員外郎，公正無私，但當時的大多數情況卻是：

初禮部試士，有與親戚者，則附於考功，莫不陰授其旨意而爲進退者。（《柳宗元集》卷八）

可見形式上雖然避嫌而就考功試，暗地裡仍通關節，進退取捨，一本旨意而行。又譬如文宗大和三年（八二九），考功試後，取進士、明經鄭齊之等十八人，但「榜出之後，語辭紛競」，結果只好又進行一次覆試，果然有不應取而取的。

另外，需要迴避者的範圍也並不十分明確。開元二十九年韋陟奏說是「掌舉官親族」，《新唐書·齊抗傳》說是「禮部侍郎試貢士，其姻舊悉試考功」，《舊唐書·齊抗傳》又作「親故」（《新唐書·選舉志》同），前引柳宗元的文章作「親族」（元和十三年庾承宣奏疏同）。親族、姻舊、親故，其範圍大小不等，也使人有隙可乘。譬如沈詢知貢舉，還未放榜，其母對他說：「近日崔、李侍郎皆與宗盟及第，汝於諸葉中放誰耶？」沈詢回答說：「莫如沈先、沈擢。」其母說：「二子早有聲價，科名不必在汝。沈儋孤寒，鮮有知者。」沈詢不敢違拗其母之意，於是放沈儋及第。這裡可以注意的是，沈詢的母親說「近日崔、李二侍郎皆與宗盟及第」，則在這之前禮部侍郎取親族及第者已不鮮見，沈詢也是如此，事先就在沈先、沈擢及沈儋中選取。清人趙翼在《陔餘叢考》中曾懷疑沈詢之取沈儋是在齊抗奏罷別頭試之後（卷二十九《科場迴避親族》）。但沈詢知貢舉在大中九年（八五五），這時候早已恢復了別頭試。可見雖有迴避的規定，不一定就能得到眞正的貫徹和施行。

五

唐代禮部試的時間，究竟是在白天還是在夜間，宋人的說法不同。以博洽見長的洪邁，在其著名的《容齋隨筆》中認爲唐代的進士試是在夜間，他說：

唐進士入舉場得用燭，故或者以爲自平旦至通宵。劉虛白有「二十年前此夜中，一般燈燭一般風」之句，及「三條燭盡」之說。按《舊五代史·選舉志》云：「長興二年，禮部貢院奏當司奉堂帖夜試進士，有何條格者。敕旨：秋來赴舉，備有常程，夜後爲文，曾無舊制。王道以明規是設，公事須白晝顯行，其進士並令排門齊入就試，至閉門時試畢；內有先了者，上歷晝時，旋令先出。其入策亦須晝試，應諸科對策，並依此例。」則晝試進士，非前例也。清泰二年，貢院又請進士試雜文，並點門入省，經宿就試。至晉開運元年，又因禮部尚書知貢舉竇貞固奏：「自前考試進士，皆以三條燭爲限，並諸色舉人有懷藏書策，不令就試。」未知於何時復有更革。白樂天奏狀云：「進士許用書策，兼得通宵。」但不明言入試朝暮也。（《容齋三筆》卷十《唐夜試進士》）

在洪邁之前，北宋人王辟之已有類似的說法，他說：

唐制，禮部試舉人，夜試以三鼓爲定。無名子嘲之曰：「三條燭盡，燒殘學士之心；八韻賦成，笑破侍郎之口。」後唐長興，改令晝試。侍郎竇貞固以短晷難成，文字不盡意，非取士之道，奏復夜試。本朝引校多士，率用白晝，不復繼燭。（《澠水燕談錄》卷六《貢舉》）

按照王辟之的理解，唐代的進士試是在夜間，五代時後唐長興年間（九三〇—九三三），改令晝試，後來又因竇貞固的奏請，復改爲夜試，而至宋代本朝，則一般都用白天考試了。洪邁的意思與王辟之相近。因《容齋隨筆》影響較大，於是唐人夜試進士之說也就爲人所援引了。

宋代人也有不同的理解，如程大昌《考古編》卷七《唐試通晝夜》就說：

唐人嘗有題詩試闈者曰：「三條燭盡鐘初動，九轉丹成鼎未開。殘月漸低人擾擾，不知誰是謫仙才。」讀此知其爲夜試矣，而未知自夜以始耶，抑通晝夜也。白樂天集長慶元年重考試進士事宜狀：「伏准禮部試進士，例許用書策，兼得通宵。得通宵則思慮精，用書策文字不錯。然重試之日，書策不容一字，木燭只許兩條，迫促驚忙，幸皆成就，與禮部所試不同，縱有瑕病，或可矜量。」其曰通宵，則知自晝達夜；前詩言盡三燭而止，止得兩燭，皆可略存唐制也。

程大昌的另一部讀書筆記《演繁露》卷七《進士試徹夜》中也有類似的記述。程大昌的說法是較爲通達的，洪邁對五代史料的解釋尚有問題。現在先不提五代時的記載，讓我們來看看唐代人對此是怎麼說的。

白居易有一首《早送舉人入試》詩：「夙駕送舉人，東方猶未明。自謂出太早，已有車馬行。騎火高低影，街鼓參差聲。可憐早朝者，相看意氣生。日出塵埃飛，群動互營營。」詩的後半節感嘆長安朝士「營營」者無非名利，詩人看不慣這種鑽營的風氣，向往早日「歸山」隱遁。據朱金城先生《白居易年譜》，此詩約作於貞元二十一年（八〇五），白居易三十四歲，任校書郎之職，是他剛剛步入仕途的時候。送舉人入試，似並非校書郎的職責，或者是一種臨時差遣，也或者所送舉人是白居易友人，詩人只不過是由於個人情誼送他的朋友赴舉場考試。這些且不去管他，總之，這首詩是較爲具體地記述了送舉人入試的途中所見，是當時人寫當時事，應當是可信的。頭兩句說的就是黎明時分，太陽未出，東方依稀；以後又說上早朝人的車馬，伴有騎火，人還看不清楚，只能見到一些高低參差不齊的影子。再以後則太陽出來，人群走動，長安街上塵埃飛揚。這幾句層次分明，時間早晚的順序是很清楚的。

在白居易之前，在武則天及玄宗開元時，其文才爲士流所重、號爲「青錢學士」的張鷟，在其《龍筋鳳髓判》中有一道判，題爲：《太學生劉仁範等省試落第，撾鼓申訴，准式卯時付問頭，酉時收策，試日晚付問頭，不盡經業，更請重試，台付法不伏》（《全唐文》卷一七三）。准式者，就是按照法令規定。卯時約是早晨五時至七時光景，酉時約是下午五時至七時。這就是說，清晨六時左右發考試題目，下午六時左右收考卷。這裡所寫舉人入場考試的時間，與前面白居易的詩所寫，是一致的。

前面第一節曾提到《太平廣記》卷一七九引《干饌子》文，記閻濟美大歷時在東都洛陽應進士試，這裡也說到考試的時間。說那一年十一月下旬考試詩賦，十二月四日考帖經，閻濟美於經文不熟，乃以詩贖帖，試《天津橋望洛城殘雪》詩。他只作得「新霽洛城端，千家積雪寒，未收清禁色，偏向上陽殘」四句共二十個字，「已聞主司催約詩甚急，日勢已晚」。可見這時考試，待到太陽下山，就要收試卷的。

以上三條，一條記載的是唐代前期，兩條是唐代中期，說的都是晝試。這是禮部常貢試明經、進士的，至於制舉，也是白天考試，這方面的記載就更多，舉不勝舉。如天寶十三載（七五四）十一月試四科舉人，「命有司供食，既暮而罷」。⑧大曆六年（七七一）四月試制舉人，「至夕，策未成者，令太官給燭，俾盡其才」（《舊唐書·代宗紀》）。這次考試，代宗親臨，「時方炎暑，帝具朝衣，永日危坐，讀太宗貞觀政要」。⑨唐代的制舉試，很多次是皇帝親臨的，如是夜試，很難設想這些帝皇會陪坐大半夜甚至通夜的。

那末唐代有沒有夜試呢？有，這就是白居易所說的「通宵」。長慶元年（八二一），錢徽知貢舉，後來發現有行賄走私等情節，於是命當時任知制誥的白居易與王起覆試，果然有一些大官的子弟落選，引起一場朝官之間的朋黨紛爭，這事在後面還要講到。白居易在兩派官僚中都有朋友，他爲了不得罪人，並說明重考的情況，就於事後寫了一篇《論重考試進士事宜狀》（《白居易集》卷六〇），其中說：「伏准禮部試進士，例許用書策，兼得通宵，得通宵則思慮必周，用書策則文字不錯。昨重試之日，書策不容一字，木燭只許兩條，迫促驚忙，幸怕成就。若比禮部所試，事較不同，雖詩賦之間，皆有瑕病，在與奪之間，或可矜量。」這裡提到禮部試進士的例行規定，是可以通宵，還給燭三條。從以上所舉晝試的事例，可知所謂通宵，則不應只是夜間考試，而是應當像上面提到過的程大昌所說的那樣，是「自晝達夜」。也就是說，白天來不及完卷，可以延續到夜裡，並許給木燭三條，燭盡爲止，而長慶元年覆試只許給燭兩條，所以白居易認爲是對待不公正了。

從這樣的認識出發，對於唐人一些描寫夜試的詩文，就可以容易理解得通，而不致有所窒礙。如《唐摭言》卷十五《雜記》：

韋承貽，咸通（通原作光，誤，今改──琮）中策試，夜潛紀長句於都堂西南隅曰：「褒衣博帶滿塵埃，獨立都堂納試回。蓬巷幾時聞吉語，棘籬何日免重來？三條燭盡鐘初動，九轉丹成鼎未開。殘月漸低人擾擾，不知誰是謫仙才。」「白蓬千朵照廊明，一片升明雅頌聲。才唱第三條燭盡，南宮風景畫難成。」

韋承貽於懿宗咸通八年（八六七）登進士第；這裡的「白蓬千朵照廊明」爲薛能所作，見《全唐詩》卷五六一，薛能爲會昌六年（八四六）進士及第。《唐摭言》把它們作爲一首詩，統歸之於韋承貽名下，是不對的。無論是韋詩或是薛詩，寫的都是夜試，但都可以理解爲是晝試的延續。不過從韋承貽的詩中倒可以看出，唐人夜試的時間是相當長的，待到第三條燭盡的時候，已經是「殘月漸低」，恐怕是快要天亮了。這種情況又見於咸通四年房珝考試的那一次。房珝應試前，由於其中表兄弟是朝中要官，經過推荐請托，錄取的名次已定，但不料考試時，正在寫錄之際，屋檐間泥土落下來打翻硯台，弄污了試紙，房珝請求重寫，而這時已是「臨曙」，主考官不允，他這次就落了第（《唐摭言》卷九《防慎不至》）。可見是快到天亮的。

劉虛白的詩：「二十年前此夜中，一般燈燭一般風。不知歲月能多少，猶著麻衣等至公。」（《唐摭言》卷四《與恩地舊交》）殷文圭的詩：「燭然蘭省三條白，山東龍門萬仞青。」（《省試夜投獻座主》，《全唐詩》卷七〇七）都是交納試卷時向座主獻納的詩篇，這是唐代考場的習俗，不能以此證明禮部試只是夜間而無白天。

現在我們來看一下五代史的材料。《舊五代史》卷一四八《選舉志》載：「（開運元年）十一月，工部尚書、權知貢舉竇貞固奏：「進士考試雜文及與諸科舉人入策，歷代已來，皆以三條燭盡爲限，長興二年，改令晝試。……若使就試兩廊之下，揮毫短景之中，視晷刻而唯畏稽遲，演詞藻而難求妍麗，未見觀光之美，但同款答之由，既非師古之規，恐失取人之道。今欲考試之時，准舊例以三條燭爲限。……」

此處所謂的歷代，應當是包括唐朝的，指的是唐朝以來的歷代皇帝。竇貞固意思是說，自唐以來，進士試雜文（即試詩賦），都是從白晝起，到夜晚以三條燭盡爲止；後唐長興二年（九三一），改爲只限於晝試，廢止夜試。他認爲，如只限於白天，舉子們惟恐時間稽遲，不能專心精研，也就未能盡其才，所以還應按照往例，仍舊延長到夜間，以三條燭盡爲止。其原意應當如此，洪邁沒有全面考察唐人的材料，即作出唐代夜試進士的論斷，是不確的。即以洪邁所引《舊五代史·選舉志》長興二年的材料（按這一段文字爲今輯本《舊五代史》所無來看，敕旨云「王道以明規是設，公事須白晝顯行」，也說的是晝試。長興二年說的就是停止夜試，限以白天，而並非改夜試爲晝試。宋人李頎《古今詩話》

說「唐制，舉人試，日既暮，許燒燭三條」，⑩雖簡略，卻是得其實的。而比較起來，宋袁文《甕牖閑談》（卷八）、清趙翼《陔餘叢考》（卷二十九《科場給燭》）卻說得很不明確。

六

唐代進士、明經等考試的地點在哪裡？這個問題，過去的記載似乎也有含混不清的地方。《大唐傳載》說：「開元中，進士第唱於尙書省，其策試者並集於都堂，唱其第於尙書省。」這裡的開元中，沒有分清是開元二十五年以前還是以後，因爲開元二十四年以前貢試歸吏部考功，開元二十五年起歸禮部，有此分別，則考試地點當也不同。《大唐傳載》所說，似乎說考試是在都堂舉行。後來《唐摭言》也說：「進士舊例於都省考試，南院放榜（原注：南院乃禮部主事受領文書於此，凡板樣及諸色條流，多於此列之），張榜牆及南院東牆也。」（卷十五《雜記》）照此說法，則似乎進士考試的地點在都省，而放榜在禮部南院，二者是分開的。

都堂、都省是尙書省的簡稱。禮部南院則是尙書省以南的一個坊。宋程大昌《雍錄》卷八《職官·禮部南院》載：「禮部既附尙書省矣，省前一坊別有禮部南院者，即貢院也。《長安志》曰『四方貢舉所會』，其說是也。」這裡所說的《長安志》，就是北宋人宋敏求所的《長安志》。宋著《長安志》卷七承天門街之東、第六橫街之北爲一坊，坊內「從西第一左領軍衛，次東吏部選院，次東禮部南院（四方貢舉人都會所也）」。據徐松《唐兩京城坊考》及陸遹耀等所修《咸寧縣志》，畫其簡圖如下。這都是在皇城之內，與一般的民居隔開。禮部南院的東牆，是進士放榜時貼榜的所在地，詳細情況見本書後面論進士放榜與宴集一章。按照《大唐傳載》與《唐摭言》的記載，似乎考試在北面尚書省，放榜在禮部南院東牆。

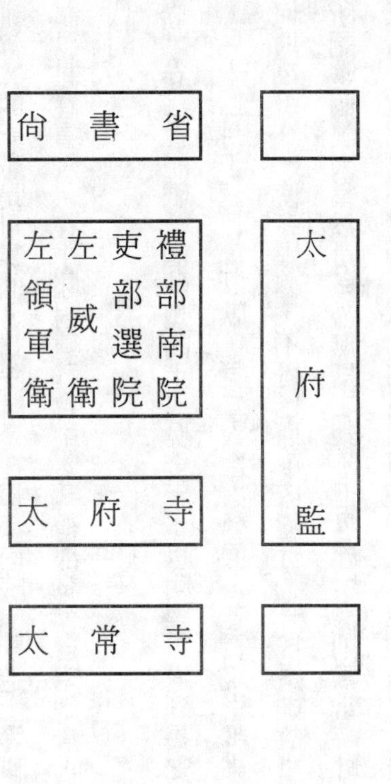

唐人詩中確是有提到都堂試貢士的，如唐文宗時人李景有《都堂試貢士日慶春雪》（《全唐詩》卷五四二），韋承貽有《策試夜潛記長句於都堂西南隅》（《全唐詩》卷六〇〇），問題在於都堂一詞並不是一個有確定含義的地名。開元二十四年前，貢試在吏部舉行，吏部屬尚書省，因此可以稱考試地點在都省或都堂；開元二十五年起貢試歸禮部，禮部也屬尚書省，則在禮部試也可以說在都省或都堂。

另外，前所引《雍錄》明確地說「禮部南院者，即貢院也」，這就是說，貢院是在禮部南院。《雍錄》的話是否可靠呢？讓我們來考查一下。《唐摭言》談到禮部南院時，加小注說：「禮部乃禮部主事受領文書於此，凡板榜及諸色條流，多於此列之。」這就是說，板榜是列懸於禮部南院的。我們在本章第二節論板榜時曾引舒元輿《上論貢士書》一文，文中有「始見貢院懸板榜，立束縛檢約之目」的話，這就是說，板榜是掛在貢院門口的。從這兩條材料來看，就應當得出這樣的結論，貢院確是在禮部南院，《雍錄》的記載是可靠的。貢院既是在禮部南院，則進士等科考試的地點也就容易解決，因爲唐代進士試就是在貢院。在中國封建社會中，凡禮部試，自宋到清，考場都設在貢院，這一傳統就是濫觴於唐代的。

《玄怪錄》卷三曾記載一個蘇州的士人吳全素，以明經荐送到長安，累試不第，元和中寓居於長安的永興里。「十二月十三日夜既臥，見二人白衣執簡，若貢院引牌來召者，全素曰：『禮闈行試，分甲有期，何煩夜引？』使者固邀，不得已而下床隨行。」據這則故事所述，這二人實爲陰間差吏。《玄怪錄》所記整個說來當然是鬼怪無稽之談，但具體所寫則爲當時社會的實際情事。這裡說吳全素見貢院引牌來召，就回答「禮闈行試」如何如何，可見當時人是認爲禮部考試就是設在貢院，這是當時生活中的常事，因此不煩解釋。又如權德輿有《貢院對雪以絕句代八行奉寄崔閣老》詩（《權載之文集》卷三），說：「寓宿春闈歲欲除，嚴風密雪絕雙魚。……」權德輿曾於德宗貞元時知貢舉，這首詩當是在貢試期間所作，地點在貢院，詩中又說及「春闈」，春闈即禮闈，也就是禮部試。這都是禮部試設在貢院的確切的例證。到宋代，沈括就索性把禮部和貢院連在一起說，《夢溪筆談》卷一就說道：「禮部貢院試進士日，設香案於階前，主司與舉人對拜，此唐故事也。」⑪

唐代貢院內的具體情況，限於材料，今天已不得詳知。五代時竇貞固奏中有「就試兩廊之下」的話（《舊五代史·選舉志》），則貢院內大約如同後代一樣是分東西兩廊，舉子們就分別按一定號數坐於廊下考試的。《唐詩紀事》卷四十一就記有一則故事，說孟簡於憲宗元和時應進士試，試前問一卜者，測一測運氣如何，卜者對他說：「你一進去，靠近東門坐，這一科就可以及第了。」於是孟簡「既入，即坐西廊。迫晚，忽得疾，鄰坐請與終篇，見其姓，即『東門』也，乃擢上第」。此處所寫的卜者云云，當然不可信，當時士人們爲了預測自已的命運，在長安問卜者甚多，長安市上一些卜者一大筆生意是向著這些舉子們做的，這在本書後面還要講到，這裡不作細談。可以注意的是，卜者對孟簡說，你一進考場靠東門坐，孟簡果然坐在西廊，西廊既靠近東邊的大門。可見唐代貢院確是分東西兩廊的。李景《都堂試貢士日慶春雪》詩，也有「密雪分天路，群才坐粉廊」之句（《全唐詩》卷五四二）。這方面記載得最爲詳確的，還要算是舒元輿。前面已引述過舒元輿在《上論貢士書》中談到舉子們到京都後報到、磨勘等情形，他說經過種種檢查苛責，幸而獲得通過，可以允許考試了，接著就：

> 試之日，見八百人盡手攜脂燭、木炭，洎朝晡餐器，或荷於肩，或提於席，爲吏胥縱慢聲，大呼其名氏。試者突入棘闈重重，乃分坐廡下，寒餘雪飛，單席在地。

舒元輿所說的廡下，也就是竇貞固所說的廊下，兩者是一個意思。李景《都堂試貢士日慶春雪》所謂「密雪分天路，群才坐粉廊」，似乎是富有詩意，其實是頗有掩飾的，舒元輿所記則爲寫實。禮部試往往在正二月，那時長安天氣還很冷，常常碰到下雪天，那種「寒餘雪飛，單席在地」的滋味是並不好受的，又加上進入考場時，不僅手提肩背，照明用的脂燭，溫飯取暖用的木炭，早晚吃飯的餐具，都得齊備，進門時又受多種盤問，被吏胥大聲呼喝，怪不得舒元輿感嘆道：「嗚呼！唐虞辟門，三代貢士，未有此慢易者也！」杜牧就記載過一個舉子，進考場時受不了這種屈辱，一氣之下，跑出貢院走了：

太和元年舉進士及第，鄉貢上都，有司試於東都，在二都群進士中，往往有言及十五年有進士李飛自江西來，貌古文高，始就禮部試賦，吏大呼其姓名，熟視符驗，然後入。飛曰：「如是選賢邪？即求貢，如是自以爲賢邪？」因袖手不出，明日徑返江東。某曰：「誠有是人，吾輩不可得與爲伍矣。」（《唐故平盧軍節度巡官隴西李府君墓志銘》，《樊川文集》卷九）

這位李飛，就是後來赫赫有名的痛斥元稹、白居易詩爲「淫言媟語」、「纖豔不逞，非莊人雅士，多爲其所破壞」的李戡。這大約是一位憤世嫉時的人，孤高怪癖，他受不了貢院門口的種種屈辱，寧可不要功名，負氣出走了。

唐代舉子入試時的檢查大約是很嚴的，《通典》卷十五《選舉》三記載道：「禮部閱試之日，皆嚴設兵圍，荐棘圍之，搜索衣服，譏呵出入，以防假濫焉。」⑫貢院四周修起棘籬，主要是爲了杜絕內外傳遞信息，但也有說是放榜時防止落第士子鬧事的，清趙翼《陔餘叢考》考證說：「貢院四周重牆皆插棘，所以杜傳遞出入之弊，古制則非爲此也。」《五代史・和凝傳》：「是時進士多浮薄，喜爲喧嘩動主司，主司每放榜，則圍之以棘，閉省門；凝知貢舉，撤棘開門，而士皆肅然無嘩，所取稱爲得人。然則設棘乃放榜時以防士子喧嘩耳。」（卷二十八《棘圍》）此可備一說。至於搜身的制度，當起自唐代，宋代還較寬。據沈德符《萬曆野獲編》所記，明代州府鄉試的搜檢是很嚴格的，如一經查出懷挾書冊，就要「三木囊頭，斥爲編氓」。會試則明朝初年較寬，據說明太祖朱元璋說過：「此已歌《鹿鳴》而來者，奈何以盜賊待之。」但到明朝中葉，因科場作弊太多，就變得十分嚴格了，甚至「解衣脫帽，且搜再搜」（卷十六《科場・會場搜檢》）。至於清代，則防範搜查更加嚴密，這裡不再多說。

這裡需要討論一下唐代科試時舉子能否帶書冊的問題，因爲入試時的所謂搜檢，主要就是搜查是否私藏書冊。從史料來看，唐代的科舉試，一律不許帶書，規定很嚴格，一經查出，就要受罰，而且所保的官員也要受到貶責的處分。如《冊府元龜》卷六四三《貢舉部・考試》一記載道：「（天寶）十載九月辛卯，御勤政樓試懷才抱器舉人，命有司供食。有舉人私懷文策，坐殿三舉，並貶所保之官。」這說的是制舉試。至於進士科等考試，前面提到過的五代時人竇貞固，他在奏論進士試的時間一疏中說到：「其進士並諸色舉貢人等，有懷藏書冊入院者，舊例扶出，不令就試。近年以來，雖見懷藏，多是容縱。今欲振舉弛紊，明辨臧否，冀在必行，庶爲定式。」（《請貢舉復限三條燭盡》，《全唐文》卷八六五）可見禁挾書策入試，雖屢有告示，但總是未能杜絕，而且還受到有關官員的縱容，因此竇貞固再次重申這一禁令。在這之前，後唐長興四年（九三三），也已再次頒過條令，《文獻通考》卷三十《選舉考》三記：「後唐明宗」長興四年，禮部貢院奏新立條件如后：……一、懷挾書冊，舊例禁止，請自今後入省門搜得文書，不計多少，准例扶出，殿將來兩舉。」

問題在於是否禁止一切書籍帶入。這裡值得注意的是長慶元年（八二一）白居易覆考科目奏狀中的一段話，這段話前面論進士試的時間曾引用過，為說明問題，再引述於此：

伏准禮部試進士，例許用書策，兼得通宵，得通宵則思慮必周，用書策則文字不錯。昨重試之日，書策不容一字，給燭只許兩條，迫促驚忙，幸皆成就。若比禮部所試，事較不同，雖詩賦之間，皆有瑕病，在與奪之際，或可矜量。

這段文字中可注意的是：第一，禮部試進士，照慣例是可以用書策的。第二，用書策以後，文字可以不錯；這裡提文字，並不是指文義。第三，這次復試，命令不許用書策，雖說是嚴申禁令，想考核眞才，但終不合往例，因此造成舉子們試卷中的文字錯誤，是應當原諒的。從這三點看來，白居易所說的書策，是什麼樣的書呢？

這一點，我們可以從宋代的科試規定中找求答案。《文獻通考》卷三十《選舉考》三講到宋代科舉考試的情況，也說「凡就試禁挾書為奸」，但後面接著說：「進士試詞賦，唯《切韻》、《玉篇》不禁。」同書卷三十一《選舉考》四又記載神宗熙寧三年（一〇七〇）親試舉人，「進士就席，有司猶循故事，給禮部韻」。《宋史》卷一五五《選舉志》一也有同樣內容的記載：「凡就試，唯詞賦者許持《切韻》、《玉篇》，其挾書爲奸，及口相受授者，發覺即黜之。」這就是說，一方面仍嚴申挾書之禁，另一方面規定，凡進士考試詩賦時，允許帶《切韻》、《玉篇》，熙寧的那一次，還由官方發給禮部韻書⑬。此事也見於宋人筆記，王栐《燕翼貽謀錄》卷二載景德二年（一〇〇五）七月禮部貢院的通令，其中就說：「舉人除書案外，不許將茶廚、蠟燭等入，除官韻外，不得懷挾書策。」可見在宋代，舉子們帶韻書是公然合法的事，是不算在所謂書策之內的。按照一般的情況，科試的規定，是愈到後代愈是嚴密，不可能設想，唐代不許帶韻書，到宋代應考者更多了，錄取更不容易，反而可以帶韻書了。

《切韻》編成於隋代，著者陸法言斟酌當時南北的方言，並參照傳統的讀書音，分別四聲，共分一百九十三韻。陸法言的分韻很精細，再加以照顧到南北的實際語音和傳統書音，因此用起來十分方便，到唐代大爲流行，唐人作詩賦，以及科舉考試時試詩賦，都以《切韻》作押韻的標準。⑭生活在開元、天寶時期的封演就說過：「隋朝陸法言與顏、魏諸公定南北音，撰爲《切音》，凡一萬一千二百五十八字，以爲文楷式。」（《封氏聞見記》卷二《聲韻》）封演稱《切韻》是「爲文楷式」，中唐時人王仁昫《切韻序》說是「時俗共重，以爲典規」，可見此書爲唐代士流所推崇。正由於《切韻》大行於世，因此唐代以此書爲基礎，又有不少種增修的韻書，見於記載的有二十餘家，現在流傳下來的寫本或刻本，保存比較多的主要是長孫納言的箋注本（高宗儀鳳二年，六七七），王仁昫的《刊謬補缺切韻》（中宗神龍二年，七〇六），以及孫緬《唐韻》（玄宗開元二十年《七三二》以後）。⑮唐人小說中曾有過這樣一個故事：女仙吳彩鸞，自稱是江西南昌西山吳眞君之女。文宗大和時，應試進士文蕭寓居南昌（唐時稱鍾陵），在中秋夜踏歌場中見到她，歌罷就跟蹤她到西山，後來兩人結成了夫妻。但文蕭不善謀生，「彩鸞爲小楷書《唐韻》一部市五千錢爲糊口計，然不出一日間能了十數萬字，非人力可爲也。錢囊羞澀，復一日書之，且所市不過前日之數」。這則故事告訴我們，中唐時，社會上有從事於抄寫韻書爲生計的，抄完一部賣出後，還可再抄再賣，⑯再據以上所說唐代以《切韻》爲基礎的韻書有二十餘種，可見當時社會上對這類書的需求之多，這種需求一大部分就是出於實際需要，即科場中的應用。

我們還可以舉出一個例子。《太平廣記》卷二六一《梅權衡》條引《干膮子》，載：「唐梅權衡，吳人也，入試不持書策，人皆謂奇才。及賦題出《青玉案賦》，以『油然易直子諒之心』爲韻，場中競講論如何押諒字，權衡於庭樹下，以短箠畫地起草，日晡，權衡詩賦成，張季遐前趨，請權衡所納賦押諒字，以爲師模。權衡乃大言曰：『押字須商量，爭應進士舉？』……」從這段記述中，可以看到，當時舉子應進士試時，如何押韻，是個難題。科試時以《切韻》爲依據，《切韻》分類又極細，而且到唐代中期以後，語音又有所變化，韻脚就更不容易押得貼切，因此應試時允許攜帶《切韻》是完全可以理解的。像梅權衡那樣，入試時不帶「書策」，人就以爲是奇才，可見不帶書策是極個別的例子，而這所謂書策，從這篇故事所敘述的情節來看，就是韻書。再對照前面引過的白居易所說「用書策則文字不錯」，就更證明這一點。《舊唐書》卷一二六《李揆傳》也記載一事：

乾元初，兼禮部侍郎。揆嘗以主司取士，多不考實，徒峻其堤防，索其書策，殊未知藝不至者，文史之囿亦不能摛詞，深昧求賢之意也。其試進士文章，請於庭中設五經、諸史及《切韻》本於床，而引貢士謂之曰：「大國選士，但務得才，經籍在此，請恣尋檢。」由是數月之間，美聲上聞。

李揆的做法雖然受到宋人朱翌的譏嘲，⑰但由此可證進士考試詩賦，爲了避免用韻的錯誤，確實需要《切韻》作爲工具書以備檢用的。這是科舉制度的初期階段，到明清時，當然一概不准攜帶了。

七

唐代舉子進入考場防範甚嚴，但在考場內卻可以說相當自由，有些情況是明清時代所不能想像的。像前面提到過的，舉子在夜間交納試卷時，可以在試場的壁間題詩。又如前節講到的《太平廣記》所載梅權衡事，他在所作詩賦完成以後，別的舉子可以向他請教如何押韻，乃至「率數十人請益」，梅權衡遂公然朗吟其所作，後來因其所作實在太不像樣子，乃引起大家的哄笑。可能這是小說家言，有渲染誇張的成分，但如果沒有一點現實生活的基礎，也不可能作這樣的描寫。

又譬如《唐摭言》還記有這樣一件事情：

（鄭）光業嘗言及第之歲，策試夜，有一同人突入試鋪，爲吳語謂光業曰：「必先必先，可以相容否？」光業爲掇半鋪之地。其人復曰：「必先必先，咨仗取一杓水。」光業爲取。其人再曰：「便干托煎一碗茶，得否？」光業欣然爲之烹煎。居二日，光業狀元及第，其人首貢一啓，頗敘一宵之素。略曰：「既取水，更煎茶，當時之不識貴人，凡夫肉眼；今日之俄爲後進，窮相骨頭。」

這段描寫十分生動，寫這位吳人先是借鄭光業的鋪位，光業分一半給他；又請光業爲之取水（這水當是各人自備，入試時攜帶進來的），又請光業爲之煎茶（木炭也是舉子自備而帶入的），而這些，在考場中竟無人禁止或加干涉。據李肇《國史補》，唐人稱已登第者爲先輩；這裡的必先，據胡震亨的解釋，是說「名第必居先，與先輩同一推敬意」（《唐音癸籤》卷十八詁箋三《進士科故實》）。必先是當時生活中的口語，這則記載整個說來生活氣息是很濃厚的。

據說《太平廣記》中還記有一則故事，說唐時有一童子應試，賦題是《腐草爲螢賦》，童子不知題目的出處，不好下筆，就問隔座一老於場屋者，這人就隨口回答說：「這草就是古詩中『青青河畔草』，《論語》裡還說過，『君子之德風，小人之德草』；螢就是《三字經》上說的『如囊螢』。」此人是隨便亂說的，但這個童子卻將這幾句湊成一聯：「昔年河畔，曾邀君子之風；今日囊中，卻照聖人之典。」想不到這幾句卻爲主司所讚賞，遂登科，而那位老於場屋者卻依舊落第。這個故事眞實性如何，尚可研究，因爲《三字經》乃編成於南宋，唐代似還未有「三字經」這樣的書。但考場中互相問答的情況仍可爲我們研究唐代科試的參考。北宋也有類似的情形，爲比較起見，我們不妨舉一個例子如下，這種近於幽默小品的文字也可以增加我們對科舉考試研究時的興趣。王銍《默記》卷中：

王君辰榜，是時，歐公爲省元。有李郎中，忘其名，是年赴試南宮。將返省試，忽患疫，氣昏憒。同試相迫，勉扶疾以入。既而疾作，憑案上睏睡，殆不知人。已過午，忽有人掖下觸之，李驚覺，乃鄰座也。問所以不下筆之由，李具言其病，其人曰：「科場難得，已至此，切勉強。」再三言之。李試下筆，頗能運思。鄰座者乃見李能屬文，甚喜，因盡說賦中所當用事，及將己卷子拽過鋪在李案子上，云：「某乃國學解元歐陽修，請公拆拽回互盡用之，不妨。」李見開懷若此，頓覺成篇，至於詩亦然。是日程試，半是歐卷，半是歐詩。李大感激，遂覺病去。論、策二場亦復如此。榜出，歐公作魁，李亦上列，遂俱中第云。

王銍在宋號稱博洽多聞，且這裡所寫的李某與王銍的祖父曾爲同官，這件事是李某親口與王銍祖父講的，當可信。沒有想到道貌岸然的古文大家歐陽修，在考場中還偷偷將卷子給別人看，讓人抄自己的試卷，而且還講試題的出處文義。從這一富有戲劇性的情節中，我們知道北宋考場中防範也是不很嚴密的，則唐代恐更是如此。

而且唐末的《尚書故實》中還記載另一件事：有一名叫郭承嘏的，喜歡書法，他收藏有一卷好字帖，十分珍惜，總是隨身攜帶。有一次在長安應試，也把這一卷字帖帶進去了（可見當時搜檢也不甚嚴，這卷字帖竟沒有搜出來）。詩賦作好寫畢，夜色猶早，就把字帖拿出來把玩把玩，臨交卷時，想不到弄錯了，把試卷裹在布袋內，把字帖交了上去。回到住處，在燭籠下又想把字帖拿出來觀覽，「

則程試宛在筐中」，大驚失色，計無所出，只得又往考場走去，在門口往來徘徊。忽見一老吏走來，問有什麼事，他只好實告。老吏說：「某能換之。某家貧，倘換得，願以錢三萬見酬。」郭承嘏一口答應，這老吏果然把試卷拿進去，換了字帖出來。後面還有一些情節，說明這個老吏乃是死鬼。鬼當然是不可信，但如果現實生活中沒有類似的情況，寫故事的人也不可能憑空編排得出來的。

在結束本章時，我想較爲詳細地抄錄宋人吳自牧《夢粱錄》的一段文字，這段文字記載了南宋禮部省試的情況。宋代的情況有些與唐代不同，如考試的項目，試卷的彌封，考官的增多，等等，但宋代畢竟距唐代時間較近，恐怕仍有不少唐代的遺風，爲增加我們的感性認識，這段記載還是有參考價值的：

> 三月上旬，朝廷差知貢舉、監試、主文考試等官，……其知貢舉、監試、主文，並舉羞帽，穿執乘馭，同諸考試等官，迎引下貢院，然後鎖院，擇日放試。諸州士人，自二月間前後到都，各尋安泊待試，遂經部員呈驗解牒，陳乞納卷用印，並收買試籃桌椅之類。試日已定，隔宿於貢院前賃房待試，就看坐圖。其士人各引試之場：正日本經，次日論，第三日策。預試人照合試日分集於貢院竹門之外，伺候開門。放試士人，各入院內，依坐位分廊占坐訖，知貢舉等官於廳前備香案，穿秉而拜，諸士人皆答拜，方下帘幕，出示題目於廳額。題中有疑難處，聽士人就帘外上請，主文於帘中詳答之，訖，則各就位作文，隨手上卷。至晡後開門，放士人出院，納卷於中門外，書知姓氏，試卷入柜而出。其士人在貢院中，自有巡廊軍卒齎硯水、點心、泡飯、茶

酒、菜肉之屬貨賣。亦有八廂太保巡廊事。所納卷子，徑發下彌封所封卷頭。……此科舉試，三年一次，到省士人，不下萬餘人，駢集都城，鋪席買賣如市，俗語云「趕試官生活」，應一時之需耳。（《夢粱錄》卷二《諸州府得解士人赴省闈》）

【附註】

① 《全唐詩》卷六四三《唐詩紀事》卷七十載李山甫事謂：「咸通（八六〇—八七四）中，數舉進士，不第。依魏博樂彥禎幕府。」其事跡見《唐才子傳》卷八。

② 《舊唐書·代宗紀》廣德二年九月載：「尚書左丞楊綰知東京選，禮部侍郎賈至知東都舉，兩都分舉選，自此始也。」東京即東都，對此徐松在《登科記考》卷十中曾加駁正，謂：「『本紀』之文奪誤殊甚，當作禮部侍郎楊綰知東都舉，尚書右丞賈至知上都舉，兩都分舉自此始也。『選』字衍文。」

③ 據《登科記考》卷二十所載《冊府元龜》文。

④ 據《登科記考》卷二十六。

⑤ 據《登科記考》卷二十五。

⑥ 關於唐代的衣冠戶，請參看張澤咸同志《唐代的衣冠戶和形勢戶》（《中華文史論叢》一九八〇年第三期）。這篇文章對唐代地主階級等級構成及其發展衍變，有很好的分析。

⑦ 見《登科記考》卷九。

⑧《登科記考》卷九引《冊府》。

⑨《登科記考》卷十引《冊府》。

⑩見郭紹虞《宋詩話輯佚》，第一二〇頁，中華書局一九八〇年出版。

⑪此又見宋范鎮《東齋紀事》卷一。

⑫此處所記，又見於《冊府元龜》卷六四〇《貢舉部·條制》二。

⑬此當指《禮部韻略》，北宋仁宗景祐四年（一〇三七）官修的韻書，主要備禮部考試之用。參見趙誠同志《中國古代韻書》，中華書局一九七九年十月出版。

⑭關於《切韻》的論述，這裡所述係依據周祖謨先生《切韻的性質和它的音係基礎》（《問學集》上冊，中華書局一九六六年一月出版），及《廣韻》略說（《文史知識》一九八三年第九期）。

⑮據周祖謨先生《唐五代韻書集存》（中華書局一九八三年出版），及《問學集》中《王仁昫切韻著作年代釋疑》一文。

⑯歐陽修《歸田錄》中曾提到吳彩鸞《唐韻》，《歸田錄》卷二云：「葉子格者，自唐中世以後有之。說者云，因人有姓葉號葉子青者撰此格，因以爲名。此說非也。唐人藏書，皆作卷軸，其後有葉子，其制似今策子。凡文字有備檢用者，卷軸難數卷舒，故以葉子散之，如吳彩鸞《唐韻》、李郃《彩選》之類是也。」按此亦可用來解釋白居易爲什麼稱韻書之類叫書策，就是唐人抄寫的韻書，以散葉而不裝成卷軸的，稱作策子。

⑰宋朱翌《猗覺寮雜記》卷六：「李揆取士，不禁挾書，大陳書於庭，多得實才。和凝知舉，撤棘圍，大開門，

生皆肅然無嘩，上下相應，故可書。今爲二公之所爲，則不成禮闈矣」

⑱ 此據《全唐文紀事》卷五十七《典切》。

第九章 明經

唐代科舉取士中，進士科占據主要的地位，其次是明經和制舉。本書將以較多的篇幅論述進士試的各種情況，但爲敍述方便起見，擬在這一章與下一章先集中討論明經和制舉兩科。

一

唐代科舉取士中，明經往往與進士並稱，但不少的記載，卻總是重進士而輕明經，明經的地位受到明顯的壓抑。突出的一個例子，是晚唐人康駢的《劇談錄》所記元稹於明經及第後去拜訪李賀，爲李賀拒見的故事，書中說：「元和中，進士李賀，善爲歌篇，韓文公深所知重，於搢紳之間，每加延譽，由此聲華藉甚。時元相國稹年老，以明經擢第，亦攻篇什，常願交結於賀。一日，執贄造門。賀覽刺不答，遽令僕者謂曰：『明經擢第，何事來看李賀！』相國無復致情，慚憤而退。」（卷下《元相國謁李賀》）後面還說元稹因此懷恨在心，在任禮部郎中時，「因議賀父名晉，不合應進士舉」，以爲報復。應當說，這裡記載元稹與李賀的關係，是不符合事實的，朱自清先生《李賀年譜》、卞孝萱先生《元稹年譜》等有關著作都曾指出，元稹明經擢第，李賀還只有四歲；李賀於憲宗元和五年（

八一〇）冬以進士舉赴長安，而元稹在此之前已貶爲江陵府士曹參軍；而且元稹也從來沒有擔任過禮部郎中的官職。《劇談錄》所寫純粹是小說家言，不足憑信。但是，書中記李賀的話「明經擢第，何事來看李賀」，卻非常生動而準確地反映了唐代相當一部分文人對明經的輕視心理，從這點來說，作爲筆記小說的《劇談錄》，它所寫的卻是歷史的眞實。

然而另一方面，唐代的官私文書中，卻又有一些勸獎明經的材料。如睿宗時（七一〇—七一二）《申勤禮俗敕》，說：「縣令字人之本，明經爲政之先，不稍優異，無以勸獎。」（《全唐文》卷十九）中唐時權德輿在與柳冕討論科舉考試改革的一封信中，說「明經者，仕進之多數也」。①擔任過科試主考官的顧少連，曾說：「伏以取士之科，以明經爲首；教人之本，則義理爲先。」（《請以口問經義錄於紙上以便依經疏對奏》，《全唐文》卷五一四）這些材料都肯定明經在科舉取士中的十分重要的地位。在唐代，作爲「常貢之科」（《通典》語），或「歲舉之常科」（《新唐書·選舉制語》）的，有六科，即秀才、明經、進士、明法、明字、明算。但正如清代經史考據學家王鳴盛所說，「終唐世爲常選之最盛者，不過明經、進士兩科而已」（《十七史商榷》卷八十一《取士大要有三》）。明經也同進士科那樣，出過不少人材。

既然這樣，爲什麼明經又受到社會上一些人的輕視呢？而且我們還可發現一種矛盾現象，在唐代各項科目中，明經所取的人數是最多的，但據現在所見有關唐代登科記的材料，②這些登科記，卻不記載明經登科的人數和姓名。徐松著《登科記考》一書，記載明經及第的材料是最少的。如他記載唐初到天寶末將近一百四十年登科者的姓名，明經及第所能考出的，只有二十四人。實際數字當然遠不止此，每年明經所取的人數，要比進士多好幾倍、甚至十倍的，但徐松所能考見的卻如此之少，就是因爲受到材料的局限。徐松在《登科記考》的「凡例」中曾說：

《玉海》引《中興書目》云，崔氏《登科記》一卷，載進士、諸科姓名。是諸科之名始於崔氏，樂史沿而不改。所謂諸科者，謂明法、明字、明算、史科、道舉、開元禮、童子也，明經不在此數。何以明之？明經每歲及第將二百人，其數倍蓰於進士，而登科記總目所載諸科人數，皆少於進士。《玉海》云登科記專載進士，續之者自元和方列制科，言進士、制科對明經爲義也。《韓文》五百家注每詳科目，惟牛堪明經及第，注文一無徵引，知明經爲記所無矣。

徐松注意到唐人登科記不載明經及第者姓名，這是一大發現，很有價值。當然這只是一種現象，爲什麼會這樣，就需要我們加以研究。在以往的有關記述中，論進士、制科的不少，而對於明經，記載十分零散，人們的認識也不甚清楚。這就造成研究中的一些困難。如果我們能從一些散見的材料中，勾稽明經試的有關情況，進行一些考索，這對於我們進一步了解唐代的科舉制度，以及研究唐代的文人生活，都是會有幫助的。

二

同進士科是否起源於隋一樣，明經科也有一個是否起源於隋的問題。《通鑑》唐高祖武德元年（

六一八）載有「明經劉蘭成」，胡三省注謂：「劉蘭成蓋嘗應明經科，因稱之。《新唐書·（選舉）志》曰唐制取士之科，多因隋舊，則明經科起於隋也。」徐松也注意到《通鑑》的這一條材料，他贊成胡三省的看法，並且補充說：「其時唐未貢舉，是隋亦有明經矣。」關於隋有明經舉，還可以補充兩條材料：一是《舊唐書·孔穎達傳》：「隋大業初，舉明經高第，授河內郡博士。」（《新唐書》本傳同）由此，則隋朝時無論煬帝或文帝，都是有明經舉的。

但我們還要注意到《玉海》中的一條材料，《玉海》卷一一四有《漢明經》一節，記載東漢章帝時就有舉明經的：「章帝元和二年五月戊申，令郡國上明經者，口十萬以上五人，不滿十萬三人。」又說到質帝本初元年四月庚辰，令郡國舉明經；又引《前漢書》，孔安國、平當、貢禹、夏侯勝、張禹並以明經為博士；《後漢書》，袁良舉明經除濟陰王文學。大家知道，兩漢實行的是察舉制，這裡所說的明經，都是由郡國荐舉的，可見在察舉制度時就有明經之名。隋朝的明經，屬於科舉制度還是察舉制度，僅憑以上所舉兩《唐書》和《通鑑》的材料，還不能作出肯定的回答。

作爲科舉制度的明經科，與進士科一樣，在唐代，起始於高祖武德五年（六二二），也就是「函夏既清，干戈漸戢」③之際。《唐摭言》卷十五《雜記》載：「高祖武德四年四月十一日，敕諸州學士及白丁，有明經及秀才、俊士，明於理體、爲鄉曲所稱者，委本縣考試，州長重覆，取上等人，每年十月隨物入貢。至五年十月，諸州共貢明經一百四十三人。」《唐摭言》卷一《統序科第》也略記此事，並且說：「斯我唐貢士之始也。」盡管這時進士、明經等科，與以後發達形態時的情況還有不同，多少還帶有過去察舉制的痕跡，但應當說，從考試的基本程序看，它們已經屬於科舉制度的範疇了。

在唐代，明經也有好幾種稱呼。與進士登第稱「前進士」同樣，明經及第也有稱「前明經」的。如鄭處誨《明皇雜錄》載：「（盧）從願少家相州，應明經，常從五舉，制策三等，授夏縣尉。自前明經至吏部侍郎才十年，自吏部員外郎至侍郎只七個月。」《舊唐書》卷一〇〇《盧從願傳》載其「弱冠明經舉」，開元時為吏部侍郎。也有稱秀才的，如《舊唐書》卷一八九下《儒學下·馮伉傳》謂「伉少有經學，大歷初登五經秀才科，授秘書郎」。徐松《登科記考》卷一〇大歷二年按云：「按五經秀才即五經登第也。」通常則沿襲漢時舊稱，以孝廉稱明經，如孟浩然《送張參明經舉兼向涇州省覲》詩（《孟浩然集》卷三）：「孝廉因歲貢，懷橘向秦川。」又可參清人毛鳳枝《關中金石文字存逸考》卷一西安府《四川刺史王同人墓志銘》跋語。

武德五年十月，諸州貢明經、秀才、俊士、進士等舉人，這一年的考試是十二月舉行的。可能是早期屬於草創階段，十二月考試還不合乎唐代例行的做法。在唐代，制科考試是沒有固定月份的，進士科則一般都在前一年秋天由各州縣或學館考試選拔，十月報送到京都，至第二年春天考試並放榜。④開元二十四年前由吏部考功員外郎主試，開元二十五年起則由禮部侍郎知貢舉。從現有材料看，明經的考試時間與考試機構，都與進士科相同。唐代進士例於十月下旬集中京都，然後到戶部辦理報到、交保等各種手續，然後是皇帝引見，之後又到國子監拜謁孔子像，國子監學官為舉子開講問義。這些禮節，明經舉人與進士舉人是一同進行的。如《唐大詔令集》卷一〇五開元五年《令明經進士就國子監謁先師敕》：「其諸州鄉貢明經、進士，見訖，宜令引就國子監謁先師，學官爲之開講，質問其義，仍令所司優厚設食。兩館及監內得舉人亦準此。其清資官五品以上及朝集使，並往觀禮，即爲常式。」⑤中唐時，王起還以《貢舉人謁先師聞雅樂》爲題，描寫了這一禮節的具體情況。⑥可見，無論皇帝接見，或到國子監謁孔子像，學官講經問義，明經與進士舉人都是偕同的。

《冊府元龜》卷六三九《貢舉部·條制一》載：「（開元）二十四年三月詔曰……自今已後，每歲諸色舉人及齋郎等簡試，並於禮部集；既衆務煩雜，仍委侍郎專知。」這裡說的是「諸色舉人」，當是包括明經在內的。《冊府》於文宗大和四年（八三〇）的記載中就更加明確：「十月，中書門下奏，應開元禮、學究一經、二禮、三史、明習律令科舉人等，准大和元年十月二十三日敕，散試官及白身人並於禮部考試。」這裡的學究一經、二禮，即是屬於明經科的。在這之前，穆宗長慶三年（八二三）二月，即已將明經的三傳科歸屬禮部考試：「諫議大夫殷侑奏禮部貢舉請置三傳、三史科，從之。」（《舊唐書·穆宗紀》）直至唐末哀帝時，還下詔重申：「國子監、河南府所試明經，並依準常例解送禮部。」⑦可見明經由禮部試是常例，這方面與進士科也是相同的。

徐松曾懷疑明經考試的時間是在進士放榜之後，他在《登科記考》的「凡例」中說：「（明經）其試期史無明文，《河東記》載韋丹舉五經，元長史言於明年五月及第，疑試明經在進士放榜後。」《河東記》記韋丹事，今見於《太平廣記》卷一一八，此爲小說，不盡可據，且此處的「五月」可能即爲「三月」之誤。晚唐時詩人黄滔有《送人明經及第東歸》詩，中云：「亦從南院看新榜，旋束春關歸故鄉。」（《唐黄御史公集》卷三）所謂南院，指禮部南院，進士及第後貼榜的所在地；春關，是進士及第後再經吏部試的習稱，時間大約在四、五月間。由黄滔的詩，可以推知明經放榜的地點和時間，與進士科是相同的，則其考試的時間當也接近，不會遲至進士放榜以後再由禮部舉行一次明經考試。不過唐人關於明經考試的記載實在太少，我們關於這方面的推斷也只能是一個大概。

三

明經試的一個特點，就是要求應舉者熟讀並背誦儒家的經典（包括其注疏）。《新唐書·選舉志》記明經考試的項目爲：「凡明經，先帖文，然後口試，經問大義十條，答時務策三道。」就是説，明經考試分三場，第一場帖文，第二場口試，第三場試策文。實際上主要是第一場和第二場，第三場所謂答時務策，對明經來説恐怕只不過是虚應故事，唐代文獻中没有一篇明經時務策的文章保留下來，連這方面稍爲具體一點的記載也没有。

所謂帖文，照現在的説法，就是填充。《通典》卷十五《選舉》三有一個解釋：「帖經者，以所習經掩其兩端，中間開唯一行，裁紙爲帖，凡帖三字，隨時增損，可否不一，或得四得五得六者爲通。」就是説，每一道題，讓應試者寫出被帖没的三個字來。唐朝規定，經書分大中小三種，如《禮記》、《左傳》爲大經，《詩》、《周禮》、《儀禮》爲中經，《易》、《尚書》、《公羊》、《穀梁》爲小經。看來，大中小的區分是以其篇幅多寡而定的。明經科中還分通二經、三經、五經的，所謂通二經，就是大經、小經各一，或者中經二；通三經的，爲大、中、小經各一；通五經的，大經都通，其他各一。《論語》、《孝經》則無論是通二經、三經、五經，都須考試。當然，這只是就其大概而言。隨著政治形勢的變化，也有所增廢。如上元元年（六七四）十二月，武則天爲了迎合高宗的意旨，奏請王公百官都習《老子》，每年的明經舉，《老子》也如《論語》、《孝經》例一體考試（《舊唐書・高宗紀》）。而到了武則天稱周後，就於長壽二年（六九三）下令停習《老子》，讓應試者考她所作的《臣軌》；神龍元年（七〇五）二月，中宗反正，又下令停考《臣軌》，復考《老子》，等等。

具體說來，所謂帖文，就是每一經須考十帖，另外是《孝經》二帖，《論語》八帖（如上所述，有時還須加上《老子》或《臣軌》）。每帖試三個字。答案則通六以上爲及格，分別不同情況區別爲四等；只答對五或五以下的，爲不通，就算落第。只有帖文及格（也就是通了），才能考第二場，因此明經考試的關鍵是帖文，也就是死背死記經書及其注疏的文字。後來因爲考試的人數增多，而所取的名額有限，於是考官們就在試題上想主意，增加其難度，「至有孤章絕句、疑似參互者惑之，甚或上抵其注，下餘一二字，使尋之難知，謂之倒拔」；舉子們的對付辦法，則是揣摩考官們的心理，把一些孤絕幽隱的文句編爲詩賦，加以誦習，「不過十數篇，則難者悉詳矣，其於平文大義，或多牆面焉」。⑨又《通鑑》代宗廣德元年（七六三）載楊綰議科舉改革，又云「其明經則誦帖括以求僥幸」，胡三省注謂：「帖括者，舉人因試帖，遂括取粹會爲一書，相傳習誦之，以應試，謂之帖括。」趙翼

《陔餘叢考》卷二十九《帖括策括》說舉子搜索孤絕幽隱，編爲詩賦，「即所爲帖括也」。這就觸及到明經試的一個根本性的弊病，就是死背硬記，有時甚至只是記住一些不相連續的孤章絕句，以應付考試，而對於習常所見的經文本義，則往往茫然不知所對。

第二場是口試，即經問大義十條。徐松《登科記考》卷一武德七年，曾根據此年詔文中「諸州有明一經已上未被升擢者，本屬舉送，具以名聞，有司試策，加階敘用」等語，說「是對秀才、進士、明經皆試策而已」。這可能是一個誤會。其實詔文中的所謂「試策」，就是經問大義，而不是一般意義的對策或策問，這方面有當時的文獻例子可資證明。如《唐六典》卷二《吏部·考功員外郎》記敘明經試於第一場試帖文後，接著說：「通六已上，然後試策，《周禮》、《左氏》、《禮記》各四條，餘經各三條，《孝經》、《論語》共三條，皆錄經問及注意爲問，其答者須辨明義理，然後爲通。」這裡所說的試策，就是指《周禮》等各經書的答問經義，而不是另寫策文。天寶時人封演，在其所著《封氏聞見記》中也有「其後明經停墨策，試口義」的話，⑩墨策也就是用文字而不是用口試答問經文大義。

這個口試或墨試經文大義，具體情況如何，我們在權德輿的文集中可以見到試題的樣式。《權載之文集》卷四〇有《明經諸經策問七道》，即《春秋第一問》、《禮記第二問》、《周易第三問》、《尚書第四問》、《毛詩第五問》、《穀梁第六問》、《論語第七問》。這是權德輿於貞元十七、十八、十九年（八〇一—八〇三）知貢舉時所出的試題。現舉《春秋第一問》與《毛詩第五問》的試題爲例，引錄於下，以見一斑：

問：孔聖屬詞，丘明同恥，裁成義類，比事繫年。居體元之前，已有先傳；在獲麟之後，尚列餘經。豈脫簡之難徵，復絕筆之云誤。子產遺愛也，而賂伯石；叔向遺直也，而戮叔魚。吳季札附子臧而吳衰，宋宣公捨與夷而宋亂。陳爲鵝鸛，戰豈捷於魚麗；詛以犬雞，信寧優於牛耳。子所習也，爲予言之。

問：二南之化，六義之宗，以類聲歌，以觀風俗。列國斯眾，何限於十四；陳詩固多，豈止於三百。頌編《魯頌》，奚異於商周；風有《王風》，何殊於鄘衛。頗疑倒置，未達指歸。至若以句命篇，義例非一，瓜瓞取綿綿之狀，草蟲序喓喓之聲。斯類則多，不能具舉。既傳師學，一爲起予。企問博依之喻，當縱解頤之辨。

權德輿的文集中，只有試題，未有答文。除此之外，唐人有關這方面的資料還未見到。不過我們從《文獻通考》卷三〇《選舉考》三「舉人」條中，可以看到一個大概情況。馬端臨說他曾見到浙江東陽呂氏家塾刊有呂夷簡應本州鄉舉時的試卷，「因知墨義之式，蓋十餘條」。如：

有云：「『作者七人矣』，請以七人之名對。」則對曰：「七人某某也。謹對。」

有云：「『見有禮於其君者如孝子之養父母也』，請以下文對。」則對曰：「下文曰見無禮於其君者，如鷹鸇之逐鳥雀也。謹對。」

有云請以注疏對者，則對云「經疏曰云云，謹對。」

有不能記憶者，則只云對未審。蓋既禁其挾書，則思索不獲者不容臆説故也。

呂夷簡是北宋前期人，去唐五代未遠，馬端臨根據他的鄉舉試卷，而推知「墨義之式」，是大致不差的。《文獻通考》所載的試卷，與權德輿知舉時所擬的明經策問，有所不同。前者接近於塡充式的回答，更偏重於記誦之功，而後者還較側重於經文大義，注意於經書內容的前後照應。但總的看來，明經試的第二場經問大義，實際上仍不過是另一種方式的帖文，是考應試者對經書及其注疏的記誦功夫。無怪乎開元二十五年正月的詔文中說：「明經以帖誦爲功，罕窮旨趣」了。⑪

這種考試方法，也爲唐代有識之士所不取。中唐時古文家柳冕曾與權德輿書信來往，討論明經試問經文大義的弊病，保存在《權載之文集》卷四十一中。柳冕的信中說：「自頃有司試明經，奏請每經問義十道，五道全寫疏，五道全寫注。其有明聖人之道，盡六經之意，而不能誦疏注，一切棄之。恐淸識之士無由而進，腐儒之生比肩登第，不亦失乎？」權德輿的答書中也說道：「明經問義，有幸中所記者，則書不停輟，令通其意，則牆面木偶。」

當然，我們也還應當看到，這種對經書及其注疏的熟讀記誦，對於應試者也不是一件輕鬆容易的事。大家知道，中國古代的雕板印刷，雖然在唐玄宗時期就已開始，但在此後的很長時期內，只零散印一些日曆、醫書，以及佛道等書，印儒家的經書是在五代後唐長興三年（九三二）「刻九經印板」開始的，這一工程至後周廣順三年（九五三）才得以完成。唐朝讀書人念書，就只有靠手抄。宋人葉夢得就說過：「唐以前，凡書籍皆寫本，未有模印之法，人以藏書爲貴，不多有。」（《石林燕語》

卷八）同時人邵博也說：「唐以前文字未刻印，多是寫本。」（《邵氏聞見後錄》卷五）可以想見，一個中等或中等以下的家庭，要置辦這幾種經書（包括份量大得多的注疏），是何等的不易，他們或者自己抄，或出錢雇人抄，都需要相當的時間或財力。宋朝已經有刻印經書文字了，但眞宗景德二年（一〇〇五），當時擔任國子監祭酒的邢昺還對皇帝說：「臣少時業儒，觀學徒能具經疏者百無一二，蓋傳寫不給。」⑫宋初尙且如此，唐代就更可想而知了。而得到經書以後，還須將這數量龐大的經文、注疏等背熟，這也不是一件易事。韓愈在一篇《贈張童子序》的文中對於明經試的艱難與辛酸，作過飽含感情的敘述：「二經章句，僅數十萬言，其傳注在外，皆誦之，又約知其大說，由是舉者，或遠至十餘年然後與乎三千之數，而升於禮部矣。又或遠至十餘年然後與乎二百之數，而進於吏部矣，斑白之老半焉。昏塞不能及者，皆不在是限，有終身不得與者焉。」（《韓昌黎文集校注》卷四）這裡「僅數十萬言」的「僅」，作「幾及」講。韓愈在另一篇文中又說：「以明經舉者，誦數十萬言，又約通大義，徵辭引類，旁出入他經者，又誦數十萬言，其爲業也勤矣。」（同上卷四《送牛堪序》）不妨設想一下，要把數十萬字的經書再加上注疏抄寫下來，再熟讀背誦，該要耗費多少時間和精力！韓愈說明經及第再通過吏部試入仕，有已年過半百的，更不用說那絕大多數辛苦一輩子而「終身不得與者」的，其坎坷經歷和辛酸遭遇也就可想而知了。

經書既以抄寫流傳，文字就難免會有異同，甚至錯誤，而明經試又是要求背誦經書的文字，不許有差錯，這就需要有經過校正的由官方頒發的統一的文本，孔穎達的《五經正義》就是根據這一需要而產生的。在這之前，太宗貞觀七年（六三三）十一月，就由朝廷頒發過「新定五經」（《舊唐書·太宗紀》）。後來認爲還不符合要求，就從貞觀十六年（六四二）起命孔穎達等編定《五經正義》，所謂五經，就是《易》、《尙書》、《毛詩》、《禮記》、《春秋》。高宗永徽四年（六五三），修改完成，頒發於天下，「每年明經依此考試」。⑬但時間一久，傳寫難免仍有不同，於是在玄宗開元時，索性定了一個新辦法，即：「省司將試舉人，皆先納所習之本；文字差互，輒以習本爲定。義或可通，雖與官本不同，上司務於收獎，即放過。」⑭但這也不是個辦法，最大的缺點是取捨無準，於是開元中又有《五經字樣》，文宗開成中有《新加九經字樣》等。可以推想，每一次字樣的頒發，應試的舉子們都需要用自己所習的本子一一與之對勘校正，這種現在看來是何等煩瑣庸碌的事情，當時的讀書人卻是必須一本正經地去做，時代賦與人們的精神面貌有多麼不同！

四

唐代人有「五十少進士，三十老明經」的說法，意思說五十歲進士及第，還算年輕，三十歲明經登科，就算老了。這在唐時往往用來形容進士及第的艱難。但這兩句話也多少反映了實際情況。固然，明經登科也有年紀很老的，如前面所引述過的韓愈《贈張童子序》中所說的那樣，有不少人已是年過半百，還有更多的人考了一輩子到老還未中舉的。進士及第也有年輕的，如蕭穎士十九歲登第，⑮陸贄十八歲登第，⑯另外還有一些例子可舉出來。但比較起來，明經登第的年歲確實要小得多，而且例子相當普遍。見於徐松《登科記考》所引，隨手可舉的有：

徐浩（開元五年），十五歲。

盧濤（開元七年），十九歲。

白鍠（開元十年），十七歲。

蕭直（開元二十八年），十七歲。

郭揆（天寶元年），十七歲。

元稹（貞元九年），十五歲。

韋溫（貞元十四年），十一歲。

又如張志和年十六明經及第（見《新唐書》卷一九六《隱逸·張志和傳》，又可參《顏魯公文集》卷九《浪跡先生玄眞子張志和碑》）。歐陽詹《送常熟許少府之任序》（《歐陽行周文集》卷九）謂：「君十三舉明經，十六登第。」在唐人文集中，這種材料還有不少，這裡不一一備舉。

明經登第的年齡普遍要比進士輕，過去一向是從明經所取名額多，進士所取名額少去解釋的，這只有部分的理由。現在看來，這其實是很簡單明白的道理。明經考的是背誦，主要靠死記硬背，這種記憶的功夫，一個人在二十歲之前是最有成效的。二十歲以後，閱事漸多，理解力增強，記憶力就逐漸不如以前了。因此，考明經，要末在二十歲以前就考上，否則，年歲越大，考取的可能性就越小，不像進士或制科，隨著年齡的增長，見解與文思也能伴隨著有所增進。

正如權德輿所說，「明經者，仕進之多數也」，在唐代科舉取士中，明經所取人數確實是最多的。如上所引，武德五年的那一次，諸州所貢，秀才六人，俊士三十九人，進士三十人，唯獨明經有一百四十三人。睿宗時雖曾規定「每年貢明經、進士不須限數，貴在得人」（《全唐文》卷十九《申勸禮俗敕》），但一般情況下無論諸州上貢或禮部錄取，都規定數字，明經的人數總要比進士多。如武宗會昌五年（八四五），規定國子監可送明經三百人，進士只三十人；其他各州的，像鳳翔、山南西道東道等大州，送明經二十人，進士十五人，河東、陳許等，明經十五人，進士十人，福建、嶺南等，明經十人，進士七人。[17]至於錄取人數，則明經與進士的比例，有多至十比一的，如《通典》（《卷十五》《選舉》三）所記：「其進士，大抵千人得第者百一二，明經倍之，得第者十一二。」不過一般情況下，明經大約一百人左右，進士則二十到三十人不等（有時也有少至十幾人，多至四十人的）。如貞元十八年（八〇二）規定：「明經、進士，自今以後，每年考試所拔人，明經不得過一百人，進士不得過二十人。」[18]貞元九年（七九三），明經登第的不到一百人，[19]而有時又在百人以上，[20]大和九年（八三五），又從原來的一百一十人中減少十人，進士則從原來的二十五人增加至四十人。[21]

明經從所取人數說不僅比進士多，而且在中唐以前，在官位的升遷速度上，有時也並不在進士之下。德宗貞元時歐陽詹就以此勸勉友人道：「漁者所務唯魚，不必在梁在笱，戈者所務唯禽，不必在矰在繳。……目睹進士出身，十年二十年而終於一命者有之；明經諸色入仕，須臾而踐卿相者有之。」（《與鄭伯義書》，《歐陽行周文集》卷八）韓愈也有類似的說法，他說由明經「登第於有司者，去民畝而就吏祿，由是進而累爲卿相者，常常有之，其爲獲也亦大矣」（《送牛堪序》，《韓昌黎文集校注》卷四）。

明經的名聲不及進士，但錄取的名額卻要比進士多，這是爲什麼呢？我想，是否可以從及第後授官的情況來加以解釋。

從現有的材料看，大量的情況，是明經出身，經吏部試合格，大多被選授爲縣丞、縣尉、縣令，或州縣的參軍、主簿之類，就是說，普遍地爲州縣基層的地方官員。下面舉一些例子：

陳子昂《臨邛縣封君遺愛碑》（《陳子昂集》卷五）：「以明經擢第，解褐守恒州參軍。」

王維《故右豹韜衛長史賜丹州刺史任君神道碑》（《王右丞集箋注》卷二十三）：「以鄉貢明經擢第，解褐益州新都尉。」

常袞《咸陽縣丞郭君墓志銘》（《全唐文》卷四二〇）：「尋以明經擢第，歷洺州平恩縣尉。」

梁肅《舒州望江縣丞盧公（同）墓志銘（《全唐文》卷五二一）：「弱冠舉孝廉，授舒州望江縣丞。」

梁肅《鄭州新鄭縣尉安定皇甫君墓志銘》（同上）：「弱冠以明經登科，始長安丞，又轉新鄭尉。」

梁肅《外王父贈秘書少丞東平呂公神表銘》（《全唐文》卷五二二）：「二十舉孝廉，補博昌主簿。」

獨孤及《唐故尚書庫部郎中滎陽鄭公（寵）墓志銘》（《毘陵集》卷十一）：「二十舉明經高第，

解褐鄠尉。」

穆員《陝虢觀察使盧公墓志銘》（《全唐文》卷七八四）：「天寶末擢明經，調宋州襄邑主簿。」

穆員《京兆少尹李公墓志銘》（同上）：「弱冠擢明經，調婺州武義縣尉。」

韓愈《河南少尹李公（素）墓志銘》（《韓昌黎文集校注》卷六）：「以明經選，主虢之弘農簿。」

韓愈《唐故江西觀察使韋公（丹）墓志銘》（同上）：「舉明經第，選授峽州遠安令。」

柳宗元《邕州李公墓志銘》（《柳宗元集》卷十）：「公始以通經入崇文館，登有司第，選同州參軍。」

柳宗元《故襄陽丞趙君墓志銘》（同上）：「由明經爲舞陽主簿。」

劉禹錫《彭陽侯令狐氏先廟碑》（《劉禹錫集》卷二）：「以明經居上第，調補安縣主簿。」

白居易《襄州別駕府君事狀》（《白居易集》卷四十六）：「天寶末，明經出身，解褐授蕭山縣尉。」

李翱《皇祖實錄》（《李文公集》卷十）：「明經出身，初授衛州參軍。」

《集異記》卷一《蔡少霞》：「早歲明經得第，選蘄州參軍。」

雖然也有像元稹，明經登第，後經吏部試書判拔萃得高第，授秘書省校書郎（新舊《唐書》本傳），或如杜牧《唐故宣州觀察使御史大夫韋公墓志銘》（《樊川文集》卷八）所說：「以明經取第，爲太常寺奉禮郎」那樣，在中央朝廷取得官職，但畢竟是少數，大部分則是分發到各地州縣爲基層官吏。

《通典》卷十七《選舉》五《雜議論》中曾載洋州刺史趙匡舉選議，中云：「明經讀書，勤苦已甚，既口問義，又通疏問，徒竭其精華，習不急之業，而當代禮法，無不面臨，及臨人決事，取辦胥吏之口而已，所謂所習非所用，所用非所習者也。故當官少稱職之吏。」趙匡這裡論述明經試的流弊，也是就明經及第後授地方基層州縣官立論的，所以一則說此種考試辦法，不能眞正「臨人（民）決事」，只不過「取辦胥吏之口」，再則說「當官少稱職之吏」。這裡我們可以看到唐代科舉取士選拔官吏的一個大致分工，即：在常科中，俊士、秀才很早就停止，不必論，明法、明算、明字，是選培專門人才，也可不論。剩下的就是進士、明經，以及非常科的制科。這三者，進士以試詩賦爲主，講究聲律對偶，這與唐朝的制誥文體講究四六駢儷、文藻華飾相適應，因此進士及第後往往授以校書郞、秘書郞之職，以後就逐步升遷進翰林院爲學士，所謂「進士爲士林華選」，㉒「朝廷設文學之科，以求髦俊，台閣清選，莫不由茲」。㉓制科則以待非常之士，適應朝廷政治的臨時需要，及第後有授以諫官之職的。但對於封建國家的整體來說，大量需要的則是州縣一級的官吏，他們需要懂得一定的儒家經書，但不強求具備較高的文學才能，而同時又要求有一定的數量（不像進士爲培養起草制誥人材，人數不需要很多），明經就正好適合這些要求。就是說，對封建統治來說，明經是培養吏治人材的。從兩《唐書》列傳來看，至少在唐代前期，明經出身做到宰相的，爲數不少，僅以高宗、武后朝而論，就有楊再思、祝欽明、王晙、張文瓘、徐有功、裴炎、李昭德、陸元方、狄仁傑、杜景儉、韋安石、唐休璟等十數人，至於任六部尚書、侍郞等大員的就更多。明經出身後來卓有名氣的也不少，但有一個特點，就是成爲著名文人的卻極少，只有賈至、徐浩、元稹等廖廖幾個。而唐朝的士人，卻往往用文采來衡量人物，進士科中出文人又較多，唐代所謂重進士而輕明經的風氣，就是這樣造成的；就是說，貶抑明經科，是出於受進士科文人的影響。唐代中期以後，進士科出身而居高位的逐步增多，明經地位明顯下降，當與這種輿論有關。這裡可以看出進士、明經兩科爭奪權位鬥爭的一個側面。唐代的登科記，重點是進士，從推崇進士的角度出發，自然就不記載明經及第的人數和姓名。

《文獻通考》卷三十五《選舉考》八，「輸財得官」條記：「至德二年七月，宣諭使侍御史鄭叔清奏：……又準敕納錢百千文與明經出身，如曾受業、粗通帖策、修身謹行、鄉曲所知者，量減二十千文；如先經舉送，到省落第，灼然有憑、帖策不甚寥落者，減五十千文。」馬端臨於此按云：「時屆幽寇內侮，天下多虞，軍用不充，權爲此制，尋即停罷。」至德二年（七五七）正是安史之亂時，當時唐朝廷稅收不給，軍費支出又大，因此暫時採取納錢而授與明經出身的辦法。但從這也可以看出，明經可以用納錢而買得，進士則不能，則在唐朝統治階層看來，明經的地位確是在進士之下的。

又清人王鳴盛在《十七史商榷》中論進士在明經之上，舉出明經及第者不肯就吏部試，再應進士舉作爲例證，說：「彼時明經及第者，不肯即求吏部舉選，往往捨去仍應進士舉。」（卷八十一《偏重進士立法之弊》）這一論證並不確實。唐代固然有明經及第再應進士舉的，如歐陽詹《送常熟許少府之任序》：「君十三舉明經，十六登第，後三舉進士。」（《歐陽行周文集》卷九）又《新唐書》卷一四三《王翃傳》載翃兄翃之曾孫凝，「舉明經、進士，皆中」。但也有進士及第後又應明經試的，如

《新唐書》卷一六二《許孟容傳》：「京兆長安人。擢進士異等，又第明經，調校書郎。」唐代在這方面，是較爲自由的，也可以兩應明經，如韓愈《唐故江西觀察使韋公墓志銘》：「舉明經第，選授峽州遠安令，以讓其庶兄，入紫閣山，事從父熊通，五經登科，歷校書郎、咸陽尉。」（《韓昌黎文集校注》卷六）

唐人的記載中，往往用進士與明經相比較，而對明經加以輕貶和譏嘲。前面已經舉出過李賀與元稹的故事，那是在中唐，現在還可舉一個晚唐的事例。尉遲偓《中朝故事》載：

咸通中，輔相崔彥昭，兵部侍郎王凝，乃外表兄弟也。凝大中元年進士及第，來年彥昭下第，因訪凝，凝衩衣見之，崔甚恚。凝又戲之曰：「君卻好應明經舉也。」彥昭忿怒而出，三年乃登第。懿皇朝多自夏官侍郎判鹽鐵，即秉鈞軸。一旦凝拜是官，決意入相，彥昭陷之。後數月之間，鹽鐵中有隳懷凝朝職，朝廷以彥昭爲之，半載而入相。彥昭母乃命多制鞋履，謂侍婢云：「王氏妹必與王侍郎同竄逐，吾要伴小妹同行也。」彥昭聞之，泣拜其母，謝曰：「必無此事。」王凝竟免其責也。

這則記載十分生動地記述了進士、明經兩科的矛盾，以及封建統治高級階層中勾心鬥角之爭。王凝進士及第後得意倨傲的神氣，從他對崔彥昭「以衩衣見之」（據《通鑑》胡注，謂衩衣爲「便服不具禮也」），後來又對彥昭說：「君卻好應明經舉」，表現得維妙維肖。而崔彥昭也竟以這句話而爲奇恥大辱，一旦得權，就對王凝加以打擊，蓄意報復。在這之前，裴廷裕《東觀奏記》也曾記有：「

（李）玨字待階，趙郡贊皇人。早孤，居淮陽，事母以孝聞。弱冠，徙之舉明經。李絳爲華州刺史，一見謂人曰：『日角珠庭，非常人也，當掇進士科。明經碌碌，非子發跡之路。』㉔李絳本人是進士出身，他認爲李玨乃「非常人」，是應當舉進士的，所以說「明經碌碌」。這裡正可以看出中晚唐時兩者之間的門爭。這種以進士輕明經的情況，也見於五代時和凝的例子。據《舊五代史》卷一二七《和凝傳》載，稱凝「少好學，書一覽者咸達其大意。年十七舉明經，至京師，忽夢人以五色筆一束以與之，謂曰：『子有如此才，何不舉進士？』」

重進士而輕明經，似乎還表現在考試時對待的禮數上。沈括《夢溪筆談》卷一記載道：

禮部貢院試進士日，設香案於階前，主司與舉人對拜，此唐故事也。所坐設位，供張甚盛，有司具茶湯飲漿。至試學究，則悉撤幕氈席之類，亦無茶湯，渴則飲硯水，人人皆黔其吻，非故欲困之，乃防氈幕及供應人私傳所試經義，蓋嘗有敗者，故事爲之防。歐陽文忠有詩：「焚香禮進士，徹幕待經生。」以爲禮數重輕如此，其實自有謂也。

這條記載又見於范鎭的《東齋記事》卷一，文字基本相同。范鎭與沈括同是北宋神宗、哲宗時人，時代相近，此條文字未知何者爲先。不過范、沈二人都以博洽見稱於時，所記史事大多平實有據。這裡關於明經考試時無茶湯等招待，渴時只能飲墨水，以至嘴唇都弄黑了，雖不免稍有誇張渲染，當大致可以信從。可見明經、進士二者輕重的區別，至北宋前期也是如此。

其實在唐代前期的議論中，論及進士與明經時，對二者的弊病是同時並舉的，其間無所軒輊。如

《唐會要》卷七十五《貢舉上·帖經條例》載開元二十五年敕，就說道：「進士以聲律爲學，多昧古今；明經以帖誦爲功，罕窮旨趣。」又如賈至於代宗時論科試改革，也說：「試學者以帖字爲精通，而不窮旨義，豈能知『遷怒』『貳過』之道乎？考文者以聲病爲是非，唯擇浮艷，豈能知移風易俗化天下之事乎？」（《舊唐書·賈至傳》）稍後柳冕與權德輿書，也說：「進士以詩賦取人，不先理道；明經以墨義考試，不本儒意。」（《權載之文集》卷四十一）這些，都是以進士與明經相提並論的。只是到後來，把明經的缺點跨大起來，連皇帝也譏諷明經是「鸚鵡能言」，㉕明經的劣勢就無可挽回了。因此，五代時就曾一度停明經舉試。㉖到北宋初年，就明令停止，仁宗慶歷時雖稍恢復，也不過是迴光返照而已，㉗已經奄奄無生氣了。

【附註】

① 《權載之文集》卷四十一。

② 詳見本書第一章。

③ 《全唐文》卷三《令諸州舉送明經詔》，中云：「朕受命膺期，握圖馭宇，思宏至道，冀宣德化，永言墳素，深存講習。所以捃摭遺逸，拈集散亡，諸生冑子，特加獎勸。而凋弊之餘，湮贊日久，學徒尚少，經術未隆，子衿之嘆，無忘興寢。方今函夏既清，干戈漸戢，搢紳之業，此則可興。宜下四方諸州，有明一經已上未被升擢者，本屬舉送，具以名聞，有司試策，加階敘用。」

④ 請參本書第十一章《進士放榜及宴集》。

⑤ 此又見《通典》卷十五《選擧》三，《唐摭言》卷一《謁先師》條，《新唐書・選擧志》。這一禮節，北宋時還有，如宋王闢之《澠水燕談錄》卷六《貢擧》：「國初，詔諸州貢擧人員群見訖，就國子監謁先師，迄今行之，循唐制也。」

⑥ 《全唐詩》卷四六四。

⑦ 《全唐文》卷九十四哀帝《明經準常例送禮部敕》。

⑧ 以上參《唐六典》卷二《吏部・考功員外郎》，卷四《禮部・禮部侍郎》，《唐大詔令集》卷一〇六《條疏明經進士詔》，及《新唐書・選擧志》。

⑨ 《通典》卷十五《選擧》三。

⑩ 《封氏聞見記》卷三《貢擧》。

⑪ 《冊府元龜》卷六三九《貢擧部・條制一》。

⑫ 李燾《續資治通鑑長編》卷六〇。

⑬ 《唐會要》卷七十七《貢擧下・論經義》：「貞觀十二年，國子祭酒孔穎達撰五經義疏一百七十卷，名曰義贊，有詔改爲五經正義。」又：「永徽二年三月十四日，詔太尉趙國公長孫無忌，及中書門下，及國子三館博士、宏文學士，故國子祭酒孔穎達所撰五經正義，事有遺謬，仰即刊正。」至四年三月一日，太尉無忌、左僕射張行成、侍中季輔、及國子監官，先受詔修改五經正義，至是功畢，進之。詔頒於天下，每年明經依

此考試。」

⑭《封氏聞見記》卷二《石經》。

⑮李華《揚州功曹蕭穎士文集序》（《全唐文》卷三一五）：「開元、天寶間詞人，……以文學著於時者蘭陵蕭君穎士，……十九進士擢第。」

⑯權德輿《翰苑集序》（《權載之文集》卷三十三）。

⑰《唐摭言》卷一《會昌五年舉格節文》。

⑱《唐會要》卷七十六《貢舉中·緣舉雜錄》，《册府元龜》卷六四〇《貢舉部·條制二》。

⑲《歐陽行周文集》卷九《送李孝廉及第東歸序》：「貞元癸丑歲，明經登第者不上百人。」按貞元年間無癸丑，只有癸酉（貞元九年），癸未（貞元十九年）。貞元十九年歐陽詹恐已卒，當爲癸酉。

⑳如元稹於貞元十九年應制舉才識兼茂明於體用科，對策中論明經科，有云「中第者多盈百數」（《元稹集》卷二十八）。

㉑《全唐文》卷九六六《請更定三考奏改並及第人數奏》。

㉒《通典》卷十五《選舉》三。

㉓《唐會要》卷七十六《貢舉中·進士》，開成元年十月中書門下奏。

㉔此事又見《唐語林》卷三《識鑒》。

㉕《南部新書》乙卷：「大和中，上謂宰臣曰：『明經會義否？』宰臣曰：『明經只念經疏，不會經義。』帝

曰：「只會經疏，何異鸚鵡能言！」

㉖ 參《全唐文》卷八五五張允〈請罷明經科奏〉，徐松《登科記考》卷二十六晉清泰五年。

㉗ 參宋葉夢得《避暑錄話》卷上「唐制取士用進士明經二科」條。

第六章　制　舉

對於制舉在唐代科試中的地位，唐宋人的記述是有一些不同的。北宋初的詔令中說：「有唐稱治，由制策之科。」①把唐代致治的原因歸結於制舉科的實行。在此之前，唐德宗時穆質曾說：「國家取賢之道，其禮部吏部，失之遠矣，則制策之舉，最爲高科。」（《對賢良方正能直言極諫策》，《全唐文》卷五二四）唐末人范攄在談到制舉時，又說「男子榮進，莫若茲乎」（《雲溪友議》卷下《瑯琊忤》）。但天寶年間人封演卻說：「制舉出身，名望雖高，猶居進士之下。」又說：「同寮遷拜，或以此更相譏弄。御史張瓌兄弟八人，其七人皆進士出身，一人制科擢第；親故集會，兄弟連榻，令制科者別坐，謂之『雜色』，以爲笑樂。」（《封氏聞見記》卷三《制科》）封演生活的玄宗時期，正是制舉科得到極大發展的時期，而在他的記載中，當時人卻將制舉歸之爲「雜色」，進士們以此爲譏嘲笑樂的對象。看法如此迥異，那末制舉在唐代科舉制度和士人生活中，到底占有什麼樣的位置呢？

以下擬就唐代制舉的一些主要方面加以考察，以求對這一問題得出較符合實際的結論。

一

徐松《登科記考》卷一於唐太宗貞觀三年（六二九）下，據《冊府元龜》、《唐大詔令集》，載四月的一次詔令，然後加按語說：「按此詔所言，即制舉科目之始。」詔書中有這樣的話：「諸州官吏，或正直廉平、刑清訟息，或貪婪貨賄、害政損人，宜令都督刺史以名封進。白屋之內，閭閻之人，但有文武材能灼然可取，或言行忠謹堪理時務，或在昏亂而肆情，遇太平而克己，亦錄名狀，與官人同申。」徐松所謂「制舉科目之始」，大約指這幾句而言。但這幾句話只是一般性的指令，用以督察州縣官吏治績的好壞，以及對非官職的地主階級人士的舉荐，與後來的制舉設科似非一事。

其實，在唐代的史料中，在太宗之前，高祖時就有制舉的記載。如《舊唐書》卷七十四《崔仁師傳》說：「崔仁師，定州安喜人。武德初，應制舉，授管州錄事參軍。」《新唐書》卷九十九本傳也有「武德初擢制舉」的話。比起進士、明經等科來，制舉的歷史因襲性較大，它的淵源可以上溯到漢代的詔舉；它在唐代，也有一個逐步發展的過程，武德時的制舉，恐怕與過去的詔舉相近似。《通典》卷十五《選舉》三論制舉時說：「其制詔舉人不有常科，皆標其目而搜揚之。」比較詳明地記載制舉科目，是從貞觀十一年（六三七）開始的。《冊府元龜》卷六四五《貢舉部·科目一》記云：

唐太宗貞觀十一年四月詔：其有孝悌淳篤兼閑時務、儒術該通可爲師範、文詞秀美才堪著述、明識治體可委字民並志行修立爲鄉閭所推者，舉送洛陽宮。（此文見《舊唐書·太宗紀》）。

貞觀十五年（六四一）又有詔：

十五年六月詔，令天下士庶人之內，或識達公方、學綜今古、廉潔正直、可以經國佐時，或孝悌淳篤、節義昭顯、始終不移、可以敦厲風俗，或儒術通明、學堪師範，或文章秀異、才足著述，並宜荐舉，具以名聞。

高宗於貞觀二十三年（六四九）六月即位，九月即下詔說：

其有經明行修、談講精熟、具此師嚴、才堪教胄者，志節高妙、適用清通、博聞強記、終堪輔者，遊情文藻、下筆成章、援心處事、端平可紀者，疾惡揚善、依忠履義、執持典憲、終始不移者，京師長官、上都督府及上州各舉二人，中下州刺史各舉一人。（以上皆《冊府元龜》卷六四五）

這樣到高宗顯慶三年（六五八）二月志烈秋霜科韓思彥及第，就正式記錄科目與及第人姓名，唐代制舉科就開始有明確的文獻記載。因此我們可以說，唐代初期高祖、太宗兩朝，制舉科是從沿襲傳統到衍變爲有唐代設科取士特色的發展時期，到高宗初，就與進士、明經科一樣，成爲科舉的一部分，「而列爲定科」（《新唐書·選舉志》）。

制舉的一個特點，就是它與進士、明經等常科不同，考試的科目與時間都不是固定的，即《新唐書·選舉志》所說的「其爲名目，隨其人主臨時所欲」。當然，這所謂「臨時所欲」，也並非純粹出於皇帝個人的靈機一動，而是根據一定時期的政治需要，制舉比起進士、明經等科，與現實政治的聯繫要密切一些，這在下面將詳細論述。從考試時間來說，進士、明經試，一般是在正、二月間，制舉則春夏秋冬都有舉行。我們不妨從徐松《登科記考》中摘錄一些例子來看：

玄宗開元十五年（七二七），五月，九月又試。

開元二十六年（七三八），八月。

天寶元年（七四二），九月。

天寶九載（七五〇），九月。

天寶十三載（七五四），十月。

肅宗乾元二年（七五九），五月。

寶應二年（七六三），五月。

代宗大歷二年（七六七），十月。

大歷六年（七七一），四月。

德宗貞元元年（七八五），九月。

貞元四年（七八八），四月。

貞元十年（七九四），十月。

憲宗元和元年（八〇六），四月。

元和三年（八〇八），三月。

穆宗長慶元年（八二一），十一月。

敬宗寶歷元年（八二五），三月。

文宗大和二年（八二八），二月。

至於制舉的科目，唐朝人封演說是「名目甚衆」（《封氏聞見記》卷三《制科》），宋朝人趙彥衛說是「科目至繁」（《雲麓漫鈔》卷六），可見科目繁多是它的特點。今據《唐會要》卷七十六《制科舉》，從高宗顯慶三年（六五八）到文宗大和二年（八二八），按時代先後，去其重覆，總其科目，有：志烈秋霜科，幽素科，辭殫文律科，岳牧科，辭標文苑科，蓄文藻之思科，抱儒之業科，臨難不顧徇節寧邦科，長才廣度沉跡下僚科，文藝優長科，絕倫科，拔萃科，疾惡科，龔黃科，才膺管樂科，才高位下科，才堪經邦科，賢良方正科，抱器懷能科，茂才異等科，文經邦國科，藻思清華科，寄以宣風則能興化變俗科，道侔伊呂科，手筆俊拔超越流輩科，直言極諫科，哲人奇士逸淪屠釣科，良才異等科，文儒異等科，文史兼優科，博學通藝科，文辭雅麗科，將帥科，武足安邊科，高才沉淪草澤自舉科，才高未達沉跡下僚科，博學宏詞科，多才科，王伯科，智謀將帥科，文辭秀逸科，風雅古調科，辭藻宏麗科，樂道安貧科，諷諫主文科，賢良方正能直言極諫科，文辭清麗科，經學優深科，高蹈丘園科，軍謀越衆科，孝弟力田聞於鄉閭科，博通墳典達於教化科，識洞韜略堪任將相科，清廉守節政術可稱堪縣令科，博通墳典通於教化科，詳明政術可以理人科，才識兼茂明於體用科，達於吏治可使從政科，軍謀宏達材任將帥科，詳明吏治達於教化科，軍謀宏達材任邊將科，詳明吏理達於教化科，軍謀宏達堪任將帥科。共六十三個科目。顯然，這六十三個科目，有些只不過文字上稍有差異（有的只一字之差），實際上並沒有什麼不同，如辭標文苑、蓄文藻之思、文藝優長、藻思清華、文辭雅麗、文辭秀逸、辭藻宏麗、文辭清麗等，都是試文藝辭藻的；如抱儒之業、文儒異等、經學優深，都是試經學的；龔黃、才膺管樂、道侔伊呂、詳明政術可以理人、達於吏治可使從政、詳明吏治達於教化、詳明吏理達於教化等，都是試吏治的；將帥、武足安邊、智謀將帥、軍謀越衆、軍謀宏達材任將帥、軍謀宏達材任邊將、軍謀宏達堪任將帥等，都是試軍事的；樂道安貧、高蹈丘園、孝弟力田聞於鄉閭等，都是試品行的。這些都只不過是名目的不同，並無實質的差異，歷朝帝王只是稍變其文字，另立新目，以表示廣收人材之意，也就是所謂「唐世取人，隨事設科」（《文獻通考》卷三十三《選舉考》三《賢良方正》）。因此，唐宋人的記載，有關制舉科目的數字，多有分歧，如《玉海》卷一一五《選舉》說是五十九科，高似孫《緯略》卷三《唐科》及《唐科名記》（《說郛》卷第五十一）同於《唐會要》作六十三，《困學記聞》卷十四《考史》記有八十六，②而南宋人趙彥衛《雲麓漫鈔》卷六則記有一百零八個。不過《雲麓漫鈔》所列，有些是明顯不屬於制舉的，如明三經、國子明經、五經、開元禮、學究、律令、明習律令、三禮、童子、三傳、三史、明算等，都應算是常科，其他如詞贍文華、詞操文苑、孝弟梗直、韜鈐等等，都與《唐會要》所載大同小異。《新唐書·選舉志》舉出四種，即賢良方正直言極諫、博通墳典達於教化、等謀宏遠堪任將率、詳明政術可以理人，認爲這四者「其名最著」，是較符合於實際的。

二

制舉是所謂「天子自詔」（《新唐書·選舉志》）的，《通典》又說：「試之日或在殿廷，天子親臨觀之。」（卷十五《選舉》三）就是說，制舉是以天子的名義，徵召各地知名之士，由州府荐舉前來京都應試，雖然閱文試官仍由朝廷委派，但名義上則是天子親試，當時稱爲廷試或殿試。如張九齡所擬的《敕處分舉人》中說：「卿等各膺推荐，副朕虛求，宜其悉心，各盡所見。」（《曲江文集》卷七）從太宗起，制舉試士一直受到皇帝的重視，好幾代皇帝都實行過所謂親試。如高宗顯慶四年（六五九）二月乙亥，「親策試舉人，凡九百人」（《舊唐書·高宗紀》上）。武則天時，制舉應試者更盛，據中唐人劉肅所載，「則天初登第，大搜遺逸，四方之士應制者向萬人」（《大唐新語》卷八《文章》）。玄宗時更進一步重視制舉，所謂「開元以後，四海晏清，士無賢不肖，恥不以文章達，其應詔而舉者，多則二千人，少猶不減千人，所收百才有一」（《通典》卷十五《選舉》三）。據徐松《登科記考》統計，玄宗於開元、天寶年間約有七八次親試舉人。後來德宗不僅親臨，還親自閱卷：「上（指德宗）試制科於宣政殿，或有詞連乖謬者，即濃筆抹之至尾，如輒稱旨者，必翹足朗吟，翌日，則遍示宰臣、學士曰：『此皆朕門生也。』」（蘇鶚《杜陽雜編》卷上）。③皇帝稱制舉登科者爲門生，應制舉考試的因而也有特殊的稱呼，他們自稱爲「應制舉人」，如清代毛鳳枝《關中金石文字存逸考》卷一，西安府，載《令史李延祚董□□等造像銘文》，注謂「范元哲撰，正書，長安四年六月」，毛鳳枝說范元哲題銜自稱「應制舉人」。

正因如此，考試時禮遇也較爲隆重。試前先由皇帝賜食，「食訖就試」（見前引張九齡《敕處分擧人》）。又如玄宗開元二十六年（七三八）八月甲申，「親試文辭雅麗擧人，命有司置食，敕曰：……並宜坐食，食訖就試。」（《冊府元龜》卷六四三《貢擧部·考試一》）這已成爲一種慣例。又如元稹於貞元十九年（八〇三）應制擧才識兼茂明於體用科及第，後來他追憶這次考試的情景說：

延英引對碧衣郎，江硯宣毫各別床。天子下帘親考試，宮人手裡過茶湯。（《元稹集》外集卷七《自述》）

唐末人范攄在其所著《雲溪友議》中引了元稹的這一首詩，並且特別提到「男子榮進，莫若茲乎」（卷下《瑯琊忤》），以顯示制擧試的特殊禮遇。這種情況，宋代也是如此，如南宋史學家李心傳記述南宋初期的制科考試，說：「赴試人引見，賜坐殿廊，兩廂設垂帘帷幕，青縟紫案，……內侍賜茶果。」（《建炎以來朝野雜記》甲集卷十三《取士·制科》）此處所記與元稹的詩，大略相似。

大曆時的一次制擧試，代宗親臨，終日危坐，入夜，特令內官給燭：「（大曆）六年四月戊午，御宣政殿親試諷諫主文、茂才異等、智謀經武、博學專門等四科擧人。……時方炎暑，帝具朝衣，永日危坐，讀太宗《貞觀政要》。……將夕，有策未成者，命大官給燭，令盡其才思，夜分而罷。」（《冊府元龜》卷六四三《貢擧部·考試一》）有時考試過晚，還特命兵士護送擧子們到光宅寺住宿：「元和三年三月敕，制擧人試訖，有通夜納策，計不得歸者，並於光宅寺止宿。應巡檢勾當官吏，並隨從人等，待擧人納策畢，並赴保壽寺止宿。仍各仰金吾街使差人監行，送至宿所。」（《唐會要》卷七十六《貢擧中·制科擧》）④

這種種待遇，是進士、明經試所不能望其項背的。前面幾章中曾引中唐時人舒元輿的《上論貢士書》，這篇文章對進士考試所受的屈辱待遇和辛酸情景，描述得十分眞切，那種「分坐廡下，寒餘雪飛，單席在地」的情況，與元稹詩中所寫的「宮人手裡過茶湯」，眞可以說是有霄壤之別。怪不得盛唐詩人岑參在一首送人應制舉的詩中，以贊許的筆調，稱道其友人不屑於應進士、明經等「常調」，而去應制舉試，說：

> 夫子傲常調，詔書下徵求。知君欲謁帝，秣馬趨西周。逸足何駸駸，美聲實風流。富學贍清詞，下筆不能休。（《冀州客舍酒酣貽王綺寄題南樓》，《全唐詩》卷一九八，題下岑參自注：「時王子欲應制舉西上。」）

三

制舉登第後授官，與進士科也有不同。進士科及第後，還須經吏部考試，合格後才能授與官職，稱釋褐，意思是從此脫去麻衣，步入仕途。如韓愈進士登第後，三試於吏部皆不成，十年還是布衣，而制舉則一經登第，即可授以官職。

按照唐代慣例，制舉登第大致分五等，但第一、第二等是向來沒有的，第三等就稱甲科，或稱敕頭，如宋錢易《南部新書》丙卷載：「崔元翰晚年取名，咸爲首捷，京兆解頭，禮部狀頭，宏詞敕頭，制科三等敕頭。」⑤也有稱狀元的，如白鴻儒《莫孝肅公詩集序》（《全唐文》卷八一六），稱莫宣卿字仲節，大中五年（八五一）設科對策爲第一；而柳珪又有《送莫仲節狀元歸省》詩（《全唐詩》卷五六六），中有「想到故鄉應臘過，藥欄猶有異花薰」之句），進士放榜在春日，回鄉省親決不會遲至年底。可見當是制策入三等第一，當時人就稱爲狀元。第四等以下稱乙科或乙第。所授官職也有不同，第三等稱優與處分，第四等、第五等只說即予處分。如《唐大詔令集》卷一〇六《政事·制舉》類載《放制舉人敕》，其中說：

> 才識兼茂明於體用科第三次等元稹、韋惇，第四等獨孤郁、白居易、曹景伯、韋慶復，第四次等崔韶、羅讓、元修、薛存慶、韋珩，第五上等蕭俛、李蟠、沈傳師、柴宿。……其第三次等人委中書門下優與處分，第四等、第五上等，中書門下即與處分。

這是元和元年（八〇六）的事。元稹、韋惇列第三次等，元稹就自稱爲敕頭，⑥劉禹錫則稱元稹、韋惇「對策甲於天下」。⑦又如龐嚴於長慶元年（八二一）應制舉賢良方正能直言極諫科，《舊唐書》卷一六六《龐嚴傳》說他「策入三等，冠制科之首」。後來龐嚴死後，劉禹錫《哭龐京兆》詩，說是「俊骨英才氣褎然，策名飛步冠群賢」，詩題下自注謂：「少年有俊氣，嘗擢制科之首。」（《劉禹錫集》卷三十）又如杜牧於太和二年（八二八）應賢良方正直言極諫科，以第四等及第，就稱乙等。⑧這種情況，到宋代仍然如此，制科以第三等爲首，與進士第一名相等，第四等則與進士第二、第三等相等。⑨而北宋自開國至仁宗嘉祐六年（一〇六一），一百年中制科入三等的只吳育和蘇軾二人。葉夢得《石林燕語》卷二說：「故事，制科分五等，上二等皆虛，惟以下三等取人，然中選者亦皆第四等，獨吳正肅公（育）嘗入第三等，後未有繼者，至嘉祐中蘇子瞻、子由乃始皆入第三等，已而子由以言太直爲考官胡平所駁，欲黜落，復降爲第四等。設科以來止吳正肅與蘇子瞻入第三等而已，故子瞻謝啓云「誤占久虛之等」。」終北宋之世，入三等者只有四人。⑩，可見北宋時制科取高等比唐時還嚴。南宋的制科，仍然沿襲唐和北宋，分爲五等。⑪

唐代制舉授官的情況，大致說來，列第三等即甲科的，如元稹、龐嚴，授左拾遺。按照官品來說，拾遺是從八品上，進士登第再經吏部試合格者，唐代一般是沒有授與八品官的，而且拾遺是諫官，是親進之職，其重要性非一般可比。至於制科第四等及第五等，大致說來也比進士稍高。如杜牧制舉第四等，授弘文館校書郎（《舊唐書》本傳）。又據白居易所作《唐故通議大夫和州刺史吳郡張公神道碑銘》，張無擇制舉登第後也授弘文館校書郎。⑫張說「對策乙等，授太子校書」（《舊唐書》卷九十七本傳）。常無名開元十年（七二二）文辭宏麗科乙等，爲京畿鄠縣尉（常兗《叔父故禮部員外郎墓志銘》，《全唐文》卷四二〇）。當然，也有授以一般縣尉的，如高宗時高某爲永州湘源縣尉，⑬武后時趙某爲陝州陝縣尉，⑭等等。不過制科及第，得官後升遷是很快的，南宋人王應麟曾將唐宋兩代制舉登科後仕至宰相的作過比較，說：「唐制舉之名，多至八十有六，凡七十六科，至宰相者七十二人；本朝制科四十人，至宰相者富弼一人而已。」（《困學紀聞》卷十四《考史》）

大約制舉的名望高出於其他科目，在唐代，就有進士及第後又再應制舉試的，有明經及第後應制舉試的，有現任職官應制舉試的，而相反的情況卻沒有，並無制舉登第再去應進士、明經試的。白行簡的傳奇《李娃傳》把唐朝人的這種心理寫得很充分。《李娃傳》寫常州刺史之子鄭生到長安應進士試，與娼女李娃相好，爲李娃母所騙，資財耗盡，淪爲乞丐，後得李娃的救護，兩人重又和好。李娃勉以取科第，鄭「遂一上登甲科（進士）」，聲名甚振。至此，李娃又對鄭生說：「未也。今秀才苟獲擢一科第，則自謂可以取中朝之顯職，擅天下之美名。子行穢跡鄙，不侔於他士，當礱淬利器，以求再捷，方可以連衡多士，爭霸群英。」鄭生聽了她的話，益自勤苦，後來應制舉，以直言極諫科名列第一，授成都府參軍。⑮當然，《李娃傳》是小說，其中如李娃、鄭生等人物是虛構的，但李娃的這番話卻完全是唐朝士人心理的反映，是當時生活的現實。這說明，在那時候人看來，一個讀書人，僅取得進士第，名聲還不夠大，眞要「連衡多士，爭霸群英」，就得再爭取制舉及第。由此可見制舉在唐人心目中的地位。

清人王鳴盛在《十七史商榷》中對這種情況，有一個歸納，可以參考，其書卷八十一《得第得官又應制科》條說：

有得進士第後又中制科者，如《劉蕡傳》，蕡擢進士第，又舉賢良方正能直言極諫科；《儒學傳》，馬懷素擢進士第，又中文學優贍科；《文藝傳》，閻朝隱連中進士、孝悌廉讓科、隱逸科，賀知章擢進士、超群拔類科，是也。有得明經第後又中制科者，如歸崇敬擢明經，調國子直講，舉博通墳典科，對策第一，遷四門博士，是也。有得官後又中制科者，如張鷟登進士第，授岐王府參軍，以制舉皆甲科，再調長安尉，殷踐猷爲杭州參軍，舉文儒異等科，是也。

除王鳴盛所說的以外，我們還可再舉出一些例子。如《通鑑》卷二三七，憲宗元和元年（八〇六）四月載：「丙午，策試制舉之士，於是校書郎元稹、監察御史獨孤郁、下邽白居易、前進士蕭俛、沈傳師出焉。」這裡，元稹、獨孤郁、白居易曾有官職，蕭俛、沈傳師是已登進士第的。又如陳子昂《唐水衡監丞李府君墓志銘》記李某先得進士第，歷白水縣尉、雲陽尉、懷州司法，後「對策甲科，授益州大都督府錄事參軍」（按此所授官職，與前所述《李娃傳》鄭生於賢良方正直言極諫登科後所授官職同）。陳子昂又有《周故內供奉學士懷州河內縣尉陳君碩人墓志銘》，記陳於進士登第授官後，「其明年，制敕天下文士，司屬少卿楊守訥荐君應詞殫文律科，對策高第，敕授茂州石泉縣主簿。……垂拱四年，又應制學綜古今，對策高第，敕授懷州河南縣尉。」⑯又張說《河州刺史丹府君神道碑》：「弱冠，文學生，進士擢第，遭家不造，府君捐館。……服闋，調並州大都督府參軍事。丁太夫人憂，過哀終喪，猶如前制。應八科舉，策問高第，綿州司戶參軍，轉揚州都督府倉曹參軍。」（《張說之文集》卷十六）⑰中唐詩人皇甫冉有《送錢塘路少府赴制舉》詩（《全唐詩》卷二四九），說「公車待詔赴長安，客裡新正阻舊歡。遲日未能銷野雪，晴花偏自犯江寒。東溟道路通秦塞，北闕威儀識漢官。共許郤詵工射策，恩榮請向一枝看。」這又是縣丞應制舉試的一個例子。

四

由上所述，可知封演所謂制舉及第者名望猶在進士科之下的說法，不盡符合事實。誠如《新唐書，選舉志》所說，制舉是「待非常之才」的。明朝人胡震亨也說：「至於制舉試策，元以羅非常之才。」（《唐音癸簽》卷十八《詁箋》三，《進士科故實》）所謂「非常之才」，從唐代制舉的實際情況來看，當是指制舉考試與現實政治的密切關係，應試者往往通過對策表達對當時政治的看法，主持者有時也通過策問，有意引導舉人申述政見，由此來發現人才，並用來體察輿情，改革弊政。北宋仁宗慶歷時監察御史唐詢，在一次奏疏中曾說：「至憲宗元和間，制科之盛，有若元稹、白居易，皆特出之材。觀當時策目，所訪者皇王之要道，邦家之大務。」⑱可見與時事政治密切相關的「要道」與「大務」，乃是制舉試的主要內容。

前面說過，唐代制舉的科目，見於文獻記載的，少則六十幾科，多則八十幾科，也有一百多科的。這些科目，至少有一半是與政事有關的，尤其是賢良方正能直言極諫科，最足以代表制舉應詔直言的特點。玄宗天寶十三載（七五四）試辭藻宏麗科，除策文外，還加試詩賦各一首，於是史稱「制舉試詩賦自此始」。⑲但這裡所謂加試詩賦，僅限於辭藻宏麗一科，而且此後這一科是否仍試詩賦，史無明文。因此，我們仍可說，唐代制舉以試策文為主，而很大一部分科目則與政事有關。張九齡《敕處分舉人》（《曲江文集》卷七），其中說道：「頃年策試，頗成弊風，所問既不切於時宜，所對亦何關於政事。」把不切時宜、不關政事作為弊端提出來，可見制舉試策中本來是應當切時宜、關政事的。

元和元年（八〇六）四月，白居易與元稹應才識兼茂明於體用科，在此之前，元、白二人閉戶累月，試作了不少篇策文。《白居易集》卷六十二《策林序》說：「元和初，予罷校書郎，與元微之將應制舉，退居於上都華陽觀，閉戶累月，揣摩當代之事。」所謂「當代之事」，即前引宋慶歷時唐詢所說的「皇王之要道，邦家之大務」。元稹後來在回憶與白居易應制舉時的情景，也說：「予與樂天，指病危言，不顧成敗，意在決求高第。」（《元稹集》卷十《酬翰林白學士代書一百韻》自注）要想求得高等，就得在策文中「指病危言」。元稹還提到，在此之前，穆員、盧景亮在應制時「俱以辭直見黜」，但元稹仍然「求獲其策，皆手自寫之，置在篋篋」。⑳可見辭直的策文，是應試舉人學習作文的榜樣。

我們不妨舉一些對策和策問中涉及時事的例子。張說在武后永昌元年（六八九）詞標文苑科策文中說：「竊見今之俗吏，或匪正人，以刻爲明，以苛爲察，以剝下爲利，以附上爲誠。」又說：「刑在必澄，不在必慘；政在必信，不在必苛。」又說：「陛下日昃雖勤，守宰風化多缺。臣以爲將行美政，必先擇人。失政謂之虐人，失人謂之傷政，舍人爲政，雖勤何爲！」（《文苑英華》卷四七七）這是對武則天統治時任用酷吏的斥責，並且對武則天本人用人施政的缺失也提出了批評。這在當時是難能可貴的。

張九齡《曲江文集》卷十六載有《策問》一道，說：「今欲均井田於要服，遵兵賦於革車，恐習俗滋深，慮始難就，揆今酌古，其衷若何？且惠在安人，政惟重轂。頃承平既久，居泰易盈，編戶流亡，農桑莫贍，精求良吏，未之能補。遂其寬施，則莫懲遊食，峻其科禁，則慮擾疲人，革弊適時，應有良術。子等明於國體，允應於旁求，式陳開物之宜，無效循常之對。」據《新唐書》卷一二六本傳，張九齡於開元初爲右拾遺，「當時吏部試拔萃科舉人及應舉者，咸令九齡及右拾遺趙冬曦考其等第，前後數四，每稱平允。開元十年，三遷司勛員外郎。……十一年，拜中書舍人」。張九齡的這篇策問，當是開元前期所作，反映了玄宗當政初期勵精圖治、要想有所作爲的政治抱負。

中唐以後，隨著政治腐敗的情況日益發展，舉子們的制舉對策更加直言其事，對朝廷的弊政抨擊得更爲尖銳。這裡舉三個例子。一是長慶元年（八二一）沈亞之對賢良方正能直言極諫文（《文苑英華》卷四九二），其中說：「伏讀睿問，周視聖旨，見陛下思天災之病也，臣愚以爲皆由尙書六曹之本壞而致乎然也，今請統而條指之。睿問有念人俗之凋訛，及於卒乘之數，貨幣之資，臣請以今戶部兵部之壞舉之。睿問有思才周於文武，本固在於士農，臣請以今禮部工部之壞舉之。睿問有欲以辨行之眞僞，臣請以吏部之濫舉之；睿問有朝廷之缺，臣請以刑部之失舉之。」作爲封建時代的讀書人，應舉對策，當然不敢也不能直接指斥皇帝，但沈亞之指出朝廷政事的各種缺失，都由於尙書各部「之本壞而致乎然」，等於全部否定當時行政系統的政績，這確乎是相當大膽的。

另一是憲宗元和三年（八〇八）的皇甫湜賢良方正直言極諫對策。這次制舉考試在唐史上是有名的，史書上稱皇甫湜、牛僧儒、李宗閔對策攻擊權貴，因而得罪，放出關外，考試官也有因而貶黜的。這是一次著名的科場案。過去史書中把這次事件作爲牛李黨爭的起端，說皇甫湜三人的對策，攻擊的是李德裕的父親，即當時任宰相的李吉甫。這是不確切的。這個問題較復雜，牽涉的面較廣，這裡不擬作詳細的討論。㉑從現有皇甫湜的策文看來，其抨擊的矛頭明顯指向宦官，而這正是與中唐時宦官放肆地干預朝政的現實相應的。皇甫湜的策文中說：「夫裔夷虧殘之微，褊儉之徒，皂隸之職，豈可使之掌王命，握兵柄，內膺腹心之寄，外當耳目之任乎？此壯夫義士所以寒心銷志，泣憤而不能已也。」策文中還指出因寵任宦官而使朝廷政事徒有空文、未有實績的弊病：「臣伏讀赦令節文，周備纖悉，空文虛聲，溢於視聽，而實功厚惠，未有分寸及於蒼生。聖德不宣，王澤不流，雖陛下寤寐思理，宰相憂勤奉職，又何爲也！」皇甫湜的對策還談到了中唐時已經成爲嚴重社會危機的土地問題，說「今疆畛相接，半爲豪家，流庸無依，率是編戶」。在這之前，李翺所擬的進士策問中也說到：「百姓土地爲有力者所並，三分逾一其初矣。」（《李文公集》卷三）。中唐時土地迅速集中於權豪之家，農民大批被迫離開土地而四出流亡，造成社會的極大不穩。制舉試中能觸及封建社會的這一根本矛盾，應予以充分的肯定。

顯然可以看出，皇甫湜對於當時政治情況的分析與批評，比前面說過的張說、沈亞之等又進了一步，這是現實矛盾進一步發展的結果，到了文宗大和年間劉蕡對策，更把舉策指斥時政的傳統做法推向高潮。《通鑑》卷二四三大和二年（八二八）三月記此事云：「自元和之末，宦官益橫，建置天子在其掌握，威權出人主之右，人莫敢言。上親策制舉人，賢良方正昌平劉蕡對策，極言其禍。……（閏三月）甲午，賢良方正裴休等二十二人中第，皆除官。考官左散騎常侍馮宿等見劉蕡策，皆嘆服，而畏宦官，不敢取。詔下，物論囂然稱屈。」劉蕡雖不中第，但因爲他的對策集中揭發了宦官的專橫，指出當時嚴重的政治危機：「宮闈將變，社稷將危，天下將傾，四海將亂。」大唐帝國已經到了全面崩潰的前夕，反映了地主階級中少數有識之士所關心和擔憂的社會問題，因此「其所對策，大行於時」（《舊唐書》卷一六六《龐嚴傳》）。有些研究者說，唐代歷史發展到中晚唐之際，封建大官僚對政治改革、社會改革不僅不感興趣，而且百般阻撓，劉蕡事件以後，唐朝廷在實際上停止了制舉科，不再給一般士子通過對策直言極諫、議論時政的機會。㉒這個推論有一定的道理。《唐會要》、《雲麓漫鈔》、《文獻通考》等記制科科目與及第者姓名，都只到大和二年爲止；《冊府元龜》有記大和二年以後的，只是博學宏辭數條，而這時博學宏辭恐已不屬於制舉，而是屬於吏部。大和二年以後，唐朝廷是否確實已停止制舉，當然還是一個有待進一步研究的問題，但至少文獻記錄已沒有大和二年以後的材料，這確實值得注意，這也可以從一個方面看出制舉與現實政治關係的密切。

當然，我們也還應當看到另一方面，這就是，有不少應舉者，其所對策也不過是敷衍成文，頌多於諫的，即以劉蕡對策的那一科而言，除劉蕡外，其他「被選者二十有三人，所言皆冗龊常務」，但卻「得優調」（《新唐書》卷一七八《劉蕡傳》）。這種情況也是常見的。司馬光於宋仁宗嘉祐年間《論舉選狀》批評當時制科之失，說「國家雖設賢良方正等科，其實皆取文辭而已」）（《司馬溫公文集》卷三）。這種情況在唐代也已是如此。而且，制舉名義上雖說是天子親試，實際上取捨之權仍操於少數大臣之手，即以劉蕡對策來說，馬端臨在《文獻通考》中曾議論道：「既曰制科，則天子親策之，親攬之，升黜之權，當一出於上。……唐之制科，則全以付之有司矣。故牛僧孺輩以直言忤權幸，則考官坐其累，而劉蕡所陳，尤爲忠憤鯁直，則自宰相而下，皆不敢爲之明白，雖是當時閹宦之勢可畏，亦由素無親覽之事，故此輩得以劫制衡鑒之人也。」（《文獻通考》卷三十三《選舉考》六《賢良方正》）此外，制舉中有些科目，還被作爲唐人的諷刺材料：「有似昔歲德宗搜訪懷才抱器不求聞達者。有人於昭應縣逢一書生，奔馳入京，問求何事，答曰：『將應不求聞達科。』此科亦豈可應邪？（《因話錄》卷四角部）但總的看來，應當說，制舉科比起專講文辭藻麗的進士科、背誦帖括的明經科，更富有政治內容，更與現實鬥爭有關，因而也更可能爲某些當權者所忌。在這方面，一個典型的例子，就是天寶六載（七四七）李林甫玩弄的一次陰謀。

關於記述這次考試的基本史料，最早的應當算是中唐時詩人兼古文家元結的《喻友》：

天寶丁亥（六載）中，詔徵天下士人有一藝者，皆得詣京師就選。相國晉公林甫以草野之士猥多，恐洩漏當時之機，議於朝廷曰：「舉人多卑賤愚瞶，不識禮度，恐有俚言，污濁聖聽。」於是奏待制者悉令尚書長官考試，御史中丞監之，試如常吏。已而布衣之士無有第者，遂表賀人主，以爲野無遺賢。（《元次山集》卷四，孫望點校）

《通鑑》卷二一五天寶六載正月也記此事，基本取材於元結的《喻友》，又有所補充，爲便於研究，也錄於此：

上欲廣求天下之士，命通一藝以上皆詣京師。李林甫恐草野之士斥言其奸惡，建言：「舉人多卑賤愚瞶，恐有俚言，污濁聖聽。」乃命郡縣長官精加試練，灼然超絕者，具名送省，委尚書覆試，御史中丞監之，取名實相副者聞奏。既而至者皆試以詩、賦、論，遂無一人及第者。林甫乃上表賀野無遺賢。

詩人杜甫也與元結一樣，是這次應試者之一。杜甫曾於開元二十三年（七七五）在洛陽應進士試，未取，遂「放蕩齊趙間」並沒有把那次的進士試落第放在心上。在過了十二年以後，杜甫旅食京華，就很重視這次的考試了，因此這次的落第對他的打擊很大，他在過了四五年後所寫的《奉贈鮮于京兆二十韻》的詩中還特地提到：「破膽遭前政，陰謀獨秉鈞。微生沾忌刻，萬事益酸辛！」杜甫寫這首詩時李林甫剛死去不久，杜甫這幾句沉痛的詩句表示了對李林甫搞這次陰謀的憤慨和譴責。

爲什麼說是李林甫的陰謀呢？

這次考試是先「委所在郡縣長官精加試練」，而按照慣例，應制舉試者既可由各地郡守推舉，也可自舉。如《唐大詔令集》卷五《改元大和赦》中說：「天下諸色人中，有賢良方正能直言極諫者，及經學優深可爲師法、詳閑吏理達於教化、軍謀宏遠堪任將帥者，常參官及官牧郡守，各舉所知；無人舉者，亦聽自舉。」[23]這就是說，天寶六載的這次考試，在應舉者來到長安之前，先已由地方長官汰除了一批，這些地方長官當然會秉承李林甫的旨意，把一些可能桀傲不馴者除名。這是陰謀之一。其次，據徐松《登科記考》所載，玄宗於開元時共舉行制舉試十二次，天寶時僅六次；開元的十二次，前期八次，後期四次。就是說，玄宗時的制舉試，次數是越來越少的，而天寶六載的一次，李林甫又借口「舉人多卑賤愚瞶，不識禮度，恐有俚言，污濁聖聽」，不由皇帝親試，只讓「尚書覆試，御史中丞監之」，完全是敷衍了事。這是陰謀之二。另外，制舉是考策文的，爲了試策，舉子們如白居易、元稹那樣，需要閉戶累月，揣摩當代之事，預先習作不少篇策文。但天寶六載卻臨時改爲詩、賦和論。應試者對此既事先毫無準備，當然是「遂無一人及第」。在唐代科舉史上，天寶六載是僅有下制徵召而無制舉科目之名的一次，也是制舉考試無一人錄取的僅有的一次。這是天寶年間政治腐敗的表現，也是社會矛盾複雜尖銳化的表現。杜甫旅食京華十年，正是從這些現實矛盾的日益深化、社會危機的愈加嚴重中逐漸提高認識，並錘煉其詩筆的。從這個意義說，李林甫導演的這一次天寶六載制舉試的陰謀，對詩人杜甫來說倒也未始不是一件好事。

五

除了上面所說的以外，關於唐代的制舉試，還可補充說明有關的一些情況。

一是考試官。進士、明經等自開元二十五年後是由禮部侍郎主持考試，稱作知貢舉。制舉名義上由天子親試，實際上委派一些官員撰策問題，及審閱策文，當時稱爲考策官。考策官不止一二人，是可以有好幾個的，但要挑選知名之士擔任。如《舊唐書》卷一六九《賈餗傳》：「文史兼美，四遷至考功員外郎。長慶初，策召賢良，選當時名士考策，餗與白居易俱爲考策官。」又如據《舊唐書·憲宗紀》及《通鑑》等所載，元和三年（八〇八）三月考賢良方正能直言極諫科舉人，考試官爲吏部侍郎楊於陵，考功員外郎韋貫之，同考覆試官有翰林學士王涯、裴垍，及左司郎中鄭敬、都官郎中李益等，又據《冊府元龜》卷六四四《貢舉部·考試二》，長慶元年（八二一）十一月制舉試，考策官爲中書舍人白居易、膳部郎中陳岵、考功員外郎賈餗；大和二年（八〇八）三月的一次，考策官爲左散騎常侍馮宿、太常少卿賈餗、庫部郎中龐嚴。又據《唐大詔令集》卷一〇六《寶歷元年試制舉人詔》及《舊唐書·敬宗紀》，寶歷元年（八二五）三月的一次，考策官爲中書舍人鄭涵、吏部郎中崔琯、兵部郎中李虞仲。又據《顏魯公文集》卷十四《崔孝公宅陋室銘記》及徐松《登科記考》卷四，天冊萬歲二年（六九六）的制舉考策官爲梁載言、陳子昂。這些考策官都是臨時差遣，考試完畢，即各歸本職。這種情況宋代也是如此。如乾德四年（九六六）考策官爲翰林承旨陶穀，學士竇儀，知制誥王著、盧多遜、王祐，秘書監尹拙，刑部郎中姚恕，國子監丞馮英；咸平四年（一〇〇一）爲翰林學士宋白、梁周翰、師顏、知制誥李宗諤、趙安仁、薛映、楊億；景德二年（一〇〇五）爲翰林學士晁迥，知制誥楊億、周起、朱巽（以上皆據《宋會要輯稿》第一一一冊《選舉》一〇）。

正因爲制舉名義上是由天子親試，因此考策官的親故可以不像禮部試那樣，須避嫌而別試於吏部（即別頭試）。如元和三年三月的制舉試，王涯爲覆策官，應試者皇甫湜是王涯的外甥，皇甫湜因直言落第，王涯也受牽累罷翰林學士之職。白居易曾爲王涯抱不平，其《論制科人狀》中有論此事，說：「故皇甫湜雖是王涯外甥，以其言直合收，涯亦不敢以私嫌自避。當時有狀，具以陳奏。」（《白居易集》卷五十八）

二是應制舉人無論是荐舉或自舉，都須有現任官員相保，舉人在考試中如有違法行爲，或所考成績太差、等第太下的，保人或所舉之官須受貶黜。如《冊府元龜》卷六四三《貢舉部·考試一》：「

（天寶）十載九月辛卯，御勤政殿，試懷才抱器舉人，命有司供食。有舉人私懷文策，坐殿三舉，並貶所保之官。」可見制舉考試也不許私帶文策，如有私懷文策，除舉子本人受處分外，所保之官也須貶責，所舉官也受責罰（《冊府》載丙申詔，有「其所舉官各量貶殿，以示懲誡」語）。關於所舉官受責罰事，開元時人王泠然曾對此有異議，王泠然（時任將仕郎守太子校書郎）在上宰相張說書中說道：「去年赦書云：『草澤卑位之間，恐遺賢俊，宜令兵部即作牒目，徵召奏聞。』而吏部起請曰：『試日等第全下者，舉主量加貶削。』條目一行，僕知天下父不舉子，兄不舉第。何者，百司諸州長官皆無才能之輩，並是全軀保妻子之徒。一入朝廷則恐出，暫居州郡即思改。豈有輕爲進舉，以取貶削？今聞天下向有四百人應舉，相公豈與四百人盡及第乎？既有等差，由此百司諸州長官，懼改削而不舉者多矣。」（《唐摭言》卷六《公荐》條）舉人犯罪，舉主牽累而受責罰，宋代也是如此，如司馬光曾說：「每路各三兩人，仍與本處長吏連署結罪，保舉聞奏。……其所舉之人，若犯私罪，情理重，及正人已贓，未及第者，舉主減三等，已及第者，減一等坐之，並不以赦原。」（《司馬溫公文集》卷三《論舉選狀》）應當說，舉人犯罪，舉主與保人受罰，還有一定的道理。但如果舉人所考的等第太下，舉主也受貶斥，就沒有道理了，從這點來說，王泠然的意見是對的。但看來他的意見並未被採納，《冊府元龜》所載舉人受責罰的材料都在王泠然上書之後。

【附註】

①《宋會要輯稿》第一一二冊《選舉》一〇載宋太祖乾德二年（九六四）正月十五日詔。

②又見清顧炎武《日知錄》卷十六《科目》，胡鳴玉《訂訛雜錄》卷九《科目》。

③宋葉夢得《石林燕語》卷二謂：「唐以宣政殿爲前殿，謂之正衙，即古之內制也。」按唐宣政殿在大明宮，徐松《唐兩京城坊考》卷一謂「宣政殿，天子常朝所也」。

④又見《文獻通考》卷三十三《選舉考》六。

⑤清趙翼《陔餘叢考》卷二十八《三元》條也載此事。

⑥《元稹集》卷二十八《才識兼茂明於體用策》，題下自注：「校書郎時應制，考入次三等，充敕頭，授左拾遺。」

⑦《劉禹錫集》卷十九《唐故中書侍郎平章事韋公集紀》：「憲宗朝河南元公稹、京兆韋公淳以才識兼茂徵，……咸用對策甲於天下。」

⑧見《唐大詔令集》卷一〇六《放制舉人敕》；又《舊唐書》卷一四七本傳：「既以進士擢第，又制舉登乙第。」

⑨《宋史·選舉志》載宋仁宗時詔曰：「自今制科入第三等，與進士第一，除大理評事、簽書兩使幕職官，……。制科入第四等，與進士第二、第三，除兩使幕職官，……。制科入第五等，與進士第四、第五，除試銜知縣。」

⑩蘇軾之後，有范百祿和孔文仲入三等。見聶崇岐先生《宋代制舉考略》一文第六節《科分及待遇》（載《宋史叢考》，中華書局一九八二年出版）。

⑪ 見李心傳《建炎以來朝野雜記》甲集卷十三《取士·制科》。

⑫ 見《白居易集》卷四十一，云：「從鄉賦登明經第，應制舉中精通經史科，補弘文館校書郎。」

⑬ 《陳子昂集》卷六《故宣議郎騎都尉行曹州離孤縣丞高府君墓志銘》。

⑭ 邵說《唐故同州河西縣丞贈虢州刺史太常卿天水趙公神道碑》（《全唐文》卷四五二）。

⑮ 《太平廣記》卷四八四。

⑯ 以上二文，皆爲《陳子昂集》卷六。

⑰ 類似者尙有獨孤及《唐故秘書監贈禮部尙書姚公墓銘》、《頓丘李公墓志》（《毘陵集》卷十一），孫逖《太子右庶子王公神道碑》（《全唐文》卷三一三）。又如王翰景雲元年（七一〇）進士及第，開元二年（七一四）又舉賢良方正能直言極諫科、超群拔類科及第，孫逖開元二年進士及第，同年又應哲人奇士隱淪屠釣科及第（參見《唐才子傳》），等等，不具列。

⑱ 《宋會要輯稿》第一一一冊《選舉》一〇。

⑲ 《唐會要》卷七十六《貢舉中·制舉科》：「天寶十三載十月一日，御勤政樓，試四科舉人，其辭藻宏麗，問策外更試詩賦各一道（注：制舉試詩賦從此始）。」《舊唐書·玄宗紀》天寶十三載，秋，「上御勤政樓試四科制舉人，策外加詩賦各一首。制舉加詩賦，自此始也。」《舊紀》這裡未說明這次加試詩賦只是辭藻宏麗科，這是《舊紀》的疏漏之處。《冊府元龜》卷六四三《貢舉部·考試一》就與《唐會要》不同，說是「其詞藻宏麗科，問策外更試律賦各一首」。

⑳按穆員，附見《舊唐書》卷一五五《穆贊傳》，爲德宗時穆贊弟，《舊唐書》僅載爲：「員工文辭，尙節義，杜亞爲東都留守，辟爲從事、檢校員外郎。早卒，有文集十卷。」《新唐書》卷一六三《穆贊傳》也僅說「員字與直，工爲文章。杜亞留守東都，置佐其府，早卒」。都未記載其應制事。但新舊「唐書·穆贊傳」都提到員兄穆質應制策文爲人傳誦事，《舊傳》稱：「質強直，應制策入第三等，其所條對，至今傳之。」《新傳》謂：「質性強直，舉賢良方正，條對詳切。」《全唐文》卷五二四有穆質《對賢良方正能直言極諫策（問陸贄作）》，所言皆時事。元稹所說的穆員，似應是穆質事。《全唐文》卷七八三至七八五載有穆員文，亦無應制舉策文。盧景亮，《舊唐書》無傳，《新唐書》卷一六四本傳載：「第進士，宏辭，授秘書郎。」未載其再應制舉其他科目。《全唐文》卷四四五載盧景亮賦一篇，無對策。

㉑關於元和三年的制舉試，及所謂與牛李黨爭的關係，請參看拙著《李德裕年譜》，齊魯書社一九八四年出版。

㉒見吳宗國《唐末階級矛盾激化的幾個問題》。見唐代史學會一九八三年成都年會討論之文。

㉓又《宋會要輯稿》第一一一冊《選舉》一〇，載宋仁宗慶歷時監察御史唐詢言，中云：「開元二年六月甲子制，其有茂才異等，咸令自舉」。

【附記】

此章的內容，曾以《從杜甫於天寶六載應試談唐代的制舉》為題，發表於成都《草堂》一九八四年第一期。南京大學中文系周勛初兄看了此文後，給我來信，說唐人對制舉的看法，尚可補充高適一例，信中說：「《河岳英靈集》之高適『恥預常科』，當即不願應進士、明經科之謂，而高氏於開元二十三年應制科試失利，卒於天寶八載有道科中第，足見文士有視制舉高於進士、明經者。」勛初兄對高適研究頗深，有《高適年譜》問世，又廣採唐宋史籍，為《唐語林》作箋注，精熟於唐人史事。來信所說高適事例，極有啓發，故特為標出，並致謝忱。

一九八四、十二、九

第七章 進士考試與及第

一

進士科是唐代出現的新事物，但進士卻是古老時代的舊名詞。《文獻通考》卷四〇《學校考》一，引禮書云：「秀於一鄉者謂之秀士，中於所選謂之選士；俊士以其德之敏也，造士以其材之成也，進士以其將進而用之也。」又說：「大樂正論造士之秀者以告於王而升諸司馬，曰進士（注：移名於司馬，進士可進受爵祿也）。」對於古老經典文字可以有各種解釋，這是經師們的專業，歷史發展到了唐代，用進士來稱呼科舉中的一個重要科目，已經與它原來賦予的特定的含義不相干了；是社會生活的發展變化給了「進士」以新的內容，它的原義只不過在語義學上有其一定的位置罷了。

五代時的詞人牛希濟在《貢士論》中說：「國家武德初，令天下冬季集貢士於京師，天子制策，考其功業辭藝，謂之進士。」（《全唐文》卷八四六）牛希濟是作詞能手，但他在《貢士論》中的這幾句話卻很不確切。武德是唐高祖的年號，一共是九年（六一八—六二六）。牛希濟說是武德初，就應該是武德頭一二年，但實際卻並非如此。

作於貞元十七年（八〇一）的趙傪《登科記序》（《文苑英華》卷七三七，《全唐文》卷五三六），

①說：「武德五年，帝詔有司特以進士爲選士之目。」這裡說是武德五年（六二二）下詔，實行進士試。唐末五代人王定保記載得較爲詳實，而把下詔的時間提前一年爲武德四年（六二一），他所著的《唐摭言》卷一《統序科第》說：「始自武德辛巳歲四月一日，敕諸州學士及早有明經及秀才、俊士、進士，明於理體、爲鄉里所稱者，委本縣考試，州長重覆，取其合格，每年十月隨物入貢。斯我唐貢士之始也。」這樣，到第二年十月，各州就荐送明經一百四十三人，秀才六人，俊士三十九人，進士三十人；十一月引見，十二月考試（見《唐摭言》卷十五《雜記》）。武德四年五月，李世民的軍隊消滅了竇建德的主力，七月，又平定了洛陽的王世充，唐王朝依仗武功，鞏固了政權，這就有可能、也有必要在官吏選拔和政權組成中進行創新和改革，把目光從一小部分僅有虛譽的狹小範圍的士族，投向地主階級的整體，把地主階級中相當活躍的一部分，即有較高文化修養並具備一定政治頭腦的士人，作爲吸收和選拔的對象。

進士科開始時與秀才、明經、明算、明法、明字並列，列爲歲舉常貢之一，但不久它就超過別的科目。在整個唐代的科舉試中，它的名聲是最響的。中唐時詩人姚合就這樣讚美道：

> 蹇鈍無大計，酷嗜進士名。……春榜四散飛，數日遍八紘。……（《寄陝府內兄郭冏端公》，《姚少監詩集》卷四）

新樂府詩人張籍也有類似的詩句：

> 二十八人初上牒，百千萬里盡傳名。（《喜王起侍郎放榜》，《全唐詩》卷三八五）

清朝人李調元也說：「至唐而科目之多爲最，其中以登進士科爲清班，與其選者莫不引爲光耀。」（《制義科瑣記序》）而以歡快的語氣，加以熱情稱揚的，則是王定保的《唐摭言》：

進士科始於隋大業中，盛於貞觀、永徽之際；搢紳雖位極人臣，不由進士者，終不爲美，以至歲貢常不減八九百人。其推重謂之「白衣公卿」，又曰「一品白衫」；其艱難謂之「三十老明經，五十少進士」。其負倜儻之才，變通之術，蘇、張之辨說，荊、聶之膽氣，仲由之武勇，子房之籌畫，弘羊之書計，方朔之詼諧，咸以是而晦之。修養愼行，雖處子之不若；其有老死於文場者，亦所無恨。故有詩曰：「太宗皇帝眞長策，賺得英雄盡白頭！」（卷一《散序進士》）

王定保的筆調帶有極大的誇張，他把古人値得稱道的文武才能，政濟方策，智謀度量，等等，都加於進士身上。在他看來，進士出身者可以具備古人理想的美德與才藝。這當然是不切實際的幻想，但也可以說明一點：在唐代那個封建社會的鼎盛時期，進士作爲新事物而出現，那時的人們賦予它以何等光彩奪目的鮮衣。

進士登第在高宗、武后時已爲士大夫官僚所艷羨。《封氏聞見記》說「高宗時，進士特難其選」（卷三《貢舉》）。當時的名相薛元超曾對其親知說：「吾不才，富貴過分，然生平有三恨：始不以進士擢第，不得娶王姓女，不得修國史。」（劉餗《隋唐嘉話》卷中）。處於宰相之尊的薛元超，他的權勢與地位已不需要再用其他方式加以提高，但他還需要有聲譽。在門閥統治的南北朝時期，婚宦爲官僚士大夫立身處世最需要關心的兩件事，我們只要稍稍讀一下《昭明文選》中所收的沈約《彈王源書》，對此即可了然。初唐時門閥的勢力削弱了，但其社會影響仍然存在，這種社會影響就具體表現在聲望上。唐初非士族出身的高官，他們在取得政治實力以後，仍想聯姻山東士族，就是門閥的社會影響存在的客觀證明。薛元超的所謂「不得娶王姓女」，就是這種社會心理的寫照。如果說這句話還是舊的社會條件在人們頭腦中的殘留，那末「始不以進士擢第」卻恰恰是新的社會條件的反映，同時也從另一方面說明進士科的社會影響是如何在迅速地擴大。

《唐摭言》卷二《恚恨》條收載了王泠然與御史高昌宇的一封書信。王、高二人本係舊交，昌宇任御史時，在與人敘談中問及故舊，略不及王。這時王泠然新登進士第不久，「值天涼，今冬又屬停選」。這封信就是在泠然已及第而尚未入仕時寫的，很可以幫助我們了解那時一部分士人的心理狀態。其中說：

> 今公之富貴亦不可多得。意者，望御史今年為僕索一婦，明年為留心一官。幸有餘力，何惜些些！此僕之宿憾，口中不言；君之此恩，頂上相戴。儻也貴人多忘，國士難期，使僕一朝出其不意，與君並肩台閣，側眼相視，公始悔而謝僕，僕安能有色於君乎？

在宋以後的人看來，這幾句話可以稱得上是十足的狂誕，泠然則可以說得上是怪人。他在這裡不加掩飾地向人討女人，要官做，而不自以為鄙俗；而且還以有朝一日升台閣相威脅。這也可以說反映了開元盛世進士中人不可一世的思想狀態與精神面貌。②開元時一些文人動不動以宰相自許，李白就是一個。王泠然的狂與怪，正是進士科地位提高和社會影響增強的一種反映。

貞元以後，進士的聲名益甚，這點在以後一些章節中還要提到，這裡就不詳論。

二

唐代進士考試的辦法與具體項目，曾經過幾次變易，不大容易弄清楚，這也造成後人的一些誤解，如討論唐詩繁榮的原因，認爲是由於進士試以詩賦取士，就是誤解之一。即以博學淹通如趙翼者，論述此事時也難免有疏失之處，《陔餘叢考》卷二十八《進士》條說：

> 唐初制，試時務策五道，帖一大經，經、策全通爲甲第，策通四、帖過四以上爲乙第。永隆二年，以劉思立言進士唯誦舊策，皆無實材，乃詔進士試雜文二篇，通文律者然後試策，此進士試詩賦之始。開元二十五年，詔進士以聲韻爲學，多昧古今，自今加試大經十帖。建中二年，中書舍人趙贊權知貢舉，又以箴論表贊代詩賦。大和八年，仍復詩賦。此唐一代進士試之大略也。

這段話中，可議者有好幾處：第一，說唐初試時務策五道，帖一大經，實則唐初只試策，未有帖經，帖經是永隆二年（六八一）以後的事。第二，說永隆二年起試雜文，即是試詩賦之始，實際上最初所謂雜文者僅爲箴表論贊等，後漸有賦，或有詩，雜文專試詩賦已是天寶時期。第三，說自建中二年（七八一）起以箴論表贊代詩賦，至大和八年（八三四）才又試詩賦，似乎這中間有半個多世紀的時間進士科是不試詩賦的，實際情況當然不是，所謂停進士試詩賦而代之以論議，是李德裕任宰相後對於科試所作改革的一部分，這是大和七年（八三三）八月頒下的，第二年即大和八年九月李德裕罷相，李宗閔上台，盡排李德裕之所爲，又復試詩賦。可見罷詩賦，只是一年的時間。

以下擬大體按時間的順序，對進士試的科目、場次及其沿革，作些材料上的整理，藉以理清一些容易混淆的頭緒。

人們往往有一個誤解，以爲進士既稱爲文學之科，那就是試詩賦，於是就促進了唐代詩歌的繁榮。實際情況恐怕倒是相反。在唐初一個相當長的時期，進士考試是與詩賦無關的。《通典》卷十五《選舉》三說進士「其初止試策，貞觀八年詔加進士試讀經史一部。至調露二年，考功員外郎劉思立始奏二科（即進士、明經－琮），並加帖經，其後又加《老子》、《孝經》、使兼通之」。劉肅的《大唐新語》（卷十《釐革》）、胡震亨的《唐音癸簽》（卷十八《詁箋》三《進士科故實》），都提到進士科最初只試策。貞觀八年（六三四）所謂「加進士試讀經史一部」，是因爲原來所考的策文是時務策（《新唐書·選舉志》說「凡進士，試時務策五道」），現在再加上從經書和史書各一部中出題目，考問經史大義，這仍是試策。到高宗調露二年（六八〇），由於劉思立的奏請，進士才與明經同樣要考帖經。這就是說，從唐開國起，有六十年的光景，進士考試是只考策文的；這占了唐朝歷史的五分之一的時期。

當時的所謂試策，是怎樣一種具體情況呢？這裡讓我們舉貞觀元年（六二七）的例子來看一看。先錄兩道策問：

用刑寬猛：獄市之寄，自昔爲難；寬猛之宜，當今不易。緩則物情恣其詐，急則奸人無所容，曹相國所以殷勤，路廷尉於焉太息。韋弦折衷，歷代未聞，輕重淺深，佇承嘉議。（《文苑英華》卷四九七）

問：棘津登輔，不因階於尺木；莘郊作相，豈憑資於累遷。蓋道有攸存，時無可廢，爰暨澆訛，必循班序，先容乃器，因地拔萃，共相沿襲，遂成標準。今聖上務切懸旌，心搖啓繇，雖衣冠華胤，已喬遷於周列；而衡泌幽人，罕遙集於魏鼎。豈英靈不孕於山澤，將物理自繫於古今。無蔽爾辭，切陳其致。（《文苑英華》卷五〇二，題爲《求賢》）③

第一道策問，是關於審案件的，提出如何寬猛相濟、緩急折衷；第二道策問，是關於選拔人才的，提出如何不次擢用才能之士，以充實新建立的政權。這都帶有貞觀初期新王朝剛剛建立，如何調整階級關係或地主階級內部關係，以鞏固新王朝統治的時代特點。這年進士登科者有上官儀，——就是後來在高宗朝享有詩壇盛譽的「上官體」的代表詩人。④我們來看看他的對策：

攘袂九流，披懷萬古，覽玉籙之奧義，覩金簡之遺文，睹皇王臨御之跡，詳政術樞機之旨，莫不則乾剛而張禮樂，法霆震而置威刑。縱使軒去鼎湖，非無涿鹿之戮；舜辭雷澤，遂有崇山之誅。自皋陶不嗣，忿生長往，甫侯設法，徒有說於輕重，子產鑄書，竟無救於衰敗。是知風淳俗厚，草艾而可懲；主僻時昏，黥鑿而猶犯。我君出震繼天，承圖宰化，孕十堯而遐舉，呑九舜而上徵。猶以爲周書三典，既疏遠而難從；漢律九章，已偏雜而無準。方當採韋弦於往古，施折衷於當今。若能詔彼刑章，定金科之取捨，徵其張趙，平丹書之去留；必使楚國受金，不爲莊生所責；長陵盜土，必用張子之言。謹對。（《文苑英華》卷四九七）

鳳德方亨，必資英輔，龍光未聘，實俟明君。既藏器以須時，亦虛襟而待物，莫不理符靈應，道葉冥通，類霜降而鍾鳴，同雲蒸而礎潤。秘策赴之如投水，神心應之若轉規。用能感會一時，抑揚千古。是以沉鱗暫躍，遂游泳於天漢；墜羽才遷，乃騰驤於日陸。弘心體之妙旨，播舟水之嘉謀，義列丹青，德融金璧。迨乎時鍾季叔，化漸澆訛，拔萃之惠罕流，因地之階愈篤。使西都金子，奕葉稱榮；東國哀生，八公爲貴。廷尉之明窮識理，十載無知；黃門之妙極摛文，八遷寧進。徒使千星秀氣，永翳窮塵；照廡奇光，長湮幽石。自可循風市馬，襃軌畫龍，三反不虧，七年無廢。戔戔束帛，指丘園而畢陳；翹翹車乘，望林泉而載轄。則材標海若，霧集丹墀，德表星精，雲飛紫闕。豈直高尚之士，遙集於台司，衡泌之儔，喬遷於鼎職。謹對。（《文苑英華》卷五〇二）

如果說策問中還多少表現出當世之務的話，那末這兩道對策則完全是堆砌辭藻，內容上除了對於當今聖朝的頌揚以外，再也找不出聯繫實際、陳當務之急的任何一點現實的影子。初唐時期的這些進士策文，我們完全可以把它們當作精緻工麗的駢文來看待，而它們實際上也是一種賦體；如果一定要加一個名稱的話，不妨稱之爲「策賦」。

三

進士只考試策文的情況，到高宗後期、即武則天實際掌握政權時有了變化，這就是進士試由試策文一場改變爲試帖經、雜文、策文三場，這種三場考試的辦法，遂成爲唐代進士試的定制。

《唐會要》有兩條記載這種變化的材料：

調露二年四月，劉思立除考功員外郎。先是進士但試策而已，思立以其庸淺，奏請帖經及試雜文，自後因以爲常式。（卷七十六《貢舉中·進士》）

永隆二年八月敕：如聞明經射策，不讀正經，抄撮義條，才有數卷；進士不尋史籍，惟誦文策，銓綜藝能，遂無優劣。自今以後，明經每經帖十得六已上者，進士試雜文兩首，識文律者，然後令試策。（卷七十五《貢舉上·帖經條例》）

調露二年爲公元六八〇年，永隆二年爲公元六八一年（調露二年即永隆元年）。當是前一年劉思立建議，第二年就由朝廷正式頒布施行。因此史書上認爲進士試雜文和帖經，就是起始於劉思立的奏請，如《舊唐書》卷一九〇中《劉憲傳》：「父思立，高宗時爲侍御史。後遷考功員外郎，始奏請明經加帖、進士試雜文，自思立始也。」《舊唐書》卷一一九《楊綰傳》載綰於代宗時上疏議貢舉，說：「至高宗朝，劉思立爲考功員外郎，又奏進士加雜文，明經填帖，從此積弊，浸轉成俗。」《南部新書》戊卷也說：「進士試帖經，自調露二年始也。」

所謂雜文兩首，具體何所指，徐松有一個解釋，頗得其要。《登科記考》卷二永隆二年條說：「按雜文兩首，謂箴銘論表之類，開元間始以賦居其一，或以詩居其一，亦有全用詩賦者，非定制也。雜文之專用詩賦，當在天寶之間。」這段話說得扼要明白，對於唐代進士試雜文的演變講得十分清楚，但卻不大受到史學研究和文學史研究者的注意。徐松的話是有事實根據的。如顏眞卿所作《朝議大夫守華州刺史上柱國贈秘書監顏君（元孫）神道碑銘》（《全唐文》卷三四一。按四部叢刊《顏魯公文集》未收此文）中說：「舉進士，……省試《九河銘》、《高松賦》。故事，舉人就試，朝官畢集，考功郎劉奇乃先標榜君曰：『銘賦二首，既麗且新，時務五條，詞高理贍，惜其帖經通六，所以不□（《全唐文》注：原本缺），屈從常第，徒深悚怍。』由是名動天下。」顏元孫爲武周垂拱元年（六八五）登進士第，⑤這是永隆二年實行考試改革以後的第三年，可見那年的雜文兩首即是銘和賦。在這之後，見於記載的，玄宗先天二年即開元元年（七一三）爲《籍田賦》，開元二年（七一四）爲《旗賦》，開元四年（七一六）爲《丹甑賦》，開元五年（七一七）爲《止水賦》，開元七年（七一九）爲《北斗城賦》，開元十一年（七二三）爲《黃龍頌》。開元十二年（七二四）才開始有試詩的記載，這就是著名的祖詠《終南山望餘雪》詩：

終南陰嶺秀，積雪浮雲端。林表明霽色，城中增暮寒。（《唐詩紀事》卷二十）

這或許是唐人省試詩最好的詩句，以後只有錢起的「曲終人不見，江上數峰青」堪與並稱。在這之後，開元十四年（七二六）爲《考功箴》，開元十五年（七二七）爲《積翠宮甘露頌》，開元十八年（七三〇）爲《冰壺賦》。開元二十年（七三四），乃有詩賦各一，即《武庫詩》，《梓材賦》。開元二十五年（七三七）爲《花萼樓賦》。開元二十六年（七三八），又詩賦各一：《擬孔融荐禰衡表》、《明堂火珠詩》。天寶十載（七五一），詩賦各一：《豹鳥賦》、《湘靈鼓瑟詩》。在這之後，即連續有詩賦的記載。⑥上述的記載，可能因材料不全，有所缺漏，但大致的趨向是可以看得出來的。可見以詩賦作爲進士考試的固定格局，是在唐代立國一百餘年以後。而在這以前，唐詩已經經歷了婉麗清新、婀娜多姿的初唐階段，正以璀燦奪目的光彩，步入盛唐的康莊大道。在這一百餘年中，傑出的詩人已經絡繹出現在詩壇上，寫出了歷世經久、傳誦不息的名篇。這都是文學史上的常識。應當說，進士科在八世紀初開始採用考試詩賦的方式，到天寶時以詩賦取士成爲固定的格局，正是詩歌的發展繁榮對當時社會生活產生廣泛影響的結果。

進士試之所以由試策而發展爲加試雜文和帖經，一方面是考試本身的原因，即由於舉子們「唯誦舊策，皆亡實才」（《新唐書．選舉志》），只讀一些爲應付考試而編成的現成策文，不去鑽研經史本文；爲扭轉這種情況，於是就參照明經考試的辦法，加考帖經，以求學有根柢。另一方面，武則天爲了加強她個人的權勢，並圖謀建立武氏政權，不得不擴大統治基礎，爭取非高門世族出身的士人的支持，於是增設考試的門類，加強文藝辭藻方面的選拔，網羅既有文采又有經學修養的人才來充實政權機構。武周宮廷中文人學士之盛以及窮究極研於辭藻聲律之美，是太宗、高宗朝所不能比擬的。劉思立的建議，正好適應這種政治需要。

唐進士三場試，每場定去留，如《舊唐書》卷九十二《韋陟傳》載陟於開元時以禮部侍郎知貢舉：「曩者主司取與，皆以一場之善，登其科目，不盡其才。」而在前期，三場的次序是先帖經，次雜文，最後試策。如《唐六典》卷四《禮部》：「凡進士先帖經，然後試雜文及策。……舊例帖一小經並注，通六已上，帖《老子》兼注，通三已上，然後試雜文兩道，時務策五條；開元二十五年，依明經帖一大經，通四已上，餘如舊。」《唐六典》修成於開元末，反映了唐初至開元時的官制和政令。《文獻通考》卷三十一《選舉考》四記宋仁宗寶元時（一〇三八—一〇四〇）李淑的奏議，也說天寶時進士「試一大經，能通者試文賦，又通而後試策」。三場中把帖經列爲首場，表明對儒家經典的尊重。如前面所引顏眞卿所作的顏元孫神道碑，顏元孫雜文（銘賦）二首「既麗且新」，策文「詞高理贍」，但因爲帖經的成績平常，因此雖然取中，但卻等第不高。

雜文與帖經的次序，大約從中唐起改變過來，即第一場詩賦，第二場帖經，第三場策文。權德輿在與柳冕討論貢舉的書信（《權載之文集》卷四十一）中說：「況以蒙劣，辱當儀曹，爲時求人，豈敢容易。然再歲計偕，多有親故，進士初榜有之，帖落有之，策落有之，及第亦有之。不以私害公，不以名廢實，不敢自愛，不訪於人。」這裡把帖經列第二，試策列第三，初榜雖未明言，但按唐代的規定，這初榜當即指詩賦。

如果權德輿還沒有說得很清楚的話，那末中唐同時期的作家李觀就明確記載帖經之前爲詩賦，他在《帖經日上侍郎書》（《全唐文》卷五三三）中說：「月日，鄉貢進士李觀長跪荐書侍郎座右……

昨者奉試《明水賦》、《新柳詩》。」此處李觀自稱鄉貢進士，當是應進士試時獻書於禮部侍郎者。⑦這封書信作於試帖經的那一天，而又說「昨者奉試《明水賦》、《新柳詩》」，可見帖經之前一場即試詩賦。後來五代時牛希濟在《貢士論》中也說，進士「大率以三場爲試，初以詞賦，謂之雜文，復對所通經義，終以時務爲策目」（《全唐文》卷八四六）。不過帖經雖居第二，卻並不受人重視，唐朝人在談論進士考試時有時就根本不提到它，如韓愈《答崔立之書》就說：「及來京師，見有舉進士者，人多貴之，僕誠樂之。就求其術，或出禮部所試賦、詩、策以相示」（《韓昌黎文集校注》卷三）。這裡就只提賦、詩、策三項，而不言及帖經。又如賈島《送雍陶及第歸成都寧覲》（《賈閬仙長江集》卷六）云：「不惟詩著籍，兼又賦知名，議論於題稱，春秋對問難。⋯⋯半應陰騭與，全賴有司平。⋯⋯」這裡所寫的也是進士考試的場次：詩賦、策論、問經義。又據胡震亨《唐音癸籤》所說，則到後來又將帖經放在最後一場，而且說：「帖經被落，仍許詩贖，謂之贖帖。」（卷十八《詁箋》三，《進士科故實》）。這所謂「贖帖」，我們可以舉閻濟美來作例子。《太平廣記》卷一七九《閻濟美》條載閻濟美應進士試，試帖經時，告主司道：「某早留心章句，不工帖書，必恐不及格。」主司回答他說：「可不知禮闈故事，亦許詩贖。」閻濟美果然作一詩以代帖經。這裡說：「禮闈故事」，可知在閻濟美於大歷年間登第之前⑧，所謂以詩贖帖，已施行很久了。這不僅是考試辦法的變化，而且是詩歌在社會生活中的地位進一步提高的反映。

四

進士考試既然分爲三場，而又每場定去留，則首場乃是關鍵。前面所引《太平廣記》的《閻濟美》條，就說閻濟美在及第前曾考過兩次，當然都是落第：「初舉，劉單侍郎下雜文落，第二舉，坐王侍郎雜文落第。」這就是說，閻濟美的頭兩次落第，都是由於詩賦未能通過。晚唐詩人黃滔在《下第》詩中說：

> 昨夜孤燈下，闌干泣數行。辭家從早歲，落第在初場。（《唐黃御史公集》卷二）

這裡所說的初場，就是指詩賦。黃滔以懿宗咸通十三年（八七二），年三十三被荐舉入試，越二十三年至信宗乾寧二年（八九五）才得以進士及第。在這期間，當是有好幾次應試，他特別提到「落第在初場」，可見詩賦能否及格對是否登科起著很大的作用。

唐代進士考試之所以將詩賦列於首位，一方面固然受到社會上重視詩歌的影響，另一方面也因爲進士試的詩賦都是律詩律賦，有格律聲韻可尋，對於考試官員來說，容易掌握一定的標準。《冊府元龜》卷六四一《貢舉部·條制三》記載說：「（大和八年）十月，禮部奏進士舉人，自國初以來（琮按此云國初以來，不確，說詳前），試詩賦、帖經、時務策五道，中間或暫更改，旋即仍舊，蓋以成格可守、所取得人故也。」明代的胡震亨也說：「唐進士重詩賦者，以策論惟剿舊文，帖經只抄義條，不若詩賦可以盡才。又世俗偷薄，上下交疑，此則按其聲病，可塞有司之責。雖知爲文華少實，舍是益汗漫無所守耳。」（《唐音癸籤》卷十八《詁箋》三，《進士科故實》）就是說，詩賦有格律聲韻，可以作爲一定的、容易掌握的客觀依據。正因如此，詩賦的試題中往往就明確規定字數和用韻的要求。

進士所試的詩作，都是五言律詩，限定十二句，如《白居易集》卷三十八載省試《玉水記方流詩》，題下即注明：「以流字爲韻，六十字成。」即雙句末字須押流字韻，全篇十二句。這是白居易貞元十六年（八〇〇）應進士試的詩題。另有賦，即同卷所載《省試性習相遠近賦》，賦題下注：「以『君子之所愼焉』爲韻，依次韻，限三百五十字以上成。」爲更好地說明問題，今抄其賦文於下，字下加黑點者，即所要求的「君子之所愼焉」六韻：

噫！下自人，上達君；德以愼立，而性以習分。習則生常，將俾乎善惡區別；愼之在始，必辨乎是非糾紛。原夫性相近者，豈不以有教無類，其歸於一揆；習相遠者，豈不以殊途異致，乃差於千里。昏明波注，導爲愚智之源；邪正歧分，開成理亂之軌。安得不稽其本，謀其始；觀所恒，察所以？考成敗而取舍，審臧否而行止。俾流遁者反迷塗於騷人，積習者遵要道於君子。且夫德莫德於老氏，乃曰道是從矣；聖莫聖於宣尼，亦曰非生知之。則知德在修身，將見素而抱樸；聖由志學，必切問而近思。在乎積藝業於黍累，愼言行於毫釐。故得其門，志彌篤兮，性彌近矣。由其徑，習愈精兮，道愈遠爾。其旨可顯，其義可舉。勿謂習之近，徇跡而相背重阻；勿謂性之遠，反眞而相去幾許。亦猶一源派別，隨混澄而或濁或清；一氣脈分，任吹煦而爲寒爲暑。是以君子稽古於時習之初，辨惑於成性之所。然則性者中之和，習者外之徇。中和思於馴致，外徇戒於妄進。非所習而習則性傷，得所習而習則性順。故聖與狂，由乎念與罔念；福與禍，在乎愼與不愼。愼之義，莫匪乎率道爲本，見善而遷。觀炯誡於既往，審進退於未然。故得之則至性大同，若水濟火也；失之則眾心不等，猶面如面焉。誠哉！性習之說，吾將以爲教先。

這篇賦，將「君子之所愼焉」六字分別依次列於句末爲韻，而其文章的結構，已類於明清的八股，因此錢大昕說「唐人應試詩賦，首二句謂之破題」，⑨已經看出唐代進士試賦與後來八股制藝在作法上的淵源關係。

白居易的這篇《性習相遠近賦》是六字韻腳，而唐代的進士試賦，一般則是八字韻腳。據宋人吳曾引五代馮鑒《文體指要》八字韻腳始於開元二年（七一四），《能改齋漫錄》卷二《試賦八字韻腳》條說：

> 賦家者流，由漢晉歷隋唐之初，專以取士。止命以題，初無定韻。至開元二年，王丘員外知貢舉，試《旗賦》，始有八字韻腳，所謂「風日雲野軍國清肅」。見僞蜀馮鑒所記《文體指要》。⑩

八字韻也可不依次爲韻的，如貞元時呂溫有《禮部試鑒止水賦》（《唐呂和叔文集》卷一）題下注：「『澄虛納照遇像分形』爲韻，任不依次韻，限三百五十字以上成。」據宋人彭叔夏《文苑英華辨證》，說唐時賦韻之制，八韻者以四平四側（仄）爲定格，但也有三平五側、五平三側、二平六側、六平二側，等等（《文苑英華辨證》卷一《用韻》）。舉子如「有犯韻及諸雜違格，不得放及第」（見

《冊府元龜》卷六四二《貢舉部·條制四》後唐長興元年（九三〇）六月中書門下奏。《冊府》並具體記載天成五年進士覆試時檢查出詩賦中犯韻的情況，可以幫助我們了解唐代進士試詩賦的各種瑣屑的規定：

盧價賦內「薄伐」字合使平聲字，今使側聲字，犯格。孫澄賦內御字韻使「宇」字，已落韻，又使「膂」字，是上聲；有字韻中押「售」字，是去聲，又有「朽」字犯韻；詩內「田」字犯韻。李象賦內一句「六石慶兮並合」，使此奚字，「道之以禮」，合使此導字，及錯下事；嘗字韻內使方字，計中言十千十字處合使平聲字，偏字犯韻。……師均賦內從字犯韻。

這種繁瑣的規定，使得中唐時起，韻書大為發達，《切韻》及有關《切韻》的補缺刊謬本在社會上廣為流行：⑪年輕女子吳彩鸞能以抄寫、出售《切韻》為生，也可以見出社會上需要的廣泛與迫切。⑫唐代讀書人不可能對韻部都記得很熟，因此進士考試時可以有挾帶韻書一說，如白居易長慶間受命覆試進士，事後上書說：「伏維禮部試進士，例許用書策，兼得通宵。得通宵則思慮必周，用書策則文字不錯。昨重試之日，書策不容一字，木燭只許兩條。迫促驚忙，幸皆成就。若比禮部所試，事較不同。雖詩賦之間，皆有瑕病，在與奪之際，或可矜量。」（《白居易集》卷六〇《論重考試進士事宜狀》）結合唐代進士試詩賦用韻的情況，來讀白居易的這段話，就比較容易理解了。按照白居易所說的意思，如不帶韻書等「書策」，則所試詩賦，文字就「皆有瑕病」，可見聲韻規定是極為瑣碎苛細的。

正因如此，就可以理解《太平廣記》卷二六一《梅權衡》條所說的，梅權衡應進士試時，「入試不持書策，人皆謂奇才」。可見韻書一類的書策對於士子是多麼的重要。那時有因失韻而考了大半輩子還未得一第的，中唐時宋濟是有名的例子。李肇《國史補》卷下記：

宋濟老於文場，舉止可笑。嘗試賦，誤失官韻，乃撫膺曰：「宋五又坦率矣！」由是大著名。後禮部上甲乙名，德宗先問曰：「宋五免坦率否？」

由於這種苛細的要求，唐代無論是省試詩還是省試賦，就首先注意於聲韻格律的講求，而不暇顧及內容的要求。省試詩因此也不可能產生什麼佳作，這是不足爲奇的。

五

唐代進士試對詩賦的聲韻要求較爲嚴苛，但詩賦的題目，比起宋以後來，範圍要寬得多，應試者有一定馳騁想像的餘地，不像後代僵硬地被限定在儒家經書的狹窄圈子裡。這反映了唐代作爲封建社會充分發達時期的時代特點。

從現在所能考見的材料來看，唐進士試的詩賦題目，有出於經史書籍的，如《籍田賦》（開元元年），《射隼高墉賦》（大曆二年），《寅賓出日賦》（大曆十四年），《性習相遠近賦》（貞元十六年），《王師如時雨賦》（元和十五年），《風不鳴條詩》（會昌三年），《堯仁如天賦》（大中三年），《被袞以象天賦》（咸通七年），等等。這只是極少數，絕大多數是下列幾方面的題目：

一、有關節令的：如《東郊迎春詩》（天寶十五載），《迎春東郊詩》（上元二年），《東郊朝日賦》（大歷八年），《清明日賜百僚新火詩》（大歷九年東都試），《早春殘雪詩》（元和十五年）。

二、有關景物的：如《北斗城賦》（開元七年），《禁中春松詩》（大歷八年），《元日望含元殿御扇開合詩》（大歷九年上都賦），《花發上林苑詩》（大歷十四年），《曲江亭望慈恩寺杏園花發詩》（貞元四年），《西掖瑞柳賦》、《龍池春草詩》（貞元十三年），《山出雲詩》（元和三年）、《貢院樓北新栽小松詩》（元和二年）、《春色滿皇州詩》（元和十年）。

三、以有一定文史含義的器物爲題的：如《丹甑賦》（開元四年），《冰壺賦》（開元十八年），《梓材賦》（開元二十二年），《明堂火珠詩》（開元二十六年），《洪鍾待撞賦》（元和五年）。

四、以有文學意味的題材爲題的：如《湘靈鼓瑟詩》（天寶十載），《通天台賦》（大歷十一年），《觀慶雲圖詩》（貞元六年），《珠還合浦賦》、《青雲干呂詩》（貞元七年），《明水賦》（貞元八年），《緱山月夜聞王子晉吹笙詩》（大和二年），《霓裳羽衣曲詩》（開成二年）。

宋人葉夢得說：「唐禮部試，詩賦題不皆有所出，或自以意爲之。」（《石林燕語》卷八）這所謂「不皆有所出」的「出」，即是指儒家的經書。「自以意爲之」，就是說主考官自以己意，取眼前景物爲題。像《貢院樓北新栽小松詩》這樣的題目，是宋以後各朝代所絕不可能出的。這大約也是封建社會發達時期思想活躍的一種表現。

正因爲試題可以「自以意爲之」，因此唐代進士考試中設有「上請」的制度。上面引述過的《石林燕語》說：「舉子皆得問題意，謂之上請。」這種情況至北宋前期還有，《事實類苑》卷六十六引范鎭《東齋紀事》，曾記載北宋眞宗年間楊億知舉時的一段趣事：

楊文公知舉於都堂，帘下大笑。眞宗知之，既開院上殿，怪問：「貢舉中何得多笑？」對曰：「舉人有上請堯舜幾時事，臣對以有疑時不要使。以故同官俱笑。」眞宗亦爲之笑。

這裡譏嘲某些士子知識的貧乏，由此也可見出，應試者可以就試題的含義發問，而試官即當就此作出回答。這種情況到北宋中期有了改變。因爲北宋進士考試實行皇帝親試的辦法，這就是在禮部省試之後，合格者須再經御試，也稱殿試，方稱及第。由於名義上是皇帝親試，舉子上請問試題出處，不免有瀆尊嚴，因此就從仁宗景祐（一〇三四—一〇三八）時起，廢止上請之制。《石林燕語》記此事謂：「本朝既增殿試，天子親御殿，進士猶循禮部故事。景祐中稍嫌其煩瀆，始詔御藥院具試題書經史所出，模印給之，遂罷上請之制。」⑬南宋初年王栐所著的《燕翼貽謀錄》，對此有更具體的記述：

舊制，御試詩賦論，士人未免上請於殿陛之下，出題官臨軒答之，往復紛紜，殊失尊嚴之體。景祐元年三月丙子，詔進士題具書史所出，御藥院印給，士人不許上請。自後進士各伏其位，不敢復至殿廷。（卷五）⑭

隨著上請之制的廢止，試題也同時發生變化，這就是題目都必須出自經史等典籍，廢除了考試官自以意爲之出題的辦法。這也就加強了思想統制，而與宋代進一步鞏固和加強專制主義中央集權、中國封建社會走向後期的歷史情況相適應。

六

唐代進士登科者，與明經、制科一樣，有等第的區別。前面已經說過，制科分五等，第一、第二等向來不授人，以第三等爲敕頭；明經分甲乙丙丁四等，大多數爲丁第。《通典》卷十五《選舉》三記進士等第說：

> 經、策全通爲甲第，通四以上爲乙第，通三帖以下，及策全通而帖經文不通四或帖經通四以上而策不通四皆爲不第。

這裡只談到策和帖經，當是指進士試的前期說的，因爲沒有講到詩賦等雜文，後來詩賦的好壞對及第起重要作用，則決定等第的高下就得衡量詩賦的水平了。但具體如何衡量，限於史料，還難於考知，現在我們只知道當時進士及第是分爲甲乙兩種等第的。

《通典》又說：

> 按令文，科第秀才與明經同爲四等，進士與明法同爲二等，然秀才之科久廢，而明經雖有甲乙丙丁四科，進士有甲乙二科，自武德以來，明經唯有丁第，進士唯乙科而已。

這裡說自武德以來，也就是自唐初設科取士以來，明經只有丁第，進士只有乙科。《通典》所說並不確切。從現有材料來看，無論是在杜佑之前或之後，進士考試都有登甲科的。如《舊唐書》卷一二八《顔眞卿傳》：「開元中，舉進士，登甲科。」卷一三七《于邵傳》：「崔元翰年近五十，始舉進士，邵異其文，擢第甲科。」卷一六三《王質傳》：「元和六年，登進士甲科。」又權德輿《唐故尚書司門員外郎仲君墓志銘》（《權載之文集》卷二十四）：「大歷十三年，舉進士甲科。」趙翼《陔餘叢考》卷二十九《甲榜乙榜》中說道：

杜氏《通典》，進士有甲乙兩科，武德以來第進士惟乙科。《舊唐書》，玄宗親試敕曰：『近無甲科，朕將存其上第。』《楊綰傳》：玄宗試舉人，登甲科者三人，綰爲之道，其乙科凡三十餘人。是甲乙科俱謂進士也。

據此，則玄宗以前進士登第者或無甲科，杜佑把它說成自武德以至編撰《通典》的德宗時，就與事實不符了。

除甲乙等第外，進士還有名次的先後，這屢見於徐松《登科記考》，如卷五開元五年（七一七）載劉凝第十三人及第，王泠然第十九人及第（據《文苑英華辨證》引唐登科記）。卷九天寶元年（七四二）載柳（渾）第十四人。卷九天寶十載（七五一），錢起第六人（據《困學紀聞》）。卷十一興元元年（七八四），馬異第二人及第（據《唐才子傳》）。這類例子很多，不一一列舉。名次的先後當與成績的好壞有關，與甲乙等第沒有必然聯繫，因爲很可能這一年沒有一人達到甲科，但仍可有第一、第二、第三等名次，這一年如有一人獲甲科，則第二名以下皆爲乙科。

唐代的進士、明經，無論等第高下，名次先後，他們在及第後只是取得出身，並不能即授官職，須再經過吏部試合格，方稱釋褐，即脫去麻布衣，這才稱是進入仕途。關於吏部試，本書在後面還將具體論述，這裡因爲論述進士及第後的授官情況，故預先提一下。唐代進士於禮部試及第後，固然有很快又通過吏部試的，但也有連挫於吏部試而未能順利進入仕途的，如大家所熟知的韓愈三試於吏部皆不成，十年仍未能得官，只好投靠藩鎭，在幕府中求得一個差使。又如孟郊於貞元十二年（七九六）進士登第，後遊東南，遷居汴州，於貞元十六年始至洛陽應選，被任命爲江南溧陽縣尉，年已五十。韓愈《貞曜先生墓志銘》說孟郊「年幾五十，始以尊夫人之命，來集京師，從進士試，既得即去。間四年，又命來選，爲溧陽尉」。孟郊自己也曾感慨道：「青雲不我與，白首方選書。宦途事非遠，拙者取自疏。」（《初於洛中選》，《孟東野詩集》卷三）後人往往把進士及第後取得官職看成一帆風順，實際上並非如此，尤其是對於社會地位不高、經濟不太富裕的知識分子來說，宦途風波，更未能預測。正如中唐時古文家獨孤及在《送孟評事赴都序》中所說：

孟子以鄉舉秀才，射策甲科，二十年矣。同時中楊葉者，今或蔚爲六官亞卿，或彤襜虎符，秩二千石，而孟子猶羸馬青袍客江潭間，遇與不遇，何其寥夐也！（《毗陵集》卷十六）

進士中甲科，過了二十年還是一個青袍，奔走於江湖之間。這在唐代並非個別現象。正因如此，所以當歐陽詹進士登第後，其親故相酬賀，但他仍有「猶著褐衣何足羨」之嘆。⑮

進士於禮部試及第後，一般有這麼幾個去向：一是應制科，制科及第後即可授予官職，並可得到較快的升遷。一是無論吏部試是否合格，出就方鎭幕府，這在中唐後爲士人的一大出路，《舊唐書》

卷一三八《趙璟傳》引趙璟於貞元八年奏議，其中說道：「大凡才能之士，名位未達，多在方鎮。」中唐以後，各地方鎮，也多方羅致人才，以增重其聲望。如《通鑑》卷二五三廣明元年（八八〇）三月載：「辛未，以門下侍郎、同平章事鄭從讜同平章事，充河東節度使。康傳珪既死，河東兵益驕，故以宰相鎮之，使自擇參佐。從讜奏以長安令王調爲節度副使，前兵部員外郎、史館修撰劉崇龜爲節度判官，前司勛員外郎、史館修撰趙崇爲觀察判官，前進士劉崇魯爲推官。時人謂之小朝廷，言名士之多也。」關於士人應方鎮聘召的情況，這裡不準備詳述，筆者以後擬專文論述。

另一則是通過吏部試得官。進士及第後，無論是應制舉或應吏部試，及格後所授官職，大致有三種情況。一是授秘書省正字、秘書省校書郎、著作郎、太子校書郎等清職，這是文詞清華之職，品階雖不高，但有美譽，可以逐步得到高升的。《太平廣記》卷一八七引《兩京記》說：「唐初，秘書省唯主書寫貯掌校勘而已，自是門可張羅，迥無統攝官屬，望雖清雅，而實非要劇，權貴子弟及好利誇侈者率不好此職。流俗以監爲丞相病坊，少監爲給事中、中書舍人病坊，丞及著作郎爲尙書郎病坊，秘書郎及著作佐郎爲監察御史病坊，言從職不任繁劇者，當改入此省。」這說明，比起尙書省、御史台來，秘書省只不過是閑散之地，是門可羅雀的。但這裡說的是唐代前期的情況，中期以後有很大的變化，德宗時人苻載《送袁校書歸秘書省序》（《全唐文》卷六九〇）中曾說：「國朝以進士擢第爲入官者千仞之梯，以蘭台校書爲黃綬者九品之英，其有折桂枝，坐芸閣，非名聲衰落，體命轗軻，不十數歲，公卿之府，緩步而登之。」苻載在這裡已認爲由秘書省的官職可以緩步而登公卿之府，可見已非閑散之地。還可以舉一個例子。《元稹集》卷五十四《贈工部尚書李公墓志銘》載：「諱建，字杓直。始以進士第二人試校秘書郎，判容州招討事，復調爲本官。會德宗皇帝選文學，公被荐，上問少信臣，皆曰：『聞而不之面』。唯宰相鄭珣瑜對曰：『臣爲吏部侍郎時，以文入官當校秘書者八，其七則馳他人書，建不馳，故獨得。』」鄭珣瑜說，八人當中有七個人通過種種關節來向吏部送交荐書的。可見德宗時秘書省校書郎已經是文人奔趨的場所。這與苻載的說法是一致的。又《唐會要》卷七十六《貢舉中·開元禮舉》條載：元和八年四月吏部奏，其中說：「近日緣校書、正字等名望稍優，但沾科第，皆求注擬，堅待員缺，或至逾年，若無科條，恐長僥幸。起今以後，等第稍高、文學兼優者，伏請量注校正。」可見自元和時起，凡授校書郎、正字等官，都要有較高的等第，不是隨便可以授與的。關於這方面授職的情況，有：

《舊唐書》卷九十九《張九齡傳》：「登進士第，應舉登乙等，拜校書郎。」

穆員《刑部郎中李府君墓志銘》（《全唐文》卷七八四）：「天寶中擢進士，調太子校書。」

權德輿《唐故尚書工部員外郎贈禮部尚書王公神道碑銘並序》（《權載之文集》卷十七）：「舉進士、宏詞，連中甲科，授崇文館校書郎。」又《唐故尚書司門員外郎仲君墓志銘並序》（同上卷二十四）：「大歷十三年，舉進士甲科，調補秘書省校書郎。」

韓愈《李元賓墓銘》（《韓昌黎文集校注》卷六）：「年二十四舉進士，三年登上第，又舉博學宏詞，得太子校書。」又《殿中侍御史李君（虛中）墓志銘》（同上）：「進士及第、試書判入等，補秘書正字。」又《唐故河南令張君（署）墓志銘》（同上卷七）：「以進士舉博學宏詞，爲校書郎。」又《柳子厚墓志銘》（同上）：「能取進士第，……其後以博學宏詞授集賢殿正字。」又《唐故朝散大夫尚書庫部郎中鄭君（群）墓志銘》（同上）：「以進士選吏部，考功所試，判爲上等，授正字。」

柳宗元《唐故尚書户部郎中魏府君（弘簡）墓志》（《柳宗元集》卷九）：「由進士策賢良，連居科首，授太子校書。」又《唐故兵部郎中楊君（凝）墓碣》（同上）：「君既舉進士，以校書郎爲書記。」又《唐故秘書少監陳公（京）行狀（同上卷八）：「舉進士，爲太子正字。」又《唐故萬年令裴府君（墐）墓碣》（同上卷九）：「公由進士上第，校書崇文館。」又《亡友故秘書省校書郎獨孤君（申叔）墓碣》（同上卷十一）：「年二十二舉進士，又二年，用博學宏詞爲校書郎。」

劉禹錫《唐故尚書主客員外郎盧公（象）集紀》（《劉禹錫集》卷十九）：「由前進士補秘書省校書郎。」又《子劉子自傳》（同上卷三十九），言已進士登第，再經吏部試，授太子校書。

李翱《廣州刺史嶺南節度使徐公（申）行狀》（《李文公集》卷十）：「東海剡人。永泰元年寄籍京兆府，舉進士，秘書省正字。」

杜牧《唐故東川節度使贈司徒同公墓志銘》（《樊川文集》卷七）：「舉進士登第，始試秘書正字。」又《唐故處州刺史李君（方玄）墓志銘》（同上卷八）：「年二十四，一貢進士，舉以上第，升名解褐，裴晉公奏以秘書省校書郎，校集賢殿秘書。」又《贈吏部尚書崔公行狀》（同上卷十四）：「貞元十二年進士中第，十六年平判入等，授集賢殿校書郎。」《舊唐書·李商隱傳》：「開成二年方登進士第，釋褐秘書省校書郎。」

校書郎爲正九品上，太子校書爲正九品下，品階是不高的，但這些都是清華之職，很可能就此逐步升遷，進入中書舍人、知制誥及翰林學士的行列。中唐以後，進士及第後所授官，授校書郎、太子校書等的記載如此之多，是可以看出進士科升遷的歷史趨向的。

二是授京畿縣尉。如白居易進士及第後，又應制登科，授周至縣尉，過一年就由周至縣尉調充京兆府的考官，試畢，帖集賢校理，再由集賢校理爲翰林學士，這都是在元和二年至二年（八〇六—八〇七）間的事。中唐時人李肇《國史補》引韓愈同時人李建的話說：「使僕得志，當令登第之歲，集於吏部，使尉緊縣，既罷又集，乃尉兩畿，而升於朝。」（卷下）白居易元和元年、二年間的仕歷正合於李建的話，可見這是那時進士升遷的坦途。唐末尉遲偓《中朝故事》也說：「京國士子，進士成名後，便列清途，屈指以期大用。故事，若登廊廟，須曾揚歷於宗人，遂假途於長安、萬年之邑，或駕車東洛，亦爲河南洛陽之宰。數月之後，必遷居閣下，京尹不可倅也。」明人胡震亨也看到了這一點，他說：「唐初及第人多從赤縣或幕辟入台省，漸涉樞要。」（《唐音癸簽》卷二十六《談叢》二）不過他說是「唐初」，卻不確切，由赤縣或幕府入台省，主要是在中唐以後。又宋董逌《廣川書跋》卷八《周至尉題名》云：「唐都關中，周至在畿內，爲望至重，而尉尤爲要任，自進士第一與賢科中選人得補。就以題名考之，皆自此入翰林，充學士者接武，不者猶爲眞御史。」參以前面所說白居易由周至縣尉入翰林充學士，前後不到兩年的時間，則董逌的話是可信的。我們只要比較一下一般縣尉仕歷的情況，就可以知道畿縣縣尉的特殊地位了。如《唐會要》卷七十四《吏曹條例》載開元十八年六月二十八日詔，有「六十尚不離一尉」之語；《元次山集》卷九《問進士第一》也說「非累資序，積勞考，二十許年不離一尉。」二者相較，眞有霄壤之別。

三是授以外地州縣的佐官，如：

陳子昂《唐水衡監丞李府君墓志銘》（《陳子昂集》卷六）：「進士高第，拜白水縣尉。」

梁肅《給事中劉公墓志銘》（《全唐文》卷五二〇）：「天寶中進士登科，解褐拜江都尉。」

王叔平《唐故監察御史裹行太原王公墓志銘》（《全唐文》卷六一四）：「大曆進士擢第，……解褐授太原府參軍事。」

韓愈《貞曜先生墓志銘》（《韓昌黎文集校注》卷六）：「從進士試，既得即去，間四年，又命來選，爲溧陽尉。」

柳宗元《開國伯柳公（渾）行狀》（《柳宗元集》卷八）：「一舉上第，調授宋州單父尉。」

劉禹錫《代郡開國公王氏家廟碑》（《劉禹錫集》卷二）：「由前進士補延州臨安縣主簿。」

李翱《贈司空楊公（於陵）墓志銘並序（《李文公集》卷十四）：「年十八舉進士第，選補容州句容主簿。」

白居易《故滁州刺史滎陽鄭公墓志銘》（《白居易集》卷四十二）：「進士中等，判入高等，始授鄠城尉。」

進士及第後的這方面授官，與明經科大致相同。他們當中也有升遷至大官的，但一般要經過多次考課，宦海浮沈，有終生不過是縣級官吏的。正像盛唐詩人岑參所感嘆的那樣，雖說宦情欲闌，但仍不敢以微官爲恥：

三十始一命，宦情多欲闌。自憐無舊業，不敢恥微官。澗水吞樵路，山花醉藥欄。只緣無斗米，辜負一漁竿。（《初授官題高冠草堂》，《全唐詩》卷二〇〇）

【附註】

① 關於此序的作者，《文苑英華》、《全唐文》均誤。請參看本書第一章關於唐代登科記的考索。

② 王泠然於開元五年（七一七）登進士第，見《唐才子傳》卷一，并參徐松《登科記考》卷五。

③ 參徐松《登科記考》卷一貞觀元年。

④ 《隋唐嘉話》卷中載：「高宗承貞觀之後，天下無事，上官侍郎儀獨持國政。嘗凌晨入朝，巡洛水堤，步月徐轡，詠詩曰：『脈脈廣川流，驅馬歷長洲。鵲飛山月曉，蟬噪野風秋。』音韻清亮。群公望之，猶神仙焉。」

⑤ 《舊唐書》卷一八七下《忠義傳下·顏眞卿傳》：「父元孫，垂拱初登進士第。」又參《登科記考》卷三。

⑥ 以上雜文試題，據徐松《登科記考》所記。

⑦ 李觀於貞元八年應進士舉及第，見徐松《登科記考》卷十三。

⑧ 閻濟美於大歷九年在洛陽應進士試登第，見《登科記考》卷十。

⑨ 錢大昕《十駕齋養新錄》卷十《經義破題》條云：「唐人應詩賦，首二句謂之破題。韋彖《畫狗馬難爲功賦》，其破題曰：『有二人於此，一則矜能於狗馬，一則誇妙於鬼神。』（見《摭言》）此賦有破題也。……宋熙寧中以經義取士，雖變五七言之體，而士大夫習於排偶，文氣雖疏暢，其兩兩相對，猶如故也。偶閱橫浦《日新》云，有一人作健而說義，破題云『君子有勝小人之道，而無勝小人之心』，極佳。然則宋時經義已有破題，不始於明也。宋季有魏天應《論學繩尺》一書，皆當時應舉文字，有破題、接題、小講、大講、入題、原題諸式，是論亦有破題。」

⑩ 又參見《登科記考》卷五開元二年條引《永樂大典》賦字韻注。宋洪邁《容齋隨筆》卷十三《詩賦用韻》也記唐禮部試用韻事，頗爲詳贍，摘抄於下，以備參考：「唐以賦取士，而韻略多寡，平側次敍，略無定格。故有三韻者，《花萼樓賦》以題爲韻是也。有四韻者，《蓂英賦》以『呈瑞聖朝』，《舞馬賦》以『奏之天廷』，《丹甑賦》以『國有豐年』，《泰階六符賦》以『元亨利貞』爲韻是也。有五韻者，《金莖賦》以『日華川上動』爲韻是也。有六韻者，《止水》、《魅魎》、《人鏡》、……諸篇是也。有七韻者，《日再中》、《射己之鵠》……是也。八韻有六平二側者，《六瑞賦》以『儉故能廣被褐懷至』，《日五色賦》以『日麗九華聖符土德』，《徑寸珠賦》以『澤浸四荒非室遠物』爲韻是也。有三平五側者，……有六平二側者……。自大和以後，始以八韻爲常。」

⑪ 請參本書前幾章論述科舉考試的情況中所述禁挾書一節。

⑫ 吳采鸞事已見前述。又樓鑰《攻媿集》卷七十八《跋宇文廷臣所藏吳采鸞玉篇鈔》，還記載南宋時還留傳有吳采鸞抄寫的《玉篇鈔》，則除了音韻以外，還有字書。

⑬ 此事又見《文獻通考》卷三十一《選舉考》。

⑭ 宋廢上請之制，又可參見明郎瑛《七修類稿》卷二十四《舉子問試題》。

⑮ 見歐陽詹《及第後酬故園親故》：「……楊葉射頻因偶中，桂枝材美敢當之。……猶著褐衣何足羨，如君即是載鳴時。」

第八章 進士出身與地區

一

唐人入仕的途徑，根據《舊唐書·職官誌》的記載，主要有科舉、流外入流和以門資入仕三種。在這三者之外，還有用其他方式來獲得官職的，如在對內和邊塞戰爭中，通過應募從軍，以戰功來取得官職和勛賞；由於戰爭的特殊性質，這有時要比別的途徑更能獲得迅速的升遷，尤以唐初和唐前期更是如此。另外，又有向朝廷進獻所著書而得官的，如中唐時人封演記：「開元中，有唐頻上《啓典》一百三十卷，穆元休上《洪範外傳》十卷，李鎮上《注史記》一百三十卷，《史記義林》二十卷，辛之諤上《敘訓》兩卷，卜長福上《續文選》三十卷，馮中庸上《政事錄》十卷，裴杰上《史記異議》，高嶠上《注後漢書》九十五卷。如此者並量事授官，或沾賞賚，亦一時之美。」①與此類似的，如杜甫於天寶中進獻「三大禮賦」，授河西尉、右衛率府胄曹參軍；②晚唐詩人李群玉，於大中時「進詩三百篇」，得授弘文館校書郎。③

又有上書言事而得官的，如裴懷古於高宗儀鳳中上書，授下邽主簿，來子珣於武周永昌時上書陳事，除左台監察御史。④杜亞「善言物理及歷代成敗之事」，安史之亂起，他跑到肅宗靈武駐所「獻封章，言政事」，授校書郎。⑤羅珦「寶應初上書言事，廷命太祝，由吏資轉長水、河南二縣尉」。⑥淩准「年二十，以書干丞相，丞相以聞，試其文，日萬言，擢爲崇文館校書郎」。⑦另有大臣奏荐而得官的，如「天寶末，楊國忠執政，求天下士爲己重，聞（張）鎬才，荐之，釋褐衣，拜左拾遺」。⑧又「建中初，楊炎爲宰相，荐（沈）既濟才堪史任，召拜左拾遺、史館修撰」。⑨又如大書法家李邕因李嶠、張廷珪之荐召拜左拾遺，大歷十才子之一、詩人盧綸累次應舉不中，宰相元載「取綸文以進，補授鄉尉」。⑩又有京兆尹表荐爲其屬官的。⑪有時也由朝廷出面，直接加以徵召，如孫翌《蘇州常熟縣令孝子太原郭府君墓誌銘並序》：「時天后造周，……公始以孝子徵，解褐拜定州安平縣丞。」⑫蕭佑「少孤貧，耿介苦學，事親以孝聞」，後即自處士徵爲左拾遺。⑬在特殊情況下，也可以納粟入官，如憲宗元和十二年，因定州災荒，饑民流離失所，七月，下詔：「能於定州納粟五百石者，放同優比出身，仍減三選；一千石者，無官便授解褐官，有官者依資授官」。⑭

這裡還應提到的是，安史之亂以後，地方節鎮的權力增大，特別是河北三鎮，儼然如同獨立王國，他們除了增強軍事實力以外，還聘召讀書人爲其幕僚或屬下的文吏。蘇軾就曾說過：「唐自中葉以後，方鎮皆選列校以掌牙兵，是時四方豪傑以科舉自達者皆爭爲之，往往積功以取旄鉞。」⑮中唐以後，走藩鎮辟召的道路往往容易得到升遷或美仕，受到仕人的重視。南宋人洪邁說：「唐世士人初登科或未仕者，多以從諸藩府辟置爲重。」⑯不少人往往科舉不中，到河北、山東、河南一帶的節度使幕府尋求出路。⑰有些人雖未從科舉出身，但卻爲好幾個州府節鎮所辟，出了名，後來終於做了大官，如張建封、薛戎、獨孤朗等就是。⑱

清人王鳴盛曾說：「唐人入仕之途甚多。」⑲這種入仕之途甚多的現象反映了時代的變化，反映了封建統治機構在權力分配上的新趨向，地主階級中下層中不少人參加到政權機構中來，有的還做了高官，魏晉南北朝世家大族獨占仕途，所謂「平流進取，坐致公卿」的局面開始被打破。

二

唐代社會的這種變化也反映在科舉取士上，特別是表現在進士科所取人員的社會階層的廣泛性上；這個廣泛性，既包括家庭出身和早年經歷，又包括應試者的地區。現在先說前者。

前面說過，唐人入仕的途徑，主要爲科舉、流外入流和以門蔭入仕。從所得的官職來說，科舉及第不如門蔭，唐時明經、進士及第，再經吏部考試，一般是授予校書郎或縣尉的官職，其品階在正九品、從九品之間，而門蔭則即使以最低一級的從五品官來說，其所蔭子可授以從八品下的官職。再從數量上來說，科舉所取也遠不及流外入流的人數。根據徐松《登科記考》所載，進士及第人數，貞觀時每年平均約九人，高宗永徽、顯慶間每年約十四人，後來稍多，也不過二十人，再加上明經，總數大約一百餘人，而顯慶時每年入流的就有一千四百人。⑳魏玄同在《請吏部各擇寮屬疏》中也說：「諸色入流，歲以千計。」（《全唐文》卷一六八）開元時國子祭酒楊瑒曾對此二者作過比較，說：「竊見入仕諸色出身，每歲向二千餘人，方於明經、進士，多十餘倍。」㉑

但科舉取士的社會影響卻較流外入流和門蔭入仕爲大。流外入流被稱爲雜色，受到人們的輕視，使得他們絕大多數不可能向中高級官員發展，在權力機構中起不了多大作用。門蔭入仕則被看作襲父祖餘緒，也影響他們向高級官員發展。而據有的研究者統計，唐代前期科舉及第做到高官的很少，玄宗開元元年至二十二年期間，科舉出身的宰相共十八人，占這個時期宰相總數二十七人的三分之二，比重有所增加。在這之後，科舉出身任宰相的比例又有所減少，但從德宗貞元時起，及第進士大量進入中高級官僚的行列，憲宗以後，進士在宰相和高級官僚中占居了絕對優勢，終唐沒有再發生變化，進士科穩定地成爲高級官吏的主要來源。㉒如果說，在高宗、武后時官至宰相的薛元超自稱以不由進士擢第爲平生三大恨之一，㉓只不過是一種談柄，那麼到德宗貞元時韓愈《上宰相書》所謂「今天下不由吏部而仕進者幾希矣」，就確實是擺在大多數地主階級文人面前的活生生的現實。韓愈在這篇上書中還進一步說：「方聞國家之仕進者，必舉於州縣，然後升於禮部吏部，試之以繡繪雕琢之文，參之以聲勢之逆順，章句之短長，中其程式者，然後得從下士之列，雖有化俗之方，安邊之畫，不由是而稍進，萬不有一得焉。」㉔這就是說，任憑你有多麼遠大的方略，宏偉的抱負，如果不從科舉出身中謀取官職，那末什麼也辦不到。這就是當時的現實生活給予韓愈的認識。

唐朝人把進士及第比喻爲登龍門，是因爲進士及第後「十數年間」，就可以「擬跡廟堂」，㉕是因爲「台閣清選，莫不由茲」。㉖正因如此，所以「方今俊秀，皆舉進士」。㉗進士科成爲謀取高官美仕的集中爭奪的場所。而恰恰在唐朝，特別是中晚唐，應進士舉及進士登科的，具有較廣泛的社會性，也就是說，唐朝統治者通過進士科試把較廣泛的社會階層的優秀分子吸引到政府機構中來，而不同的社會階層的人物競相奔趨於進士科，也使得當時的政治生活、社會風氣，以至於文學藝術的發展，表現出某種活力。

現在根據所見到的材料，試對唐代進士舉的不同出身加以論述，這些不同出身大致有以下幾類：

㈠出身於縣吏。

《唐摭言》卷八《以賢妻激勸而得者》條記載：

彭伉、湛賁，俱袁州宜春人，伉妻即湛姨也。伉舉進士擢第，湛猶爲縣吏。妻族爲置賀宴，皆官人名士，伉居客之右，一座盡傾。湛至，命飯於後閣，湛無難色。其妻忿然責之曰：「男子不能自勵，窘辱如此，復何爲容！」湛感其言，孜孜學業，未數載一舉登第。

據徐松《登科記考》卷十四，湛賁於貞元十二年（七九六）與李程、孟郊等同登進士第，在此之前本是江西宜春的一個小縣吏。這裡值得注意的是，在此之後，元和二年（八〇七），唐朝廷曾下令，凡曾爲州縣小吏的，各地不得舉送爲進士，如《舊唐書》卷十四《憲宗紀》元和二年十二月壬申：「進士舉人，曾爲官司科罰，曾任州縣小吏，雖有辭藝，長吏不得舉送，違者舉送官停任，考試官貶黜。」《新唐書·選舉誌》上也記敘元和二年這道禁令，說「其嘗坐法及爲州縣小吏，雖藝文可採，勿舉。」同樣的內容也見於《唐會要》卷七十六《貢舉中·進士》。可見當時確有此明文規定。從這個禁令中，可以推知在這之前州縣小吏舉送進士的情況是不少見的，如前面所舉湛賁就是一例。但即使在元和二年以後，仍然有縣吏應舉及第的記載。如《唐才子傳》卷八邵謁小傳載：

> 謁，韶州翁源縣人。少爲縣廳吏，客至倉卒，令怒其不搘床迎侍，逐去，遂截髻著縣門上，發憤讀書。……咸通七年抵京師，隸國子，時溫庭筠主試，憫擢寒苦，乃榜謁詩三十餘篇，以振公道。……仍請中堂，並榜吏部，已而釋褐。

邵謁本爲縣廳吏，客人來了，縣令還要命他支床迎接侍候，邵謁由於侍候不及，至爲縣令所逐，其地位之低微可以想見。但他發憤讀書，終於在咸通七年（八六六）以後因溫庭筠的揄揚而得第。另一例子是汪遵的情況。《唐摭言》卷八《爲鄉人輕視而得者》載：

> 許棠，宣州涇縣人，早修舉業。鄉人汪遵者，幼爲小吏，洎棠應二十餘舉，遵猶在胥途；然善爲歌詩，而深自晦密。一旦辭役就貢，會棠送客至灞、滻間，忽遇遵於途中，棠訊之曰：「汪都（原注：都者吏之呼也），何事至京？」遵對曰：「此來就貢。」棠怒曰：「小吏無禮！」而與棠同硯席，棠甚侮之，後遵成名五年，棠始及第。

此處把許棠對作爲縣吏的汪遵的輕蔑記敘得極其生動。據《唐才子傳》所載，汪遵也是咸通七年進士及第的。[28]由此可見，元和二年的那道禁令，恐怕實際上沒有起多大的作用。

(二)出身於工商市井之家。

據《北夢瑣言》卷三，四川成都人陳會，出身於酒家，他本人還曾因爲「不掃街，官吏毆之」。後來其母「勉以修進，不許歸鄉，以成名爲期」。他大約於開成末、會昌初登進士科，[29]此時李固言為劍南節度使，得到進士登科的報狀，命令當地收下陳會家的酒旆，以表示陳會已入仕宦，但其家尚不知陳會已登科，「家人猶拒之」。後來陳會官至劍南的彭、漢二州刺史。這是進士登科者出身於市井酒家的一例。還有幾個出身於鹽商的例子。如後來官做到宰相的畢諴，本為鹽商之子，《新唐書》本傳說他一家「世失官為鹽估」。由於出身鹽商，畢諴應舉時還曾受人譏嘲，《北夢瑣言》卷三載：

唐朝畢諴，吳鄉人，詞學器度，冠於儕流。擢進士，未遂其志，嘗謁一受知朝士者，希為改名，以期亨達。此朝士譏其鹺鹽之子，請改為「諴」，相國忻然受而謝之。竟以此名登第，致位台輔。

又晚唐時人裴庭裕也記：「畢諴，本估客之子，連升甲乙科。杜悰為淮南節度使，置幕中，始落鹽籍。」㉚按我國古代封建社會中，自周秦以來，逐漸形成嚴密的戶籍制度，《唐律疏議》卷十二稱「率士黔庶，皆有籍焉」；《唐會要》卷八十五《籍帳》條載：「開元十八年十一月敕，諸戶籍三年一造，…………並裝潢一通，送尚書省，州縣各留一通。」從事鹽業的工商戶稱作鹽戶，《魏書》卷五十七《崔游傳》就有這名稱。從白居易的《鹽商戶》、元稹的《估客樂》、張籍的《賈客樂》等詩中，可以見出中唐時鹽商就已相當活躍。畢諴由鹽商之子登進士第，後又仕宦，「落鹽籍」，這對於古代所謂「工商世家」是一個發展。

另外，據唐歐遲樞《南楚新聞》所載，咸通六年進士登第的常修，為江陵某鹽商子，「才學優博，超絕流輩」。又《唐詩紀事》卷六十七載顧雲為「池州鹺賈之子」，咸通中登第「《登科記考》卷二十三據《永樂大典》所錄《池州府誌》，顧雲於咸通十五年（八七四）進士登科」。晚唐詩人羅隱分別有詩寄贈常、顧二人，如《廣陵秋夜讀進士常修三篇因題》：

入蜀歸吳三首詩，藏於笥篋重於師。劍關夜讀相如聽，瓜步秋吟煬帝悲。景物也知輸健筆，時情誰不許高枝。明年二月春風裡，江島閑人慰所思。（《全唐詩》卷六五七）

又有《東歸別常修》：

六載辛勤九陌中，卻尋歸路五湖東。名慚桂苑一枝綠，鱠憶松江兩筯紅。浮世到頭須適性，男兒何必盡成功。唯慚鮑叔深知我，他日蒲帆百尺風。（《全唐詩》卷六六四）

又有《送顧雲下第》：

行行杯酒莫辭頻，怨嘆勞歌兩未伸。漢帝後宮猶識字，楚王前殿更無人。年深旅舍衣裳蔽，潮打村田活計貧。百歲都未多幾日，不堪相別又傷春。（《全唐詩》卷六六三）

從這幾首詩中，可以看出羅隱不但與常修、顧雲有深摯的交情，而且對於他們的文才也是非常欽佩的。

以上，如酒家之子陳會中第後官至州刺史，鹽商之子畢諴進士及第後官至宰相，顧雲、常修等又與一些著名詩人來往，都說明唐代工商業者的地位比隋代以前有了顯著的提高。當然，市井之家能否應舉，在唐代也不是沒有爭論，白居易有一道判，就反映了這種爭論，判題爲：「得州府貢士，或市井之子孫，爲省司所詰。申稱：群萃之秀出者乎，不合限以常科。」白氏的判詞爲：

唯賢是求，何賤之有；況士之秀出者，而人其舍諸？惟彼郡貢，或稱市籍；非我族類，則嫌雜以蕭蘭；舉爾所知，安得棄其翹楚？……揀金於沙礫，豈爲類賤而不收；度木於澗松，寧以地卑而見棄：但恐所舉失德，不可以賤廢人。況乎識度冠時，出自牛醫之後；心計成務，擢於賈豎之中。在往事而足徵，何常科而是限？州申有據，省詰非宜。㉛

按《白居易集》卷六十六、六十七兩卷所載皆爲判詞，即所謂《百道判》，是白居易於貞元十八年（八〇二）冬應吏部試書判拔萃科前練習之文，練習時須揣摩當代時事。判題中所說的州府所貢舉子有市井即工商戶的子弟，而爲禮部所詰難，州府不服，這當是反映了當時的實際情況，說明唐代中期在市井出身的人能否應舉這一點上有所爭論，而這種爭論的本身也說明了市井出身的人在經濟地位得到一定提高的同時，相應地要求在政治上有所發展。白居易在這一問題上是明顯地站在市井之家一邊的。他明確地提出「唯賢是求，何賤之有」，「不可以賤廢人」的主張，既標明青年白居易反傳統的思想，也表現市井力量的增長已到了地主階級文人能爲其利益呼籲的程度，這無論對於研究唐代科舉史和唐代社會史，都是令人感興趣的材料。

㈢出身於僧道的。

唐代由僧還俗應進士舉而得名的，最著名的是詩人賈島，這是大家熟知的例子。又如與白居易在江州時有過交往的劉軻，早年也曾爲僧。《唐摭言》卷十一《反初及第》謂：「劉軻，慕孟軻爲文，故以名焉。少爲僧，止於豫章高安縣南果園；復求黃老之術，隱於廬山；既而進士登第。」開成元年（八三六）進士及第的蔡京，也是僧人出身，而且在僧人中地位是較爲低微的，令狐楚爲義成節度使時，「因道場見於僧中，令京挈並鉢。㉜由於得到令孤楚的賞識，遂還俗讀書。宋朝人蔡寬夫《詩話》說「唐搢紳自浮屠易業者頗多」，㉝是有一定根據的。

當然，僧人出身而應舉的，不一定就能考中，《北夢瑣言》卷三曾記有一事，說五代梁時張策早年爲僧，後還俗應舉，「亞台（當是趙崇——引者）鄙之，或曰：『劉軻、蔡京得非僧乎？亞台曰：『劉、蔡輩雖作僧，未爲人知，翻然貢藝，有何不可。張策衣冠子弟，無故出家，不能參禪訪道，抗跡塵外，乃於御帘前進詩，希望恩澤，如此行止，豈掩人口。某十度知舉，十度斥之。』」從這話裡，可知劉軻、蔡京無論爲僧或返俗，都是一般平民，「未爲人知」。像賈島那樣在長安應舉，所過的更是窮苦生活，如賈島《下第》詩說：「下第只空囊，如何住帝鄉。」㉞張籍《贈賈島》詩：「杜杖傍田尋野菜，封書乞米趁時炊。」㉟相反，衣冠子弟出身由僧返俗而應舉的，像張策那樣，卻要受到排斥。但到了宋代，則明文規定僧道返俗之徒一概不許應進士舉，㊱可見唐代在取士的範圍上還比宋代廣泛。

至於曾爲道士，後還俗應舉的，有著名的大歷十才子詩人之一吉中孚，《新唐書·藝文誌》著錄其詩一卷，稱其「始爲道士，後官校書郎，登宏辭」。《唐才子傳》卷四小傳也載他「初爲道士」，後「第進士，授萬年尉」。又有晚唐詩人曹唐，也曾爲道士，㊲他與羅隱有往還，㊳也以能詩名於當時。㊴

㈣出身於節鎭衙前將校之子的。

如《北夢瑣言》卷四載：

爾來余知古、關圖、常修，皆荊州之居人也。率有高文，連登上科。關即衙前將校之子也，及第歸鄉，都押已下，爲其張筵。乃指盤上醬甌戲老校云：「要校卒爲者。」其人以醋樽進之曰：「此亦校者爲者也。」席上大噱。

中晚唐時節鎭屬下將校，雖也掌握有一定的武力，有一定的權勢，但社會地位畢竟是不高的，其子弟得能進士及第，同列視爲榮耀，故關圖及第歸鄉時，「都押已下，爲其張筵」。從席上的戲謔看來，也可反映及第新進士關圖對父輩的輕視。

㈤**由方鎭幕府再應進士舉的**。

中唐以後，文士有已經禮部試及第，而吏部試不合格的，入方鎭幕府謀求仕進，如韓愈就是；也有未及禮部試先入方鎭幕府，然後再應進士舉的，這部分人往往出身寒門，勢孤力單，倚所從事的節鎭爲奧援，再應進士舉。如《舊唐書·李商隱傳》：（令狐）楚鎭天平、汴州，（商隱）從爲巡官，歲給裝資，令隨計上都。開成二年（八三七），方登進士第。」又同上書卷一七八《趙隱傳》：「會昌中，父友當權要，敦勉仕進，方應弓招，累爲從事。大中三年，應進士登第。」

㈥**外國籍應進士舉的**。

如宣宗大中二年（八四八），大食國（即阿剌伯）人李彥，得宣武軍（汴州）節度使盧鈞的荐奏，以進士及第。㊵從現有記載的材料來看，在唐應進士舉的，以朝鮮人爲最多。較著名的有晚唐時崔致遠，乾符元年（八七四）進士及第後還在唐朝做官，他所著的《桂苑筆耕集》爲研究晚唐史事很有價值的史料。《桂苑筆耕集》卷首自序中說：「臣自年十二離家西泛，當乘桴之際，亡父誡之曰：『十年不第進士，則勿謂吾兒，吾亦不謂有兒矣。』……臣佩服嚴訓，不敢弭忘，懸刺無遑，冀諧養志，實得人百之己千之。觀光六年，金名榜尾。」可見唐朝的進士考試對異國人士的吸引力。

當時朝鮮人來唐朝應試，與中華人士結成友誼，他們的才藝也爲人們所欽佩。如《太平廣記》卷五三《金可記》：「金可記，新羅人也，賓貢進士。性沉靜好道，不尙華侈，或服氣練形，自以爲樂。博學強記，屬文清麗，美姿容，舉動言談，迥有中華之風。俄擢第，於終南山子午谷葺居，懷隱逸之趣。」另外如晚唐詩人張蠙有《送友人及第歸新羅》詩，㊶貫休有《送新羅人及第歸》詩。㊷又如《登科記考》卷二十三僖宗光啓元年（八八五）進士及第崔彥撝，也是新羅人，徐考引《東國通鑑》，說崔彥撝「稟性寬厚，自少能文，年十八入唐登科，四十二還國。」

這些外國籍人士在唐應進士舉，有此是及第後歸還本國，有的則及第後就留在唐朝做官。他們從一個側面反映了唐朝進士出身的廣泛代表性。

㈦**出身於貧寒士人。**

唐代每年應科舉的人數大約一千餘人，出身於地主階級較下層的大概有不少。他們一般在政治上無特權，沒有權貴勢要之家作爲靠山，經濟上也沒有多少蓄積，幾次下第，奔波道路，不免坎坷。唐人詩文、筆記及傳奇小說中對此有不少描寫。如中唐寫作新樂府的著名詩人王建送張籍的詩中就說，

「所念俱貧賤，安得相發揚」；㊸王建又自稱「衰門海內幾多人，滿朝公卿總不親」，㊹表明他與張籍都是貧寒出身。晚唐古文家孫樵寫在長安應舉時落拓困頓之狀，謂：「長安寓居，闔戶諷書，悴如凍灰，癯如槁柴」，甚至於「長日猛赤，餓腸火迫，滿眼花黑，晡西方食；暮雪嚴冽，入夜斷骨，穴衾敗褐，到曉方活」。㊺眞是到了無以自存的地步。《太平廣記》卷七十四《陳季卿》篇，就寫江南士人陳季卿，辭家十年來長安應舉，「志不能無成歸，羈栖輦下，鬻書判給衣食」。沈亞之敍述清河張宗顏的情況，更爲淒慘。張宗顏與沈亞之同在長安應進士舉，後離去，其親喪，貧不能葬，竟至於與其兄「東下至汴，出操契書奴裝自賣」，把自己打扮成奴僕模樣，標價出售，「聞者皆慟感流涕，然盈月不得售」。㊻《唐摭言》卷八還記述一則富有傳奇的故事：

> 公乘億，魏人也，以辭賦著名。咸通十三年，垂三十舉矣。嘗大病，鄉人誤傳已死，其妻自河北來迎喪。會億送客至坡下，遇其妻。始，夫妻闊別積十餘歲，億時在馬上見一婦人，粗衰跨驢，依稀與妻類，因睨之不已。妻亦如是，乃令人詰之，果億也。億與之相持而泣，路人皆異之。後旬日，登第也。

《唐摭言》載此事，標題爲「憂中有喜」，實際上這是極有代表性的唐代進士考試中的悲劇，這種悲劇對於一些出身貧寒的讀書人來說，是會經常遇到的。試想，從上面所舉數量不多的例子中，我們已經可以看到，應舉者，有的饑無食，寒無衣，有的靠賣文字過日；有的父母死了，只得賣身爲奴來爲雙親辦喪事；有的夫妻分別十餘年，遇見時幾乎不能相認，相認後抱頭大哭。不管這些人究竟是否能夠及第，他們能為州府所貢，跑到京都長安來，互相結交，並在文學作品中得到表現，這無論在社會生活中，或唐代的文學創作中，都會帶來過去時代所不可能有的新的東西，特別是在中晚唐，他們已經構成進士試中的主體。

三

中唐以後，進士試的廣泛性還表現在地區分布上。

唐玄宗開元年間，曾規定每年各州所送貢士的人數，是上州三人，中州二人，下州一人；雖然同時又有一項補充規定，說是「必有才行，不限其數」（《唐摭言》卷一《貢舉釐革並行鄉飲酒》），但上中下州所荐送的士子是有多寡區別的，這種區別反映了各州政治、經濟發展的不平衡狀態。某些邊緣地區，受到政治、經濟、文化等種種限制，不但所送人數少，而且錄取者更少。這種情況我們還可從武宗會昌五年（八四五）的一項規定中看出。《唐摭言》卷一《會昌五年舉格節文》，曾具體限定國子監及各節鎮所送明經、進士的人數，其中說：

其東監、同、華、河中所送進士，不得過三十人，明經不得過五十人。其鳳翔、山南西道、東道、荆南、鄂岳、湖南、鄭滑、浙西、浙東、鄜坊、宣商、涇邠、江南、江西、淮南、西川、東川、陝虢等道，所送進士不得過一十五人，明經不得過二十人。其河東、陳許、汴、徐泗、易定、齊德、魏博、澤潞、幽、孟、靈夏、淄青、鄆曹、兗海、鎮冀、麟勝等道，所送進士不得過一十人，明經不得過十五人。金汝、鹽豐、福建、黔府、桂府、嶺南、安南、邕、容等道，所送進士不得過七人，明經不得過十人。

這一規定，可以從兩方面加以分析：一方面，應該看到地區之間的差別影響各地入仕人數的多寡，反映了這些地區在政治、經濟、文化上的差距；另一方面，也應看到某些邊緣地區在經濟上、文化上的發展，使本地區應試人數逐步與其他地區趨於平衡。當然，由於材料的缺乏，我們還不可能在這方面作出精密的統計，但從一些地區的記載，還是可以看出從中唐以後，中原一帶的文化是在逐步向邊緣地區擴展，這也使得進士應試與及第者的地區分布較前廣泛，使進士的構成成份有所變化。

下面舉一些例子來談。

據《舊唐書．地理誌》記載，唐玄宗時，在今福建境內已置有福、泉、建、汀、漳五州，二十三縣，有九萬餘戶，四十一萬餘人。福建一帶，地處沿海魚米之鄉，號稱富饒，但局守一隅，本地人往往安於本土，「不肯北宦」（《新唐書》卷二〇三《文藝下．歐陽詹傳》）。中唐以前，文化上也相對地較爲落後。德宗初期，常袞爲福建觀察使時，「閩人未知學」。常袞到福建後，「爲設鄉校，使作爲文章，親加講導，與爲客主鈞禮，觀遊燕饗與焉，由是俗一變，歲貢士與內州等」（《新唐書》卷一五〇《常袞傳》）。這裡可能有對常袞的溢美之詞，但福建進士登第情況中唐以後與以前有相當大的變化，則是事實。

據現在所知，福建人登進士第最早的要算是薛令之，他是閩中長溪人，中宗神龍二年（七〇六）

及第，開元時因不受重用，「謝病東歸」。㊼但這之後有很長時間未見有福建人登進士第的記載，直至貞元八年（七九二）歐陽詹再度登第，中間缺了將近二百年，因此連鼎鼎大名的韓愈也弄錯了，他在爲歐陽詹所作的《哀辭》中說「閩越之人舉進士由詹始」（《韓昌黎文集校注》卷五），引起宋人的非難。㊽不過，貞元以前閩人登第的只是零星地出現，貞元以後，則是連翩而出。前引《新唐書·常袞傳》所謂「由是俗一變，歲貢士與內州等」，是符合實際情況的。歐陽詹於貞元八年及第，與韓愈、李觀、李絳、崔群等同年，稱天下選，號爲「龍虎榜」。在這以後，不斷有名士出與中原之士爭衡。如在歐陽詹稍後，貞元十三年（七九七）陳詡及第（《登科記考》卷十四據《永樂大典》引《閩中記》）。《新唐書》卷六〇《藝文誌》四載《陳詡集》十卷，記陳詡字載物，「福州閩縣人，貞元戶部郎中，知制誥」。晚唐人黃滔在《祭陳侍御嶠文》中，說自林藻以後，「後十年莆陽許員外棨登，自此文學之士繼踵」（《唐黃御史公集》卷六）。王棨於咸通三年（八六二）登第，黃璞作《王郎中傳》（《全唐文》卷八一七），也說「蓋七閩之地，自歐陽詹、王棨爲之倡首，相繼登上第，遂盛於時云。」

荆南與江西雖然地處於長江中下游，但有進士登第也是在中唐以後。《北夢瑣言》卷四記：「唐荆州衣冠藪澤，每歲解送舉人，多不成名，號曰天荒解。劉蛻舍人以荆解及第，號爲破天荒。爾來余知古、關圖、常修，皆荆州之居人也。率有高下，連登上科。」劉蛻爲大中四年（八五〇）進士第，㊾關圖、常修等都與之大略同時，出身都較低微。劉蛻爲晚唐散文家，他在《上禮部裴侍郎書》中就描述他的孤貧艱難之狀：

家在九江之南，去長安近四千里，膝下無咍咍之助，四海無強大之親。日行六十里，用半歲爲往來程；歲須三月，侍親左右；又留二月爲乞假衣食於道路。是一歲之中，獨餘一月在長安。王侯聽尊，媒灼聲深，況有疾病寒暑風雨之不可期者雜處一歲之中哉！是風雨生白髮，田園變荒蕪，求抱關養親亦不可期也。（《劉蛻集》卷五）

江西情況也復如此，袁州人盧肇，在李德裕於文宗時貶爲袁州刺史期間，曾受到李德裕的賞識。[50]盧肇後於武宗會昌年間登進士第，還曾受到當時人的譏嘲。《唐摭言》卷十二《自負》條記載說：

盧肇初舉，先達或問所來，肇曰：「某袁民也。」或曰：「袁州出舉人耶？」肇曰：「袁州出舉人，亦由沅江出龜甲，九肋者蓋稀矣。」

比起荊南、江西來，容桂地區更爲僻遠，宋人孔平仲在談到桂州等地人及第入仕的情況，就說：「嶺南郡縣，近世人物爲少。」（《珩璜新論》卷三）中晚唐時，桂州在這方面漸露頭角，晚唐著名的現實主義詩人曹鄴，就是桂州陽朔人，[51]他於宣宗大中四年（八五〇）登進士第。他在及第後獻座主的詩中說：「一辭桂嶺猿，九泣東門月。」（《成名後獻恩門》，見梁超然、毛水清《曹鄴詩注》，本書所引曹鄴詩，皆本此書）雖然費了不少艱難困苦，但總算是登第了，這大約是有文獻記載可考的桂州人登進士第的第一人。曹鄴是一個貧寒的士人，他在長安應試時僻居於城南通濟裡，其《下第寄知己》詩有云：「歸來通濟裡，開戶山鼠出。中庭戶寂寥，但見薇與蕨。」即使在進士成名後寄居江陵時，他的居住地還仍是「開戶山鼠驚，蟲聲亂秋草；白菌緣屋生，黃蒿擁籬倒」（《翠孤至渚宮寄座主相公》)。這時他還要贍養孀嫂、孤侄，由於收入不充，竟過著「黃糧賤於土，一飯常不飽」（同上詩）的生活。

與曹鄴約略同時，也於大中年間進士登第的另一桂州詩人爲曹唐。《郡齋讀書誌》卷四中說他「桂州人，初爲道士，咸通中爲府從事」；《唐才子傳》卷八說他「桂州人，初爲道士，咸通中爲府從事」；《唐才子傳》卷八說他「工文賦詩，大中間舉進士」。曹唐與晚唐詩人羅隱有交往，作詩的風格也相近。

桂州人在唐末還有以狀元爲進士及第之冠的，那就是趙觀文，他於昭宗乾寧二年（八九五）進士及第（《登科記考》卷二十四）。孔平仲《珩璜新論》卷三記載道：「趙觀文，桂州小軍也，狀元及第。」可見趙觀文的出身也是較低微的。

安史之亂以後，北方黃河流域一帶，戰亂頻仍，經濟受到極大的破壞，而江淮以南，則處於相對安定的狀態，社會的安定使農業生產能夠得到正常的發展，加以江南一帶土地肥沃，雨水充足，氣候溫暖，自然條件較好，因此，自中唐以後，全國的經濟重點就逐漸南移。上面所說的閩中、荆南、桂州等地進士及第者在中晚唐的絡繹出現，嶄露頭角，正是這些地區經濟和文化發展的曲折反映。從現有文獻資料來看，這些地區應進士試有名者，一般來說，社會地位不高，家境較爲清寒，他們在本地算不上首富，與中原地區比較，更談不上什麼門第閥閱。這是中唐以後出現的新情況，也是唐代進士登第者社會階層廣泛性的表現。

四

當然，我們還應看到，一些高門大族及新興的貴族官僚，在科舉取士上仍有不可忽視的影響，他們通過政治、經濟等各種紐帶，插手科場，企圖把持選拔權，力求把公卿豪門的子弟通過進士試，在中央和地方上取得要職。只看到唐代進士試中社會階層的廣泛性，不看到勢要之家對科舉取士施加的影響，也是不全面的。如宣宗大中十四年（八六〇），裴坦主舉，「中第皆衣冠士子，是歲有鄭義則故戶部尙書澣之孫，裴弘故相休之子，魏當故相扶之子，令狐滈故相綯之子，餘不能遍舉」。[52]有人統計，范陽大族盧氏，自德宗貞元元年（七八四）至僖宗乾符二年（八七五）的九十二年中（這九十二年中有二年停貢舉，實際爲九十年），盧氏一門中登進士第的有一百一十六人，別的科目還不計算在內。[53]有些大族還買通主考官，施行賄賂或要挾等的手段，上下其手，控制取士權，如《唐語林》卷三載：「牛、孔數家，憑勢力，每歲主司爲其所制」（《賞譽》）；卷四載：「崔瑤知貢舉，以貴要自持，不畏外議；榜出，率皆權豪子弟」（《方正》）。類似的例子還有不少，不再枚舉。

中唐以後，科舉取士，尤其是進士試，已經成爲高門大族、官僚新貴與廣大出身較低、家境清寒的地主階級（包括一部分商賈）知識分子爭奪仕進出路的場所。在這方面，杜牧有一段話很值得注意。他在《上宣州高大夫書》中說：

自去歲前五年，執事者上言，云科第之選，宜與寒士，凡爲子弟，議不可進。熟於上耳，固於上心，上持下執，堅如金石，爲子弟者魚潛鼠遁，無入仕路，某竊惑之。科第之設，聖祖神宗所以選賢才也，豈計子弟與寒才也。古之急於士者，取盜取仇，取於夷狄，豈計其所由來。況國家設取士之科，而使子弟不得由之；若以科第之徒浮華輕薄，不可任以爲治，則國朝自房梁公以降，有大功，立大節，率多科第人也。若以子弟生於膏粱，不知理道，不可與美名，不令得美仕，則自堯已降，聖人賢人，率多子弟。凡此數者，進退取舍，無所依據，某所以憤懣而不曉也。(54)

宣州高大夫，當是指高元裕。據吳廷燮《唐方鎭年表》卷五，高元裕自會昌五年（八四五）至大中元年（八四七）爲宣州刺史、宣歙觀察使。杜牧於會昌五年十二月由池州刺史改任睦州刺史，這篇上書可能在會昌六年初所作。

杜牧這段話之所以值得注意，不在於杜牧本人對此事的看法，而在於杜牧提出的問題本身反映了中晚唐科舉取士中寒門與子弟兩種力量鬥爭的消長，而這種情況是具有時代特徵的。這裡所謂子弟，是高門大族出身的代稱，所謂寒門，大致是指沒有世襲政治特權的普通地主出身的文士。從杜牧的話中可以看出這樣兩點：第一，士族地主出身的子弟已經不能僅僅依靠父祖的官爵和門第出身來取得高位，他們必須走科舉取士的道路了。五代人王定保曾經論道：「三百年來，科第之設，草澤望之起家，簪紱望之繼世。孤寒失之，其族餒矣；世祿失之，其族絕矣。」(55)由此可見，科舉制度的發展，使得爭取科舉及第成爲獲得政治地位或保持世襲門第的重要途徑。這也使我們得以理解，爲什麼中唐以後，表現在科舉取士中的鬥爭往往十分激烈，有時激化爲官僚士大夫中公開的朋黨之爭，因爲這不僅僅牽涉到某一個人的宦海升沉，而且關係到地主階級中不同階層在政府機構中掌握權力的比重。第二，從總體上說，高門大族在科舉取士中的優勢已經失去，在某些時候，甚至處於被排斥的劣勢地位，如杜牧所說文宗末、武宗初的時候，竟然是「爲子弟者魚潛鼠遁，無入仕路」。盡管杜牧本人早年的處境是比較清貧孤單的，但他畢竟出身於高門，他的祖父杜佑是一代重臣，門第顯赫。杜牧是屬於子弟之列的，因此他大聲疾呼：「科第之設，聖祖神宗所以選賢才也，豈計子弟與寒才也。」表面上似乎站在不偏不倚的立場，實際上是爲子弟舒「憤懣」，而這也正是高門大族的子弟失去某種優勢的反映，因爲從社會客觀條件來說，高門大族在科舉取士的競爭中本來就比寒門處於有利和有力的地位，而這種有利的條件竟然未能起到應有的充分的作用，這不是某一個人的原因，而是反映了歷史發展的一種趨向，也就是說，隨著封建經濟的上升，一般地主土地所有制也得到發展，任何地主已不能世代都保有其土地，政治地位也隨著土地所有權的不斷轉移，而不斷地更迭，「諸達官身亡以後，子孫既少覆蔭，多至貧寒」，㊻杜牧的憤懣終究不能扭轉客觀的歷史趨勢。

抑子弟、升寒門的情況，並非僅僅見於杜牧的言論，還可以舉出幾個例子：

一、文宗大和八年（八三四）所收進士，多爲貧士，有人作詩譏嘲道：「乞兒還有大通年，六十三人籠仗全。薛庶准前騎瘦馬，范酇依舊蓋番氈。」㊼把這年的及第進士比喻爲乞兒，顯然出於公卿子弟的妒嫉和偏見。

二據《舊唐書》卷一七七《楊嚴傳》，楊嚴於武宗會昌四年（八四四）進士擢第，「是歲僕射王起典貢舉，選士三十人，嚴與楊知至、竇緘、源重、鄭樸五人試文合格，物議以子弟非之，起覆奏。武宗敕曰：『楊嚴一人可及第，餘四人落下。』」楊嚴等五人因爲出身世胄，雖然試文合格，也由於「物議以子弟非之」，只放一人及第。那時王起知貢舉，華州刺史周墀還特地寫詩稱賀其選士得人，而且還提到王起早於穆宗長慶（八二一—八二四）主舉時即以「採摭孤進，至今稱之」。[58]又如《唐摭言》卷十《海敘不遇》條所載：「盧汪門族，甲於天下，因官，家於荆南之塔橋，舉進士二十餘上不第，滿朝稱屈。」以門第甲於天下的盧汪，竟至於經歷二十幾次考試，雖然滿朝爲之稱屈，也未能使其一第。

三四部叢刊本《唐黃御史文集》附錄有《昭宗實錄》殘篇，記乾寧二年（八九五）二月崔凝知貢舉，已取進士張貽憲等二十五人及第。放榜的當日，又敕第二天於武德殿覆試，結果這二十五人中，趙觀文、黃滔、王貞白等十五人及第，張貽憲等五人落下，但許以後應舉，崔礪、蘇楷等四人最劣，落下，並不許再舉。《唐摭言》卷七對此加以評論說：「昭宗皇帝頗爲寒進開路，崔合州（凝）榜放，但是子弟，無問文章厚薄，鄰之金瓦，其間屈人不少。孤寒中唯程晏、黃滔擅場之外，其餘以程試考之，濫得亦不少矣。」按照《唐摭言》所說，則是子弟不問考試成績如何，率多退落，而所取孤寒中卻有不少濫收的。實際情況究竟是否如此，還可研究，但以上事例表明，在科舉取士中明顯地傾向於孤進、寒門，卻是時代的思潮，已不是少數孤立的、偶然的現象了。

【附註】

①《封氏聞見記》卷三《制科》。又參《舊唐書》卷一五五《穆寧傳》：「父元休，以文學著，撰《洪範外傳》十篇，開元中獻上，玄宗賜帛，授偃師縣丞。」

②見《舊唐書》卷一九〇下《文苑下·杜甫傳》，及杜甫《進三大禮賦表》（《杜詩詳注》卷二十四）。

③《郡齋讀書誌》卷四中「李群玉詩一卷」下注，又參《唐才子傳》卷七李群玉小傳。四部叢刊本《李群玉詩集》卷首載《進詩表》，謂「徒步負琴，遠至輦下，謹捧所業歌行、古體詩、今體七言、今體五言四通等合三百首，謹詣光順門昧死上進」。並參卷首令狐綯《荐處士李群玉狀》。

④見《舊唐書》卷一八五下《良吏下·裴懷古傳》卷一八六上《酷吏上·來子珣傳》。

⑤《舊唐書》卷一四六《杜亞傳》。

⑥《權載之文集》卷二十三《唐故大中大夫守太子賓客上柱國襄陽縣開國男賜紫金魚袋羅公墓誌銘》。

⑦《柳宗元集》卷十《故達州員外司馬凌君權厝誌》。

⑧《新唐書》卷一三九《張鎬傳》。

⑨《舊唐書》卷一四九《沈傳師傳》。

⑩《舊唐書》卷一九〇中《文苑中·李邕傳》，《新唐書》卷二〇三《文藝下·盧綸傳》。

⑪如李翺《故檢校工部員外郎任君（結）墓誌銘》（《李文公集》卷十四）：「君少遭父喪，養母以孝稱。京兆尹崔光遠表試左清道率府兵曹參軍。」

⑫《全唐文》卷三〇五。

⑬《舊唐書》卷一六八《蕭佑傳》。

⑭《唐會要》卷七五《選部下・雜處置》。

⑮《文獻通考》卷三十五《選舉考》八「吏道」引。

⑯《容齋續筆》卷一《唐藩鎭幕府》。

⑰如韓愈《唐河中府法曹張君（因）墓碣銘》：「初舉進士，再不第，因去，事宜武軍節度使，得官至監察御史。」柳宗元《故試大理評事裴君墓誌》：「射進士策，不中，去過汴，韓司徒弘迎取爲從事，以聞，拜太子通事舍人。」又錢易《南部新書》丁卷：「李山甫，咸通中不第，後流落河朔，爲樂彥禎從事。」

⑱張建封等，見新舊《唐書》有關列傳。

⑲《十七史商榷》卷八十一《取士大要有三》。

⑳《通典》卷十七《選舉》五《雜議論》中引劉祥道奏。

㉑同上，又見《唐會要》卷七十五《貢舉上・帖經條例》。

㉒見吳宗國《科舉制與唐代高級官吏的選拔》，《北京大學學報（社會科學版）》一九八二年第一期。

㉓見劉餗《隋唐嘉話》中。

㉔《韓昌黎文集校注》卷三。

㉕《封氏聞見記》卷三《貢舉》。

㉖《唐會要》卷七十六《貢舉中·進士》，開成元年十月中書門下奏。

㉗李肇《國史補》卷下。

㉘關於汪遵應進士舉的記載，還可見於《太平廣記》卷一八三，《唐詩紀事》卷五十九。

㉙徐松《登科記考》卷二十定陳會大和元年進士第，即據《北夢瑣言》所載的「大和元年及第」。但《北夢瑣言》又謂「李相固言覽報狀，處分廂界，收下酒旆，闔其戶」云云，而據兩《唐書·李固言傳》，李固言爲成都尹、劍南西川節度使，在開成元年十月，會昌初入朝。大和元年李固言官只做到駕部郎中。徐松未考李固言官歷，而定陳會於大和元年及第，似誤。

㉚裴庭裕《東觀奏記》卷下。

㉛《白居易集》卷六十七。

㉜范攄《雲谿友議》卷中。蔡京開成元年登進士第見徐松《登科記考》卷二十一。

㉝見郭紹虞《宋詩話輯佚》頁四一一。

㉞《賈浪仙長江集》卷三。

㉟《張籍詩集》卷四。

㊱《文獻通考》卷三〇《選舉考》三「舉士」，載宋朝應進士者，「不許有大逆人緦麻以上親及諸不孝不悌、隱匿工商異類、僧道歸俗之徒。」又見《宋史》卷一五五《選舉誌》一「科目」。

㊲《郡齋讀書誌》卷四中「曹唐詩一卷」下注，又見《唐才子傳》卷八。

㊳ 見《增修詩話總龜》卷三七。

㊴ 見《太平廣記》卷三四九《曹唐》引《靈怪集》。

㊵ 見《全唐文》卷七六七。

㊶ 《全唐詩》卷七〇二。

㊷ 貫休《禪月集》卷二十一。

㊸ 《王建詩集》卷四《送張籍歸江東》。

㊹ 同上卷八《自傷》。

㊺ 《孫樵集》卷七《寓居對》。

㊻ 《沈下賢文集》卷七《與李給事荐士書》。

㊼ 《唐摭言》卷十五《閩中進士》條：「薛令之，閩中長溪人，神龍二年及第，累遷左庶子。時開元東宮官僚清淡，令之以詩自悼，復紀於公署曰：『朝旭上團團，照見先生盤。盤中何所有？苜蓿長闌干。飯澀匙難綰，羹稀筯易寬。何以謀朝夕？何由保歲寒？』上因幸東宮覽之，索筆判之曰：『啄木嘴距長，鳳凰羽毛短。若嫌松桂寒，任逐桑榆暖。』令之因此謝病東歸。詔以長溪歲賦資之，令之計月而受，餘無所取。」

㊽ 宋吳曾《能改齋漫錄》卷四《閩人登第不自林藻》條云：「唐人以閩人第進士自歐陽詹始。予嘗以唐登科記考之，貞元七年林藻登第，貞元八年詹始登第，二人皆閩人。」吳曾又引《唐摭言》載薛令之神龍二年登進士第的記載，說：「然則閩人第進士，不惟不始於詹，亦不始於藻，當以薛令之爲始。」關於福建興辦學校

的情況，還可參見獨孤及的《福州都督府新學碑銘》一文（《毘陵集》卷九）。但宋孔平仲《珩璜新論》卷三仍說：「福建人好文學，自唐常衮爲觀察使，歐陽詹爲諸生始也。」

㊾ 據《登科記考》卷二十二。關於劉蛻登第之記載，又可參見宋邵博《邵氏聞見後錄》卷十七。按武元衡有《送魏正則擢第歸江陵》詩（《全唐詩》卷三一六），云：「高文常獨步，折桂及齠年。關國通秦限，波濤隔漢川。」武元衡爲貞元、元和時人，由此詩，則劉蛻之前，荆南人即有及第者。待考。

㊿ 詳拙著《李德裕年譜》，一九八四年齊魯書社出版。

51 曹鄴《寄監察從兄》所謂：「賤子生桂州，桂州山水清。」

52 《冊府元龜》卷六五一《貢舉部·謬濫》。

53 見錢易《南部新書》己卷，王讜《唐語林》卷四《企羨》。

54 《樊川文集》卷十二。

55 《唐摭言》卷九《好及第惡登科》條。

56 《舊唐書》卷九十六《姚崇傳》。

57 徐松《登科記考》卷二一大和八年引《紀纂淵海》。

58 周墀《賀王僕射詩序》（《全唐文》卷七三九）。

第九章 知貢舉

唐代詩人朱慶餘有一首詩，寫道：

> 洞房昨夜停花燭，待曉堂前拜舅姑。妝罷低聲問夫婿，畫眉深淺入時無？

這首詩，寫新婚少婦嬌憨之狀，甚爲眞切，是唐詩中膾炙人口之作。但這首詩的本意卻並不是寫新婚燕爾之情，而是有極其現實的功利目的——詩題爲《近試上張籍水部》（《全唐詩》卷五一五），乃是作者朱慶餘爲了求得應試及第，獻詩給當時任水部員外郎的張籍，希望張籍能向主考官推荐。正如南唐人劉崇遠的筆記《金華子》所說：「中朝盛時，名賢之重，指顧即能置人羽翼。朱慶餘之赴舉也，張水部一爲其發卷於司文，遂登第也」（卷下）唐末人范攄《雲溪友議》也記載朱慶餘向張籍獻新制詩什二十六章，得到張籍的讚賞，「清列以張公重名，無不繕錄而諷詠之，遂登科第」（卷下《閨婦歌》條）。朱慶餘得到張籍的揄揚，不僅以詩名於一時，並且因此而進士及第，步入仕途。

張籍當時並不是考試官，爲什麼能向主考官推荐人才，並有助於舉子們的錄取呢？唐代進士考試官是怎樣衡量舉子們的試卷成績以及怎樣決定其取捨的呢？舉子們爲爭取及第，在考試前要進行一些什麼樣的活動呢？這些，都牽涉到唐代科舉制度中的知貢舉的問題。在本章中，我們就從進士考試官

—知貢舉的角度，對唐代科舉制及唐代社會生活的某些側面作一些探討。

一

據杜佑《通典》所記，唐高祖武德時，是以吏部的考功郎中監試貢舉的；太宗貞觀時起，改由考功員外郎知舉。而玄宗開元之後，則又由禮部侍郎典貢舉，從這以後，進士試又稱禮部試（卷十五《選舉》三）。關於知貢舉的變遷大略，《冊府元龜》卷六三九《貢舉部·總序》有一段話講得較爲明晰：

武德舊制，以考功郎中監試貢舉，貞觀以後，則考功員外郎專掌之。①……明皇開元二十四年制，令禮部侍郎專掌貢舉。初因考功員外郎李昂詆訶進士李權文章，大爲權所凌訐，朝議以郎官地輕，故移於禮部。……其後禮部侍郎缺人，亦以它官主之，謂之權知貢舉。

以品級來說，考功郎中是從五品上，考功員外郎是從六品上，貞觀時由考功郎中改爲考功員外郎，在職掌的權位說是低了一等。禮部侍郎是正四品下，已是尚書六部的大員。由禮部侍郎代替考功員外郎知貢舉，是在進士試已充分發展、受到社會各方面的重視、進士考試中詩賦的比重大大增加的情況下出現的，應當說有其歷史的必然性，李昂的事件只不過是促成其產生的一次直接因素罷了。

李昂的事，發生在開元二十四年（七三六）春，《舊唐書·玄宗紀》載：「三月乙未，始移考功貢舉，遣禮部侍郎掌之。」《通鑑》卷二一四開元二十四年：「舊制，考功員外郎掌試貢舉人。有進士李權，陵侮員外李昂，議者以員外郎位卑，不能服衆；三月壬辰，敕自今委禮部侍郎試貢舉人。」

關於此事，唐宋人的有關史書、筆記記載的甚多，其中以劉肅的《大唐新語》所記較爲詳贍，且劉肅爲憲宗元和時人，時代接近，當可信，今抄錄如下：

> 開元二十四年，李昂爲考功，性剛急，不容物，乃集進士，與之約曰：「文之美惡，悉知之矣；考校取捨，存乎至公。如有請托於人，當悉落之。」昂外舅嘗與進士李權鄰居，相善，爲言之於昂。昂果怒，集貢士，數權之過。權曰：「人或猥知，竊聞之左右，非求之也。」昂因曰：「觀衆君子之文，信美矣；然古人有言，瑜不掩瑕，忠也。其有詞或不安，將與衆詳之，若何？」衆皆曰：「唯。」及出，權謂衆人曰：「向之斯言，意屬吾也。昂與此任，吾必不第矣，文何籍爲！」乃陰求瑕。他日，昂果摘權章句小疵，榜於通衢以辱之。權引謂昂曰：「禮尚往來；來而不往，非禮也。鄙文之不臧，既得而聞矣，而執事有雅什，嘗聞於道路，愚將切磋，可乎？」昂怒而應曰：「有何不可！」權曰：「『耳臨清渭洗，心向白雲閑』，豈執事辭乎？」昂曰：「然。」權曰：「昔唐堯衰怠，厭倦天下，將禪許由，由惡聞，故洗耳。今天子春秋鼎盛，不揖讓於足下，而洗耳何哉？」昂聞惶駭，訴於執政，以權不遜，遂下權吏。初，昂以強愎，不受屈請，及有吏議，求者莫不允從，由是庭議以省郎位輕，不足以臨多士，乃使禮部侍郎掌焉。憲司以權言不可竊，竟乃寢罷之。（《大唐新語》卷十《釐革》）

李昂褊狹，不能容物，有他的缺點，但李權對付李昂的手段卻是很惡劣的。他對於「耳臨清渭洗」的解釋，其深文周納，使我們想起了「十年動亂」中的某些大字報，其挾嫌誣陷、敲索恫聽，似乎古今如出一轍。應該說，這正是開元時期科舉考試的地位，尤其是進士試的地位提高這一客觀情勢的反映，如果沒有這一客觀情勢，李權事件就會作爲一件具體案件了結。從開元二十五年起，由禮部侍郎代替考功員外郎主持貢舉考試，一方面是提高了知舉者的聲望和權威，另一方面也同時是提高了舉子們、尤其是應進士試者的地位。

《唐大詔令集》卷一〇六載《令禮部掌舉敕》，文末署「開元三年四月一日」，這裡的「三年」應作「二十四年」。此文爲張九齡所起草，張九齡的《曲江文集》卷七也載有此敕，題作《敕令禮部掌貢人》。今據《唐大詔令集》錄文於下，並據《曲江集》參校，以備參資：

敕：每歲舉人，求士之本，專典其事，寧不重歟。頃年以來，唯考功郎中（《曲江集》無「中」字）所職，位輕事重，名實不倫。故盡委良吏長官，又銓□猥積（《曲江集》此二句作「欲盡委長官，又銓選猥積」，文義較長）。且六官之職，例體是同。況宗伯掌禮，宜主賓荐。自今以後，每諸色舉人及齋郎等簡試，並於禮部集；既眾務煩雜，仍委侍郎專知。

開元二十五年以後，一般是以禮部侍郎知貢舉的，但後來也常常以他官代替，稱權知貢舉。起初似乎還是偶然爲之，如天寶十載（七五一）的兵部侍郎李麟知貢舉。②中唐以後，以他官權知的情況多了起來。《文獻通考》卷三〇《選舉考》三論道：「開元時以禮部侍郎專知貢舉，其後或以他官領，多用中書舍人及諸司四品清資官。唯會昌中命太常卿王起知貢舉，時亦檢校僕射。五代時或以兵部尚書，或以戶部侍郎、刑部侍郎爲之，不專主於禮侍矣。」《通考》說到五代時始用戶侍、刑侍等爲之，並不確，這種情況早在中唐就已如此。現在以徐松《登科記考》所載，記其大致情況如下：

貞元八年（七九二），兵部侍郎陸贄。
貞元九年（七九三），戶部侍郎顧少連。
元和三年（八〇八），中書舍人衛次公。
元和四年（八〇九），戶部侍郎張弘靖。
元和六年（八一一），中書舍人尹躬。
元和七年（八一二），兵部侍郎許孟容。
元和八年（八一三），中書舍人韋貫之。
元和十一年（八一六），中書舍人李逢吉。
元和十二年（八一七），中書舍人李程。
元和十三、十四年（八一八—八一九），中書舍人庾承宣。
元和十五年（八二〇），太常少卿李建。
長慶四年（八二四），中書舍人李宗閔。
大和五年（八三一），中書舍人賈餗。
大和九年（八三五），工部侍郎崔鄲。

開成元年（八三六），中書舍人高鍇。

開成三年（八三八），中書舍人崔蠡。

會昌三年（八四三），吏部尚書判太常卿事王起。

會昌五年（八四五），左諫議大夫陳商。

大中十一年（八五七），中書舍人杜審權。

咸通元年（八六〇），中書舍人裴坦。

咸通二年（八六一），中書舍人薛耽。

咸通五年（八六四），中書舍人王鐸。

咸通六年（八六五），中書舍人李蔚。

乾符二年（八七五），中書舍人崔沆。

光化二年（八九八），禮部尚書裴贄。

天祐三年（九〇六），吏部侍郎薛廷珪。

諸司侍郎是正四品下，吏部侍郎與太常少卿爲正四品上，諫議大夫與中書舍人爲正五品上。多數情況由中書舍人權知貢舉，不過按照唐代慣例，貢試在春季舉行，而任命知貢舉則是在前一年的九、十、十一月間，發榜以後，在四五月之際，即眞拜禮部侍郎。

趙翼在《陔餘叢考》中說：「又唐時知貢舉大臣，有不必進士出身者。《舊唐書·李麟傳》，麟以蔭入仕，不由科第出身，後爲兵部侍郎知禮部貢舉。又李德裕與李宗閔有隙，杜悰欲爲釋憾，謂宗閔曰：『德裕有文才而不由科第，若使之知貢舉，必喜矣。』」是唐制非科第出身者亦得主試矣。」（卷二十八《禮部知貢舉》）趙翼的話是對的，譬如在貞元時連續三年知貢舉、號爲得人的權德輿，就非由進士出身（參《舊唐書》本傳）。唐代在這方面不像宋以後那樣嚴格。

二

我們知道，制舉試的考策官，就現有材料來看，至少有三人，如長慶元年（八二一）十一月制舉試，考策官爲中書舍人白居易、膳部郎中陳岵、考功員外郎賈餗、庫部郎中龐嚴；寶歷元年（八二五）三月，爲中書舍人鄭涵、吏部郎中崔琯、兵部郎中李虛仲。而元和三年（八〇八）三月的一次，又分考試官和同考覆試官，考試官爲吏部侍郎楊於陵、考功員外郎韋貫之，同考覆試官有翰林學士王涯、裴垍，及左司郎中鄭敬、都官郎中李益等。③又長慶元年四月，因錢徽知貢舉時取士不當，乃命白居易與王起充重考試進士官（參看《白居易集》卷六〇《論重考試進士事宜狀》）。可知重考試進士時，考試官爲二人。那末禮部侍郎（或以他官權知者）知貢舉時，評閱文卷者是幾人呢？

《通鑑》卷二五二咸通十四年（八七三）六月載王鐸爲宰相，記云：「（韋）保衡及第時主文也。」胡三省注：「唐禮部校文主司謂之主文。」及洪邁《容齋四筆》卷五《韓文公荐士》條說：「唐世科舉之柄，專付之主司，仍不糊名，又有交朋之厚者爲之助，謂之通榜。」這就是說，閱文並決定取捨，以及評定高低名次的，只有知貢舉者一人，另外，其交遊之厚者可爲之助，叫做通榜。高鍇於開成年間知貢舉，他有《先進五人試賦奏》一文（《全唐文》卷七二五），開頭說今年進士試由於文宗親自出詩賦題，因此舉子所試詩賦比去年又勝數等，這當然是恭維話。接著說：「臣日夜考較，敢不推公。進士李肱《霓裳羽衣曲》詩一首，最爲迥出，……臣與狀頭第一人，以奬其能。次張棠詩一首亦絕好，亞次李肱，臣與第二人。其次沈黃中《琴瑟合奏賦》……臣與第三人。其次王牧賦，臣與第四人。其次柳棠詩，臣與第五人。」照此看來，則閱卷及評定名次，都是主司者一人擔任。又呂渭《貞元十一年知貢舉撓悶不能定去留寄詩前主司》（《全唐詩》卷三〇七）：「獨坐貢闈裡，愁多芳草生。仙翁昨日事，應見此時情。」也是說由知舉者獨自一人閱文並定去留。

中唐時與盧仝並稱的詩人馬異，有《送皇甫湜赴舉》詩（《全唐詩》卷三六九），說：

馬蹄聲特特，去入天子國。借問去是誰，秀才皇甫湜。呑吐一腹文，八音兼五色。主文有崔李，郁郁爲朝德。青銅鏡必明，朱絲繩必直。稱意太平年，願子長相憶。

詩題稱《赴舉》，詩中稱皇甫湜爲秀才，當是送皇甫湜應進士試。皇甫湜於憲宗元和元年登進士第，這年知貢舉者爲禮部侍郎崔邠。④馬異這首詩是否作於元和元年前一年的永貞元年秋，未可確定。但以詩中所說的「主文有崔李」一句來看，似乎與崔邠的身分相合。在別無佐證的情況下，我們不妨把這首詩定於永貞元年，第二年春皇甫湜就在崔邠下登第。但問題在於馬異詩中說的是「主文有崔李」，除了崔以外，還有李，則主文者就有兩人了。這是一條値得注意的材料，可供我們進一步研究，可惜與此相同的或者類似的材料還未見到（按清人姚范《援鶉堂筆記》卷三十三《昌黎門人親戚》條也引馬異此詩的這二句，並說「崔、李未詳何人」，說主文有兩人的，就目前所見只有馬異的這首詩，而較多的材料則還是說由知貢舉者一人評閱試卷；當然，還有佐助者向他推荐人才，這叫公荐。

關於公荐和通榜的情況，可以舉一些較爲人所知的例子。

《唐摭言》卷八《通榜》條，載貞元十八年（八〇二）權德輿知貢舉，當時祠部員外郎陸傪與權德輿交往契合，⑤乃爲之佐助，韓愈這時在長安，任四門博士之職，於是上書給陸傪，荐侯喜等十人。《唐摭言》就把陸傪稱作通榜。韓愈的《與祠部陸員外書》（《韓昌黎文集校注》卷三）中說：「執事之與司貢士者相知誠信矣，彼之所望於執事，執事之所以待乎彼者，可謂至而無間疑也。彼之職在乎得人，執事之志在乎進賢，如得其人而授之，所謂兩得其求，順乎其必從也。」陸傪於貞元十八年二月出刺歙州（見《韓昌黎文集校注》卷四《送陸歙州詩序》），途中遇疾，卒於洛陽，年五十五。權德輿爲作墓誌銘，說他與陸傪「相視莫逆，行二十年」（《唐故使持節歙州諸軍事守歙州刺史賜緋魚袋陸君墓誌銘》，見《權載之文集》卷二十四）。陸傪，兩《唐書》無傳，他的事跡就見於權德輿所作的墓誌銘。可見權、陸相交之深，則權德輿主文，由陸傪爲之通榜，當是情理中的事了。

《南部新書》癸卷又載：「貞元末，許孟容爲給事中，權文公任春官，時稱權、許。進士可不，二公未嘗不相聞。」這裡的權文公即權德輿。據《舊唐書》卷一五四《許孟容傳》，許於貞元十五年起任給事中，以直聲名於時。在此之前任禮部員外郎時，「有公主之子，請補弘文、崇文館諸生，孟容舉令式不許。主訴於上，命中使問狀。孟容執奏竟得」。後來憲宗元和時，也曾以兵部侍郎知舉。史稱其「好推轂，樂善拔士，士多歸之」。以這樣一個在士人中有聲望、居官有聲，而又與主司交情契合的人爲通榜，當然是最適合不過的了。《南部新書》說「進士可不，二公未嘗不相聞」，則許孟容作爲通榜，在舉子能否中第上是能起相當大的作用的。

《唐摭言》又載陸贄知舉時，「梁補闕肅、王郎中杰佐之，肅荐八人俱捷」。陸贄知貢舉在貞元八年（七九二），《舊唐書》卷一三九《陸贄傳》說在前一年即貞元七年，陸贄「拜兵部侍郎，知貢舉。時崔元翰、梁肅文藝冠時，贄輸心於肅，肅與元翰推荐藝實之士」。由此可知，這一年也是陸贄誠懇地請梁肅爲之助，梁肅乃與崔元翰一起向陸贄推荐才學之士。關於此事，韓愈在《與祠部陸員外書》中也有記述，說：

往者陸相公司貢士，考文章甚詳，愈時亦幸在得中，而未知陸之得人也。其後一二年，所與及第者皆赫然有聲，原其所以，亦由梁補闕肅、王郎中礎（按《唐摭言》作杰）佐之，梁舉八人，無有失者，其餘則王皆與謀焉。陸相之考文章甚詳也，待梁與王如此不疑也，梁與王舉人如此之當也，至今以爲美談。

按，這一年梁肅所荐者李觀、李絳、崔群、韓愈等，後來都是名人，由於人才濟濟，這一年就被人稱爲「龍虎榜」。

從以上的記載看來，當時的基本情況，是：一、主文者僅一人，即知貢舉者。二、所謂通榜，可以是一人，也可以是二人（或二人以上），但須與知貢舉者關係較爲密切。三、通榜僅是推荐人才，在推荐以外似未有插手科場等情事，決定取捨之權還在於知貢舉者。

一般情況下，唐代每年錄取的進士登第人數在三十人左右，而應試者有六七百至千餘人，由知貢舉者一人在短短幾天之內閱看上百上千的試卷，選定三十份左右的卷子，又要爲之排定等第名次，是極不容易的。而唐代的科舉考試又不糊名，試前舉子可以自行投文於名公大卿和知貢舉者，名公大卿又可向知舉者推荐人才，因此，舉子能否得第，有沒有人舉荐延譽，就大不一樣。李商隱在《與陶進士書》中先敍述自己在早年累應進士試都未中，後云：「既得引試，會故人夏口主舉人，時素重令狐賢明，一日見之於朝，揖曰：『八郎之友誰最善？』綯直進曰：『李商隱者。』三道而退，亦不爲荐托之辭。故夏口與及第。」（《樊南文集詳注》卷八）夏口指高鍇，鍇於文宗開成二年（八三七）知貢舉，李商隱即於是年登第。李商隱作此書時高鍇已爲鄂岳觀察使，故稱夏口。據李商隱在這裡所寫，高鍇在上朝時碰見令狐綯，問他友人中交情誰最好，令狐綯舉出李商隱的名字，也沒有另外再說一些推荐拜托的話，高鍇就已了然於心，李商隱也就因此登第。這種情況，大約在唐代是極爲平常的，因此李商隱就毫不諱言的寫出來（或許他根本沒有覺得要諱言）。關於這一點，柳宗元有一段文字寫得極好，可以幫助我們具體了解那時舉子爲何求人荐引，以及主文者爲何請人推荐等原因。柳宗元《送韋七秀才下第求益友序》說：

所謂先聲後實者，豈唯兵用之，雖士亦然。若今由州郡抵有司求進士者，歲數百人，咸多爲文辭，道今語古，角夸麗，務富厚。有司一朝而受者幾千萬言，讀不能十一，即偃仰疲耗，目眩而不欲視，心廢而不欲營，如此而曰吾不能遺士者，僞也。唯聲先焉者，讀至其文辭，心目必專，以故少不勝。（《柳宗元集》卷二十三）

無論是梁肅、王礎向陸贄推荐人才，韓愈通過陸傪向權德輿推荐人才，或者是令狐綯向高鍇舉李商隱的名字，以及柳宗元的文章中所描述的主文者爲應付幾千萬言的試卷而勢必「偃仰疲耗」的情況，應當說，這些在唐代社會都還算是正常的，宋代還有人讚揚這種公開推荐人才的辦法，認爲「其取人畏於譏議，多公而審」（《容齋隨筆》卷五《韓文公荐士》）。這是事情的一方面，另一方面則是，由於主文者能一人決定取捨，知貢舉的任命又在考試前幾個月已經宣布，他們的行動並未受什麼約束，仍可照常上朝辦事，交酬往來，這就不可避免地爲干謁奔趨、賄賂請托提供各種方便。

三

我們知道，爲了防止考場作弊，宋以後有一種叫做鎖院的制度，就是考試的官員在任命以後，隨即住入貢院，斷絕與外面來往，直至放榜時爲止。宋趙升《朝野類要》卷一《鎖院》條說：「凡言鎖院者，機密之謂也，故試士、撰麻皆如此。試士則所差官預先入院議題，有司排辦。」北宋龐元英曾記神宗元豐時某年禮部貢院於正月九日鎖院（《文昌雜錄》卷六），則在試以前的好幾天。這種制度越到後來越嚴格，清代則更形成一套嚴密的防範措施。又據歐陽修所記，北宋時鎖院有長達五十天的，考官不止一人，同僚們在裡面除了評閱文卷外，多有餘暇，則相互唱和作詩，也是風流儒雅之事，《歸田錄》卷二記載道：

嘉祐二年，余與端明韓子華、翰長王禹玉、侍讀范景仁、龍圖梅公儀同知禮部貢舉，辟梅聖俞為小試官。凡鎖院五十日，六人者相與唱和，為古律歌詩一百七十餘篇，集為三類。

唐代有沒有鎖院的規定呢？到現在為止，還沒有發現有關的記載。似乎有些關係的，有權德輿《貢院對雪以絕句代八行奉寄崔閣老》詩（《權載之文集》卷三），說：「寓宿春闈歲欲除，嚴風密雪絕雙魚。思君獨步兩垣裏，日日含香草詔書。」作者自說寓宿春闈，詩題又說「貢院對雪」，則詩作於貢院無疑；權德輿於貞元十七、八年曾知貢舉，詩作於知貢舉時也是肯定的。但詩中又說「歲欲除」，則是除夕之前即住入。唐朝的進士試一般是正二月間，考試官是否那麼早即住入貢院，很可懷疑。因此筆者傾向於唐代不存在鎖院制度之說。而且，唐代即使有所謂鎖院，也與杜絕或防範考官與舉子交通無關。因為，第一，從權德輿這首詩看來，他雖然住在貢院，但仍可作詩寄與貢院外的崔閣老；前面曾引呂渭詩，也是呂渭在閱卷時因難於評定高下，頗費躊躇，乃寫詩寄與前任主司。可見考官在閱卷期間與外面可以有文字交往。第二，唐代考試的卷子不糊名，考官見到卷子當然就知道是何人所作，如有請托等事，自可對該試卷評以高分。第三，前面說過，在唐代，考試之前就已有人向主考官推薦，即前面所謂的通榜。這就使得鎖院成為毫無意義的事。而且，有時在考試之前連頭幾名的名次也已預定。最出名的例子就是吳武陵推荐杜牧的那件事。文宗大和二年（八二八）的進士試在東都洛陽舉行，崔鄴知貢舉，離長安日，即有公卿百官餞送，「冠蓋之盛，罕有加也」。如當時有鎖院，也變得無甚意義。更有甚者，當時任太學博士的吳武陵也來相送，向崔鄴推荐杜牧，並且當場朗讀了杜牧的《阿房宮賦》，使崔鄴大爲驚奇。接著就有下面一場有趣的對話：

武陵曰：「請侍郎與狀頭。」（吳武陵請崔鄴以第一名即狀頭取杜牧）

鄴曰：「已有人。」

曰：「不得已，即第五人。」

鄴未遑對，武陵曰：「不爾，即請此賦！」

鄴應聲曰：「敬依所教。」既即席，向諸公曰：「適吳太學以第五人見惠。」（《唐摭言》卷六《公》）⑥

從這段記事中可以看出，崔鄴在去洛陽主持考試之前，人還沒有離長安，不但第一名已經定了，而且第二名至第四名也定了，接著在餞送宴會上又因吳武陵之推荐，又預定了第五名杜牧。由此看來，在唐朝，考試本身有時似乎是徒具形式，更不用說什麼鎖院了。像吳武陵那樣推荐杜牧，總還有文才作爲依據，其他憑權勢、通賄賂而請托交接的，則更不在話下。這種情況不獨中晚唐爲然，開元時人王冷然就已感嘆道：「僕竊謂今之得舉者，不以親，則以勢；不以賄，則以交；未必能鳴鼓四科，而裹糧三道。其不得舉者，無媒無黨，有行有才，處卑位之間，仄陋之下，吞聲飲氣，何足算哉！」⑦可見即使在開元盛世，科場中的這種鑽營風氣已經存在，而家境貧寒，社會地位較低的地主階級下層文人，在這樣的競爭中當然最爲吃虧。

《冊府元龜》在記述唐代知貢舉官時曾說：「其知貢舉者，皆朝廷美選。」（卷六三九《貢舉部·總序》）中唐時成都名妓兼女詩人薛濤在《上王尚書》的詩中說：

碧玉雙幢白玉郎，初辭天帝下扶桑。手持雲篆題新榜，十萬人家春日長。（《全唐詩》卷八〇三）

這裡的王尚書是王播，王播曾於元和末、長慶初爲檢校戶部尚書、成都尹、劍南西川節度使，後徵還爲刑部尚書，拜相。王播弟王起曾於長慶二年（八二二）知貢舉。薛濤在呈給王播的詩中特地提到知貢舉的王起，那是因爲知貢舉者取人登第，無異於給人帶來春光，所以說「十萬人家春日長」。這就是所謂的「朝廷美選」。

正由於知貢舉者握有一定的選拔權，而成爲「朝廷美選」，這就使他處於矛盾紛爭的中心。唐代知舉者，當然也有秉公取士，或注意於選拔孤寒的，如王起於長慶、會昌時兩度知舉，都以拔取孤寒得到美稱；咸通時高湜知舉，排除干擾，取許棠、公乘億、聶夷中三人，這三人都是貧寒而有文才的。⑧但正如洪邁所說，有不少知舉者，「亦有脅於權勢，或撓於親故，或累於子弟」（見前《容齋四筆》）。譬如劉太眞於德宗貞元四年、五年（七八八、七八九）知貢舉，裴度在所作的神道碑中頌他「秉公心而排群議，履正道而杜私門」（《劉府君神道碑銘》，《全唐文》卷五三八）。但實際上，劉太眞在知貢舉時，「宰執姻族，方鎮子弟，先收擢之」（《冊府元龜》卷六五一《貢舉部·謬濫》，又見《舊唐書》卷一三七本傳）。又如《唐語林》卷三《方正》所載：「崔瑤知貢舉，以貴要自持，不畏物議；榜出，率皆權豪子弟。」這種外示公正，而內裡收受賄賂、交通權貴的例子，在中晚唐是相當有代表性的。

而中晚唐時，一些故家大族，或新興的官僚權貴，採取各種手段，插手科場，施展影響，力圖控制取士權，首先就是制脅知舉者，如《唐語林》所載：「牛、孔數家，憑勢力，每歲主司爲其所制。」（卷三《賞鑒》）。這樣，實際選拔權就不在知舉者，而操縱於少數甲門豪族之手，如五代南唐人劉崇遠在《金華子雜編》卷上所說：

> 崔起居雍，甲族之子（原注：雍字順中，禮部尚書戎之子），少高令聞。舉進士，擢第之後，藹然清名喧於時，與鄭顥同爲流品所重（原注：顥，太傅絪之子，宣宗時尚萬壽公主，恩寵無比，終禮部尚書、河南尹）。舉子公車，得遊歷其門館者，則登第必然矣。時人相語爲崔鄭世界，雖古之龍門，莫之加也。

崔、鄭本是士族，崔雍的父親是禮部尚書，鄭顥聯姻帝室，本人又官至禮部尚書。他們這種特殊的社會地位與政治地位，使他們有可能脅迫和利用知舉者，來安排他們所提供的人選。中晚唐時子弟與寒門之爭就是在這種社會歷史條件下展開的。

權貴勢要脅迫知舉者，強使其親知及第，這在唐代科場中是屢見不鮮的。早在天寶時，楊國忠強使達奚珣（時知舉）取其子楊暄明經及第，可參《通鑑》所載，是明顯的例子。另外如中唐時李實，也頗有代表性。李實爲唐宗室，道王元慶玄孫。德宗貞元末任京兆尹，封嗣道王，得到德宗的寵信。史書上記載他爲政猛暴，聚斂進奉。韓愈就是因爲向德宗上疏揭示京兆府治下的一些民間疾苦，得罪了李實，爲李實誣陷，被遠貶爲山陽令的。就是這個李實，也利用他的權勢，插手科場。據《舊唐書》卷一三五《李實傳》記載，這時權德輿爲禮部侍郎、知貢舉，李實私下裡向權德輿提出舉荐人選，爲德輿所拒，李實就索性公然提出二十個人的名單，強迫德輿接受，並且說：「可依次第之；不爾，必出外官，悔無及也。」這完全是一副無賴流氓的口吻。他的要求，不單提出的二十個人都要錄取，而且名次也依他所定，如果不聽他的話，就要貶爲外官，那時就「悔無及也」。史書說，「德輿雖不從，然頗懼其誣奏」。權德輿沒有貶出，那是因爲不久德宗死，順宗即位，王叔文等施行新政，根據民意，將李實貶責爲通州長史；如果沒有永貞新政，權德輿肯定會受到李實的誣害。

在唐朝，尤其是中晚唐時，知舉者因請托事而貶官的，屢有所聞。這裡不妨舉幾個例子。

令狐峘於德宗建中初以禮部侍郎知貢舉，當時的宰相楊炎以私書荐故相杜鴻漸之子於峘，「時執政間有怒荐托不得，勢擬傾覆，峘惶恐甚，因進其私書」（《唐摭言》卷十四《主司失意》）。德宗召楊炎議論此事，「炎具言其事，德宗怒甚，曰：『此奸人，無可奈何。』」（《舊唐書》卷一四九《令狐峘傳》）竟將令狐峘貶爲衡州別駕。請托者無罪，而將請托的私書向皇帝陳奏的反而受到竄逐的處分，這主要是因爲請托者楊炎乃當朝宰相，官高權大。

其二是李建的例子。據《冊府元龜》卷六五一《貢舉部．謬濫》載：「穆宗元和十五年正月即位，是年禮部侍郎李建知貢舉，建取捨非其人，又惑於請托，故其年不爲得士，竟以人情不洽，改爲刑部侍郎。」《舊唐書》卷一五五《李建傳》也有類似的記載。但兩《唐書》本傳都說李建「以廉儉自處」，「

以清儉稱」。李建又與白居易、元稹交遊，李建死後，白居易爲作墓碑，元稹爲作墓誌。白居易所作的墓碑說：「在禮部時，由文取生，不聽譽，不信毀。」又說他「爲政廉平易簡，不求赫名；與人交，外淡中堅」（《白居易集》卷四十一《有唐善人墓碑》）元稹所作的墓誌說：「於禮部中核貢士，用己鑒取文章，不用多荐說者。」（《元稹集》卷五十四《唐故中大夫尚書刑部侍郎上杜國隴西縣開國男贈工部尙書李公墓誌銘》）這些，都是與兩《唐書》的評論一致的。可知所謂李建知舉時惑於請托、取捨非人，當是謗毀之議，倒是徐松所說爲是，他說李建「蓋不聽毀譽，故不免於遭謗也」（《登科記考》卷十八元和十五年）

與李建遭遇相似的是蕭倣的例子。蕭倣於懿宗咸通四年（八六七）知貢舉，放榜後，被劾爲榜中數人試卷中有問題，於是就在榜放後幾天，那年的二月十三日，被貶爲蘄州刺史。《唐摭言》卷十四曾載蕭倣貶蘄州後與浙東鄭裔綽大夫書，對此事詳加辨白，其中說：「常年主司，親屬盡得就試。某敕下後，榜示南院，外內親族，具有約勒，並請不下文書。斂怨之語，日已盈庭。」又說到禮部中的舊規陋習，所請托之人，知舉者例須放行，而蕭倣則皆加釐革。因此而得罪了人，衆口騰毀，遂致貶謫。《舊唐書》卷一七二本傳稱倣居官「氣勁論直」而爲同列所忌，又記他任廣州刺史時，「性公廉，南海雖富珍奇，月俸之外，不入其門。家人疾病，醫工治藥，須烏梅，左右於公廚取之，倣知而命還，促買於市」。所載蕭倣的情性與他給鄭裔綽的書信中所寫是一致的。可知也是由於知舉時絕於請托，反而受到毀謗，以致貶官。

另外，王凝的例子更有典型性。王凝於咸通十年（八六九）知貢舉。《舊唐書》卷一六五本傳說：「凝性堅正，貢闈取士，拔其寒俊，而權豪請托不行，為其所怒，出為商州刺史。」這是說，王凝由於不受權豪的請托，招致忌恨，遂由禮部侍郎出為商州刺史，被剝奪了選士權。對此事，唐末著名詩人兼詩論家司空圖有較詳細的記述，他在為王凝所作的行狀中說：「中外之議，謂公不司文柄，為朝廷缺政，竟拜禮部侍郎。韋澄邁在內廷，懸入相之勢，其弟保殷干進，自謂殊等不疑，黨附者又方據權，亦多請托，攘臂傲視，人為寒心。公顯言拒絕，及榜出沸騰，以為近朝難事。……久之，時宰竟用抗己，內不能平，遂致商於之命。」（《唐故宣州觀察使檢校禮部王公行狀》，《司空表聖文集》卷七）可見在那時，高門甲族，權黨勢要，互相勾結，盤根錯節，對科舉試施加種種影響，為其子弟打開仕進的大門；而如果知貢舉者不與他們配合，竟敢不受請托，他們就可以用種種辦法，撤換其官職。這也從一個側面反映了中晚唐（特別是晚唐）時政治腐敗的狀況。

當然，也有相當一部分知舉者確是結托權貴，而勾結一起，互相利用的。如《冊府元龜》卷六五一《貢舉部·謬濫》，載呂渭知貢舉事說：「（貞元）十一年，禮部侍郎呂渭知貢舉，結附戶部侍郎判度支裴延齡，延齡之子操舉進士，文詞非工，渭擢之登第，為正人嗤鄙。渭連知三舉，後因入閣，遺失請托文記，遂出為潭州刺史。」柳宗元《呂侍御恭墓誌》宋人孫汝聽注也說呂渭貞元十三年（七九七）知貢舉，「擢裴延齡子操居上第，會入閣，遺私謁之書於庭；九月，罷為湖南觀察使」⑨呂渭與王凝、蕭倣，雖同由禮部侍郎貶為外州刺史，但呂渭因請托事敗露而貶出，王、蕭等因拒絕請托而被迫外出，性質迥殊。

唐末筆記《玉泉子》中有一則記載，頗有風趣，現據《太平廣記》卷一八二所載抄錄於下：

翁彥樞，蘇州人，應進士舉。有僧與彥樞同鄉里，出入故相國裴公坦門下，以其年耄優惜之，雖中門內亦不禁其出入，手持貫珠，閉目以誦佛經，非寢食，未嘗輟也。坦主文柄，入貢院，子勛、質日議榜於私家，僧多處其間，二子不之虞也。其擬議名氏，迨與奪進退，僧悉熟之矣。歸寺而彥樞訪焉，僧問彥樞將來得失之耗，彥樞具對以無有成遂狀。僧曰：「公成名須第幾人？」彥樞謂僧戲己，答曰：「第八人足矣。」即復往裴氏之家，二子所議如初，僧忽張目謂之曰：「侍郎知舉邪？郎君知舉邪？夫科第國家重事，朝廷委之侍郎，意者欲侍郎劃革前弊，孤貧得路。今之與奪，率由郎君，侍郎寧偶人邪？且郎君所與者，不過權豪子弟，未嘗以一貧人藝士議之，郎君可乎？」即屈其指，自前及末，不差一人，其豪族私仇曲折，畢中二子所諱。勛等大懼，即問僧所欲，且以金帛啖之。僧曰：「貧僧老矣，何用金帛爲！有鄉人翁彥樞者，徒要及第耳。」勛不得已許之。僧曰：「與貧僧一文書來。」彥樞其年及第，竟如其言。

這則記載，文筆生動，情節曲折，對了解晚唐科舉制的弊端很有價值。從這裡我們可以看出這樣幾點：第一，名義上是禮部侍郎裴坦知舉，實際上他的兩個兒子對榜上之名次，在放榜前已日議於私室。第二，這兩個兒子又交結權黨，「所與者不過權豪子弟」。按《舊唐書》卷一七二《令狐滈傳》載裴坦於大中十四年（八六〇）知舉時，「登第者三十人，……皆名臣子弟，言無實才」。《冊府元龜》卷六五一《貢舉部·謬濫》也說：「時舉子尤盛，進士過千人，然中第者皆衣冠士子，……皆以門閥取之，唯陳河一人孤貧負藝，第於榜末。」可見《玉泉子》的記載是確實的。第三，翁彥樞向僧人表示希望以第八人及第，僧人要挾裴坦二子，後翁果以第八人及第。翁彥樞能如此，則其他權豪請托者更可想而知。

上面所說裴坦之事是知舉者的兒子交結權貴、把持選士權，像沈詢則又是知舉者的母親過問取捨進退，使其同宗登第的另一類例子，唐代掌舉者的不正之風眞是無奇不有的。據范攄《雲溪友議》卷下載，沈詢於宣宗大中九年（八五五）知禮部試，將要放榜，他的母親問他說：「吾見近日崔、李侍郎，皆與宗盟及第，似無一家之謗。汝叨此事，家門之慶也。於諸葉中擬放誰也？」沈詢回答道：「當是先要考慮沈光了。」不料卻遭到其母的反對，說是沈光早有聲價，沈擢名聲也不低，這二人的科名，你就不必多慮了；我看沈儋較爲孤單，不大爲人所知，你如不見憐，還有誰會同情他呢？沈詢不敢違抗母命，遂放沈儋及第。此處所記也極爲有趣，知舉者放榜前，可以自由回家，其母可以與之討論何人可收，何人可不收，均非後世所能想像的。沈詢的母親說：「近日崔、李侍郎，皆與宗盟及第」，可見中晚唐時，知舉者利用職權，使其宗族親黨通過科舉進入仕途，已是極普遍的現象了。

正因爲知舉者對舉子的留放進退有很大的決定權，加之唐代又允許舉子可以在試前進行種種交際活動，試卷又不糊名，那麼某些舉子能否及第，就帶有極大的偶然性。這裡不妨也舉兩個例子。據《太平廣記》卷一八〇引《逸史》，說有一個叫牛錫庶的士人，累舉不第，困居長安。德宗貞元三年（

七八五），八月間，一日閑遊過蕭昕宅前，這時正值蕭昕也賦閑，出門將遊南園。錫庶見到蕭昕，即上前通候，遞上所作詩文卷子。蕭昕獨居，正想與賓客聊天解悶，一見錫庶如此，自是高興，談話間又稱讚錫庶所作的文卷，就問道：「外間議論以何人當知舉？」牛錫庶爲了討他喜歡，隨口應道：「您老至公爲心，必定再出來掌舉的。」蕭昕說：「這倒是不會的了。不過，若果眞如此，你就是狀元。」錫庶起身拜謝，還未坐定，就聽得馳馬傳呼，命蕭昕知舉。錫庶一聽，馬上又再拜道：「尚書適已賜許，皇天后土，實聞斯言。」蕭昕就說一定一定。明年，牛錫庶果以第一名登進士第。⑩再一個例子是劉太眞的。據《唐摭言》卷八《誤放》條記載，江東人包誼，赴京應考，一日遊長安佛寺，唐突了中書舍人劉太眞。劉太眞惱恨在心，明年春試時，牢記包誼的名字，存心不讓他登第，雜文一場就將包誼落了，想再等到三場完畢，就把他打發走。後來又想，這小子既冒犯了我，我如因此報復，不免爲人譏笑，只要做到不讓他出頭，何必場場落他。於是在策文一場，把包誼收了。待到放榜，按照慣例，先將錄取者的姓名到宰相府第呈閱。太眞所定榜中有一姓朱的，而這時剛好朱泚之亂剛剛平定，宰相怕觸犯德宗忌諱，不擬在新進士中有姓朱的人，就急忙叫劉太眞另換一人。劉太眞沒有思想準備，遑遽間出門，不記他人，腦中只記得包誼的名字，別無他法，就把包誼換了這一姓朱的了。

這兩個故事都是可以歸入笑林之列的。如果吳敬梓生在唐朝，這些都是他寫諷刺小說的極好材料。用不著多加分析，讀者自可從記述中看到，當時儒林中的一些人物，是多麼的可笑和淺薄，而作爲取士盛舉的科試又衍變爲如此的荒誕不經，這確是後世所不可想像的。有關唐代知貢舉的記載，有的則誇張得太厲害，恐怕是不可靠的，如《唐摭言》卷八《自放狀頭》所記尹樞事就是如此：

杜黃門第一榜，尹樞爲狀頭。先是杜公主文，志在公選，知與無預評品者。第三場庭參之際，公謂諸生曰：「主上誤聽薄劣，俾爲社稷求棟樑，諸學生皆一時英俊，奈無人相救！」時入策五百餘人，相顧而已。樞年七十餘，獨趨進曰：「未諭侍郎遵旨。」公曰：「未有榜帖。」對曰：「樞不才。」公欣然延之，從容因命卷帘，授以紙筆。樞援毫斯須而就。每札一人，則抗聲斥其姓名；自始至末，列庭聞之，咨嗟嘆其公道者一口。然後長跪授之，唯空其元而已。公覽讀致謝訖，乃以狀元爲請。樞曰：「狀元非老夫不可。」公大奇之，因命親筆自札之。

這裡寫杜黃裳知舉時（德宗貞元七年），苦於無法定取捨，乃集合衆舉子，要求舉子中有人出來代替他決定進士及第的名單。按唐代雖有通榜或者通關節等等情事，但大多是背後私下進行，斷無知貢舉者不顧身份，作此種舉動的。又寫尹樞種種情態，類於小丑，既定他人等等，又自定狀元，這種情況是不可能發生的。這年進士登第者也有名人，如令狐楚、蕭俛、薛放等，都以才學名世，不可能設想他們是因尹樞在試場走筆而定的。大歷時詩人盧綸有《送尹樞令狐楚及第後歸見》詩（《全唐詩》卷二七六），說：「佳人此香草，君子即芳蘭。寶器金罍重，清音玉佩寒。貢文齊受寵，獻禮兩承歡。鞍馬並汾地，爭迎陸與潘。」以尹樞、令狐楚比喻陸機與潘岳，對他們的文采是相當推重的。這些，都使我們懷疑《唐摭言》所載的可靠性。清人趙翼也對此事持否定態度，其所著《陔餘叢考》卷二十九《塡榜》條說：「塡榜何患無人，乃令舉子自書，恐唐制亦未必如此，《摭言》所云未可信也。」

趙翼雖未講明理由，但他的懷疑是有道理的。

中晚唐時，強鎮擅命，宦官專權，也影響科舉試的取捨進退。這些，擬在後面的有關章節中敘述科場的腐敗現象時再作介紹。

四

正因爲知舉者握有取捨的大權，舉子就在試前向知舉者投詩獻文，希望博得知舉者的青睞，而一旦登第，就對知舉者感恩終生。就在這種歷史背景下產生了唐代科舉制所特有的座主與門生的關係，所謂「南宮主文爲座主」，「登第進士爲門生」。⑪這種座主與門生的關係，是從兩漢察舉制度遺留下來的。王夫之曾說漢之孝廉，「於所舉之公卿州將，皆生不敢於齒，而死服三年之喪」（《宋論》卷一）。在王夫之之前，明代的沈德符在《萬歷野獲編》卷十四中也說到：「座主、門生之誼，自唐而重，然漢時州牧之察孝、秀，三公之辟寮屬，至有以死相報者，其酬知己之恩，固不下於唐也。」（《科場·霍渭厓不認座師》條）無論兩漢的察舉制，還是唐代的科舉制，這種座主與門生的關係乃是一種利害相結的很深的封建關係。如柳宗元在《與顧十郎書》中所說：

凡號門生而不知恩之所自出者，非人也。（《柳宗元集》卷三〇）

柳宗元的這種表述是相當有代表性的。這是一種社會意識。也可以說是當時客觀存在著的官僚關係在人們意識中的反映。這一點，崔群的例子是很能說明問題的。崔群在中唐時被譽爲賢士，韓愈曾盛加讚譽，說他「考之言行而無瑕尤，窺之閫奧而不見畛域，明白淳粹，輝光日新」（《與崔群書》，見《昌黎先生集》卷十七）。但就是這麼一位賢明之士，對唐代社會中的座主與門生關係的論述卻表露出相當世俗的看法。《獨異誌》卷下載：「唐崔群爲相，清名甚重。元和中自中書舍人知貢舉。既罷，夫人李氏因暇日嘗勸其樹莊田以爲子孫之計，笑答曰：『余有三十所美莊良田遍天下，夫人復何憂？』夫人曰：『不聞君有此業。』群曰：『吾前歲放春榜三十人，豈非良田耶？』」錢易的《南部新書》己卷也載：「崔群是貞元八年陸贄門生，群元和十年典貢，放三十人，而黜陸簡禮。時群夫人李氏謂之曰：『君子弟成長，合置莊園乎？』對曰：『今年已置三十所矣。』夫人曰：『陸氏門生知禮，陸氏子無一得事者，是陸氏一莊荒矣。』群無以對。」這裡對崔群不無譏嘲，但崔群把門生比喻爲莊園，在唐代卻是極爲貼切，極易爲時人所接受的。知舉者選拔舉子及第爲賜恩，則舉子日後當然要報恩，否則就是柳宗元所指斥的，爲「非人也」。《獨異誌》與《南部新書》對崔群的譏嘲，也就是說他忘恩，這對唐代的士君子來說，是一種很厲害的輿論指責。

唐代的這種座主與門生的關係，發展成一種新的官僚勢力互相依存與接合的關係。如《舊唐書》卷一五八《鄭從讜傳》，鄭從讜於武宗會昌二年（八四二）登進士第，後釋褐爲秘書省校書郎，歷任拾遺、補闕、尚書郎、知制誥等職。宣宗時，宰相令狐綯、魏扶，都是從讜父親鄭澣知貢舉時門生，遂「爲之延譽，尋遷中書舍人」。這是門生做了大官後，幫助座主的兒子升遷，——這就是一種報恩。又如權德輿，文章還算寫得典實，但政治才能實在平庸得很，但因爲他在德宗貞元末連典了三年貢舉，所拔之士於憲宗時做大官的甚多，他也就此官運亨通，平平穩穩做了幾年宰相。楊嗣復爲其文集作序，其中就說：「及爲禮部侍郎，擢進士第者七十有餘，鸞鳳杞梓，舉集其門，登輔相之位者，前後凡十人，其他征鎭岳牧文昌掖垣之選，不可悉數。」（《丞相禮部尚書文公權德輿文集序》，《全唐文》卷六一一）這就是自從中唐時興起來的座主與門生之間，以及同年之間，因利害相關形成的新的官僚網。

門生不但要爲座主及座主之子安排美仕，還要爲座主諱。前面說過，劉太眞知舉時，交結權貴，所收多「宰執姻族，方鎭子弟」，又好惡任情，漫無準的（如對包誼），但裴度由於是劉太眞的門生，在所作《劉府君神道碑銘》中，卻說到太眞知舉時，「秉公心而排群議，履正道而杜私門」（《全唐文》卷五三八），完全把事實顚倒了。裴度爲一代人望，尙且如此，則自鄶而下，也就可想而知了。

唐代的這種座主與門生的關係，被後人批評爲「受命公朝，拜恩私室」（見《文獻通考》卷三〇《選舉考》三）。最容易結成朋黨關係（清顧炎武《日知錄》卷十七《座主門生》條說：「貢舉之士，以有司爲座主，而自稱門生，遂有朋黨之禍。」）。北宋人華鎭對此曾予以激烈的抨擊：

某嘗謂李唐設科舉以網羅天下英雄豪傑，三百年間，號爲得人，莫盛於進士。當是時謂南宮主文爲座主，謂登第進士爲門生，上之人榮得士之明，下之人懷藻鑒之德，揚摘品目，至於終身，敦尙恩紀，子孫不替。方其盛時，爲官掄才，志在公議，不遺分契，趨於篤厚，得君子之高誼，成風俗之佳事，斯可尙矣。厥後事變，弊沿法生，扇奔競之風，開請托之路，善謀者冒恥以苟得，恬淡者抱屈而陸沉。公道既淪，私分亦薄，徒習故事，浸成佻浮，故有受命公朝、拜恩私室之論，有識之士，以爲不然而病之。（《雲溪居士集》卷二十四《上門下許侍郎書》）

到了北宋，隨著封建專制主義中央集權的加強，唐代知貢舉中的所謂公荐及座主門生的關係，都被嚴令禁止。《文獻通考》卷三〇《選舉考》三載：「太祖皇帝建隆三年（九六二）……故事，知舉官將赴貢院，台閣近臣得荐所知進之負才藝者，號曰公荐。上慮其因緣挾私，詔禁之。」⑫也在同年九月一日下詔：「國家懸科取士，爲官擇人，既擢第於公朝，寧謝恩於私室？將懲薄俗，宜舉昭文。今後及第舉人不得輒拜知舉官子孫弟侄。如違，御史台彈奏。……兼不得呼春官爲恩門、師門，亦不得自稱門生。」（《宋會要輯稿》《選舉》三之一）在這之後，北宋政府就進一步創立殿試制度，企圖通過制度的釐革，把選士權掌握在皇帝的手中，從而剷除門生爲座主報恩的基礎。

唐代的這種座主與門生的關係，在詩歌中也有所表現。如《唐詩紀事》卷四十一載施肩吾於元和十年（八一五）應舉時，有《上禮部侍郎陳情》詩：「九重城裡無親識，八百人中獨姓施。弱羽飛時攢箭險，蹇驢行處薄冰危。晴天欲照盆難反，貧女如花鏡不知。卻向從來受恩地，再求青律變寒枝。」登第後感恩陳辭，中晚唐時更屢見，如中晚唐之交與許棠、張蠙結爲詩友的喻坦之，有《陳情獻中丞》詩（《全唐詩》卷七一三）：

孤拙竟何營，徒希折桂名。始終誰肯荐，得失自難明。貢乏雄文獻，歸無瘠土耕。滄江長發夢，紫陌久慚行。意欲求知切，才惟懼鑒精。五言非琢玉，十載看遷鶯。取進心甘鈍，傷嗟骨每驚。

塵襟痕積淚，客鬢白新莖。顧盼身堪教，吹噓羽覺生。依門情轉切，荷德力須傾。獎善猶憐貢，垂恩必不輕。從兹便提挈，雲路自生榮。

杜荀鶴《辭座主侍郎》（《唐風集》卷上）：

一飯尚感恩，況攀高桂枝。此恩無報處，故國遠歸時。只恐兵戈隔，再趨門館遲。茅堂拜親後，特地淚雙垂。

周匡物《及第後謝座主》（《全唐詩》卷四九〇）：

一從東越入西秦，十度聞鶯不見春。試向昆山投瓦礫，便容靈沼濯埃塵。悲歡暗負風雲力，感激涕生草木身。中夜自將形影語，古來呑炭是何人。

這些詩，雖然也不免感德報恩的俗套，但詩的作者都是所謂孤貧藝能之士（眞正有權勢能影響知舉者視聽的，是不屑也不必寫這種詩的），他們在感嘆自己的失意、希冀知舉的吸引之餘，還能寫出現實社會的某些不平和寒士的坎坷經歷，也還是有一定的現實意義的。

【附註】

① 貞觀以後，由考功員外郎代替考功郎中知貢舉，開元二十五年起，又改由禮部侍郎知貢舉。但開元二十四年以前，也有由考功郎中知舉的，不過這僅是一種特例，如《舊唐書》卷九十九《嚴挺之傳》載：「開元中，爲考功員外郎。典舉二年，大稱平允，登科者頓減二分之一。遷考功郎中，特敕又令知考功貢舉事。」

②據徐松《登科記考》卷九，《唐語林》以李麟典舉時任中書舍人，不確。

③詳見本書前第七章《制舉》。

④據《登科記考》卷十六。

⑤陸傪，兩《唐書》無傳，其事跡可參《元和姓纂》卷一〇，《新安誌》卷九。

⑥此事又略見於《新唐書》卷二〇三《文藝下·吳武陵傳》。

⑦王泠然上宰相張說書，見《唐摭言》卷六《公荐》，又見《全唐文》卷二九四。

⑧《北夢瑣言》卷二：「咸通中，禮部侍郎高湜知舉，榜內孤貧者公乘億，賦詩三百首，人多書於屋壁；許棠有洞庭詩，尤工，時人謂之許洞庭；最奇者有聶夷中，河南中都人，精於古體，有《公子家》詩云……，又《詠田家》詩云……。所謂言近意遠，合三百篇之旨也。盛得三人，見湜之公道也。」又《新唐書》卷一七七高湜本傳載：「時士多由權要干請，湜不能裁，既而抵帽於地，曰：『吾決以至公取之，得譴固吾分！』乃取公乘億、許棠、聶夷中等。」

⑨見中華書局一九七九年十月點校本《柳宗元集》卷一〇。

⑩此事又略見《唐摭言》卷八《遭遇》。

⑪見宋華鎭《雲溪居士集》卷二十四《上門下許侍郎書》。

⑫又見《宋史》卷一五五《選舉誌》一「科目」。

第十章　進士行卷與納卷

一

唐代舉子的行卷風尙，唐宋時人的著作中曾有所記載，近代學者如陳寅恪、馮沅君等諸位先生在他們的著述中，也曾有所涉及。但眞正將唐代行卷作專門的探討，並且把行卷的風氣與文學的發展聯繫起來加以研究的，是程千帆先生的專著《唐代進士行卷與文學》一書（上海古籍出版社一九八〇年八月出版）。程先生的這本書字數不算太多（六萬餘字），但相當精粹。這是近些年來唐代文學研究和唐代科舉史研究的極有科學價值的著作，它的出版使這些領域的研究得以向前擴展了一大步。程先生由唐代進士試的特點，考察了唐代進士行卷風氣的形成，以及這種風氣對當時的詩歌、古文和傳奇小說的創作所起的積極的作用。書中對進士行卷的風尙給予文學的作用是否有估計過高之處，還可以進一步討論，但這種研究方法是可以開闊人的視野，給人以啓發的。

程先生的著作中把投行卷和納省卷作了區分。書中說：「所謂行卷，就是應試的舉子將自己的文學創作加以編輯，寫成卷軸，在考試以前送呈當時在社會上、政治上和文壇上有地位的人，請求他們向主司即主持考試的禮部侍郎推荐，從而增加自己及第的希望的一種手段。」（頁三）而納省卷則是：「

進士到禮部應試（即所謂省試，禮部屬尚書省）之前，除了上面所談的要向有地位的人投行卷之外，還要向主司官納省卷。」（頁七一八）這就是說，省卷是舉子在考試前，按規定向禮部交納的，也可以說是正式考試前的一次預試；行卷則是投向禮部以外社會上有名望的人，是舉子通過個人交往請求他們給以揄揚和推荐，以影響主司的視聽。把這兩者加以區別，可以改正過去某些含混不清的記載。①書中並進而指出，不論納省卷與投行卷，都是與進士科相聯繫，因爲當時科舉考試實行不糊名制，可以通榜，而進士科考試又重在文詞，這就使省卷、行卷具有可能，也有了必要。作這種區分，可以改正宋人趙彥衛《雲麓漫鈔》中含混不清的記述。《雲麓漫鈔》卷八說：

唐之舉人，先借當世顯人以姓名達之主司，然後以所業投獻。逾數日又投，謂之溫卷。如《幽怪錄》、《傳奇》等皆是也。蓋此等文備眾體，可以見史才、詩筆、議論。至進士則多以詩爲贄，今有唐詩數百種行於世者，是也。

這條材料曾爲許多研究者所引用，用以說明唐人以寫作傳奇小說作爲行卷向當世顯人投獻。但《雲麓漫鈔》「既沒有將舉子們納省卷與投行卷這兩種不同的事實區別開來」（《唐代進士行卷與文學》頁七），「而據《雲麓漫鈔》語意，似乎無論什麼科的舉子，都曾以傳奇小說來行卷，惟獨進士才多以詩行卷，這也和現存其他文獻所提供的事實不合」（同書頁九）。

又如關於唐代科舉與文學的關係，過去似乎也有兩種對立的說法，一種以宋嚴羽的《滄浪詩話》爲代表，說：「唐以詩取士，故多專門之學，我朝之詩所以不及也。」認爲唐代以詩取士，促進了唐詩的繁榮，古人有此說，今人也有此說。對立的意見，如郭紹虞先生《滄浪詩話校釋》所引的王世貞《藝苑卮言》、楊愼《升庵詩話》等，認爲唐人省題詩很少佳者，而凡傳世之作，則並非省題詩（現代有些研究論文，有更進一步認爲唐代以詩取士對唐代詩歌創作起了壞作用的）。程先生認爲這兩種說法都有可議之處，書中說：「既然是以詩取士，詩成了取士的必要手段，則這種手段歸根到底也不能不既爲應進士舉的人開拓道路，也同時爲應進士舉所必要作的詩本身開拓道路，無論這道路是好的還是壞的。」（頁四十七）這樣的論述是較爲通達的。

程先生逐節考察了行卷對唐代詩歌、古文運動和傳奇小說所起的作用，在最後一節中說：「進士科舉，則又是唐代科舉制度中最重要的組成部分。它主要是以文詞優劣來決定舉子的去取。這樣，就不能不直接對文學發生作用。這種作用，應當一分爲二，如果就它以甲賦、律詩爲正式的考試內容來考察，那基本上只能算是促退的；而如果就進士科舉以文詞爲主要考試內容因而派生的行卷這種特殊風尚來考察，就無可否認，無論是從整個唐代文學發展的契機來說，或者是從詩歌、古文、傳奇任何一種文學樣式來說，都起過一定程度的促進作用。這就是本書的一個極其簡單的結論。」（頁八十八）說這是「一個極其簡單的結論」，是作者的謙遜，因爲凡是讀過這本專著的人都會感覺到，這一結論，是從許多新發現的、令人感興趣的材料和書中多方面的論證相結合得出來的，有著豐富的內蘊。

我在這裡直接引錄了《唐代進士行卷與文學》一書中的好幾段原文，意在向讀者介紹程先生在書中發揮的有價值的見解，同時也標明本章的論述即得之於這些見解的啓發。這裡擬在程先生已經論述的基礎上，作一些補充，就進士舉子納省卷和投行卷的一些基本情況，盡可能補充一些例證，並力求使敘述稍稍平實；至於行卷風尚與文學的關係，程先生論之已詳，且本書其他章節對整個唐代科舉制度與文學的關係已有所說明，在這一章中就不作專門的分析了。

二

納省卷始於何時，文獻中沒有明確的記載。《舊唐書》卷九十二《韋陟傳》載：

> 曩者主司取與，皆以一場之善，登其科目，不盡其才。陟先責舊文，仍令舉人自通所工詩筆，先試一日，知其所長，然後依常式考核，片善無遺，美聲盈路。②

程千帆先生《唐代進士行卷與文學》也曾引此條，並說：「韋陟以禮部侍郎知貢舉，事在天寶元年（公元七四二年）（注謂據徐松《登科記考》卷九）。納省卷的風尚可能即由此而形成。」（頁八一九）按據《舊唐書》本傳所載，陟爲韋安石子，係關中著名望族，他與當時文士如王維、崔顥、盧象等相交往，本人又喜歡文詞。他在知貢舉時，先命舉子於考試前先交納舊日所作詩文，以觀其所長，在這以前，還未有類似的記載。因此程先生說納省卷的風尚可能即由此而形成，應當說是不致符合實際的。不過在韋陟當時只不過偶一爲之，並不是禮部試的一項規定，至元結於天寶十二載（七五三）舉進士時納省卷，則是禮部試進士的一項正式規定了。元結《文編序》說：

> 天寶十二年，漫叟以進士獲薦，名在禮部，會有司考校舊文，作《文編》納於有司。當時叟方

年少，在顯名跡，切恥時人謟邪以取進，奸亂以致身，徑欲塡陷阱於方正之路，推時人於禮讓之庭。……是以所爲之文，可戒可勸，可安可順。侍郎楊公見《文編》，嘆曰：「以上第污元子耳，有司得元子是賴。」……明年，有司於都堂策問郡士，叟竟在上第。（孫望點校《元次山集》卷一〇）

從這段文字中我們可以考知幾點：第一，當時舉子交納文卷，乃出於禮部的要求，是一項規定，所以說「有司考校舊文」，並非像行卷那樣由舉子出於主動，選擇適當對象，投呈所作。第二，元結於天寶十二載赴舉，並以《文編》作爲省卷投納於禮部，「明年，有司於都堂策問郡士，叟竟在上第」。由此可知，納省卷一般當是在考試前一年的冬天（當然也有在考試當年正、二月的，即在試期之前）。李觀《帖經日上侍郎書》（《全唐文》卷五三三），也說到：「十首之文，去冬之所獻也。」李觀應進士考試是在春日，投納省卷則是「去冬」。第三，所投省卷文詞之好壞，能否爲主司所看中，是第二年能否及第的重要因素。元結自己說他的《文編》爲禮部侍郎楊浚所讚許，第二年「竟在上第」。李商隱《容州經略使元結文集後序》也說：「見取於公浚楊公，始得進士第。」（《樊南文集詳注》卷七）皮日休《文藪序》又再一次特地提到：「比見元次山納《文編》於有司，侍郎楊公浚見《文編》，嘆曰：『上第污元子耳。』」（《文藪》卷首）可見元結以《文編》作爲省卷交納，獲得知貢舉楊浚的稱賞，與第二年進士及第，有直接的關係。第四，孫望先生《元次山年譜》說元結的《文編》凡再輯，第一次輯成於天寶十二載，「是後以迄於大歷二年，又復次第新作，合於舊編，凡二百三首，總名曰《

文編》」。③《新唐書》卷六〇《藝文誌》四集錄別集類載「元結《文編》一〇卷」，可見份量是不小的。天寶十二載向禮部交納的一次，大約不到十卷，但據元結自序說「所爲之文，可戒可勸，可安可順」，則已有相當的篇幅。

由上面引述的韋陟與元結的例子，可以推斷，舉子納省卷作爲一項制度，當是在天寶元年至十二年之間形成的。以後則凡舉子應進士試，例須投納。所以李商隱在《與陶進士書》中說到來京師後，累年應舉，都未得第，「時獨令狐補闕最相厚，歲歲爲寫出舊文納貢院」（《樊南文集詳注》卷八）。可知李商隱應進士試，雖然好幾年都未考中，但每年還是照例要向貢院納文卷。明人胡震亨《唐音癸簽》卷十八《詁箋》三，《進士科故實》條，說：「舉子麻衣通刺，稱鄉貢。由戶部關禮部，各投公卷。」就是這個意思。

元結與李商隱在談到省卷時，都說是「舊文」。「舊文」是一種泛稱，簡單說來就是舊日所作。李商隱說「歲歲爲寫出舊文納貢院」，這歲歲所寫當然不可能都是每年新作，當是逐年把自認爲是佳作的加以編次抄寫，是逐年積累的。這些舊文，又備多種體裁，李觀《帖經日上侍郎書》中說：

十首之文，去冬之所獻也，有《安邊書》、《漢祖斬白蛇劍贊》、《報弟書》、《邠寧慶三州饗軍記》、《謁文宣王廟碑文》、《大夫種碑》、《項籍碑》、《請修太學書》、《弔韓弁沒胡中文》等作，上不罔古，下不附今，直以意到爲辭，辭迄成章。中最逐情者，有《報弟書》一篇。不知侍郎嘗覽之邪？未嘗覽之邪？

李觀這封書是上給禮部侍郎的。從李觀的介紹中，可知他這次交納的省卷，是十篇文，沒有詩作，這與李觀長於爲文而短於作詩相合，由此也可知舉子交納舊文時當是有所選擇，把自已擅長的文體送交。李觀的十篇之文，有書啓，有贊文，有記、碑、弔文，也是中唐時的古文名作。

皮日休《文藪序》說：

咸通丙戌中，日休射策不上第，退歸州東別墅，編次其文，將貢於有司，發篋叢萃，繁如藪澤，因名其書曰《文藪》焉。比見元次山納《文編》於有司，侍郎楊公浚見《文編》，嘆曰：「上第汚元子耳。」斯文也，不敢希楊公之嘆，希當時作者一知耳。賦者古詩之流也，傷前王太佚，作《憂賦》；慮民道難濟，作《河橋賦》；念下情不達，作《霍山賦》；憫寒士道壅，作《桃花賦》。《離騷》者文之菁英也，傷於宏奥，今也不顯《離騷》，作《九諷》。文貴窮理，理貴原情，作《十原》。太樂既亡，至音不嗣，作《補九禮》、《九夏歌》。兩漢庸儒，賤我《左氏春秋》，成《春秋決疑》。其餘碑銘讚論書序，皆上剥遠非，下補近失，非空言也，較其道，可在古人之後矣。古風詩，編之文末，俾視之粗俊於口也，亦由食魚遇鯖，持肉偶臊。《皮子世錄》，著之於後，亦《太史公自序》之意也。凡二百篇，爲十卷，覽者無誚焉。

從這篇序文中，可見《文藪》一書已包括皮日休一生所作的主要作品。據蕭滌非先生校訂的《皮子文藪》前言所考，根據《北夢瑣言》卷二所載，在編定《文藪》的第二年，即咸通八年（八六七），皮日休進士及第。《文藪序》中說「編次其文，將貢於有司」，可見這《文藪》也是作爲省卷向禮部交納的。其數量竟有十卷、二百篇之多。皮日休於第二年及第，恐怕與《文藪》之呈獻有一定的關係。從自序的介紹，可見有賦、詩及騷體等雜文，還包括碑、銘、贊、論、書、序。我們還可以注意到無論是元結的《文編》，還是皮日休的《文藪》，雖然說是文備衆體，但在內容上仍有一個共同點，即作者認爲所作是有補於世道的，並非徒托空言，因此說「可戒可勸，可安可順」，所謂「上剝遠非，下補近失」。李觀所獻的十文，作者也自認爲是「上不罔古，下不附今」的匡時正俗之作。從這點出發，就可以理解傳奇小說作家李復言爲什麼因納《纂異》而被斥落了。錢易《南部新書》甲卷載：

李景讓典貢年，有李復言者，納省卷，有《纂異》一部十卷。榜出曰：「事非經濟，動涉虛妄，其所納仰貢院驅使官卻還。」復言因此罷舉。

李景讓於文宗開成五年（八四〇）知貢舉（見《登科記考》卷二十七）。研究者有認爲《纂異》即今傳李復言的《續玄怪錄》，是唐人的傳奇小說。禮部表示不接受《纂異》作爲省卷，說是「事非經濟，動涉虛妄」，而作者李復言竟因此而未能得第，可見唐代對省卷內容的要求是比較嚴格的，這就是要求它所記述的必須有關於「經濟」，而不能允許虛妄怪誕之作送呈。④這就不如行卷那樣有較多的自由了。

晚唐五代對省卷更有一些明確的限定。如《唐摭言》卷九《四凶》記載道：

劉子振，蒲人也，頗富學業，而不知大體。……居守劉公主文歲，患舉子納卷繁多，榜云納卷不得過三軸。子振納四十軸，因之大掇凶譽。子振非不自知，蓋不能抑壓耳。（又卷十二《自負》

六載云：劉允章侍郎主文年，榜南院曰：「進士納卷，不得過三軸。」劉子振聞之，故納四十軸。）

《南部新書》乙卷載：「咸通九年（八六八），劉允章放榜後，奏新進士春關前，擇日謁前先師，皆服青襟介幘，有洙泗之風焉。」則劉允章應是咸通九年（八六八）知舉（又可參《登科記考》卷二十三）。劉允章限定省卷不得過三軸，是由於在這之前「舉子納卷繁多」，而舉子劉子振卻又故意納四十卷，可見省卷卷軸的繁多已是一時的風尚。

竇儀《條陳貢舉事例奏》（《全唐文》卷八六二）說：

其進士請今後省卷限納五卷已上，於中須有詩、賦、論各一卷，餘外雜文歌篇並許同納，只不得有神道碑、誌文之類。

據《文獻通考》卷三〇《選舉考》三，這是五代時周世宗顯德二年（九五五）五月，竇儀爲禮部侍郎知貢舉時所奏陳。李景讓是限定在三卷以下，竇儀則規定須在五卷以上，並且規定其中三卷須是詩、賦、論，其他則爲雜文、歌篇，這是可以理解的，但規定不許有神道碑、墓誌文，則又不知何故。觀前所引李觀、皮日休等所述，也確實沒有這一類的體裁，可能碑誌等文，一來字數多，篇幅長，二來大多有固定程式，流於刻板，且內容也大多陳陳相因，看不出文采特色，故例行不納。

《太平廣記》卷一五五《李固言》條引《蒲錄記傳》，記李固言應進士試事云：

是歲元和七年，許孟容以兵部侍郎知舉。固言訪中表間人在場屋之近事者，問以求知遊謁之所（原注：未詳姓氏），斯人且以固言文章甚有聲稱，必取甲科，因紿之曰：「吾子須首謁主文，仍要求見。」固言不知其誤之，則以所業徑謁孟容。孟容見其著述甚麗，乃密令從者延之，謂曰：「舉人不合相見，必有嫉才者。」使詰之，固言遂以實對。孟容許第固言於榜首，而落其教者姓名，乃遣秘焉。

《唐代進士行卷與文學》頁二十二引此，並說：「這條資料說明，舉子是不可以私下向主試官直接行卷的（向禮部衙門公開投納省卷當然不在此限），而是必須通過顯人的推荐，才能使主司注意他以至於錄取他。」程先生引錄這條材料，以說明唐代舉子納卷時須有避忌之處，這是很對的，但這裡說「舉子是不可以私下向主試官直接行卷」，語意似稍嫌含混。從這一條材料中，可以看出，舉子向主司投文是可以的，但私下相見是不能允許的。正因如此，所以欺騙李固言的人叫他「首謁主文」，重點在「仍要求見」，而許孟容看了李固言獻納的文章，甚爲讚賞，遂許諾他爲這一榜的狀元。

這裡不妨舉一個旁證。據徐松《登科記考》卷二十二，盧肇是武宗會昌三年（八四三）進士狀頭，這年知貢舉者是王起。王起這時官爲尚書左僕射、判太常卿事。盧肇有《上王僕射書》（《全唐文》卷七六八），即是呈獻給王起的。書中先說自己「本孤賤生江湖間」，「及來輦下，再試皆黜」；後說：「今乃不意遇聖君賢相以僕射爲日月照臨，多士莫不屏氣攝息」。又說：「某於此時，若不得循牆以窺，則是終身無竊望之分也」；於是「獻拙賦一首，塵冒尊嚴，無任悸栗之至」。顯然，這封書信是寫在王起已被任命爲知貢舉之後，進士的正式考試之前，盧肇以舉子的身份，向知貢舉者上書，並獻賦一篇。盧肇在這裡不但不稍避嫌，而且以顯然過分誇大的言辭稱頌王起，說：「度天下之德，莫重於僕射；計天下之學，莫深於僕射；觀天下文章，莫富於僕射。」由此看來，舉子於試前直接向主司投文並上書，似並不需要避忌的。

在唐代，還有舉子在考試之前直接向主司獻詩的，這裡不妨引錄幾首詩。如孟郊《上包祭酒》（華忱之校訂《孟東野詩集》卷六）：

岳岳冠蓋彥，英英文字雄。瓊音獨聽時，塵韻固不同。春雲生紙上，秋濤起胸中。時吟五君詠，再舉七子風。何幸松桂侶，見知勤苦功。願將黃鶴翅，一借飛雲空。（按據《舊唐書·德宗紀》，包佶於貞元二年（七八六）正月辛未以國子祭酒知禮部貢舉，又可參《續玄怪錄·李俊》篇載包佶貞元二年為國子祭酒。時孟郊三十六歲，尚未及第。）

施肩吾《上禮部侍郎陳情》（《全唐詩》卷四九四）：

九重城裡無親識，八百人中獨姓施。弱羽飛時攢箭險，蹇驢行處薄冰危。晴天欲照盆難反，貧女如花鏡不知。却向從來受恩地，再求青律變寒枝。（按，施肩吾於憲宗元和十年（八一五）登進士第。）

顧非熊《陳情上鄭主司》（《全唐詩》卷五〇九）：

登第久無緣，歸情思渺然。藝慚公道日，身賤太平年。未識笙歌樂，虛逢歲月遷。羈懷吟獨苦，愁眼愧花妍。……朝乏新知己，村荒舊業田。受恩期望外，效死誓生前。願察為裘意，彷徉和角篇。懇情今吐盡，萬一冀哀憐。（按，《全唐詩》小傳謂非熊長慶中登進士第，誤，今據徐松《登科記考》卷二十二，非熊登進士第在武宗會昌五年（八四五）。這年知貢舉爲陳商。詩題中作鄭主司，或鄭爲陳之誤，或鄭主司爲在此之前之另一知舉者。）

這些詩，一面敘述自己無親知舊識之強有力者爲之奥援，以至久困舉場，累遭不遇，一面又懇求知舉者能哀憐其不幸，賞識其文才，而拔於泥塗之中，升騰於「雲空」之上。可見唐代舉子在試前向主司獻詩陳情，是習見的現象。不但如此，如上面引述過的李觀《帖經日上侍郎書》，則是考試期間向主司上書，文中說：「昨者，奉試《明水賦》、《新柳》詩。平生也，實非所尚；是日也，頗亦極思。侍郎果不以媸奪妍，不以瑕廢瑜，獲邀福於一時，小子不虛也。而以帖經爲本，求以過差去留，視去冬十首之文，不謀於侍郎矣，豈一賦一詩足云乎哉！」以下即敘上面引述過的「十首之文，去冬之所獻也」云云。從這裡可以得知，李觀是在考了第一場詩賦（雜文試）後，在考第二場帖經時向主司上書的，說第一場考一賦一詩，雖非平日所尚，但還算可以，帖經則非己所長，若以此定去留，那末去冬所呈納的十篇文章，也就徒然了。書啓中再一次介紹了十篇文章的內容，希望主司能加以全面考察，不要「以媸奪妍」，「以瑕廢瑜」，以帖經的過差成績而影響取捨。這在宋以後的科場中是絕對不能允許的，而唐代則習以爲常。李觀的這篇上書還可以收入文集流傳於世，可見唐代的考試，比較起來，還是相當自由的。

這種以文爲贄，向主司陳情的風尚，在北宋初期似還存在。如徐鉉《進士廖生集序》（《徐公文集卷二十三》）：

端拱改元歲，春官庀職，俊造畢集。有廖生者惠然及門，以文十五軸爲贄。觀之，則博贍淵奧，清新相接。其名理則師荀、孟之流，其文詞則得四傑之體。問其年則既冠矣；……問其爵里，則閩方茂族。

端拱爲宋太宗年號，元年爲公元九八八年，距宋開國近三十年。徐鉉本是南唐詞臣，入宋爲翰林院學士，有文名，這時又爲試官，所以舉子如廖生者向他投呈文卷。可以注意的是，徐鉉所作的序中說廖生「惠然及門」，而且徐鉉又「問其年」、「問其爵里」，廖生皆有答語。由此可知，五代和北宋初期或許舉子還可以同試官見面。

在這以後，隨著北宋時期科舉制度的改革，如採用殿試制，考卷糊名、謄錄，無論納卷與行卷，都已無必要。納卷本身也確實存在不少弊病，如《文獻通考》卷三〇《選舉考》三，載宋太宗時，「貢院言：昨詳進士所納公卷，多假借他人文字，或用舊卷，或爲傭書人易換文本，是致考校無準。」這裡說的雖是北宋初期的情況，但想來唐代（特別是晚唐）也會有這一類的現象，不過文獻未載罷了。《文獻通考》接著記述道：「請自今並令舉人親自投納，於試紙前親書家狀。如將來程試與公卷全異，及所試文字與家狀書體不同，並駁放之；或假用他人文字，辨認彰露，即依例扶出，永不得赴舉。」這還是在仍然沿用納卷的情況下所作的某些改良，到宋眞宗景德時，則乾脆停止納卷。《宋史》卷一五五《選舉志·科目》謂：「賈昌朝言：『自唐以來，禮部採名譽，觀素學，故預投公卷；今有封彌、謄錄法，一切考諸試篇，則公卷可罷。』自是不復有公卷。」北宋中期人范鎭在《東齋紀事》卷三中也記道：

> 初舉人居鄉，必以文卷投贄先進。自糊名後，其禮浸衰。賈許公爲御史中丞，又奏罷公卷，而士子之禮都亡矣。

這種在唐五代二三百年間成爲一時風尙的投卷活動，終於隨著社會的變化和科舉制度的改革而在歷史上消失。投卷的產生有它的一定社會條件，中國的封建社會發展到宋代，封建專制主義中央集權進一步加強，官員選拔權也進一步集中於中央的最高權力機構，同時，又不以詞采爲主要標準，這就使得投卷的社會條件不復存在，而科舉與文學的關係也就逐步疏遠。

三

現在來講行卷。

《唐詩紀事》卷六十五《裴說》條謂：「唐舉子先投所業於公卿之門，謂之行卷。」這是最一般的說法，因而也不免疏略，如所謂舉子，就沒有區分進士和明經，唐代明經以下等科的舉子是不必、實際上也沒有行卷的。又如所謂「先投」，先，當然是指科試之前，這在一般情況下是對的，但唐代有時在考試之後或放榜落第之後，也要向知己者呈獻詩作（這點後面還將講到）。

《南部新書》乙卷說：

> 長安舉子，自六月以後，落第者不出京，謂之過夏，多借靜坊廟院及閑宅居住，作新文章，謂

之夏課。亦有十人五人醵率酒饌，請題目於知己朝達，謂之私試。七月後投獻新課，並於諸州府拔解。人爲語曰：「槐花黃，舉子忙。」

這後幾句當本之於唐李綽《秦中歲時記》：「進士下第，當年七月復獻新文求拔解，故曰『槐花黃，舉子忙』。」正因爲是七月後所作新文，故也稱秋卷。如張籍《贈賈島》（《張籍詩集》卷四）：「蹇驢放飽騎將出，秋卷裝成寄與誰。……姓名未上登科記，身屈惟應內史知。」又如《劉賓客嘉話錄》記謂：

牛丞相奇章公初爲詩，務奇特之語，至有「地瘦草叢短」之句。明年秋卷成，呈之，乃有「求人氣色沮，憑酒意乃伸」，益加能矣。明年乃上第。

不過這裡所謂的七月新課，所謂秋卷，實際上並不是進士科舉人在禮部試前投呈之作，而是士子爲獲取京兆府或州府的荐送而向名公貴仕呈納詩文，因此《南部新書》和《秦中歲時紀》都說是求拔解。嚴格地說來，這是不屬於行卷的範圍的。因爲唐代的所謂行卷，是應試的舉子將自己的詩文向社會上有地位的人呈獻，請求他們向主司即主持考試的禮部侍郎推荐。在這裡，行卷者是州府試合格的舉子，其目的是獲得禮部試及格即進士登第，而求拔解則不過是獲得舉子資格的一種手段，二者是有區別的。

行卷，一般是指進士試而言，但有時也不限於進士試，如柳完元《上大理崔大卿應制舉不敏啓》（《柳宗元集》卷三十六），就是進士登第後應制舉宏詞科不第時所作，陳景雲《柳集點勘》謂「此啓蓋初試不利後作，貞元十三年也」，「更求其推荐於再舉耳」。再如韓愈《應科目時與人書》（《韓昌黎文集校注》卷三），首句謂「月日愈再拜」，另一本作「應博學宏詞前進士韓愈謹再拜上書舍人閣下」，舊注說是貞元九年（七九三）應博學宏詞時所作。這都是應制舉前投文行卷的例子。

再如韓愈《上宰相書》（《韓昌黎文集校注》卷三），說：「小子不敢自幸，其嘗所著文，輒採其可者若干首，錄在異卷，冀辱賜觀焉。」這是韓愈進士登第後數次應宏詞未中時所作，所謂「四舉於禮部乃一得，三選於吏部卒無成」，於是向宰相上書，希望能賞識其文才，而荐拔於朝。這也算是一種行卷，因此《後十九日復上書》中又說：「二月十六日，前鄉貢進士韓愈謹再拜言相公閣下。向上書及所著文後，待命凡十有九日，不得命。」（同上）至於行卷的風尚始於何時，這個問題也同納卷一樣，文獻上沒有明確的記載。程千帆先生《唐代進士行卷與文學》對此有一個推斷，書中說：

> 今傳行卷故事見於唐人小說、雜記的，絕大多數出於中、晚唐。但這種風尚的興起則必然在永隆二年進士加試雜文成爲制度以後，安、史之亂以前。薛用弱《集異記》所敘王維借岐王的力量行卷於公主事，顯然不足據信，但這種依托，卻不失爲唐人認爲行卷之風出現較早的旁證。
>
> （頁十三）

程先生把行卷興起的時間定在永隆二年（六八一）以後，安史之亂即天寶十五載（七五六）以前，這一推斷是審慎的。本書前面論述進士考試與及第時已說過，永隆之前，進士主要考策文和帖經，那時還沒有行卷的必要，永隆二年加試雜文，逐漸以文詞的優劣定去取，行卷的社會條件乃漸次成熟。不過永隆二年加試雜文，至開元、天寶之際雜文以詩賦爲主，還有七、八十年的時間。韋陟於天寶元年知舉，令舉子先交納舊文，這與行卷之風興起的時間是大致相近的。至於《集異記》所載王維《鬱輪袍》事，則主要是與張九皋爭京兆府所送的解頭，並非爭禮部試，且唐代士人行卷的對象，雖一般爲名公顯宦，但還未行於公主之第的。至於其事本身之不足據信，本書前第三章《鄉貢》已有辨析，此不贅述。

在初唐文獻中，確實還沒有發現舉子行卷的記載。陳子昂有《上薛令文章啓》（《陳子昂集》卷十），說：「某啓。一昨恭承顯命，垂索拙文，祇奉恩榮，心魂若厲，幸甚幸甚。」又說：「某聞鴻鐘在聽，不足論擊缶之音；太牢斯烹，安可荐黎羹之味。然則文章薄技，固異於高賢，刀筆小吏，不容於先達。」末云：「某實細人，過蒙知遇，顧循微薄，何敢祇承。謹當畢力竭誠，策駑磨鈍，期效忠以報答，奉知己以周旋。文章小能，何足觀者。」這裡的薛令爲薛元超，見《舊唐書》卷七十三本傳。⑤薛元超於高宗永隆二年拜中書令，弘道元年（六八三）冬死。陳子昂文稱薛令，則此文當作於六八一—六八三年之間。這時陳子昂已登進士第。觀文中所述，當是薛元超向陳子昂索閱文章，子昂則表示謙遜不敢呈獻。可見陳子昂的這封書啓，並非行卷之作。

四

現在進而論行卷本身的一些情況。爲便於說明問題起見，這裡抄錄白居易的《與陳給事書》（《

白居易集》卷四十四）作爲例子，並就有關的問題作幾點說明。

正月日，鄉貢進士白居易，謹遣家僮奉書獻於給事閣下。伏以給事門屏間，請謁者如林，獻書者如雲，多則多矣，然聽其辭，一辭也，觀其意，一意也。何者？率不過有望於吹噓翦拂耳。給居易則不然。今所以不請謁而奉書者，但欲貢所誠、質所疑而已，非如衆士有求於吹噓翦拂也。給事得不獨爲之少留意乎？……夫蘊奇挺之才，亦不自保其必勝，而一上得第者，非他也，是主司之明也。抱瑣細之才，亦不自知其妄動，而十上下第者，亦非他也，是主司之明也。豈非知人易而自知難耶？伏以給事，天下文宗，當代精鑑，故不揆淺陋，敢布腹心。居易，鄙人也，上無朝廷附離之援，次無鄉曲吹煦之譽；然則孰爲而來哉？蓋所仗者文章耳，所望者主司至公耳。今禮部高侍郎爲主司，則至公矣。而居易之文章，可進也，可退也，竊不自知之，欲以進退之疑，取決於給事，給事其能捨之乎？……謹獻雜文二十首，詩一百首，伏願俯察悃誠，不遺賤小，退公之暇，賜精鑑之一加焉。可與進也，乞請一言，小子則磨鉛策蹇，騁力於進取矣；不可進也，亦乞取一言，小子則息機斂跡，甘心於退藏矣。進退之心，交爭於胸中者有日矣，幸一言以蔽之。旬日之間，敢佇報命。……居易謹再拜。

陳給事爲陳京，其事跡可參見《新唐書》卷二〇〇《儒學傳》，及柳宗元《唐故秘書少監陳公行狀》（《柳宗元集》卷八）。按白居易德宗貞元十五年（七九九）秋，由宣州荐送應進士試，貞元十六年（八〇〇）春於高郢下進士及第。陳京則貞元時歷任司封郎中、給事中、秘書少監，貞元二十一年（八〇五）卒。陳京貞元十六年當在京任給事中，因此白居易稱之爲陳給事。從白居易的這封書啓中，可以考知以下數事：

一、文章開頭說：「正月日」。這是寫這封書信的日子，也是向陳京行卷的時間。行卷一般是在舉子集中到京都後至考試前，也就是頭一年冬至第二年正二月間（即靠近試期）。這種情況在唐人詩文中累見，如杜荀鶴就有一首題爲《近試投所知》（《唐風集》卷上），從詩題就可知是接近試期時向知己者投呈所作。詩云：「白髮隨梳落，吟懷說向誰。敢辭成事晚，自是出山遲。擬動如浮海，凡言似課詩。修身事知己，此外復何爲。」杜荀鶴於昭宗大順二年（八九一）登進士第，年已四十六歲，在此之前曾屢試不第。這當是除平時行卷以外，近試期又投之以詩，訴說自己的不遇，迫切之情可見。

二、居易的文章接著說：「謹遣家僮奉書獻於給事閣下。」又說「伏以給事門屛間，請謁者如林，獻書者如雲」，「今所以不請謁而奉書者……」可見行卷時，舉子向行卷對象可以親自登門請謁，也可以只遣家僮前去投書獻文，但按例是應當親自前去的，白古易之所以不請謁而奉書者，有他的緣故，因此在書啓中特地作了解釋。這也可從有關的記載中找到旁證。如《北夢瑣言》卷四說：「唐末舉人，不問士行文藝，但勤於請謁，號曰精切。」這是說唐末科場風氣的浮薄，有些舉子不管自己的行爲與文詞如何，只講究勤於請謁。另外《唐摭言》卷十五《舊話》記述行卷需要注意的種種情狀，其中的一條，告誡舉子要「見面少，聞名多」，並說：「凡後進遊歷前達之門，或慮進趨揖讓，偶有蹶失，則雖有烜赫之文，終負生疏之誚。故文藝既至，第要投謁慶弔及時，不必孜孜求見也。」這一記述與

《北夢瑣言》所說相反，但舉子須到先達之門請謁則是一致的，而且《唐摭言》還說到，除投謁外，凡有慶弔，也須及時。唐末詩人黃滔在《刑部鄭郎中啓》中就說：「試賦一軸，謹詣宅祇候陳獻。」（《唐黃御史公集》卷六）就是登門呈文。《文獻通考》卷二十九《選舉考》二引江陵項氏語，記述舉子向達官貴人投文請謁的卑微之狀：

天下之士，什什伍伍，戴破帽，騎蹇驢，未到門百步，輒下馬奉幣刺再拜以謁於典客者，投其所爲之文，名之曰求知己。

而像歐陽澥那樣的舉子，遠來自閩方，朝中無權勢者可以依靠，只能憑仗自己「薄有辭賦」，出入考場長達二十年。他向後來做到宰相的顯宦韋昭度投文，「行卷及門，凡十餘載，未嘗一面，而澥慶弔不虧」（《唐摭言》卷一〇《海敘不遇》）。即使如此，歐陽澥還是沒有及第，最後流落至荆漢間而死。可見貧寒士子行卷的苦況。⑥

三、《與陳給事書》中說到考試之前，陳京的府第「請謁者如林，獻書者如雲」，這些請謁、獻書的士子，其目的無非是「有望於吹噓翦拂」。這種情況，特別興盛於中唐，也就是古文運動由醞釀到開展的時期，相互間的關係是大可研究的。在韓愈之前，曾爲古文運動前驅的梁肅，就已如此。李翺《感知己賦》（《李文公集》卷一）的自序中說：

貞元九年，翺始就州府之貢舉人事，其九月，執文章一通謁於右補闕安定梁君。是時梁君之譽塞天下，屬詞求進之士奉文章造梁君門下者蓋無虛日。

梁肅是繼獨孤及之後的古文名家，也是貞元前期進士科場中有影響的人物，韓愈就是受到梁肅的推荐而得以進士登第的。李翺說屬詞求進之士「奉文章造梁君門下者蓋無虛日」，可與白居易所說的陳京的情況相參看；這裡所說的屬詞求進之士，就是應進士試的舉子。到了貞元、元和之際，即韓愈享有文名的時期，情況就更有所發展，如中唐時人李肇《國史補》說：「韓愈引致後進，爲求科第，多有投書請益者，時人謂之韓門弟子。」（卷下）以前一般理解的所謂「韓門弟子」，多是指經韓愈指點和培養的古文作者，而據李肇所記，則最初的意義乃是從科舉考試而來，是那些「爲求科第」的士子，向韓愈「投書請益」，希求荐引，而韓愈在爲之揄揚的同時，也從而宣傳鼓吹了他的文學思想，這就形成一種派別，當時人則以「韓門弟子」目之。韓愈曾爲他們鼓吹揄揚，以使他們能科試及第，如程昔範就是這樣的一個例子：

廣平程子齊昔範，未舉進士日，著《程子中謩》三卷，韓文公一見大稱嘆。及赴舉，言於主司曰：「程昔範不合在諸生之下。」當時下第，大振屈聲。庾尚書承宣知貢舉，程始登第，以試正字，從事涇原軍。（趙璘《因話錄》卷三商部下）

正因爲如此，所以外地士子始到京師，就先要拜訪名公巨卿，借他們的稱譽而造成文名，就大有利於登科。如《唐摭言》卷六《公荐》條，記載牛僧孺最初來長安應試，剛安頓好行李，就「攜所業」來拜謁當時已「名價籍甚」的韓愈和皇甫湜二人。牛僧孺所獻的文章得到兩位名公的稱賞，韓愈、皇甫湜二人乃乘牛僧孺外出，回訪其下榻之地，在門上寫了「韓愈皇甫湜同訪幾官先輩不遇」十三個大字；於是第二天，「自（拾）遺、（補）闕而下，觀者如堵」，「由是僧孺之名，大振天下」。《唐摭言》的這則記載，具體情節與歷史事實並不相符，但它記述舉子向有地位的文壇前輩投獻文卷，並以此造成名聲，卻是寫得十分生動的。類似的情況也可見之於柳宗元的文中。《柳宗元集》卷三十三《答貢士沈起書》，說沈起曾於前一年向長安興化里蕭氏處投《詠懷》詩五篇，當時柳宗元在座，沈起的詩作得柳之賞識，於是沈起又直接向柳投文五十篇，柳宗元乃許諾他：「謹以所示，布露於聞人，羅列乎坐端，使識者動目，聞者傾耳，幾於萬一，用以爲報」。以柳宗元的文名和地位，當然也像韓愈那樣，吸引了不少後輩，如他在《答貢士廖有方論文書》（《柳宗元集》卷三十四）中所說：「吾在京都時，好以文寵後輩，後輩由吾文知名者，亦爲不少焉。」

四　唐時以詩文行卷者，多非出身於豪門大族，他們是只能憑持自己的才藝來博取文名的一般地主階級知識分子，即如白居易《與陳給事書》中所說的「上無朝廷附離之援，次無鄉曲吹煦之譽」。而處在中晚唐進士考試競爭十分激烈時期，則即使「蘊奇挺之才，亦不自保其必勝」，這就需要有社會上名望達特者爲之吹噓荐揚，行卷之風在中晚唐特別盛行，有關的記載在中晚唐時特別集中，也是這個緣故。正如黃滔《盧員外溽啓》中所說：「實以從古干時之道，至今取第之由，莫不路邈鰲頭，程懸驥尾，苟非先鳴汲引，哲匠發揮，縱或自強，行將安適。」（《唐黃御史公集》卷六）晚唐的另一詩人顧雲，說自己乃「遠派涓流，寒林一葉」，朝中無強有力的奥援，在試前臨近的時候，也就只有多方投啓，希冀一得，所以說：「今則漸逼春期，將臨試藝，彎弧乏勇，睇鵠增憂。伏以端公三翁，德服儒流，言爲詁訓，荑枯有術，肉骨多方。儻蒙少借餘波，微回誕說，當見長房之竹，亦可爲龍；則知莊叟之魚，終能化羽。」（《投顧端公啓》）此文載《全唐文》卷八一五，同卷中還有《投戶部裴德符郎中啓》、《投殿院韋侍御啓》、《投戶部鄭員外啓》、《投翰林劉學士啓》等，都是投獻之作。

舉子行卷時，須對行卷之對象多加稱頌，顧雲《投顧端公啓》是如此，白居易的《與陳給事書》也是如此，如稱陳京爲「天下文宗，當代精鑑」，又說「今給事鑑如水鏡，言爲蓍龜，邦家大事，咸取決於給事」云云。按柳宗元《唐故秘書少監陳公行狀》記陳京事，稱其所著文章爲：「公有文章若干卷，深茂古老，慕司馬相如、揚雄之辭，而其詁訓多《尚書》《爾雅》之說，記事樸實，不苟悅於人，世得以傳其稿。」評價有一定的分寸。至於《新唐書》本傳，則對陳京後期的政績尚有微詞。由此看來，白居易的稱頌之語就不無誇飾了。行卷時立言措辭之難，唐代人就已經有所論列，如劉蛻就說：「臨其事不能苟有待而先自請者，閣下以爲難乎？贊助論美近乎諂，飾詞言己近乎私；低陋摧伏近乎鼠竊，廣博張引近乎不敬；鉤深簡尙則畏不能動乎人，偕麗相比又畏取笑乎後；情志激切謂之躁，詞語連綿謂之俗。夫臨其事而自言者，其難如此也。」（《上禮部裴侍郎書》，《劉蛻集》卷五）這裡論述行卷立言的諸種難處，應當說是從實際情況中概括出來的，所以講得很切當，可以說是唐人的一篇《說難》了。這也可見出當時的一種風尙。

行卷時，除讚頌之詞外，還須注意不得觸犯對方的家諱，否則不僅得不到援引，還可能因此而受到冷遇，有終身未能登第成名的。《唐摭言》卷十一《惡分疏》就記載了這樣兩個事例：

光化中，蘇拯與鄉人陳滌同處。拯與考功郎中璞初敘宗黨，璞故奉常滌之子也。拯既執贄，尋以啓事溫卷，因請陳滌緘封，滌遂誤書己名，璞得之大怒。拯聞之，蒼黃復致書謝過。

文德中，劉子長出鎭浙西，行至江西，時陸威侍郎猶爲郎吏，亦寓於此。進士褚載緘二軸投謁，誤以子長之卷面贄於威。威覽之，連有數字犯威家諱，威因拱而矍然。載錯愕白以大誤，尋以長箋致謝，略曰：「曹興之圖畫雖精，終慚誤筆；殷浩之矜持太過，翻達空函。」

辛文房《唐才子傳》卷十《褚載》小傳還補充道：「（陸）威激賞而終不能引拔，竟流落而卒。」而據《唐詩紀事》卷五十九所載，則說是褚載於乾寧（八九四—八九八）中登進士第，二說不同。但即使乾寧中登第，已距文德（八八八）有十年之久，褚載因誤觸家諱而遭致如此的後果，也可見唐人避家諱的社會風氣。

士子不僅在試前要投行卷，即使試後落第，也須以詩文投呈致謝，這大約是考慮到下一次的考試，還得靠人引拔。如杜荀鶴就有這樣的兩首詩：

若以名場內，誰無一軸詩。縱饒生白髮，豈敢怨明時。知己雖然切，春官未必知。寧教讀書眼，不有看花期。（《下第投所知》，《唐風集》卷上）

丹霄桂有枝，來折未爲遲。況是孤寒士，兼行苦澀詩。杏園人醉日，關路獨歸時，更卜深知意，將來擬荐誰。（《下第出關投鄭拾遺》，同上）

杜荀鶴是一個貧寒的士人，親識中無達官貴人，所謂「帝裡無相識，何門跡可親」（《辭九江李郎中入關》，《唐風集》卷上），因此雖然頻年投卷應試，終是累試不第；但即使如此，還是表示「豈敢怨明時」，而對京師中能爲之吸弔者總是盡可能的說好話，並且探問他們的口氣，下一年度「將來擬荐誰」，把自己的命運寄托在達官貴人的援引上。這種心境在他的另一首《下第投所知》詩中，寫得更爲明白：「落第愁生曉鼓初，地寒才薄欲何如。不辭更寫公卿卷，卻是難修骨肉書。……」（《唐風集》卷中）又如羅隱也有《出試後投所知》詩（《甲乙集》卷二），⑦可見這也是當時的一種風氣。

五、《與陳給事書》中說：「謹獻雜文二十首，詩一百首。」這就牽涉到行卷數量的問題。舉子行卷的數量，本無定則，但從中晚唐情況看來，似有日漸增益，以多爲貴的趨勢。白居易這裡說是雜文二十首，詩一百首，已經算是多的了，但這種情況在晚唐時更有所發展。如與羅隱、貫休等唱和的詩人王貞白，在《寄鄭谷》詩中說：「五百首新詩，緘封寄去時。只憑夫子鑒，不要俗人知。」（《全唐詩》卷七〇一）一下子投五百首詩，可謂多矣。又如皮日休的《皮子文藪》共十卷二百篇，這雖是省卷，但也可見出那時以多爲貴的風尚。正因爲此，也受到一些人的譏嘲，如《唐摭言》卷十二《自負》條載：

薛保遜好行巨編，自號金剛杵。大和中，貢士不下千餘人，公卿之門，卷軸塡委，率爲閽媼脂燭之費，因之平易者曰：「若薛保遜卷，即所得倍於常矣。」

舉子們寄予厚望而辛苦所成之文，想不到竟爲公卿之家看門人的「脂燭之費」，這大約也是始料所不及的。更有甚者，這些衆多的行卷，又成爲勢門子弟相與戲謔的資料，如：

（鄭）光業弟兄共有一具皮箱，凡同人投獻，辭有可嗤者，即投其中，號曰苦海。昆季或從容用咨戲謔，即命二僕舁「苦海」於前，人閱一編，靡不極歡而罷。

行卷時，一定的數量固然重要，內容能否吸引人注意則更加重要，尤其是每年呈獻，要有新作，不能老一套，老是前些年的舊作，就要受人譏笑。如《南部新書》庚卷載：

裴說應舉，只行五言詩一卷，至來年秋夏行舊卷，人有譏者，裴曰：「只此十九首苦吟，尚未有人見知，何暇別行卷者。」咸謂知音。

裴說行卷只十九首詩，數量不算多，問題在於他在新的一年裡投獻的還是往年的舊作，就不免受到人們的譏笑。可見內容需要翻新，要引起人們閱讀的興趣。中晚唐時，應進士試的舉子們就努力以時事中尋求新的題材，有時出現同一題材爲多人傳寫而以之行卷的情況，如《南部新書》戊卷載：

武黃門之死也，裴晉公爲盜所刺，隸人王義扞刃而斃，度自爲文祭之。是歲進士撰王義傳者三之二。

這件事情發生在憲宗元和十年（八七五），當時唐朝政府集中兵力征討稱兵作亂的淮西節度使吳元濟，朝廷大臣中力主用兵的是宰相武元衡和御史中丞裴度。山東的淄青節度使李師道暗中與吳元濟勾結，極力破壞唐朝廷的軍事行動，就用陰謀手段進行暗殺活動。《通鑑》元和十年載其事的大略經過爲：

六月癸卯，天未明，元衡入朝，出所居靖安坊東門，有賊自暗中突出射之，從者皆散走，賊執元衡馬行十餘步而殺之，取其顱骨而去。又入通化坊擊裴度，傷其首，墜溝中，度氈帽厚，得不死；傔人王義自後抱賊大呼，賊斷義臂而去。京城大駭，於是詔宰相出入，加金吾騎士張弦露刃以衛之，所過坊門呵索甚嚴。朝士未曉不敢出門。上或御殿久之，班猶未齊。

這是中唐時中央政府與藩鎮鬥爭的一次突出事件。征討淮西與淄青，朝廷中本有主戰派與妥協派之爭，由於發生這次暗殺事件，妥協派又一次提出弭兵的主張，幸好這次憲宗還算堅決，任命裴度爲宰相，委以重任，集中政府的軍力、財力，削平了淮西及山東的強藩，出現所謂元和中興的局面。裴度的祭王義文沒有傳下來，但王義奮身救裴度的事卻廣爲流傳，事情發生在六月，所謂「是歲進士撰王義傳者三之二」，可見元和七年秋冬即有人寫作王義傳，而且有三分之二的進士舉子寫這一題材，也可見以眼前發生的時事作爲行卷的內容，一定更能引起人們的興趣和注意。

另一個例子是武宗妃孟才人的故事。張祜《孟才人嘆一首》的自序說：

武宗皇帝疾篤，遷便殿，孟才人以歌笙獲寵者，密侍其右。上目之曰：「吾當不諱，爾何爲哉？」指笙囊泣曰：「請以此就縊。」上憫然。復曰：「妾嘗藝歌，願對上歌一曲，以洩其憤。」上以懇許之。乃歌一聲《河滿子》，氣極立殞。上令醫候之。曰：「脈尚溫而腸已絕。」及上崩，將徙其柩，舉之愈重，議者曰：「非俟才人乎？」爰命其櫬，櫬及至乃舉。嗟夫！才人以誠死，上以誠明，雖古之義激，無以過也。進士高璩登第年宴，傳於禁伶，明年秋貢士文多以爲之目。大中三年遇高於由拳，哀話於余，聊爲興嘆。

此處所敘的事情應屬武宗的王賢妃，張祜把姓弄錯了。《舊唐書》卷五十二《后妃傳》有目無文。《新唐書》卷七十七《后妃傳》下有《武宗賢妃王氏傳》，說王氏爲邯鄲人，失其世（當是出身民間，沒有什麼門第），自幼入宮，善歌舞，武宗即位時，進號才人，得到寵幸。《新唐書》記云：

帝稍惑方士說，欲餌藥長年，後寖不豫。才人每謂親近曰：「陛下日燎丹，言我取不死。膚澤消槁，吾獨憂之。」俄而疾侵，才人侍左右，帝熟視曰：「吾氣奄奄，情慮耗盡，顧與汝辭。」答曰：「陛下大福未艾，安語不祥？」帝曰：「脫如我言，奈何？」對曰：「陛下萬歲後，妾得以殉。」帝不復言。及大漸，才人悉取所常貯散遺宮中，審帝已崩，即自經幄下。當時嬪媛雖常妒才人專上者，返皆義才人，爲之感慟。

按武宗在位六、七年間，用李德裕爲相，對政治進行了一些改革，尤其是討平澤潞的叛亂，抵禦回紇的侵擾，在晚唐時期是一個較有起色的時期。宣宗本是武宗之叔，平時二人就有矛盾，宣宗一即位，即盡反李德裕的會昌之政。⑧應當說，王才人以身殉武宗，不只是報個人的恩遇，恐怕還含有皇室內部政治鬥爭的意味。王才人的義烈行動，爲社會所傳誦，因而也就作爲新進士們行卷的題材，這是很自然的。張祜這一字數並不算多的詩序就已寫得生動有致，士子們的行卷當更有渲染，這種新鮮的內容也當更能引起人們閱讀的興趣。

行卷時不只內容要有一定的特色，而且形式上也要講究。卷軸要每年整治，如晚唐詩人李昌符自恃才名，久不登第，他的行卷，「常歲卷軸，怠於裝修」（《北夢瑣言》卷十），就不免引起人的議論。關於這方面的具體情況，我們從李商隱的《與陶進士書》（《樊南文集詳注》卷八）中還可知其大略：

昨又垂示《東崗記》等數篇，不惟其詞彩奧，大不宜爲冗慢無勢者所窺見，且又厚紙謹字，如貢大諸侯、卿士及前達有文章積學者，何其禮甚厚而所與之甚下耶？

可見舉子們向「大諸侯、卿士及前達有文章積學者」貢呈詩文，是要「厚紙謹字」的。晚唐人所作的筆記小說《玉泉子》，記鄧敞有兩個女兒，字寫得很好，「敞之所行卷，多二女筆跡」，可見行卷不一定由本人親自書寫，但字跡一定要端正佳好。關於行卷卷軸和書寫的行款格式，宋人程大昌的《演繁露》卷七《唐人行卷》條有過記敘，可資參考：

唐人舉進士必行卷者，爲緘軸，錄其所著文以獻主司也。其式見李義山集《新書序》（卷七），曰：治紙工率一幅以墨爲邊準（程大昌注：今俗呼解行也），用十六行式（程注：言一幅解爲墨邊十六行也），率一行不過十一字（程注：此式至本朝不用）。

五

上面一節中，以白居易的《與陳給事書》爲例，並參證唐宋人的有關記載，對行卷的具體情況作了扼要的介紹。凡程千帆先生在《唐代進士行卷與文學》中已詳細論述的，本書就不再重複，有些在程先生的書中雖也提及，但覺得還可稍作補充的，爲有助於讀者的研討，就在某些方面補充了一些事例。此外，程先生的書中詳細介紹了舉子到長安以後的投卷活動。筆者認爲，唐代舉子的行卷之風不單行於京師，還盛行於外地州府，這裡擬再作一些補敘。

舉子在外地州府的行卷，大致有兩種情況，一種是行於州府或節鎭的長官，這些人握有實權，士人投書請謁，既是謀取經濟上的資助，又是求得薦引，造成名聲。如《唐音癸籤》卷二十六《談叢》二：「唐士子應舉，多遍謁藩鎭州郡丐脂潤，至受厭簿不辭。如平曾三縑恤旅途之恨，張汾二千貫出往還之誇，鄙穢種種。至所干投行卷，半屬諂辭，概出贋剿。」胡震亨在這裡說的是這種風氣的壞的一方面，但讀書人由於經濟上和仕途上的原因，必須旅食各地，這是客觀上的需要，而對於某些貧寒士人來說，其間也有不得已的苦衷，不能一概加以否定。如皇甫湜《上江西李大夫書》（《皇甫持正文集》卷四）中說：

居蓬衣白之士，所以勤身苦心，矻矻皇皇，出其家，辭其親，甘窮饑而樂離別者豈有二事者，篤守道而求知也。

這裡的「篤守道」是虛語，「求知」則是實情，這就是：一爲求薦引，揚名聲；二爲求經濟上的資助，算是「居蓬衣白之士」最爲現實可行的辦法了。所以皇甫湜的書啓中最後說：「謹獻舊文十首，以先面贄，干犯左右，惶懼於旌門之前。」

類似情況者還有許棠，他有《陳情獻江西李常侍五首》（《全唐詩》卷六〇三），現錄其中的兩首如下：

二十二三年，遊秦復滯燕。徒陪群彥後，自苦此生前。徑折啼猿樹，岩荒噴月泉。東堂爭受荐，垂白志猶堅。（其二）

童蒙即苦辛，未識杏園春。謾誇無爲日，還成不偶人。鄉程長恨遠，旅夢亦愁貧。天地雖云廣，殊難寄此身。（其三）

許棠爲宣州涇縣人，懿宗咸通十二年（八七一）登進士第，在此之前也曾久試不第。這幾首詩感嘆身世，希求引拔，情見乎辭。貧寒士人向地方節鎭投詩獻文，確有不得已的苦衷，如劉蛻《獻南海崔尚書書》（《劉蛻集》卷四）中所說：「蛻之生於今二十四年，雖天有南，無可置其門，雖天有東，不得開其序；伏臘不足於糗糧，冬夏常苦於皸瘃。」劉蛻於宣宗大中四年（八五〇）登進士第，在此前後崔姓任嶺南節度使的有崔龜從，乃是武宗會昌四—五年（參吳廷燮《唐方鎭年表》卷四）。則劉蛻作此書啓時還未及第，年二十四歲。「雖天有南」數句，極寫其窮困之狀，末云：「謹貢舊拔刺書一卷，以其最近於情，雜歌詩共二卷，以其頗有逸事。伏惟周賜觀覽，無憚僇笑。」

外地行卷的第二種情況是向有文名的文人學者投獻，主要是爲了取得他們的指導，並因爲他們在京都有種種人事關係，希望他們爲作介紹，以得到京都名人的荐引。本書在別的章節中曾論述韓愈、柳宗元即使貶謫外地，也有士人投文請益，這裡不再多講。劉禹錫也是如此，元和十年後劉禹錫遠謫連州司馬，但據劉禹錫自己所說，向他投書請益的，多得不可記述：「予爲連州，諸生以進士書刺者，浩不可記。」（《送曹琚歸越中舊隱詩》，《劉禹錫集》卷三十八）像韓、柳、劉等人，遠貶在外，並無實權，但他們在社會上有聲望，在長安、洛陽有親知，能得到他們片言之讚譽，也就可側身於長安的士林。這一點，白居易的《代書》一篇說得非常明白。此文係元和十二年（八一七）爲文士劉軻至長安應舉所作，其中說：

軻一旦盡齎所著書及所爲文，訪予告別，欲舉進士。予方淪落江海，不足以發軻事業；又羸病無心力，不能遍致書於台省故人。因援紙引筆，寫胸中事授軻，且曰：子到長安，持此札，爲予謁集賢庾三十二補闕、翰林杜十四拾遺、金部元八員外、監察牛二侍御、秘省蕭正字、藍田楊主簿兄弟。彼七八君子，皆予文友，以予愚直，常信其言。苟於今不我欺，則子之道，庶幾光明矣。（《白居易集》卷四十二）

這時白居易貶爲江州司馬已有三年，在上一年秋他送客潯陽江頭，有感於舟中彈琵琶的女子，寫了著名的抒情長詩《琵琶行》，致慨於遠離京都，「江州司馬青衫濕」。從這篇《代書》中，確實可見他在京都有好幾個知友，他爲劉軻介紹的，有在集賢殿、翰林院、尙書省、御史台、秘書省供職，以及畿縣官員，差不多都是清要之職。能得到這樣的一封介紹信，就足以使劉軻在長安立足了。這正是當時一般文士、舉子向外地名人求謁的目的。如皇甫湜《送王膠序》（《皇甫持正文集》卷二），就是王膠將赴長安應進士試，湜以文送之，極稱其才，接著說：「今侍郎韓公，余之舊知。將荐膠而未具，於西行，敘以先之。」韓愈這時在長安爲達官，且享大名，皇甫湜這篇序的主旨也就是向韓愈介紹了王膠。再一個有名的例子，就是楊敬之之送項斯，據唐李綽《尙書故實》載：

楊祭酒敬之愛才，公心賞知江表之士項斯，贈詩曰：「處處見詩詩總好，及觀標格過於詩。平生不解藏人善，到處相逢說項斯。」因此名振，遂登科也。

此事傳揚頗廣，後世如《南部新書》、《唐詩紀事》、《唐才子傳》等都有記載。《南部新書》甲卷說楊敬之的詩傳到長安，項斯明年就登上第。（這種情況，北宋初期也有，如邵伯溫《邵氏聞見錄》卷七載：「李文定公迪爲學士時，從种放明逸先生學。將試京師，從明逸求當途公卿荐書，明逸曰：『有知滑州柳開仲塗者，奇才善士，當以書通君之姓名。』文定攜書見仲塗，以文卷爲贄，與謁俱入。」）

也有些地方節鎭對文士的投謁行卷不予理睬的，這時，這些讀書人就要作詩文加以譏誚。如平曾謁華州刺史李固言，不遇，平曾就寫一詩道：「老夫三日門前立，珠箔銀屏晝不開。詩卷卻拋書袋裡，譬如閑看華山來。」又如劉魯風至江西投謁所知，爲幕吏所阻，劉也作詩一首：「萬卷書生劉魯風，煙波千里謁文翁。無錢乞與韓知客，名紙毛生不爲通。」（此二事皆見《唐摭言》卷十《海敘不遇》）又像皮日休那樣，因請謁不通，遂致與對方互相撰文譏誚：「皮日休曾謁歸融尙書不見，因撰《夾蛇龜賦》，譏其不出頭也。而歸氏子亦撰《皮靸鞋賦》，遞相謗誚。」（《北夢瑣言》卷七）

六

唐代進士行卷之風有促進文學發展的一方面，這是它的積極作用，這一點在程千帆先生的書中已經有詳細的闡發。另一方面，行卷也有它的流弊，這一點，前人也有所論列，如《文獻通考》卷二十九《選擧考》二引江陵項氏曰：

風俗之弊，至唐極矣。王公大人巍然於上，以先達自居，不復求士。天下之士，什什伍伍，戴破帽，騎蹇驢，未到門百步，輒下馬奉幣刺再拜以謁於典客者，投其所爲之文，名之曰求知己。如是而不問，則再如前所爲者，名之曰溫卷。如是而又不問，則有執贄於馬前自贊曰某人上謁者。嗟乎！風俗之敝，至此極矣。此不獨爲士者可鄙，其時之治亂蓋可知矣。

這裡主要是指責王公大人之傲士，文士卑躬屈膝以求干謁之可鄙。應當說，這種批評是比較籠統的，也並不切實際，因爲實際上也有不少在社會上、文學上有地位有影響的人物，是樂於吸引文士的，而行卷的文士中一大部分出身貧寒，他們別無政治上的倚靠，只能憑仗文才以自顯，不能對此加以籠統的否定和指責。當然，因進士的請謁和行卷，朋黨之風也隨之興起，這也是難免的。這是中晚唐時進士科競爭激烈的表現，不僅擧子之間互結朋黨，而且還有爭做有文名的擧子的「知己」的，如杜牧就是如此，他自述說：

大和二年，小生應進士擧，當其時先進之士，以小生行可與進，業可益修，喧而譽之，爭爲知己者不啻二十人。（《投知己書》，《樊川文集》卷十二）⑨

行卷的最顯著流弊是抄襲。在當時書籍刻板還未盛行、交通還未發達的條件下，有些人將別人的詩文當作自己的作品，以之投獻，博取文名，這是常有的事。如中唐時，楊衡、李群、苻載等幾人居住在廬山讀書，楊衡的一位中表兄弟偷了楊衡的文章到京都行卷，後來果然考中及第。楊衡聞知此事，就到長安尋這位中表，怒斥其偷襲行爲，並說：「我的那句『一一鶴聲飛上天』還在不在？」那人回答道：「知道表兄最愛惜這一句，不敢連這句也偷了。」（見《唐摭言》卷二《爭解元》）這雖是一個笑話，卻可見出那時偷盜文卷的風氣。類似者還有下面幾則：

（李）播，登元和進士第。播以郎中典蘄州，有李生攜詩謁之，播曰：「此吾未第時行卷也。」李曰：「頃於京師書肆百錢得之，遊江淮間二十餘年矣。欲幸見惠。」播遂與之，因問何往。曰：「江陵謁盧尚書。」播曰：「公又錯矣。盧是某親表。」李慚悚失次，進曰：「誠若郎中之言，與荆南表丈，一時乞取。」再拜而去。（《唐詩紀事》卷四十七《李播》條）

盧司空鈞爲郎官，守衢州。有進士贄謁。公開卷閱其文十餘篇，皆公所製也。語曰：「君何許得此文？」對曰：「某苦心夏課所爲。」公曰：「此文乃某所爲，尚能自誦。」客乃伏言：「某得此文，不知姓名，不悟員外撰述者。」（《唐語林》卷七「補遺」）

崔君出牧衢州，有一士投贄。公開卷，閱其文十篇，皆公所製也，密語曰：「非秀才之文。」對曰：「某苦心夏課，知己不一，非假手也。」公曰：「此某所爲文，兼能暗誦否？」客詞窮，吐實曰：「得此文，無名聲，不知是員外撰述。」惶懼欲去。公曰：「此雖某所製，亦不示人，秀才但有之。」留連厚恤。比去，問其所之，曰：「汴州梁尚書也，是某親丈人，須往旬日。」公曰：「大梁尚書乃親表，與君若是內戚，即某與君合是至親，此說想又妄耳。」其人戰灼若無

所容。公曰：「不必爲此。前時惡文，及大梁親表，一時奉獻。」（《類說》引《芝田錄》）

顯然可以看出，這三則所記載的情節，互有交叉，恐怕本是一件事，經過渲染，具體情節就有所出入。這種偷盜的行爲成爲流傳的笑柄，也說明情況是相當普遍的。

偷盜他人文卷的事，尤盛於勢門子弟。唐末《玉泉子》有一則生動的記述：

> 楊希古，靖泰諸楊也。朋黨連結，率相期以死，權勢薰灼，力不可拔。與同里崔氏相埒，而敦厚過之。希古性迂僻，初應進士舉，以文投丞郎，丞郎獎之，希古乃起而對曰：「斯文也，非希古之作也。」丞郎訝而詰之，曰：「此舍弟源嶓爲希古作也。」丞郎大異之，曰：「今子弟求名者，大半假手也。苟袖一軸，投知於先達，靡不私自炫耀，以爲莫我若也。如子之用意，足以整頓頽波矣。」

這裡寫大族楊家，朋黨連結，權勢熏灼，這種人家的子弟如要行卷，當然可以假手他人爲之，丞郎說「今子弟之求名者，大半假手也」，可見行卷之風發展到這一地步，已成爲勢門大族與寒士爭奪進士出身的一種手段了。

也有另一種情況，如《北夢瑣言》（卷十一）所記載，說唐末進士有叫殷保晦的，與其妻都是北方的士族。殷「始舉進士時，文卷皆內子爲之，動合規式，中外皆知」。而殷保晦則官運亨通，「歷官台省」。由夫人代作行卷，這也算是行卷風尚中極少見的有趣事例吧。

【附註】

①程先生把省卷與行卷作了原則上的區别，使立論更加穩實，敘述更加清晰。但書中有的地方在具體敘述中使人感到似乎又將二者混淆，如書中頁十八的小注②，説：「唐代進士行卷，有向禮部衙門投納省卷（公卷）及向當世顯人投獻行卷兩種。」又説：「行卷之稱，自然也可包括投納省卷在内。」按照這裡的論述，則行卷又包括省卷在内，與書中其他處所述不合。又如頁三十四—三十五論皮日休的〈文藪〉，説《文藪》是行卷之作。實際上皮日休在《〈文藪〉》序説自己由於應舉不第，乃退而「編次其文，復將貢於有司」。「貢於有司」就是納文卷於禮部。皮日休在序中還以元結的《文編》作比喻，説「比見元次山納《文編》於有司」，這《有司》也指的是禮部，程先生在書中已正確地指出元結《文編》是作爲省卷向禮部交納的。又如書中頁五十一—五十二把李觀《帖經日上侍郎書》中所説的向主司呈獻的「十首之文」，也説成是行卷之作，似也還可商榷。

②此又見《冊府元龜》卷六五一《貢舉部·清正》：「韋陟爲禮部侍郎，好接後輩，尤鑒於文，雖詞人後生，靡不諳練。曩者主司取與，皆以一場之善，登其科目，不盡其才，陟先責舊文，仍令舉人自通所工詩章，先試一日，知其所長，然後依常式考覆，片善無遺，美聲盈路」

③中華書局上海編輯所一九六二年八月版頁二十三。

④按《唐詩紀事》卷七十一《沈彬》條云：「彬字子文，高安人也。天才狂逸，好神仙之事。少孤，西遊以三舉爲約。嘗夢著錦衣，貼月而飛，識者言雖有虛名，不入月矣。洪州解至長安，初舉，納省卷《夢仙謠》云：『玉殿大開從客入，金桃爛熟沒人偷。鳳驚寶扇頻翻翅，龍誤金鞭忽轉頭。』」沈彬的這首《夢仙謠》，想

像是很奇突的，這與他的爲人「狂逸」相一致，但此詩仍可作爲省卷投納而未受斥出，那是因爲詩中所寫雖然無關於政教世道，但也不像《續玄怪錄》那樣寫怪異妖鬼的故事情節。

⑤《舊唐書》本傳載薛元超爲薛收子，楊炯《盈川集》卷一〇《中書令汾陰薛振行狀》云字元振，名振，《新唐書·宰相世系表》同。參見我與張忱石、許逸民合編的《唐五代人物傳記資料綜合索引》。

⑥《唐摭言》卷一〇《海敘不遇》載此事道：「歐陽澥者，四門（琮按此指歐陽詹，詹曾任四門博士）之孫也。薄有辭賦，出入場中僅二十年。善和韋中令在閣下，澥即行卷及門，凡十餘載，未嘗一面，而澥慶弔不虧。韋公雖不言，而心念其人。中和初，公隨駕至西川命相，時澥寓居漢南，公訪知行止，以私書令襄師劉巨容俾澥計偕。巨容得書大喜，待以厚禮，首荐之外，資以千餘緡，復大宴於幕府。既而撰日遵路，無何，一夕心痛而卒。」又見《唐詩紀事》卷六十七。查《新唐書·宰相年表》，此韋中令當係韋昭度，「中和中年（八八一）七月庚申，翰林學士承旨、兵部侍郎韋昭度本官同中書門下平章事」。

⑦羅隱《出試後投所知》：「此去蓬壺兩日程，當時消息甚分明。桃須曼倩催分熟，桔待洪崖遣始行。島外音書應有意，眼前塵土漸無情。莫教更似西山鼠，嚙破愁腸恨一生。」

⑧關於宣宗與武宗的矛盾，及宣宗即位後一反會昌之政，請參閱拙著《李德裕年譜》（齊魯書社一九八四年出版）。

⑨此種情況，又見之於韓愈《柳子厚墓誌銘》，云：「名聲大振，一時皆慕與之交，諸公要人，爭欲令出我門下，交口荐譽之。」可見也是一時風氣。

第十一章 進士放榜與宴集

一

唐代的進士榜，大致有兩種，一種是張榜，用大字書寫貼於禮部固定的地點（《全唐文》卷八六二載竇儀《條陳貢舉事例奏》謂：「又切覽《唐書》，見穆宗朝禮部侍郎王起奏，所試貢舉人試訖申送中書候覆訖下當司，然後大字放榜。」）一種是所謂榜帖，也稱「金花帖子」，可以傳通到各處。現在先說張榜，也就是傳統所謂的放榜；榜帖在後節中敘述。

唐代的科舉考試一般是每年舉行的，各地鄉貢進士由各州府舉送，照例於十月二十五日前集中京都長安（科試有時也在東都洛陽舉行，舉子在洛陽集中，但這種情況究屬少數），國子學和崇文、弘文兩館的生徒應進士試的也在十月報送尚書省。在這之後，舉子們還要履行一定的報到、納文解、結保，以及朝見、到國子監聽講等等手續和禮儀，前面幾章中都已作了介紹，這裡不擬細述。在這之後，就舉行考試。

唐初，進士主要是試策，高宗以後，試三場，第一場試雜文（即詩、賦），第二場試帖經，第三場試策問。三場考完，主考官閱文，再經過一些呈報手續，最後定出進士及第者名單，即張榜公之於衆。玄宗開元以後，進士科已特別受人重視，中唐時人沈既濟說開元、天寶之際，「進士爲士林華選，四方視聽希其風采，每歲得第之人，不浹辰而周聞天下」（《通典》卷十五《選舉》三引）。同時人封演也說：「故當代以進士登科爲登龍門，解褐多拜清緊，十數年間，擬跡廟堂。」（《封氏聞見記》卷三《貢舉》）尤其是中唐以後，宰相和朝廷內外要職，主要由進士出身者擔任，進士科成爲高級官僚的主要來源。這樣，進士放榜也成爲舉國矚目的大事，因爲這不僅決定應試舉子個人的升沉得失，也影響以後的政局將由哪些人來掌握。穆宗長慶時，王起知貢舉，放榜後，詩人張籍有句云：「車馬爭來滿禁城」，「百千萬里盡傳名」，①可以概見其盛況。

進士放榜的月份，是與進士考試的時間相聯繫的。唐代進士考試偶爾也在冬季，如《太平廣記》卷一七九《閻濟美》條引《干臊子》載大歷九年（七七四）兩都置貢舉，東都洛陽的考試，第一場試雜文是在十一月下旬，十二月初三日放雜文榜，十二月初四日試帖經。這可能是因爲東都試後，及第進士仍須回長安參加各種儀式和宴集，因而提前在年前舉行。進士試的一般時間則是在正二月間，尤其以正月居多數，那時長安的天氣還寒，仍有下雪，如《全唐詩》卷五四二載李衢、李損之、李景皆有詩題爲《都堂試貢士日慶春雪》。唐人詩中提到禮部試時雪景的，如朱慶餘《省試晦日與同志昆明池泛舟》（《全唐詩》卷五一五）：

周回餘雪在，浩渺暮雲平。

司空圖《省試》（《司空表聖詩集》卷四）：

粉闈深鎖唱同人，正是終南雪霽春。閑繫長安千匹馬，今朝似減六街塵。

當然，也有較晚的，如貞元二十一年（八〇五）權德輿知貢舉，有《上巳日貢院考雜文不遂赴九華觀祓禊之會以二絕句申贈》（《權載之文集》卷十）：

三月韶光處處新，九華仙洞七香輪。

則已是三月，這大約也是不多見的。

唐代進士放榜的時間，根據現在見到的材料，有正月的，有二月的，也有三月的。正月的如：岑參《送杜佐下第歸陸渾別業》詩：「正月今欲半，陸渾花未開。出關見春草，春色正東來。」（《全唐詩》卷二〇〇）杜佐下第東歸在近正月半，則此年放榜當在正月初十日左右。這是玄宗時。晚唐時也有在正月的，而且也正當正月初十日，如宋初錢易《南部新書》辛卷載：「杜荀鶴第十五，字彥之，池州人。大順二年（八九一）正月十日，裴贄下第八人。其年放榜日，即荀鶴生日。」又如詩人許渾於大和六年（八三二）登進士第時，寫有《及第後春情》一詩，末二句說：「猶以西都名下客，今年一月始相逢。」（《全唐詩》卷五三六）則這一年進士科也是一月放榜的。三月的如：王泠然《與御史高昌宇書》中云：「去年冬十月得送，今年春三月及第。」②王泠然於開元五年（七一七）及第。又據《續前定錄》記：「貞元二十一年春，德宗皇帝晏駕，果三月下旬放進士榜。」③按據《舊唐書》本紀，德宗卒於貞元二十一年（八〇五）正月癸巳。大約由於皇帝晏駕的緣故，放榜的時間推遲至三月末，已經過了清明節（參前引權德輿知貢舉時詩）。這算是特例，因此《續前定錄》把這件事作爲定數加以描述。

通常的情況是在二月，二月放榜的記載較正月、三月的爲多。這裡舉幾個例子。如伊璠《及第後寄梁燭處士》詩：「十年辛苦一枝桂，二月艷陽千樹花。」（《全唐詩》卷六〇〇），歐陽詹《送族叔陽行元落第回廣陵》文：「族叔行元既射策，與主司不合，春二月，將歸淮南。」（《歐陽行周文集》卷九）黃滔《二月二日宴中貽同年封先輩渭》詩：「桂苑五更聽榜後，蓬山二月看花開。」（《唐黃御史公集》卷三）又晚唐詩人曹鄴在《下第寄知己》詩中說：「長安孟春至，枯樹花亦發。憂人此時心，冷若松上雪。」④孟春即指二月。

另外，我們從白居易和柳宗元的文章中還可推知二月中的哪一天放榜。白居易有《省試性習相遠近賦》（《白居易集》卷三十八），題下自注云：「貞元十六年二月十四日及第，第四人。」這篇賦是禮部試雜文一場所作，題下小注是白氏於放榜後追加。由此可知德宗貞元十六年（八〇〇）進士放榜的日子是二月十四日。柳宗元有《送苑論登第後歸覲詩序》（《柳宗元集》卷二十二），云：「二月丙子，有司題甲乙之科，揭於南宮，余與兄又聯登焉。」南宮即禮部。據徐松《登科記考》卷十三，柳完元與苑論同於貞元九年登進士第；又據陳垣《二十史朔閏表》，貞元九年二月丙子爲二月二十七日。

由以上材料可知，唐代進士放榜，通常是在二月，二月的上旬、中旬、下旬都有可能，日子並不固定。其次是正月，較少見，至於三月，則恐怕要算特殊的情況。二月的長安，天氣逐漸轉暖，韋莊《放榜日》詩中就寫道：「鄒陽暖艷催華發，太皞春光簇馬歸。」有時天氣還冷，但曲江的梅花卻已

沖寒而放，所以晚唐時劉滄有「廣陌萬人生喜色，曲江千樹發寒梅」之句（《看榜日》，《全唐詩》卷五八六）

北宋時，進士禮部放榜似乎就固定在三月，蘇軾《大雪乞省試展限兼乞御試不分初覆考札子》（《東坡全集》卷三十八）中說：「元祐三年正月□日，翰林學士、朝奉郎知制誥兼侍讀蘇軾札子奏。臣竊見近者大雪方數千里，道路艱塞，四方舉人赴省試者，三分中二有二月到闕，朝廷雖議展限，然迫於三月放榜，所展日數不多。」

進士放榜的地點，對於開元以前的情況，記載的材料較爲模糊，如《唐摭言》卷十五《雜記》載：「貞觀初放榜日，上私幸端門，見進士於榜下綴行而出。」似乎放榜的地點是在宮城端門附近。《大唐傳載》又謂：「開元中，進士第唱於尙書省，其策試者並集於都堂，唱其第於尙書省。」這裡所謂都堂，本尙書令廳事，在尙書省，都堂之東則爲吏、戶、禮部。《大唐傳載》所說只是策試，並且只提到尙書省，大約也是由策問改試雜文以前的情況。開元二十四年以後，改由禮部員外郎知貢舉，進士試就稱爲禮部試，放榜的地點就在尙書省南面的禮部南院。宋人程大昌《雍錄》卷八《職官・禮部南院》中記載：「禮部既附尙書省矣，省前一坊別有禮部南院者，即貢院也。《長安誌》曰『四方貢舉所會』，其說是也。」這裡所說的《長安誌》即北宋時人宋敏求所作的《長安誌》。可見唐時在尙書省之南另有一坊，禮部南院就在此坊之內。清徐松《唐兩京城坊考》卷一西京皇城，承天門之東，第五橫街之北，記云：「從西第一左領軍衛，次東左威衛，次東吏部選院，次東禮部南院（下注：四方貢舉人都會所也。）」（見圖）又見清陸遹耀等所修《咸寧縣誌》卷三《歷代疆域水道城郭宮室名勝圖》。左領軍衛之北有兵部選院，是兵部注擬武官的地方；左威衛之北有刑部格式院；吏部選院是吏部銓試、看榜名所在，因在尚書省之南，也稱吏部南院。同樣，禮部南院當也因爲在尚書省之南而得名。這四個官署，大約職事較多，故從北面的尚書省分出來，另占一坊。進士張榜的地點就在禮部南院的東牆。關於張榜的地點、時間及有關的一些情況，五代人王定保有所記述：

> 進士舊例於都省考試，南院放榜，張榜牆乃南院東牆也。別築起一堵，高丈餘，外有壖垣，未辨色，即自北院將榜就南院張掛之。元和六年，爲監生郭東里決破棘籬。

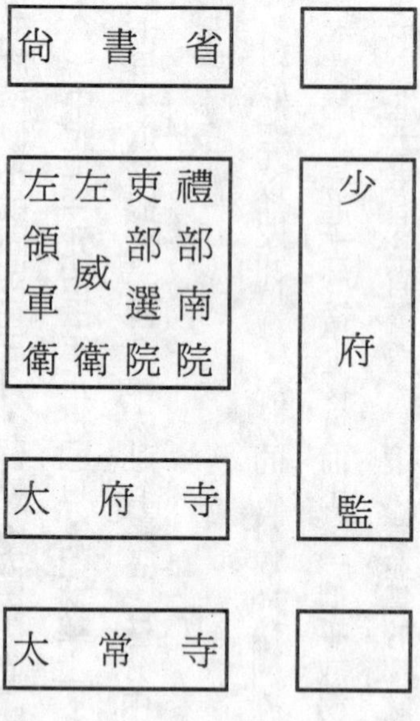

少府監

尚書省

禮部南院
吏部選院
左威衛
左領軍衛

太府寺

太常寺

> （注：籬在垣牆之下，南院正門外亦有之），圻裂文榜，因之後來多以虛榜自省門而出，正榜張亦稍晚。（《唐摭言》卷十五《雜記》）

這就是說，進士張榜所在是在禮部南院的東牆，在東牆處另建築一道高約丈餘的榜牆，外面再圍一道棘籬。清早天還朦朧時，把寫就的榜從北面的尚書省禮部傳出來張掛於此。憲宗元和六年（八一一），國子監生徒郭東里踏破棘籬，撕裂文榜，由於發生過這一事故，後來就分虛榜、正榜兩份，虛榜先掛，稍晚一些時再掛正榜。

王定保是在唐末登進士第的，他後來於五代時作《唐摭言》一書，曾從一些文人名士那裡打聽有關唐代的科舉風習，因此書中所記這方面的情況較爲詳備。這裡所說的放榜一事，還可從唐人的詩文中得到證驗。如長慶二年（八二二）登進士第的陳標，有《贈元和十三年登第進士》詩，云：「春宮南院粉牆東，地色初分月色紅。文字一千重馬擁，喜歡三十二人同。眼看魚變辭凡水，心逐鸎飛出瑞鳳。莫怪雲泥從此別，總曾惆悵去年中。」⑤元和十三年（八一八）陳標雖應試而未及第，詩中所謂的三十二人，是此年新及第進士之數。春宮即禮部。陳標是看榜的當事人，因此放榜的時地寫得很眞切，確是在禮部南院的東牆，黎明時分月亮還未下去。類此的如韋莊《癸丑年下第獻新先輩》（《韋莊集》卷八）：「五更殘月省牆邊，緯旆蜺旌卓曉煙。」又如晚唐詩人黃滔，也曾在長安累應進士試，他有《入關言懷》詩云：「落日灞橋飛雪裡，已聞南院有看期。」（《唐黃御史公集》卷四）這裡的南院也指禮部南院。這年放榜時天氣還很冷，黃滔進京，日暮黃昏，灞橋風雪，遙想禮部南院已經放榜，自己的功名尚未成就，不勝感慨。他又有《送人明經及第東歸》（《唐黃御史公集》卷三），中云：「亦從南院看新榜，旋束春關歸故鄉。」似乎明經放榜也在禮部南院，且與進士放榜約略同時。黃滔又有「五更桂苑聽榜後」（《二月二日宴中貽同年先輩渭》）、「仙榜標名出曙霞」（《放榜日》），皆爲《唐黃御史公集》卷三）等詩句；劉滄有「禁漏初定蘭省開，列仙名目上清來。飛鳴曉日鶯聲遠，變化春風鶴影回」（《看榜日》，《全唐詩》卷五八六），都可看出放榜是在清晨。昭宗時登進士第的徐夤《放榜日》詩云：「喧喧車馬欲朝天，人探東堂榜已懸。」（《全唐詩》卷七〇九）這裡的東堂，當是指禮部南院的東牆，不會另有所謂的東堂。

放榜時大約還要擊鼓打鐘，並且有人大聲高呼及第者姓名。如韋莊詩云：「一聲天鼓闢金扉，三十仙才上翠微。」（《放榜日作》，《韋莊集》卷一）李旭《及第後呈朝中知己》云：「淩晨曉鼓奏嘉音，雷擁龍迎出陸沈。」（《全唐詩》卷七一九）又如韋莊詩：「千炬火中鶯出谷，一聲鍾後鶴衝天。」（《韋莊集》卷八）前引黃滔詩所謂「桂苑五更聽榜後」，說是聽榜，即有人高聲朗誦榜上姓名的。《大唐傳載》說「開元中，進士第唱於尚書省」。玄宗時人張鷟也記有：「河東裴元質初舉進士，明朝唱第。」（《朝野僉載》卷三）聽榜當即是從這種唱第而來的。這種情況在宋代仍還沿襲。

⑥ 晚唐時人康駢《劇談錄》曾記有一則故事：

大中年，韋顓舉進士，詞學優贍。而貧寒滋甚，歲暮饑寒，無以自給。有韋光者，待以宗黨，輟所居外舍館之。放榜之夕，風雪凝互，報光成名者絡繹而至，顓略無登第之耗。光延之於堂際小閣，備設肴饌慰安之。……顓夜分歸於所止，擁爐而坐，愁嘆無已。俄而禁鼓忽鳴，榜到，顓已登第，光之服用車馬悉皆遺焉。

這是唐代科舉考試中的一幕悲喜劇，寫得頗爲生動。從這一記載中可以看出，在放榜的前一夕，就不斷有各種消息傳來，應試的舉子在這天夜裡大都是睡不成的，他們要坐聽各種信息。其中富貴人家則是準備各種佳肴酒果，以及服玩車馬，貧窮的讀書人只好在這風雪之夜，獨坐寒齋，擁爐愁嘆。這樣，一直要到黎明五更，禁鼓鳴，榜放，才知道分曉。

偶然也有午後放榜的，如《唐摭言》卷十四《主司稱意》條載：「元和十一年，中書舍人權知貢舉李逢吉下及第三十三人，試策後拜相，令禮部尚書王播署榜，其日午後放榜。」據《新唐書·宰相表》，元和十一年「二月乙巳，中書舍人李逢吉爲門下侍郎、同中書門下平章事」。這一年的二月朔日是丁酉，乙巳是初九。就是說，按照規定，元和十一年進士放榜日是二月初九日，但那年知貢舉的李逢吉，正好在這一天由中書舍人拜相，於是臨時改由禮部尚書王播署榜，放榜的時間也由清晨改爲午後。這是特例，難得遇到的，因此《唐摭言》特地把它提出來。

進士放榜因在春季，因此唐人有時也稱之爲「春榜」，如曹松《覽春榜喜孫鄴成名》：「門外報春榜，喜君天子知。」（《全唐詩》卷七一七）也有稱「金榜」的，如《唐詩紀事》卷四十九載：「（何）扶，大和九年及第，明年捷三篇，因以一絕寄舊同年曰：『金榜題名墨尚新，今年依舊去年春。花間每被紅妝問，何事重來只一人。』」又如李旭《及第後呈朝中知己》：「凌晨曉鼓奏佳音，雷擁龍迎出陸沈。金榜高懸當玉闕，錦衣即著到家林。」）《全唐詩》卷七一九）廣宣《賀王侍郎典貢放榜》：「再辟文場無枉路，兩開金榜絕冤人。」（《全唐詩》卷八二三）這裡的王侍郎是王起，王起曾在穆宗長慶年間和武宗會昌年間兩次知貢舉，因此詩中說「兩開金榜」。王起於會昌典試時，華州刺史周墀曾作詩相賀，這一年的新及第進士也作詩和答，其中李仙古的詩說：「恩光忽逐曉春生，金榜前頭添姓名。」（《唐摭言》卷三）之所以稱金榜，可能當時榜書係用黃紙，黃紙金色，故稱金榜；同時金榜也有吉祥喜慶的意思。

二

現在來說說唐代進士放榜中所謂淡墨書榜的事。

唐末五代及宋代人的著作中，有關於唐代進士榜用淡墨書寫的記載，過去有些記述唐代科舉制度的論著也往往沿襲這種說法。但細加考核，發現這些材料卻自相矛盾，有明顯的漏洞。如《唐摭言》卷十五《雜記》：「進士榜頭，豎粘黃紙四張，以氈筆淡墨袞轉書曰『禮部貢院』四字。或曰文皇頃以飛帛書之。或像陰注陽受之狀。」這是說進士的榜頭，豎帖黃紙四張，上寫「禮部貢院」四字，這四個字是用淡墨書寫的。說用淡墨寫「禮部貢院」四字，這有其可能性，但後面又說「文皇頃以飛帛書之」，就不對了。唐太宗的飛帛書體，確有點像淡墨，但進士考試在太宗時歸吏部的考功員外郎主持，要到玄宗開元二十四年以後，才改由禮部侍郎知貢舉，太宗時的進士榜決不可能出現「禮部貢院」字樣。《唐摭言》的這一記載顯然與歷史事實相抵悟。

其次是五代時南唐人的張泊，他在《賈氏談錄》中說：

貢院所司呼延氏，自舉場以來，世掌其職，迄今不絕，此亦異事。賈君嘗問放舉人榜右語及貢院字用淡墨氈書何也？對曰：聞諸祖公說，李紓侍郎將放舉人，命筆吏勒紙書，未及塡右語，貢院字吏得疾暴卒，吏部令史王旭者亦善書，李侍郎召令終其事。適値王昶被酒已醉，昏夜之中，半酣，染筆不能加墨，迨明懸榜，方始覺悟，則修改無及矣。然一榜之內，字有二體，濃淡相間，反致其姸。自後榜因模法之，遂成故事，今用氈書，益增奇麗耳。

這段記載寫得頗爲雅致，使得淡墨書榜的情節增加幾分詩意。

北宋人蔡寬夫在其《詩話》中說：

禮部淡墨書榜首，不知始何時。或曰，李程應舉時，嘗遇陰府吏於貢院前，問其登第人姓名，則有李和而無程，乃祈之。蒼黃中用淡墨加王字於和下，果得第。後爲相，因命凡榜書人名皆用淡墨，遂爲故事。此固不可考，然相傳至今。據此則當所書者，乃登第人姓名也。范蜀公詩：「淡墨題名第一人，孤生何幸繼前塵。」蓋得之。⑦

李程確應過進士試，他是貞元十二年（七九六）進士登科的狀頭（見徐松《登科記考》卷十四），後曾爲相。但這則記載仍有問題，首先是遇陰府吏改名字一節，顯係迷信，出於編造，不可信。其次是，據此處所說，則淡墨所書者是及第進士的姓名，而不是如《唐摭言》所說的僅限於榜首「禮部貢院」四字。范蜀公爲范景仁，他的這兩句詩是送給歐陽修的，歐陽修舉進士，國子監試與禮部試都是第一名，後來范景仁也同樣是第一名，所以范景仁用這樣兩句詩來贈與歐陽修。⑧范詩僅是用現成的典故，並不能由此就可證明唐人書進士姓名都用淡墨。總之，蔡寬夫《詩話》與《唐摭言》所載，用淡墨書榜首還是書及第者姓名，已有矛盾。清朝人李調元已經注意及此，但他不置可否，只說「二者未知孰是」。⑨值得注意的是，李調元引《賈氏談錄》，把李紆改成李紳，說「唐李紳侍郎知貢舉」。今查徐松《登科記考》，唐代歷年知貢舉者並無李紆，有關的工具書也未記錄李紆其人。⑩又查有關李紳的事跡資料，李紳從未任過禮部侍郎、中書舍人等官職，也從未知貢舉。因而《賈氏談錄》記載的可靠性就值得懷疑。

關於陰注陽受之說，又見於《太平廣記》卷一八四《高輦》條，謂：「禮部貢院，凡有榜出，書以淡墨。或曰，名第者，陰注陽受，淡墨書者，若鬼神之跡耳，此名鬼書也。范質云，未見故實，塗說之言，未敢爲是。」陰注陽受本托鬼神之言，不足爲信，看來宋初人范質的見解還是較爲通達的，他認爲這些都是「塗說之言，未敢爲是」。因爲唐代不少記述進士故實的，無論史書、詩文或筆記，都沒有提到過淡墨書榜的事，只有從五代到宋，才開始說得多起來，而又「衆說不一」，⑪這是很可懷疑的。

但宋朝人倒是確實相信唐代有淡墨書榜的事，於是就祖述模仿。宋代進士榜所謂淡墨書寫，有一點是確定的，即榜首「禮部貢院」用淡墨，及第進士的姓名用濃墨。如程大昌《雍錄》卷八《職官·

禮部南院》載：「今世淡墨書進士榜首，列為四字曰『禮部貢院』者，唐世遺則也。」前已引述的蔡寬夫《詩話》也說：「今貢院放榜，但以黃紙淡墨，前書『禮部貢院』四字，餘皆濃墨。」據有些宋人的記載，似乎進士姓名是特地要用點畫肥重的濃墨書寫的。如王闢之《澠水燕談錄》卷一〇：

陳文惠善八分書，點畫肥重，自是一體，世謂之「堆墨書」，尤宜施之題榜。鎮鄭州日，府宴，伶人戲以一幅大紙濃墨塗之，當中以粉筆點四點。問之何字也，曰：「堆墨書『田』字。」文惠大哂。

唐代只是流傳的軼聞，到了宋代竟然成為事實，這也可以說是科舉史上的佳話。

三

現在說榜帖。

所謂榜帖，類似於後世的「題名錄」，又與「捷報」相仿佛。唐王仁裕《開元天寶遺事》中的《泥金帖子》條載：「新進士才及第，以泥金書帖子附家書，用報登科之喜，至文宗朝遂寢此儀。」⑫又《喜信》條：「新進士每及第，以泥金書帖子附於家書中，至鄉曲親戚，例以聲樂相慶，謂之喜信。」所謂泥金，就是用金箔和膠水製成的金色顏料，榜上貼有這種金花，所以叫金花帖子。據王仁裕所記，可見這種習俗至少在開元、天寶時就已經盛行了。據宋趙彥衛所記，這種金花帖子在北宋初仍還流行，其所著《雲麓漫鈔》（卷二）一書有較為具體的記述：

國初循唐制，進士登第者，主文以黃花箋長五寸許，闊半之，書其姓名，花押其下，撫以大帖，又書姓名於帖面，而謂之榜帖，當時稱爲金花帖子。後臨軒唱名，茲制遂廢。⑬

則這種帖子上，除了登科者的姓名以外，還有知貢舉者的花押，以昭鄭重，用以報喜，並以此炫耀於故里鄉曲。這種榜帖大約也有粉紅色的，如盧東表登第後，其在汴州的侍妾竇梁賓得到喜報，作《喜盧郎及第》一詩，云：「曉妝初罷眼初潤，小玉驚人踏破裙；手把紅箋書一紙，上頭名字有郎君。」詩中所說的紅箋，當就是這種榜帖。

這種榜帖大約也有專人差送至及第進士的所在地的，如薛逢《與崔況秀才書》中說：「自今日春榜到縣，當時差人持狀到京，方乘車騎，尋已東去，恨結之至。」（《全唐文》卷七六六）這裡所說的具體情事未能確知，但「今日春榜到縣」云云，可見有人將榜帖送至縣的。又如王起在會昌二年知貢舉，由於這年所放有不少寒士，前面曾說過，周墀曾作詩相賀，《唐摭言》卷三收錄了這一年及第進士的和詩，其中高退之的詩末二句云：「何事感恩偏覺重，忽聞金榜扣柴扉。」詩下作者自注：「退之自顧微劣，殆不敢有叨竊之望，策試之後，遂歸周至山居。不期一旦進士團遣人齎榜，扣關相報，方知忝幸矣。」高退之於考試完畢後，歸居於長安郊區周至縣的山村，榜放後，由進士團（關於進士團的情況詳注）派人把榜帖送到家。高退之詩中所說的「金榜」，就是金花帖子。由此也可見《開元天寶遺事》所說這種以金花帖子報喜訊的習俗，到文宗後停止，這種說法是不確的。

如果是貴要之家的子弟登科，則這種榜帖送到家，就要大擺宴席，廣招賓客，以爲慶賀。如《唐摭言》卷三載：「曹汾尚書鎮許下，其子希幹及第，用錢二十萬。榜至鎮，開賀宴日，張之於側。時進士胡錡有啓賀，略曰：『桂枝折處，著萊子之彩衣；楊葉穿時，用魯連之舊箭。』又曰：『一千里外，觀上國之風光；十萬軍前，展長安之春色。』」⑭據吳廷燮《唐方鎮年表》（卷二），曹汾爲忠武軍節度使（治許州）在咸通十年至十五年間（八六九—八七四）。曹汾的兒子希幹於咸通十四年登第。曹汾既任藩鎮，又爲懿宗朝宰相曹確之弟，弟兄並列將相之任，其子登科，無怪其顯赫一時了。類似的例子，如楊汝士爲東川節度使時，其子知溫及第，榜到之日，「汝士開家宴相賀，營妓咸集，汝士命人與紅綾一匹。詩曰：『郎君得意及青春，蜀國將軍又不貧。一曲高歌紅一匹，兩頭娘子謝夫人。』」⑮這些，都從側面反映進士試對中晚唐社會風氣的影響。

王建的《宮詞》中有一首也寫金花榜子：「聖人生日明朝是，私地先須屬內監。自寫金花紅榜子，前頭先進鳳凰衫。」（《王建詩集》卷一〇）這裡的「金花紅榜子」，是宮妃用來呈獻皇帝，作爲慶賀皇帝生辰禮物的，過去有些書上也把它作爲進士榜帖的例子，是不對的。

四

唐代，進士於放榜後，還須參預一系列禮節與儀式，主要是拜謝座主和參謁宰相。

拜謝座主，《唐摭言》卷三稱之爲「謝恩」，意思是舉子得能及第，乃出於知舉者之鑒拔，須答謝舉援之恩。《唐摭言》載其禮儀謂：

> 狀元已下，到主司宅門下馬，綴行而立，斂名紙通呈。入門，並敘立於階下，北上東向。主司列席褥，東面西向。主事揖狀元已下，與主司對拜。拜訖，狀元出行致詞，又退著行各拜，主司答拜。拜訖，主事云：「請諸郎君敘中外。」狀元已下各各齒敘，便謝恩。餘人如狀元禮。禮訖，主事云：「請狀元曲謝名第。第幾人，謝衣缽。」謝訖，即登階，狀元與主司對坐。

這樣，飲酒數巡，即告退。三天以後，還須再來拜謝。這裡所謂的「諸郎君敘中外」，是新進士各各介紹中外姻親之有名望者，借以顯示身份，《唐語林》對此頗有具體的敘寫：

> 是日（琮按即向座主謝恩之日），自狀元已下，同詣座主宅，座主立於庭，一一而進曰：「某外氏某家。」或曰甥，或曰弟。又曰：「某大外氏某家。」又曰：「外大外氏某家。」或曰重表弟，或曰表甥孫。又有同宗座主宜爲侄，而反爲叔。言敘既畢，拜禮得申。（卷八補遺）

這裡寫唐人攀附門第，炫示身價，頗得其神。又寫座主與同宗者，按輩分說，座主應爲侄，進士應爲叔，但敘及時，卻反稱自己爲侄。這在唐代是不隱諱的，即使像目空一切的大詩人李白，在有求於人時，他的詩文中也常常有故意貶抑自己行輩的情況。

參謁宰相，唐時稱作「過堂」，因在尚書省都堂舉行，故名。由知貢舉者率領新及第進士謁見宰相。《唐摭言》卷三記載其情況是：

> 其日，團司先於光範門裡東廊供帳備酒食。同年於此候宰相上堂後參見。於時，主司亦召知聞三兩人，會於他處。……宰相既集，堂吏來請名紙。生徒隨座主過中書，宰相橫行，在都堂門

裡敘立。堂吏通曰：「禮部某姓侍郎，領新及第進士見相公」。俄有一吏抗聲屈主司，乃登階長揖而退，立於門側，東向；前後狀元已下敘立於階下。狀元出行致詞云：「今月日，禮部放榜，某等幸忝成名，獲在相公陶鑄之下，不任感懼。」言訖，退揖。乃自狀元已下，一一自稱姓名。稱訖，堂吏曰：「無客。」主司復長揖，領生徒退詣舍人院。

在與中書舍人敘禮以後，即由座主領出，就算結束。

過堂的那一天，黎明太陽未升時，及第進士即須集合於朝堂，百官也陪同觀看，韓偓曾有一詩紀其盛況，云：「早隨眞侶集蓬瀛，閶闔門開尙見星。龍尾樓台迎曉日，鰲頭宮殿入靑冥。暗驚凡骨升仙籍，忽訝麻衣謁相庭。百辟斂容開路看，片時輝赫勝圖形。」（《及第過堂日作》，見《玉樵山人集》）

又《唐語林》曾記武宗會昌時的一則趣事，頗生動，錄之如下：

進士放榜後，則群謁宰相。其道啓詞者出狀元，舉止尤宜精審。時盧肇、丁稜及第「琮按盧、丁二人爲會昌三年（八四三）進士及第」，肇有故，次乃至稜。口訥，貌寢陋。迨引見，連曰：「稜等登。」蓋言「登科」而卒莫能成語。左右莫不大笑。後爲人所謔，云：「先輩善彈箏。」譩曰：「無有。」曰：「諸公謁宰相日，先輩獻藝，云『稜等登，稜等登』！」

五

拜謁座主與宰相以後，接著就是許多次的宴集。宴集的名目頗爲繁多，據《唐摭言》所載，較著名的有大相識、次相識、小相識、聞喜、櫻桃、月燈、打毬、牡丹、看佛牙、關宴，等等（卷三《宴名》）。限於篇幅，關於唐代進士的宴集，本文只著重揀選曲江宴、慈恩題名、杏園探花宴加以論述，然後再提一下聞喜、櫻桃、月燈等幾種。

曲江在長安的東南角，是當時京都的遊賞勝地。宋程大昌《雍錄》卷六引《長安誌》謂：「唐周七里，占地三十頃。」可見面積是相當大的。《雍錄》又說：「地在城東南升道坊龍花寺之南。」關於曲江究竟占唐時長安的幾坊之地，自宋敏求《長安誌》到清陸遹耀《咸寧縣誌》以及日本人足立喜六《長安史跡考》，說法不一，夏承燾先生在五十年代時曾寫有《據〈白氏長慶集〉考唐代長安曲江池》）一文（《中華文史論叢》第四輯），對曲江地域有所考證，其結論是：唐時曲江池的四至，是在芙蓉園和曲池坊之北，晉昌坊、慈恩寺、杏園之東，修行坊之南，長安東夾城之西。夏先生的結論是可靠的。

作爲遊覽佳勝，唐末康駢在《劇談錄》（卷下）中，對曲江有一個概括的描敘：

曲江池，本秦世豈州，開元中疏鑿，遂爲勝境。其南有紫雲樓、芙蓉苑，其西有杏園、慈恩寺，花卉環周，煙水明媚。都人遊玩，盛於中和上巳之節，彩幄翠幬，匝於堤岸，鮮車健馬，比肩擊轂。上巳即賜宴臣僚，京兆府大陳筵席，長安、萬年兩縣以雄盛較，錦繡珍玩無所不施。百辟會於山亭，恩施太常及教坊聲樂。池中備彩舟數隻，唯宰相、三使、北省官與翰林學士登焉。

每歲傾動皇州，以爲盛觀。入夏則菰蒲蔥翠，柳蔭四合，碧波紅蕖，湛然可愛。

曲江遊賞，起自中宗以後，至玄宗時大盛。《唐摭言》曾載唐實錄一段文字，說天寶元年（七四二），太子太師蕭嵩的家廟因逼近曲江，上表請移他處，唐朝廷就命士兵另爲蕭嵩營造，敕批有云：「卿立廟之時，此地閑僻；今傍江修築，舉國勝遊。與卿思之，深避喧雜。」至天寶年間，曲江附近，已有不少宮殿，杜甫詩「春日潛行曲江曲，江頭宮殿鎖千門」（《哀江頭》），可見安史之亂前的盛況。（宋敏求《春明退朝錄》卷中：「唐曲江，開元、天寶中，旁有殿宇，安史亂後盡廢圮。文宗覽杜甫詩云：『江頭宮殿鎖千門，細柳新蒲爲誰綠？』因建紫雲樓、落霞亭，歲時賜宴。又詔百司於兩岸建亭館。」按畢沅《關中勝跡圖誌》卷六引《春明退朝錄》文，於「開元天寶中」之前尚有：「開元時造紫雲樓於江邊，至期上率宮嬪重帘觀焉，命公卿士庶大酺，各攜妾妓以往，倡優緇黃，無不畢集。先期設幕江邊，是以商販皆以奇貨麗物陳列，豪客園戶爭以名花布道。」）

中唐時，詩人盧綸在《曲江春望》詩中還寫到曲江邊的宮殿，「菖蒲翻葉柳交枝，暗上蓮舟鳥不知。更到無花最深處，玉樓金殿影參差。」（《全唐詩》卷二七九）

曲江的四時景色成爲唐代文人寫作時的極好對象和絕佳素材。歐陽詹有《曲江池記》，王棨有《曲江池賦》。現在摘錄這兩篇文章所記曲江景色之美和都人遊賞之盛的有關段落如下：

重樓夭矯以縈映，危榭巉岩以輝燭。……都人遇佳辰於今月，就妙賞乎勝趣。九重繡轂，翼六龍而畢降；千門錦帳，同五侯而偕至。……駢羅緹綺，交錯五色。（歐陽詹《曲江池記》，《歐陽

行周文集》卷五)

只如二月初晨，沿堤草新。鶯囀而殘風裊霧，魚躍而園波蕩春。是何玉勒金策，雕軒繡輪；合合沓沓，殷殷轔轔；翠晝千家之幄，香凝數里之塵。公子王孫，不羨蘭亭之會；娥眉蟬鬢，遙疑洛浦之人。是日也，天子降鑾，輿停彩仗，呈丸劍之雜技，間咸韶之妙唱。帝澤旁流，皇風曲暢。(王棨《曲江池賦》，《全唐文》卷七七〇)

歐陽詹的記作於德宗貞元五年(七八九)，王棨則是懿宗咸通三年(八六〇)登進士第，其間相隔將近一百年。這一時期唐帝國的國力雖日漸衰微，社會處在大動亂的前夕，但曲江的繁華卻未曾稍衰，王棨賦中所寫的遊賞盛況似乎還有勝過貞元之時。

詩人的名篇佳句，則更使人吟賞於曲江的勝境。「曲江冰欲盡，風日已恬和。柳色看猶淺，泉聲覺漸多。紫蒲生濕岸，青鴨戲新波。」——這是張籍詠曲江早春的詩。⑯「漠漠輕陰晚自開，青天白日映樓台。曲江水滿花千樹，有底忙時不肯來？」——這是韓愈寫春末曲江的情景。⑰曲江的秋色似乎更能牽動詩人們的文思，據白居易說，元和初幾年，他在長安，每年都要作《曲江感秋》的詩。⑱元稹在《和樂天秋題曲江》詩中也說：「十載定交契，七年鎮相隨。長安最多處，多是曲江池。」(《元稹集》卷六)韓愈的「曲江千頃秋波淨，平鋪紅雲蓋明鏡」(《韓昌黎詩繫年集釋》卷九)更是描寫曲江秋景的千古名句。

當然，曲江最繁華的還是春天，及第新進士的宴會更是曲江春景的主要內容。晚唐人還特地爲此編寫了《曲江春宴錄》、《曲江春遊錄》等書。⑲據《唐摭言》（卷三）引李肇《國史補》所載，曲江宴會原來是爲慰藉下第舉人而設的，因此筵席極其簡單，後來則逐漸爲及第進士所占，「向之下第舉人，不復預矣」。《唐摭言》載進士曲江宴盛況有：

曲江亭子，安史未亂前，諸司皆列於岸滸；幸蜀之後，皆燼於兵火矣，所存者唯尚書省亭子而已。進士關宴，常寄其間。既徹饌，則移樂泛舟，率爲常例。宴前數日，行市駢闐於江頭。其日，公卿家傾城縱觀於此，有若中東床之選者，十八九鈿車珠鞅，櫛比而至。（卷三《慈恩寺題名遊賞賦詠雜記》）

長安遊手之民，自相鳴集，目之爲「進士團」。初則至寡，洎大中、咸通已來，人數頗眾。其有何士參者爲之酋帥，尤善主張筵席。凡今年才過關宴，士參已備來年遊賞之費，由是四海之內，水陸之珍，靡不必備。⑳……逼曲江大會，則先牒教坊請奏，上御紫雲樓，垂簾觀焉。時或擬作樂，則爲之移日。故曹松詩云：「追遊若遇三清樂，行從應妨一日春。」……曲江之宴，行市羅列，長安幾於半空。公卿家率以其日揀選東床，車馬塡塞，莫可殫述。（卷三《散序》）

在唐人看來，春日的曲江宴遊，簡直是仙境：「何必三山待鸞鶴，年年此地是瀛州。」㉑人馬奔馳，似乎長安的地也要動了起來：「斜陽怪得長安動，陌上分飛萬馬蹄。」㉒還有不少歌妓：「傾國妖姬雲鬟重，薄徒公子雪衫輕」、「柳絮杏花留不得，隨風處處逐歌聲。」㉓這種歡樂的景象，在新進士的記憶中是如此的深刻，即使爾後各自分散，但相聚追歡的情景終難以忘懷。如白居易《酬哥舒大見贈》（題下自注：去年與哥舒等八人同共登科第，今敍會散之愁意）：「去歲歡遊何處去，曲江西岸杏園東。花下忘歸因美景，樽前勸酒是春風。各從微宦風塵裡，共度流年離別中。今日相逢愁又喜，八人分散兩人同。」（《白居易集》卷十三）

新及第進士的曲江遊宴，還有著名的歌手參與其間，宋代以博學著稱的女詞人李清照在其《詞論》中曾有記載說：「開元、天寶間，有李八郎者，能歌擅天下。時新及第進士開宴曲江，榜中一名士先召李，使易服隱姓名，衣冠故敝，精神慘沮，與同之宴所，曰：『表弟願與坐末。』衆皆不顧。既酒行，樂作，歌者進，時曹元謙、念奴爲冠。歌罷，衆皆咨嗟稱賞。名士忽指李曰：『請表弟歌。』衆皆哂，或有怒者。及轉喉發聲，歌一曲，衆皆泣下，羅拜曰：『此李八郎也。』」（王學初《李清照集校注》卷三，輯自《苕溪漁隱叢話》後集卷三十三）按李八郎事，李肇《國史補》卷下曾有所記，但記敍曲江新進士春宴與歌者的遊賞，當以李清照所記爲詳。清照博學，於金石書畫均有研究，此處所記必當有本，足資參考。

新及第進士的曲江宴，在唐人記載中還有不少趣聞軼事，如《唐摭言》載宣慈寺門子事，記述極爲生動，從中也反映了士人們對宦官專橫的不滿：

> 宣慈寺門子，不記姓氏，酌其人，義俠之徒也。咸通十四年，韋昭範先輩登第，昭範乃度支侍郎楊嚴懿親。宴席間，帷幕、器皿之類皆假於計司，楊公復遣以使庫供借。其年三月中，宴於曲江亭，供帳之盛，罕有倫擬。時飲興方酣，俄睹一少年，跨驢而至，驕悖之狀，旁若無人。

於是俯逼宴席，張目，引頸及肩，復以巨箠振築佐酒，謔浪之詞，所不忍聆。諸君子駭愕之際，忽有於眾中批其頰者，隨手而墮；於是連加毆擊，復奪所擊箠，箠之百餘，眾皆致怒，丸礫亂下，殆將斃矣。當此之際，紫雲樓門軋開，有紫衣從人數輩馳告曰：「莫打！莫打！」傳呼之聲相續。又一中貴，驅殿甚盛，馳馬來救；門子乃操箠迎擊，中者無不面撲於地，敕使亦爲所箠。既而奔馬而返，左右從而俱入，門亦隨閉而已。座內甚欣愧，然不測其來，仍慮事連宮禁，禍不旋踵，乃以緡錢、束素，召行毆者訊之曰：「爾何人？與諸郎君誰素，而能相爲如此？」對曰：「某是宣慈寺門子，亦與諸郎君無素，第不平其下人無禮耳。」眾皆嘉嘆，悉以錢帛遺之。復相謂曰：「此人必須亡去，不則當爲禽矣。」後旬朔，座中賓客多有假途宣慈寺門者，門子皆能識之，靡不加敬，竟不聞有追問之者。（《唐摭言》卷三《慈恩寺題名遊賞賦詠雜記》）

應當指出的是，曲江等的這類宴集，也助長了奢侈的風氣，因此李德裕在武宗朝任宰相時曾一度加以禁止，但後來宣宗繼位，李德裕被貶逐，這種宴樂的風氣更爲興盛，孫棨在《北里誌》的自序中就說到宣宗大中時進士登科後，「宴遊崇侈」，「鼓扇輕浮，仍歲滋甚」，曲江之宴，甚至延長到仲夏：「自歲初登第於甲乙，春闈開送天官氏，設春闈宴然後離居矣，近年延至仲夏。」這種揮金如土、競相誇富的習氣，對豪貴之家是一種享樂和炫耀，而對貧寒士子卻是沉重的負擔。乾符二年（八七五）曾下詔：「近年以來，澆風大扇，一春所費，萬餘貫錢，況在麻衣，從何而出？力足者樂於書罰，家貧者苦於成名，將革弊端，實在中道。」並規定：「每年有名宴會，一春罰錢及鋪地等相計，每人不得過一百千，其勾當分手不得過五十人，其開試開宴並須在四月內。稍有違越，必舉朝章，並委御史台常加糾察。」㉔雖有這個禁令，長安的奢侈風氣依然如故，直至唐亡，不再在長安建都，又經過幾次戰亂，世改時移，曲江的水也逐漸乾涸，到宋代張禮遊長安城南，倚大雁塔「下瞰曲江宮殿，樂遊燕喜之地，皆爲野草」。（《遊城南記》）到明代中葉，則曲江兩岸，只剩下「江形委曲可指」，都是一片莊稼了。㉕昔日的繁華已成陳跡，後人只能憑文字記載去追想少年進士遊賞的豪興了。

六

在曲江大會之後，還有杏園宴，杏園宴的主要節目是探花，這也是進士放榜後傳爲佳話的韻事。杏園在曲江之西，又與慈恩寺南北相望。宋人張禮曾從長安南門出發，遊歷南郊，其所著《遊城南記》中說：「出（慈恩）寺，涉黃渠，上杏園，望芙蓉園，西行，過杜祁公家廟。」自注云：「杏園與慈恩寺南北相値，唐新進士多遊宴於此。芙蓉園在曲江之西南，隋離宮也，與杏園皆秦宜春下苑之地。」明趙崡《石墨鐫華》卷七《訪古遊記》中也說：「杏園、芙蓉池皆在（曲）江西南。」因此曲江宴之後又移飲於杏園，行探花之舉，也是很順當的事。所謂探花，就是在同科進士中選擇兩個年紀較輕所謂俊少者，使之騎馬遍遊曲江附近或長安各處的名園，去採摘名花，這兩個人就叫做兩街探花使，也稱探花郎（宋以後進士第三名稱做探花，可能即由此而來㉖）。如果有別的人先折得名花如牡丹、芍藥來的，就要受罰，如唐末記長安歌妓之盛的專書，孫棨的《北里誌》，其自序中說晚唐時新科進士，「以同年俊少者爲兩街探花使」。宋趙彥衛《雲麓漫鈔》卷七引《秦中歲時紀》：

期集謝恩了，從此使著披袋筐子騾從等，仍於曲江點檢。……次即杏園初宴，謂之探花宴，使差定先輩（琮按唐人習稱已及第進士爲先輩）二人少俊者，爲兩街探花使；若他人折得花卉，先開牡丹、芍藥來者，即各有罰。㉗

當時正當新進士舉辦各種宴會之際，長安城的一些有名的園林都特爲開放，使探花使有遍賞名園、選摘名花的機會。長慶年間王起知舉，進士放榜後，張籍作《喜王起侍郎放榜》詩，云：「東風節氣近清明，車馬爭來滿禁城。二十八人初上牒，百千萬里盡傳名。誰家不借花園看，在處多將酒器行。共賀春司能鑒識，今年定合有公卿。」唐代長安城，一到春天，本有園林遊春的習俗。如《開元天寶遺事》載：「長安春時，盛於遊賞，園林樹林無閑地。故學士蘇頲應制云：『飛埃結塵霧，遊蓋飄青雲。』」這些都可見出進士及第後長安城的歡樂氣氛。

劉滄於大中八年（八五四）登進士第，他有描寫及第後參加探花宴的詩：「及第新春選勝遊，杏園初宴曲江頭。紫毫粉筆題仙籍，柳色簫聲拂御樓。霽景露光明遠岸，晚空山翠墜芳洲。歸時不省花間醉，綺陌香車似水流。」（《及第後宴曲江》，《全唐詩》卷五八六）著名作家皮日休咸通八年（八六七）登進士第，他參加杏園宴的詩，有「雨洗清明萬象新，滿城車馬簇紅筵」之句（《登科後寒食杏園有宴因寄錄事宋垂文同年》，《全唐詩》卷六一三）。

至於曾經作過探花使的詩人，我們可以舉出兩個來。翁承贊於乾寧二年（八九五）登進士第，他所作的《擢探花使二首》，其一云：「洪崖差遣探花使，檢點芳叢飲數杯。深紫濃香三百朵，明朝爲我一時開。」其二云：「探花時節日偏長，恬淡春風稱意忙；每到黃昏醉歸去，紵衣惹得牡丹香。」（《全唐詩》卷七〇三）翁詩寫得氣氛很濃，探花使的得意心情，與恬淡的春風，牡丹的香氣，寫得很和諧。另一個是詩人李商隱的連襟韓瞻的兒子、曾被李商隱稱譽爲「雛鳳清於老鳳聲」的韓冬郎韓偓，他有《余作探使以繚綾手帛子寄賀因而有詩》：「解寄繚綾小字封，探花筵上映春叢。黛眉印在微微綠，檀口消來薄薄紅。緶處直應心共緊，砑時兼恐汗先融。帝台春盡還未去，卻係裙腰伴雪胸。」[28]韓偓這裡寫的「探花宴上映春叢」、「以繚綾手帛子寄賀」的，大約是長安的一位歌妓。包括杏園在內的當時新進士宴集，是有不少歌妓參與的，她們與少年進士共慶及第的歡樂。

寫探花最有名的，還應算是孟郊的《登科後》一詩：「昔日齷齪不堪言，今朝放蕩思無涯。春風得意馬蹄疾，一日看遍長安花。」（《孟東野詩集》卷三）孟郊於貞元十二年（七九六）登第，時已四十六歲。在這之前他曾累舉不第，寫了好幾首感嘆落第悲哀的詩。現在一旦中舉，一掃昔日的抑鬱之氣，正如他同時所作的《同年春宴》所說的那樣，正是「視聽改舊趣，物象含新姿；紅雨花上滴，綠煙柳際垂」。風景依舊，而心情各異，紅雨綠煙，春風高歌，花枝醉舞，這種物象與我同一欣悅的境界，可以幫助我們領會孟郊寫出「春風得意馬蹄疾，一日看遍長安花」時那種淋漓的興會。

杏園宴時還有知舉者參加，新科進士在宴飲時再一次答謝座主選拔之恩，如中唐詩人姚合《杏園宴上謝座主》詩云：「得陪桃李植芳叢，別感生成太昊功，今日無言春雨後，似含冷涕謝東風。」（

《姚少監詩集》卷九）晚唐曹松也有《及第敕下宴中獻座主杜侍郎》詩：「得召丘牆淚卻頻，若無公道也無因。門前送敕朱衣吏，席上銜杯碧落人。」（《全唐詩》卷七一七）

杏園宴集，當然不一定限於新科進士，一般文人或官僚，也有在此宴集的，如《唐詩紀事》卷四十三記馮宿事，謂：「宿尹河南，樂天、夢得以詩送之，宿酬云：『共稱洛邑難其選，何用天書用不才。遙約和風新草木，且令新雪靜塵埃。臨歧有愧傾三省，別酌無辭醉百杯。明歲杏園花下集，須知春色自東來（自注：每歲嘗接諸公杏園宴會）。』」但杏園宴之出名仍是新及第進士的探花之宴。

北宋建都於汴京，但人們緬懷曲江、杏園的盛況，採摘名花的風習仍然沿襲下來，不過已不可能在長安的杏園，而是在汴京皇城內的瓊林苑了。宋趙升《朝野類要》卷二謂：「選年最少者二人，於賜聞喜宴日，先到瓊林苑折花迎狀元吟詩，此唐制，久廢。」看來宋代雖有折花之舉，但已不是遍歷名園，格局小多了，而且到北宋中期終因「以厚風俗」爲理由予以廢止。據宋魏泰《東軒筆錄》卷六載：「進士及第後，例期集一月，其醵罰錢奏宴局什物皆請同年分掌。又選最年少者二人爲探花，使賦詩，世謂之探花郎。自唐已來，榜榜有之。熙寧中，吳人余中爲狀元，首乞罷期集，慶宴席探花，以厚風俗。執政從之。」這種改變，也多少反映唐宋社會風氣的不同吧。

《蔡寬夫詩話》也有類似的記載，說：「唐故事，進士朝集，嘗擇榜中最少年者爲探花郎，宋熙寧中始罷之。太平興國三年，胡秘監旦榜，馮文懿拯爲探花，是歲登第七十四人，太宗以詩賜之曰：『二三千客裡成事，七十四人中少年。』」㉙奇怪的是北宋後期，竟以杏園爲文人死後精魂會集之所，如何薳《春渚紀聞》卷六《後山往杏園》條云：「建中靖國元年，陳無已以正字入館，未幾得疾。樓異世可時爲登封令，夜夢無已見別，行李蘧甚。樓問是行何之，曰：『暫往杏園，東坡、少遊諸人在彼已久。』樓起視事，而得參廖子報云，無已逝矣。」所記樓異述夢的話當然不一定可靠，但說蘇軾、秦觀死後都集於杏園，則反映北宋後期認爲杏園乃文人死後英靈聚集之處，這種傳說的來源與唐代進士及第者杏園之宴的風尚是否有一定的因襲關係，還待進一步研究。

七

杏園探花宴之後，爲慈恩雁塔題名。唐末無名氏《玉泉子》謂：「慈恩寺連接曲江及京輦諸境，每歲新得第者畢列姓名於此。」慈恩寺在長安東南角的晉昌坊，建於貞觀二十二年（六四八），內有唐僧玄奘譯經道場；寺內雁塔則應玄奘之請，建於高宗永徽三年（六五二）。（《大藏慈恩寺三藏法師傳》卷六：永徽三年，「春三月，法師欲於寺端門之陽造石浮圖，安置西域所將進像，其意恐人代不常，經本散失，兼防火難。浮圖量高三十丈，擬顯大國之崇基，爲釋迦之故跡。……其塔有五級，並相輪、露盤凡高一百八十尺……上層以石爲室。南面有兩碑，載二聖《三藏聖教序》、《紀》，其書即尙書右僕射河南公褚遂良之筆也。」）到中唐時，規模已很大，《酉陽雜俎》續集卷六《寺塔記》下記謂：「慈恩寺，寺本淨覺故伽藍，因而營建焉，凡十餘院，總一千八百九十七間，剃度三百僧。」《唐摭言》卷三載：「神龍已來，杏園宴後，皆於慈恩寺塔下題名。同年中推一善書者記之，他時有將相，則朱書之。及第後知聞，或遇未及第時題名處，則爲添前字。」神龍是中宗的年號（七〇五－七〇六）。據此，則知在此之前進士及第尚未有雁塔題名之舉。蘇頲有《慈恩寺二月半寓言》詩，寫慈恩寺二月景物，沒有一字提到進士題名，且寫遊人也少，只云「殿堂花覆席，觀閣柳垂疏，共命枝間鳥，長生水上魚」；又云「行密幽關靜，談精俗態祛，稻麻欣所遇，蓬箨愴焉如」（《全唐詩》卷七十四）。

題名起於何時，大致有兩說。《劉賓客嘉話錄》云：「慈恩題名，起自張莒，本於寺中閑遊而題其同年人，因爲故事。」而錢易《南部新書》乙卷則謂：「韋肇初及第，偶於慈恩寺塔下題名，後進慕效之，遂成故事。」過去的一些記載，對這兩說都未能確定孰是孰非。㉚今按柳宗元《先君石表陰先友記》有張莒，謂「莒，常山人」，其下宋人韓醇注：「大歷九年進士。」張莒又見於《唐郎官石柱題名考》卷四，《御史台精舍題名考》卷三。《唐詩紀事》卷三十一說他大中時官吏部員外郎。韋肇則爲韋貫之之父，大歷中任中書舍人，後歷任京兆少尹、秘書少監，有重名於時，而爲宰相元載所惡，元載被誅，除吏部侍郎，代宗曾想命他爲相，不巧韋肇病卒未果。㉛其事跡又載《元和姓纂》卷二，《唐郎官石柱題名考》卷八。韋肇未知其登第年，但當在大歷初或稍前。總之，張莒和韋肇乃是同時人，其登科之年當也約略先後，因此無論是張莒或韋肇，都是說雁塔題名起於代宗的大歷年間。

首先根據唐人題名遺物而提出新見的，是北宋末年人董逌，他在《廣川書跋》卷七的記載中說，他曾從河南石氏得到一塊進士陳昭的題名刻石，上面所題的時間是開元九年（七二一）。後來清人葉奕苞《金石錄補》卷十二進一步肯定董逌的論斷，說「右開元九年進士陳昭等慈恩寺題名，昭所書也」。開元九年離神龍初只有十幾年，開元九年既已有大雁塔的進士題名，則《唐摭言》所謂起於神龍之說，是大致不錯的。

另外，據宋人戴埴說，他也曾得到唐人雁塔題名石刻，「細閱之，凡留題姓名，僧道士庶，前後不一，非止新進士也」（《鼠璞》卷上《雁塔題名》）。可見唐人雁塔題名，僧道士庶，各色人都有。也不一定是同科進士，如韓愈、李翺、孟郊、柳宗元、石洪，就同登雁塔題名，㉜這幾人就非同科及第。

唐代的慈恩寺，本是園林佳勝之地，春夏之際，慈恩寺的牡丹花，是長安城的佳品，「每開及五六百朵，繁艷芬馥，近少倫比」（唐駢《劇談錄》卷下《慈恩寺牡丹》條）。又如沈亞之《曲江亭望慈恩杏花發》詩（《沈下賢文集》卷一）：

曲台晴好望，近接梵王家。十畝開金地，千株發杏花。帶雲由誤雪，映雪欲欺霞。紫陌傳香遠，紅泉落影斜。………

韓翃《題慈恩寺振上人院》（《全唐詩》卷二四四）：

………鳴磬夕陽盡，卷簾秋色來。

白居易《三月三十日題慈恩寺》（《白居易集》卷十三）：

慈恩春色今朝盡，盡日徘徊倚寺門。惆悵春歸留不得，紫藤花下漸黃昏。

慈恩寺又有熱鬧的雜耍戲場，《南部新書》戊卷說「長安戲場多集於慈恩。」宣宗之女萬壽公主嫁給鄭顥，鄭顥的弟弟鄭顗病重，宣宗問公主是否探病去了，使者說沒有，宣宗問在何處，使者說「在慈恩寺看戲場」（唐張固《幽閑鼓吹》）。皇家的公主也到慈恩寺戲場觀看，可見其繁鬧的程度了。由此可以推斷，慈恩寺本是遊人繁雜之地，舉子中可能有人偶然題名於雁塔，後來遂逐漸演變爲登第者遊宴題名的場所。

雁塔題名，至五代時移都洛陽，其風遂止。神宗元豐時，塔遭火，後因修葺，曾得唐人題名數十。關於五代至北宋的情況，宣和二年庚子（一一二〇），樊察、柳瑊曾有跋記之，見於南宋陳思《寶刻叢編》卷七，今錄其有關部分如下：

自神龍以來，進士登科皆錫燕江上，題名塔下，由是遂爲故事。五季寺廢，惟雁塔巋然獨存，有僧蓮芳始葺新之，塔之內外皆以塗塈，唐人題字不復可見。元豐間塔再火，鄉人王正叔始見晝壁斷裂，自剗括甃甓，得題名數十，乃錄以歸，屢白好事者，使刻石，迨今逾四十年，卒不得。重和戊戌（一一一八），察仇書東觀，偶與同年柳伯和縱談及此，擊節悵然。明年伯和出使咸秦，暇日率同僚登絕頂，始命盡剗斷壁，而所得尤富，皆前此未之見者。……先是會昌中宰相李德裕自以不由科第，深貶進士，始罷宴集，向之題名，削除殆盡，故今所序，獨侍人、進士與公卿貴遊子弟爲多。（樊察仲恕）

雁塔在長安南、曲江西慈恩寺，樂天所謂曲江院裡題名處是也。塔成於顯慶間，距今幾五百年，堅完如新。壁間磚上，字墨猶存。……宣和庚子，瑊以漕事使關中，公餘與同僚訪古，周覽塔

上，層層見之，字畫遒麗，具有楷法，全傍無幾，而名卿踺人，留記姓字歲月者特多，乃得善工李知常等俾盡摹刻於石。(柳瑊伯和)

有關的記載，還可參見明趙崡《石墨鐫華》卷七，清葉奕苞《金石錄補》卷十二《唐陳昭題名》，以及翁文綱《復初齋詩集》卷五〇《唐慈恩雁塔題名殘拓本(宣和庚子十月大明柳瑊摹勒)》等。又，唐中葉時，凡得京兆府解送列入等第的，也可在雁塔題名，見宋董逌《廣川書跋》卷八《李翺題名》條。

另外，還可注意的是，中唐時女道士魚玄機有一首《遊崇眞觀南樓睹新及第題名處》的詩，云：「雲峰滿目放春晴，歷歷銀鈎指下生。自恨羅衣掩詩句，舉頭空羡榜上名。」(《全唐詩》卷八〇四)查宋敏求《長安誌》卷九新昌坊，有：「崇眞觀，李齊古宅，開元初立。」就是說，崇眞觀本爲李齊古的住宅，開元初立爲道觀。慈恩寺在晉昌坊，崇眞觀在新昌坊，雖然都在長安的東城，但東西隔兩條直街，南北隔兩個坊。魚玄機何以在崇眞觀南樓能見到新及第進士的題名？是否除了雁塔以外，崇眞觀附近也有進士題名之處？魚玄機詩中的崇眞觀與《長安誌》所載新昌坊的崇眞觀，是否同名異地？限於目前所能見到的資料，還未能得出確切的結論，有待於進一步查考。

八

本節簡略地談一下聞喜、櫻桃、月燈等宴。

聞喜宴實際上也是曲江宴會的一種，並無什麼特色。宋王林《燕翼貽謀錄》卷一載：「故事，唱第之後，醵錢於曲江爲聞喜之飮。近代於名園佛廟，至是官爲供帳，歲以爲常。」聞喜宴在北宋時較爲興盛，由官府出錢舉辦，有時由皇帝出面賜宴。㉝櫻桃宴以食櫻桃而得名，新進士中富有錢財者，屆時購得初上市的櫻桃，請人嘗新，以博得名聲。雖然《唐摭言》（卷三）說「新進士尤重櫻桃宴」，但留傳下來的有關這方面的記載卻不多。

值得一提的是月燈宴。月燈宴以月燈閣而得名，其主要節目是打毬，時間則是在清明前後。《南部新書》乙卷載：「每歲寒食，……都人並在延興門看人出城洒掃，車馬喧闐。新進士則於月燈閣置打毬之宴。」又如《唐摭言》卷三載：「咸通十三年三月，新進士集於月燈閣爲蹙鞠之會。擊拂既罷，痛飮於千佛閣之上，四面看棚櫛比，悉皆褰去帷箔而縱觀焉。」這也是新進士及第後的一種豪舉。這種擊毬之戲，四面有看棚，頗似現在的足球賽。乾符四年（八七七），新進士聚集於月燈閣打球，這時忽來一批兵士，毬場爲他們所占，新進士對這般武人無可奈何。同年中有叫劉覃的，說：「我去打打這些人的驕氣，讓他們退走！」說罷，他就跨馬執杖，衝向正在打毬的兵士說：「新進士劉覃擬陪奉，可乎？」兵士似乎看輕這一個書生，就讓他一起打毬。「覃馳驟擊拂，風驅電馳，彼皆愕眙。俄策得毬子，向空礫之，莫知所在。數輩慚沮，僶俛而去」。這時月燈閣下觀看的有數千人，「因之大呼笑，久而方止。」《唐摭言》的這段描寫十分生動，劉覃的高超球藝說明唐代文士有多方面的才能，並非如後世想像的那樣僅是文弱書生。

月燈閣平時也是文士們遊宴之地，元稹追憶與白居易貞元末在長安時日相過從的生活，就提到月燈閣，說「僧餐月燈閣，醵宴劫灰池。」自注云：「予與樂天……輩，多於月燈閣閑遊，又嘗與秘省同官醵宴昆明池。」㉞唐時月燈閣的地點不詳，清人所修《咸寧縣誌》卷一〇《地理誌》，東鄉，記有「韓森社，在城東五里，統四十三村」，村名有長樂坡、月燈閣。由此推測，則月燈閣在唐時或當也在長安的東城。

【附註】

① 張籍《喜王起侍郎放榜》（《張籍詩集》卷四）。

② 《唐摭言》卷三《恚恨》，又《全唐文》卷二九四。

③ 《太平廣記》卷一五四《李顧言》條引。

④ 見上海古籍出版社的《曹鄴詩注》（梁超然等注）。

⑤ 《全唐詩》卷五〇八，也見《唐摭言》卷一五《雜記》。

⑥ 如宋何薳《春渚紀聞》卷二《畢漸趙諗》：「畢漸爲狀元，趙諗第二。初唱第，而都人急於傳報，……」又周密《唱名記》（《說郛》本）：「上御集英殿，拆號唱進士名。」

⑦ 見郭紹虞輯校《宋詩話輯佚》頁四一七—四一八。

⑧ 歐陽修《歸田錄》卷二：「天聖中，余舉進士，國學、南省皆忝第一人荐名，其後（范）景仁相繼亦然，故景仁贈余曰『淡墨題名第一人，孤生何幸繼前塵』也。」

⑨ 李調元《淡墨錄》乾隆乙卯自序。

⑩ 參《唐五代人物傳記資料綜合索引》(傅璇琮、張忱石、許逸民編撰,中華書局一九八二年四月出版)。

⑪ 明胡震亨《唐音癸籤》卷十八《詁訓》三,《進士科故實》條。

⑫ 王仁裕《開元天寶遺事》載此未注出處,宋人趙德麟《侯鯖錄》卷六也載此事,注謂出《盧氏雜說》,但查今《說郛》本《盧氏雜說》,未見此條。

⑬ 宋代的金花帖子,又可參見龔育之《中吳紀聞》卷一《先高祖》條,及樓陰《攻媿集》卷七十三《跋金花帖子綾本小錄》。

⑭ 見《唐詩紀事》卷五十八。

⑮ 孫棨《北里誌》中《楊汝士尚書》條,又見《唐摭言》卷三。

⑯ 《張籍詩集》卷二《酬白二十二舍人早春曲江見招》。

⑰ 《韓昌黎詩繫年集釋》卷十二《同水部張員外曲江春遊寄白二十二舍人》。

⑱ 見《白居易集》卷十一《曲江感秋二首》自序:「元和二年三年四年,予每歲有《曲江感秋》詩。……今遊曲江,又值秋日,風物不改,人事屢變。」

⑲ 見馮贄《雲仙雜記》卷二《百花獅子》條,卷八《曲江春遊》條,等。

⑳ 關於唐代進士團的性質以及它的活動情況,擬在這裡稍作一些考釋。粗粗一看,如果作望文生義的推測,則所謂進士團者,讀者可能會想到這大約是應試舉子或新及第進士的互助性組織。實際情況則非如此,也可以

說是恰恰相反。它是唐代長安民間興辦的貿利性的商業機構，而做生意的對象則爲新科進士，故稱之爲「進士團」。

如前文所述，進士放榜後，要舉行各種儀式，如拜謝座主，參謁宰相，以及同年進士的各種宴集，進士團就是爲新及第進士包辦各種有關的活動，並從中取利。《唐摭言》卷三《散序》條載：「所以長安遊手之民，自相鳩集，目之爲進士團。初則至寡，洎大中、咸通已來，人數頗衆，其有何士參者爲之酋帥，尤善主張筵席。凡今年才過關宴，士參已備來年遊宴之費，由是四海之內，水陸之珍，靡不畢備。時號長安三絕（原注：南院主事鄭容，中書門官張良佐，並士參爲三絕）。團司所由百餘輩，各有所立。大凡謝後便往期集院（原注：團司先於主司宅側稅一大第，與新人期集），院內供帳宴饌。」由此可知進士團的業務範圍，一是舉辦曲江的關宴，這種關宴是極其隆重的，以至於今年春末夏初的關宴才了，接著就要爲明年作準備，務期於「四海之內，水陸之珍，靡不畢備」。二是爲新進士租借一所房子，稱期集院，這種期集院須選擇在知舉者住宅的附近，以便新科進士前往謝恩。期集院也是新及第進士在舉辦各種禮儀和宴集期間經常集合聚會及飲宴的場所。又據《唐摭言》卷三《過堂》條載，進士團還有第三種職能，即新進士需選擇一個日期，由主考官率領去參謁宰相，進士團就要爲此準備酒食，即所謂「其日，團司先於光範門里東廊供帳備酒食，同年於此候宰相上堂後參見」。

武宗會昌時，王起知貢舉，選拔的進士中有不少寒士，爲此任華州刺史的周墀特地爲此作詩賀之，此年進士及第者也作詩和答，高退之的和詩中說：「何事感恩偏覺重，忽聞金榜扣柴扉。」其下自注：「退之自顧微劣，始不敢有叨竊之望，策試之後，遂歸周至山居。不期一旦進士團遣人齎榜，扣關相報，方知忝幸矣。」（《唐摭言》卷三）由此可知進士團的又一職能，即是把登科的消息及時通報登第者（當然，由此也相應得到一定的酬賞）。

進士團還有爲新進士開路喝道的職責。《唐摭言》卷三記載道：「薛監晚年厄於宦途，嘗策羸赴朝，値新進士榜下，綴行而出。時進士團所由輩數十人，見逢行李蕭條，前導曰：『回避新郎君！』」逢囅然，即遣一介語之曰：『報導莫貧相，阿婆三五少年時，也曾東塗西抹來』。」薛逢晚年曾任秘書監，故稱薛監。《舊唐書．文苑》、《新唐書．文藝》均有傳。從這則記載中可以看出，放榜時，新進士列隊而出，則進士團前行爲之導行。値得注意的是，此處說「進士團所由輩數十人」，前引《唐摭言》卷三《散序》條云「團司所由百餘輩，各有所主」，可見進士團的人數是相當多的，各有職責，光是爲新進士開道的就有數十人，則其他可知。

曲江春宴時，進士團還起著一種監視的作用。如宣宗大中十二年（八五八），進士盧彖在臨近關宴時，借口要到洛陽拜見雙親，請假不參與同年宴集，實則仍淹留長安。等到新科進士會飲於曲江亭子時，盧彖換上別的衣服，擁妓坐車，也來曲江附近遊賞，「遂爲團司所發」，就罰了他一大筆錢。

尤爲奇怪的是，進士團有時還與妓院相勾結，故意作弄並敲有錢進士的竹杠。唐孫棨《北里誌》記長安平康里有一妓號天水仙哥。劉覃（曾任宰相的劉鄴之子）少年登第，爲人所竄綴，與仙哥相識。《北里誌》載：「所由輩潛與天水計議，每令辭以他事，重難其來，覃則連贈所購，終無難色。會他日天水實有所苦，不赴召，覃殊不知信，增緡不已，所由輩又利其所乞，且不忍告，而終不至。」又據《南部新書》載，進士團的主辦者尚爲世襲，對新進士多方勒索，其書乙卷云：「進士春關宴曲江亭，在五六月間，一春宴會，有何士參者都主其事，多有欠其宴罰錢者，須待納足，始肯置宴，蓋未過此宴，不得出京，人戲謂何士參索債宴。士參卒，其子漢儒繼其父業。」

《宋史》卷一五五《選舉誌》曾記端拱（九八八—九八九）時所定貢院故事，謂進士登第後設有聞喜宴，分爲兩日，又云：「綴行期集，列敘名氏、鄉貫、三代之類書之，謂之小錄。醵錢爲遊宴之資，謂之酺。皆團司主之。」則北宋前期，還有進士團主辦進士的遊宴等活動，此後即未見記載。

又團司「所由輩」，所由即有關管事者，可參見《白居易集》卷六十六、六十七的有關判詞。

㉑ 雍裕之《曲江池上》（《全唐詩》卷四七一）。

㉒ 李山甫《曲江二首》（《全唐詩》卷六四三）。

㉓ 林寬《曲江》（《全唐詩》卷六〇六）。

㉔ 《唐大詔令集》卷一〇六《釐革新及第進士宴會敕》，所署時間爲乾符二年正月。

㉕ 明趙岻《石墨鐫華》卷七《訪古遊記》：「（慈恩）寺前小渠曲江泉，合黃渠水，經鮑陂而西。聞二十年前尚有水，宋侯誼汜塋在其北，引水作池，意者塞其泉竭矣。由寺東南行一里即曲江西岸，江形委曲可指，皆蒔禾稼，江南岸王中丞構亭遊賞，今亦傾圮。江正北一阜古樂遊原，今爲永興王府，塋原下舊有青龍寺，今亦毀，江頭古冢隆起數處，疑非冢，當是唐宮基。」

㉖《陔餘叢考》卷二十八《狀元榜眼探花》條中云：「探花之稱，唐時曲江宴中本以榜中最年少者爲之。《秦中記》：探花宴以少俊二人爲探花使，遍遊名園，若他人先得名花，則二人被罰。宋初猶然。《翰苑名談》：西方琥登第，年最少，告狀元鄭毅夫，乞作探花郎，毅夫云已差二人，琥曰：此無定員，添一人何害。是宋初尚未以第三人爲探花。」

㉗今《說郛》本載唐李綽《秦中歲時紀》載此事，文較略，云：「進士杏園初宴，謂之探花宴。差少俊二人爲探花使，遍遊名園，若他人先折花，二使皆被罰。」又清趙翼《陔餘叢考》卷二十八《狀元榜眼探花》條也稱探花「以榜中最年少者爲之」。

㉘《玉樵山人集》，並據《全唐詩》卷六八二校正錯字。

㉙見郭紹虞《宋詩話輯佚》頁四一三。又宋戴埴《鼠璞》卷上《探花郎》：「《唐摭言》載唐進士賜曲江，置團司，年最少爲探花郎。本朝胡旦榜馮拯爲探花，太宗賜詩曰：『二三千客裏成事，七十四人中少年。』蔡寬夫詩話亦言期集擇少年爲探花。是杏園賞花之會，使少年者探之，本非貴重之稱，今以稱鼎魁，不知何義。《東軒筆錄》爲期集選年少三人爲探花使賦詩。熙寧中，余中爲狀元，乞罷宴席探花，以厚風俗，從之，恐因此訛爲第三人。」

㉚如宋程大昌《雍錄》卷十《寺觀》，明郎瑛《七修類稿》卷二十《雁塔題名》。宋張禮《遊城南記》又稱據唐登科記，有張台，無張莒，張台於大中十三年及第。按張禮之說不確，雁塔題名的記載，唐人詩文中德宗時已有，決不可能遲至大中時始有。

㉛ 見《舊唐書》卷一五八、《新唐書》卷一六九《韋貫之傳》。

㉜ 《韓昌黎文集校注》遺文《長安慈恩塔題名》。

㉝ 參見徐松《登科記考》卷二十六引李燾《續通鑑長編》。

㉞ 《元稹集》卷一〇《酬翰林白學士代書一百韻》。

第十二章　舉子情狀與科場風習

一

上一節講進士的放榜與宴集，是舉子中的一部分，他們有幸得能榜上有名，因而有機會參與及第後的各種喜慶活動。應該說，及第者只占應試舉子極小的一部分。前面一些章節中曾經提到過，每年集中於京師的貢士，約一千餘至三、四千不等，如韓愈《送權秀才序》（《韓昌黎文集校注》卷四）說：

> 余常觀於皇都，每年貢士至千餘人。

這是中唐時的情況，晚唐時大致也保持此數，如康駢《劇談錄》卷下《元相國謁李賀》條說：

> 自大中、咸通之後，每歲試春官者千餘人。

但能及第的卻是極少數，進士及第的比例更小，宋元之際的馬端臨就說過「唐進士科取人頗少」的話（見《文獻通考》卷三十五《選舉考》八）。《宋史》卷一五五《選舉誌》一「科目」條引北宋人王珪的話，說：「唐自貞觀訖開元，文章最盛，較藝者雖千餘人，而所收無幾；咸亨、上元增其數，亦不及百人。」這所謂百人，是包括進士、明經等科在內的。開元以後，進士所取人數有所增加，但大體穩定在三十人上下，占應試者百分之二、三。在這僅有的百分之二、三中，有相當一部分還是官僚大族出身的子弟，他們依仗政治權勢，採取行賄等手段，買通關節獲得及第，在這種情況下，一般中小地主出身或家境較爲清貧的士人，及第的比例就更加少了。雖然因文獻記載的缺乏，我們還不能統計出一般地主出身的士人登第與落第的比例數字，但可以想見他們中絕大多數是不免落第或者是久試才得一第的。春日曲江的宴集，他們是向隅者；傳爲美談的唐代科舉盛事，對大多數應試者來說是落第的悲嘆和奔波於道途的辛酸。

譬如所謂「行市羅列」、「車馬闐塞」的曲江宴，最初本是慰藉落第舉人而設的，因此宴席極其簡單草率，後來逐漸被新科進士所據，這些落第者只好黯然而退了。①據《雲仙雜記》卷二記，唐代「進士不第者，親知供酒肉錢，號買春錢」。這買春錢的名稱，對於落第舉子也是夠淒涼的。唐末孫棨「北里誌」中的《楊妙兒》條也說：「京師以宴下第者，謂之打毷氉。」「打毷氉」一詞又見於中唐李肇《國史補》卷下：「不捷而醉飽，謂之打毷氉。」所謂毷氉，據辭書的解釋，是煩悶、失意的意思。可見自中唐至唐末，親友宴請落第舉人，以消除其失意的愁悶，大約是當時社會的一種習俗。

落第舉子還有一種習俗，就是乞取及第進士的衣裳，以爲吉利。張籍《送李余及第後歸蜀》（《張籍詩集》卷四）中說：「歸去唯將新誥牒，後來爭取舊衣裳。」所以爭取舊衣裳者，乃爲的是圖吉兆，宋人程大昌《演繁露》卷十二《社日停針線取進士衣裳爲吉利》條即引張籍這兩句詩，並加解釋道：「知新進士衣物，人取之以爲吉兆，唐俗亦既有之。」這種舉動，對於落第者來說，也是很可憐的，明代的唐詩學者胡震亨稱「當時下第舉子丐利市，猥習可憫笑者」（《唐音癸籤》卷十八《詁箋》三《進士科故實》），是有一定見地的。

落第的舉子，也有出家修道，或入市井行賈的，這也可從一個側面窺見當時社會的面影。如《太平廣記》卷二十四《蕭靜之》載：

蘭陵蕭靜之，舉進士不第。性頗好道，委書策，絕粒鍊氣，結廬漳水之上，十餘年而顏貌枯瘁，齒髮凋落。一旦引鏡而怒，因還居鄴下，逐市人求什一之利，數年而資用豐足，乃資地葺居。

像蕭靜之那樣，考進士不中，結廬修道，又出來經商，遂以致富，這也是一條出路，在當時社會有其一定的代表性。另外是走河北、山東，在藩鎮的幕府下謀得一個職務，逐步求得升遷，在中晚唐，這更是士人的仕進之途。這一點在其他章節中已詳，這裡不再多說。

也有另一種情況，就是落第舉人對考試的結果不服，或認爲所取不公，因而上訴或鬧事的。唐代前期即有撾鼓申訴的事，如被稱爲「青錢學士」的《朝野僉載》、《遊仙窟》作者張鷟，有一首判詞，其判題爲：「太學生劉仁范等省試落第，撾鼓申訴：準式卯時付問頭，酉時收策，試日晚付問頭，不盡經業，更請重試。台付法不伏。」這是對省試時不按照規定時間發考卷而提出申訴。在這之後，舉子們有揭發主考官因關節而取士的，晚唐時，落第舉子就有群聚市街、哄起鬧事的情況。如徐松《登科記考》卷二十五載後唐天成三年（九二八）引《冊府元龜》、《五代會要》文：「七月四日，工部侍郎任贊上言曰：……伏見常年舉人等省門開後，春榜懸時，所習既未精研，有司寧免黜落。或嫉其先達，或恣以厚誣，多集怨於通衢，皆取駭於群聽。頗虧教本，卻成亂階。」此處所述，具體雖是指五代後唐的情況，但實際上則是晚唐的餘風。

二

唐代進士落第者的種種悲苦和辛酸，在詩文以及筆記、雜史中，頗有所記述，這些記述可以使我們具體地了解那一時代相當一部分知識分子的生活和所處的環境，這對於我們進而了解唐代的社會和文學，都有不少的幫助。

在具體論述這一問題之前，讓我們先來看看兩則有關舉子與其家庭的悲劇性的描寫。其一是《唐摭言》卷八《憂中有喜》條：

公乘億，魏人也，以辭賦著名。咸通十三年，垂三十舉矣。嘗大病，鄉人誤傳已死，其妻自河北來迎喪。會億送客至坡下，遇其妻。始，夫妻闊別積十餘歲，億時在馬上見一婦人，粗衰跨驢，依稀與妻類，因睨之不已。妻亦如是，乃令人詰之，果億也。億與之相持而泣，路人皆異之。後旬日，登第矣。

公乘億於懿宗咸通十三年（八七二）登第，王定保記此事加了「憂中有喜」的標題，雖然寫了團圓的結局，但並不能沖淡公乘億與他妻子凄涼遭遇的悲劇色彩。在咸通十三年登第前，已考了將近三十次，也就是三十個年頭，這長時期的失望和愁苦的鬱積是可想而知的。其妻聽人誤傳，以爲公乘億已死，以當時的交通條件，一個婦人自河北孤單一人來到長安，路途之艱辛，心情之哀楚，是可以想見的。公乘億在送客途中，遇其妻而不敢認，可見闊別之久，後來終於認出，卻又看到妻子穿著喪服，悟出其中的緣由，則長久積鬱的悲苦頓時傾瀉而出，乃在道路上與妻子「相持而泣」。這樣的遭遇，這樣的情感，在那一時代貧寒士人中一定有相當的代表性，使得生活於唐末五代之際的王定保，在寫這段情節時，筆端也飽含著感情。

另一則故事見於《太平廣記》卷七十四《陳季卿》篇，說：「陳季卿者，家於江南，辭家十年，舉進士，志不能無成歸，羈栖輦下，鬻書判給衣食。」一個江南的士人，爲應進士試，千里迢迢來到長安，而卻是十年不第，又是十年不歸，流落在長安，靠爲人抄寫書判爲衣食之費，這十年陳季卿是怎麼過來的，他的有家歸不得的心情是怎樣久積於心的，都不難想見。後來，他在一個偶然的機會，遊長安南郊青龍寺，遇一終南山翁，山翁問他何所求時，他一開頭就訴說想要回家而不可得，於是仙翁稍施法術，使陳乘一竹葉小舟，忽地返回故鄉。闊別十年，與妻子兄弟相見，悲歡異常，但卻不能久住：

此夕謂其妻曰：「吾試期近，不可久留，即當進棹。」乃吟一章別其妻曰：「月斜寒露白，此夕去留心。酒至添愁飯，詩成和淚吟。離歌栖鳳管，別鶴怨瑤琴。明夜相思處，秋風吹半衾。」將登舟，又留一章別諸兄弟云：「謀身非不早，其奈命來遲。舊友皆霄漢，此身猶路岐。北風微雪後，晚景有雲時。惆悵清江上，區區趁試期。」一更後，復登葉舟，泛江而逝。兄弟妻屬，慟哭於濱，謂其鬼物矣。……

這則故事寫一個貧寒士人，爲了博得一個進士出身，滯留長安十年而不得歸家，即使得有一個機緣，回家與妻子兄弟相聚，但又因試期迫近，又匆匆離家，以至於全家慟哭送別時，以爲他已不在人世，只是鬼魂返回罷了。這樣的描寫，已頗接近於蒲松齡在他的不朽名著《聊齋誌異》中揭露科舉考試黑暗的某些篇章了。

陳季卿的情況並非個別的現象，如貞元時與韓愈交友的閩中名士歐陽詹之孫歐陽澥，娶妻只不過十來天，就赴長安應試，久不返家，他所作詩有「黃菊離家十四年」之句。據《唐詩紀事》卷六十七所載，他「出入場中僅（幾）二十年」。

困於科場、久舉不第的，大多是朝中無奧援、家中無厚積的一般地主階級知識分子。如《金石續編》卷九《大唐故宣州司功參軍魏府君墓誌銘》記魏邈：「少履文字，貞元初以鄉舉射策，上省者五六，以賄援兼無，竟不登第。」雖然「稱屈者衆矣」，但因魏邈既無財行賄，又無路攀援，終於不能登第。又如李翺《送馮定序》（《李文公集》卷五）中說：

馮生自負其氣，上無援，下無交，名聲未大耀於京師。……是以再舉進士皆不如。

文宗大和九年（八三五）十二月，中書門下奏中也說：「又聞每年貢士僅千人，據格所取，其數絕少，強學待用，□年不試，孤貞介士，老而無成，甚可惜之。」（《冊府》卷六四一《貢舉部·條制三》）當時一定有不少孤立無援而有眞才實學的人被排斥於及第者行列之外，終老而未能成名的，中書門下才有這樣的議論。

進士如此，明經所取人數雖說比進士多好幾倍，但能得中也極不容易，像韓愈《贈張童子序》（《韓昌黎文集校注》卷四）中所說的，試明經士人，一般在州府試須得十多年才能作爲貢士，至京城應禮部試，又還得十多年或許能禮部試及格再應吏部試，韓愈不禁慨乎言之曰：

> 斑白之老半焉，昏塞不能及者，皆不在是限，有終身不得與者焉。

這眞是所謂「贏得英雄盡白頭」了。

落第者並不都是沒有才學的人，就現在所知，唐朝不少第一、二流的文學家，大都有過科場挫折或累舉不第的經歷，如李翺《謝楊郎中書》說：

> 翺自屬文，求舉有司，不獲者三，栖遑往來，困苦饑寒，踣而未能奮飛者，誠有說也。（《李文公集》卷七）

另外他在《感知己賦》的序中說：

> 貞元九年，翺始就州序之貢。其九月，執文章一通謁右補闕梁君（肅）。十一月，梁君遘疾沒。……梁君沒於茲五年，每歲試於禮部，連以文章罷黜。（同上卷一）

李翺於貞元十四年（七九八）進士及第，在此之前，經歷了五年，應考了三次，都是失意而歸的，所以說「栖遑往來，困苦饑寒，踣而未能奮飛」。與此相類的是沈亞之，也是考了五年（《沈亞之文集》卷七《與李給事荐士書》說「昔在五年，亞之以進士入貢」，沈亞之於元和十年及第，此五年指元和五年），三黜於禮部（同上卷七《上壽州李大夫書》：「三黜於禮部，得黜輒歸，自一月至十一月，晨馳暮走」）。與李翺同時的古文名家皇甫湜，也曾在文中感嘆其不遇：「湜求聞來京師三年矣，一年以未成顛蹶，二年以不試狼狽，及今三年而不遇有司。」（《答劉敦質書》，《皇甫持正文集》卷四）。李商隱於文宗大和六年（八三二）始應進士舉，開成二年（八三七）及第，關於這幾年的遭遇，他在文中有好幾處提到，如：

凡爲進士者五年，始爲故賈相國（餗）所憎。明年，病不試。又明年，復爲今崔宣州（鄲）所不取。（《上崔華州書》，《樊南文集詳注》卷八）

若某者幼常刻苦，長實流離。鄉舉三年，才沾下第，宦遊十載，未過上農。（《獻相國京兆公啓》，《樊南文集補編》卷八）

兢念流離，莫或遑息，喬木空在，弊廬已積。遂與時人，俱爲歲貢。三始於宗伯，始忝一名；三選於天官，方階九品。（《獻舍人彭城公啓》，同上卷八）

其實，像李翺、皇甫湜、沈亞之、李商隱那樣考了五六次以後及第的，年份還不算太長，晚唐幾位詩人，像韓偓、吳融、鄭谷，竟考了一、二十年。韓偓《與吳子華侍郎同年玉堂併直懷昔敘懇因成長句兼呈諸同年》詩，有「二紀計偕勞筆硯」之句，自注謂「予與子畢，俱久困名場」，則韓偓與吳融困於科場者竟有「二紀」（二十四年），不知是否有所誇大。至於鄭谷，《唐詩紀事》（卷七〇）說他「遊舉場十六年」，大約是不會錯的，這也比李翺等多三倍。

韓愈於貞元二年（七八六）、年十九歲時至長安應進士試，至貞元八年（七九二）、年二十五歲登進士第，又應博學宏詞試數年，一直未能考中，不得已到貞元十一年只好離開京都。他的《上宰相書》即作於貞元十一年正月，將要離京的前夕說：

四舉於禮部乃一得，三選於吏部卒無成；九品之位其可望，一畝之宮其可懷。遑遑乎四海無所歸，恤恤乎饑不得食，寒不得衣，濱於死而益困，得其所者爭笑之，忽將棄其舊而新是圖，求老農老圃而爲師，悼本志之變化，中夜涕泗交頤。（《韓昌黎文集校注》卷三）

句子的急促變化，充分表達了像韓愈那種急於求仕而又累次失望的複雜心情。他說「求老農老圃而爲師」，只不過一時失意而聊爲慰藉的話，那時的讀書人，在仕途上的一時失意往往會使他們嚮往於歸隱田園，如被譽爲大歷詩人之冠的錢起，在《長安落第作》詩中就說：

始願今如此，前途復若何。無媒獻詞賦，生事日蹉跎。……故山歸夢遠，新歲客愁多。（《錢考功集》卷六）

錢起還有一首《下第題長安客舍》，也寫得很眞切：

不遂青雲望，愁看黃鳥飛。梨花度寒食，客子未春衣。世事隨時變，交情與我違。空餘主人柳，相見卻依依。

錢起於天寶九載（七五〇）登進士第，②這兩首寫下第的詩當然是作於天寶九載之前，也就是說作於開元、天寶盛世。又如元結所編《篋中集》的詩人沈千運，天寶年間累試不第，五十多歲還未有功名（沈千運《濮中言懷》：「一生但區區，五十無寸祿。」見《全唐詩》卷二五九）。盛世之音也是有凄苦之聲的。

晚唐時的幾位詩人，像徐夤考了十七年（《贈垂光同年》：「丹桂攀來十七春，如今始見茜袍新。」見《全唐詩》卷七〇九），黃滔考了二十三年（《唐黃御史公集》後附考：「滔以咸通壬辰登荐，年三十三，又越二十三年乃登第。」又集中《成名後呈同年》詩：「業詩攻賦荐鄉書，二紀如鴻歷九衢」），而孟棨竟考了三十多年，如《唐摭言》卷四《與恩地舊交》載：「孟棨年長於小魏公。放榜日，棨出行曲謝，沆泣曰：『先輩，吾師也。』沆泣，棨亦泣。棨出入場籍三十餘年。」詩人劉得仁，還是所謂「貴主之子」，也考了三十年，竟沒有成名而死，宋人蔡居厚的《詩史》記載道：「劉德仁出入場屋三十年，卒無所成而逝。僧栖白以詩奠之，曰：『忽苦爲詩來到此，冰魂雪魄已難招。直教桂子落墳上，生得一枝冤始消。』」③又如詩人顧況的兒子顧非熊，也是考了三十年（《唐摭言》卷八說非熊「在舉場三十年，屈聲聒人耳」，項斯《送顧非熊及第歸茅山》詩說：「吟詩三十載，成此一名難。」（《全唐詩》卷五五四）又如寫過「憑君莫話封侯事，一將功成萬骨枯」的詩人曹松，考了一輩子，到七十多歲了，因年老而特放及第，怪不得曹松在及第後獻給座主的詩中說：「得召丘牆淚卻頻。」（《唐詩紀事》卷六十五）這七個字凝煉了一生的辛酸和血淚。了解這些情況，對於我們閱讀下列的詩句，當會增加一些眞切的感受：

落第逢人慟哭初，平生志業欲何如。鬢毛灑盡一枝桂，淚血滴來千里書。（趙嘏《下第寄宣城幕

中諸公》，《全唐詩》卷五四九）

玄髮侵愁忽似翁，暖塵寒袖共東風。公卿門盧不知處，立馬九衢春影中。（趙嘏《下第後歸永樂里自題》，《全唐詩》卷五五〇）

年年春色獨懷羞，強向東歸懶舉頭。莫道還家便容易，人間多少事堪愁。（羅鄴《落第東歸》，《全唐詩》卷六五四）古人有遺言，天地如掌闊。我行三十載，青雲路未達。……誰知失意時，痛於刃傷骨。身如石上草，根蒂淺難活。人人皆愛春，我獨愁花發。……（邵謁《下第有感》，《全唐詩》卷六〇五）

十載長安跡未安，杏花還是看人看。……（張蠙《下第述懷》，《全唐詩》卷七〇二）

以上介紹的都是一些名人，而且其中大部分人到後來還是登了第的。至於那更大多數既無名氣、最終也未登第的讀書人，其景況則更爲淒涼。我們在這裡不妨舉三個例子。一是《因話錄》記：

進士陳存能爲古歌詩，而命蹇。主司每欲與第，臨時皆有故，不果。許尚書孟容舊相知，知舉日，萬方欲爲申屈。將試前夕，宿宗人家，宗人爲俱入試食物，兼備晨食，請存偃息以候時。五更後，怪不起，就寢呼之，不應。前視之，已中風不能言也。（卷六羽部）

這位陳存，考了大半輩子，沒有考取，最後，知舉者總算是熟人，可以想辦法提攜他了，卻不料就在考試的前一夜，中風而死。一輩子想要的，眼看就要到手，卻又那樣默默地離開了人世，這件事看起來似乎出於偶然，實則有它的必然；一嚮往了幾十年的功名，這一次就算有了盼頭，這是一喜；

但是如果還像過去那樣「臨時有故，不果」，錯過了這一次，往後就更沒有希望了，這是一愁。寄宿於宗族本家，雖說同宗，總非家人，這是一悲；但看到這一家人爲他準備考試期間的吃食，又安慰他讓他臨考前再好好休息一陣子，不免感到人世間的溫暖，這是一樂。陳存就在這多種情緒影響下去躺在床上，腦子經不起這種種的衝激和波動，終於中了風。

另一個例子是《太平廣記》所載：

> 李敏求應進士舉，凡十有餘上，不得第。海內無家，終鮮兄弟姻屬，栖栖丐食，殆無生意。大和初，長安旅舍中，因暮夜，愁惋而坐，忽覺形魂相離，其身飄飄，如雲氣而遊。……（卷一五七《李敏求》）

這裡寫的是生活中的一個片斷，但這個片斷卻寫得極爲傳神，把李敏求孤單一身、終生不遇、前途無望、四顧茫然的精神狀態刻畫得很準確。這一段的描寫，如放在《聊齋誌異》中，也是上乘之作。

第三個例子是白居易的一篇文章：《送侯權秀才序》（《白居易集》卷四十三）。侯權與白居易都是貞元十五年（七九九）秋由宣州貢赴長安應試的，第二年，白居易考取了，登了第，後來又做了官。雖然也曾經歷過幾番波折，卻已擔任過朝內外的要職。寫這篇文章的前一年（元和十五年，八二〇），白居易的官職爲主客郎中、知制誥。這時，侯權也在長安：

> 時子尚爲京師旅人，見除書，走來賀予。因從容問其宦名，則曰「無得矣」；問其生業，則曰「無加矣」；問其僕乘囊輜，則曰「日消月朘矣」；問別來幾何時，則曰「二十有三年矣」。

嗟乎，侯生！當宣城別時，才文志氣，我爾不相下。今予猶得小遇，子卒無成。

貞元十五年由宣州啓程赴長安時，白居易二十八歲，侯權的年歲大約也相當。元和十五年，白居易已經四十九歲，寫這篇文章的長慶元年（八二一），白居易則正好是五十歲。時間過了二十幾年，白居易已經是仕歷中外，而昔日同途應舉的友人，卻仍是長安市上的一個旅人，二人的差距如此之遠，其間又經歷幾多變化。文章最後說：

言未竟，又有行色，且曰：「欲謁東諸侯，恐不我知者多，請一言以寵別。」予方直閣，慨然竊書命筆以序之爾。

昔日「才文志氣，我爾不相下」的侯秀才，經過生活風霜的磨煉，竟變得如此的卑微了。這是一篇送行的文章，又是一封荐書，當然無從預知侯權此後的命運，但從除了白居易的這篇文章外，再無別的記載來看，這位侯秀才大約也就此默默過了一生，在車塵馬足中消失了自己的身影。

宋代邵伯溫在《邵氏聞見錄》（卷二）中有一則記載，說：「本朝自祖宗以來，進士過省赴殿試，尚有被黜者。遠方寒士，殿試下第，貧不能歸，多至失所，有赴水而死者。」宋代錄取進士的名額遠較唐代爲多，卻尚有殿試被黜而赴水自盡的，唐代落第舉子是否也有同樣的情況，缺乏直接的記載，但《邵氏聞見錄》所載，仍可作我們研究唐代士子生活的參考。

三

唐宋人的記載，有說白居易年輕時至長安應進士試，拜謁名士顧況，顧況一見白居易的名字，就開玩笑說：「長安居大不易！」這一記載雖不可靠，④但「長安居大不易」的話，確實道出一般讀書人在長安生活的艱辛。長安是大唐帝國的京都，固然是全國政治、文化的中心，但由於集中居住著皇室、貴戚、大官、豪族、富室、巨賈，生活的奢侈是不用說的了，這也使得生活費用要比其他一般城市爲高，一般地主家庭或自耕農出身的讀書人來到京城應舉，如果有幾次考試落第，面對著昂貴的衣食費用，其景況是不容易處的。有些士人就只好住在長安城的偏僻處，過著半饑寒的生活。如晚唐詩人曹鄴在一首詩中說：

> 舉頭望青天，白日頭上沒。歸來通濟里，開户山鼠出。中庭廣寂寥，但見薇與蕨。無慮數尺軀，委作泉下骨。唯愁攬清鏡，不見昨日髮。（《下第寄知己》，《曹鄴詩注》）

通濟里在長安城南，已靠近終南山（唐時一些貧寒的士人，大約多住於城南，如張籍《過賈島野居》也說：「青門坊外住，行坐見南山。此地去人遠，知君終日閑。蛙聲籬落下，草色戶庭間。好是經過處，唯愁暮獨還。」見《張籍詩集》卷二）。曹鄴從桂林，跋涉千里，來到長安，累試不第，其居處寂廖，別無長物，但見薇蕨，詩人生計的貧苦可想而知。曹鄴在及第後（《成名後獻恩門》）曾沈痛地訴說前此的境遇說：

> 僻居城南隅，顏子須泣血。沉埋若九泉，誰肯開口說。

與此同時，散文家孫樵對他寓居長安的生活，則寫得更爲具體、眞切：

長安寓居，闔戶諷書。悴如凍灰，癯如槁柴，志枯氣索，怳怳不樂。一旦有曾識面者，排戶入室，咤駭唧唧，且曰：憊耶餓耶？何自殘耶？對曰：樵天付窮骨，宜安守拙，無何提筆入貢士列，抉文倒魄，讀書爛舌，十試澤宮，十黜省司，知己日懈，朋徒分離。矧遠來關東，橐裝鎖空，一入長安，十年屢窮。長日猛赤，餓腸火迫，滿眼花黑，晡西方食。暮雪嚴冽，入夜斷骨，穴衾敗褐，到曉方活。……（《寓居對》，《孫樵集》卷七）

孫樵在這裡寫了他在長安十年間每下愈況的境地：由於屢試不第，友朋離散，錢囊如洗，白日餓得頭昏眼花，夜裡凍得不能成眠，以至「悴如凍灰，癯如槁柴」。這樣的情況並不是個別的，詩人杜荀鶴也有同樣的自況：

近臘饒風雪，閑房凍坐時。書生教到此，天意轉難知。吟苦猿三叫，形枯柏一枝。還應公道在，未忍與山期。（《長安冬日》，《唐風集》卷上）

杜荀鶴這時雖有僮僕，但僮僕也瘦得夠可以，他行走在長安道上，不禁發出「回頭不忍看羸僮，一路行人我最窮」的感嘆（《長安道中有作》，《唐風集》卷中）。而他之所以還不能捨離長安，是因爲對進士及第終還抱著那麼一種嚮往，所以說「還應公道在，未忍與山期」，又說「更從今日望明年」（《長安春城》，《唐風集》卷中）。又，溫庭筠的兒子溫憲也是屢試不第，他也有類似的詩句，說「十年溝隍待一身，半年千里絕音塵。鬢毛如雪心如死，猶作長安下第人。」（見《唐詩記事》卷七〇）。而當杜荀鶴真的及第了，已經年老體衰，力不從心，無意於仕進，只得返回故居茅山；——考了大半輩子，落了這麼一個下場。

至於因爲沒有考取，困居長安，抒寫抑鬱困頓的情懷，申訴落拓失意的悲慨，則在唐人詩篇中就更爲多見，這裡略舉數首如下：

客裡愁多不見春，聞鶯始嘆柳條新。年年下第東歸去，羞見長安舊主人。（豆盧復《落第歸鄉留別長安主人》，《全唐詩》卷二〇三）

八月更偏長，愁人起常早。閉門寂無事，滿院生秋草。昨宵西窗夢，夢入荊南道。遠客歸去來，在家貧亦好。（戎昱《長安秋夕》，臧維熙校注《戎昱詩注》）

一夕九起嗟，夢短不到家。兩度長安陌，空將淚見花。（孟郊《再下第》，華忱之校點《孟東野詩集》卷三）死辱片時痛，生辱長年羞。清桂無直枝，碧江思舊遊。（孟郊《夜感自遣》，同上）聽樂離別中，聲聲入幽腸。曉淚滴楚瑟，夜魂繞吳鄉。幾回羈旅情，夢覺殘燭光。（孟郊《長安羈旅》，同上）

古巷槐陰合，愁多晝掩扉。獨存過江馬，強拂看花衣。送客心先醉，尋僧夜不歸。龍鍾易惆悵，莫遣寄書稀。（項斯《落第後寄江南親友》，《全唐詩》卷五五四）

一年年課數千言，口祝心祠挈出門。孤進難時誰肯荐，主司通處不須論。頻秋入自邊城雪，昨日聽來吟樹猿。若有水田過十畝，早應歸去狄江村。（黃滔《長安書事》，《唐黃御史公集》卷三）

進乏梯媒退又難，強隨豪貴滯長安。風從昨夜吹銀漢，淚擬何門落玉盤。拋擲紅塵應有恨，思

量仙桂也無端。錦鱗頳尾平生事，卻被閑人把釣竿。（羅隱《西京崇德里居》，《甲乙集》卷一）

讀了上面的這些詩，特別是羅隱的「強隨豪貴滯長安」，可以使我們進一步領會杜甫旅食長安時的悲辛：「騎驢十三載，旅食京華春。朝扣富兒門，暮隨肥馬塵。殘杯與冷炙，到處潛悲辛。」（《奉贈韋左丞丈二十二韻》，《杜詩詳注》卷一）雖然時代先後有所不同，但長期困頓於長安，使詩人們噴發出共同的憤激與悲號。

錢易的《南部新書》乙卷懷有一則記載，說：

歲除日，太常卿領官屬樂吏，並護僮侲子千人，晚入內，至夜於寢殿前進儺，然蠟炬，燎沈檀，熒煌如晝，上與親王、妃主已下觀之，其夕賞賜最多。是日衣冠家子弟，多覓侲子之衣，著而竊看宮中。頃有進士臧童者，老矣，偶爲人牽率，同入其間，爲樂吏所驅，時有一跌，不敢抬頭視，執牦牛尾拂之，鞠躬宛轉，隨隊唱《夜好》，千匝於廣庭之中。及將旦得出，不勝困劣，扶舁而歸，一病六十日，而就試不得。

這裡寫一個老秀才，大約也是一直考到老而未中的，有一年除夕夜，忽發奇想，也想入宮中窺看進儺的情況。於是爲人帶進，卻不料爲樂吏所驅，與一般樂人同樣看待，跌跌撞撞，千匝百轉，低著頭不敢看什麼，就這麼折騰了一夜，第二天早上已經走不動路，只好讓人抬著回到住處，連病了六十天，結果考期也沒有趕上，這樣就耽誤了一年。寫臧童那樣的失意士人境遇之悲慘，可與《儒林外史》的筆法相比美。從這種默默無聞的小人物的遭遇，更可以幫助我們認識那一時代知識分子所受到的包括科舉制在內的各種物質和精神壓力，是何等的沉重。從這種認識出發，我們再來讀韓愈《與李翺書》中那一段傳誦的名句，就更會感到字字都包含著血淚：

僕在京城八九年，無所取資，日求於人以度時月。當時行之不覺也，今而思之，如痛定之人思當痛之時，不知何能自處也。（《韓昌黎文集校注》卷三）

落第舉子既有困居長安之苦，又有行旅漂泊之悲。唐時落第的舉子，有的就在長安過夏，讀書修業，至新秋再謀取京兆府或附近的同、華等州的舉送，另外也有不少須遊歷外地州府，以取得地方大員或名公貴人在經濟上的資助和政治上的荐引，此外還有相當一部分貧寒的士人，須在放榜後至秋季貢舉前的一段空隙，回家瞻視父母妻兒。荆南人劉蛻，號爲「破天荒」的（詳見前第四章州府舉），他在一篇文章中曾具體地描述這種行役的苦辛：

家在江之南，去長安近四千里。膝下無怡怡之助，四海無強大之親。日行六十里，用半歲爲往來程，歲須三月侍親左右，又留二月爲乞假衣食於道路，是一歲之中，獨餘一月在長安，王侯聽尊，媒灼聲深，況有疾病寒暑風雨之不可期者雜處一歲之中哉！是風雨生白髮，田園變荒蕪，求抱關養親亦不可期也。（《上禮部裴侍郎書》，《劉蛻集》卷五）

荆南距長安，比起嶺南、江南、福建等地來，不算太遠，但劉蛻已經須用半年的工夫，花在來回的路上，還要有兩個月的時間往外地「乞假衣食」，其奔走於道路的艱辛是可想而知的。劉蛻的這一段話，說出了較下層讀書人的共同處境，應當說是很有代表性的。中唐時家在吳興的沈亞之，在他未曾及第時，也說自己是「得黜輒歸，自一月至十一月，晨馳暮走」（《上壽州李大夫書》，《沈亞之文集》卷七）。後人往往把唐代讀書人的這種行旅漂泊稱作漫遊，唐代人有時自己也叫做「壯遊」，如果我們讀了劉蛻和沈亞之的這些篇章，對於唐代士人的生活當有進一步的深切了解。晚唐詩人黃滔，他在下第離開長安東歸時，有這樣的詩：

……鶯聲歷歷秦城曉，柳色依依灞水春。明日藍田關外路，連天風雨一行人。（《下第東歸留辭刑部鄭郎中諴》，《唐黃御史公集》卷三）

這幅風雨行役圖，飽含著多少失意士人的血和淚！

據唐人的一些文獻記載，不少士人在漂泊的道途中窮困潦倒，甚至就死於客舍田野之中。如《酉陽雜俎》前集卷二記一個秀才，元和時落第，「旅遊蘇、湖間」，途中生病，錢又花光了，沒有別的辦法，只得把身上穿的一件髒衣服脫下來，叫人去典賣了，說：「可以此辦少酒肉，予將會村老，丐少道路資也。」寫下層知識分子潦倒貧窘的遭遇，像這樣有強烈的現實性的描寫，在那時還是不多見的。《酉陽雜俎》另有兩則描寫士人的不幸遭遇的故事：

于襄陽頔在鎮時，選人劉某入京，逢一舉人，年二十許，言語明晤。同行數里，意甚相得，因藉草。劉有酒，傾數杯。日暮，舉人指支逕曰：「某弊止從此數里，能左顧乎？劉辭以程期。舉人因賦詩曰：「流水涓涓芹努牙，織烏雙飛客還家。荒村無人作寒食，殯宮空對棠梨花。」至明旦，劉歸襄州，尋訪舉人，殯宮存焉。（前集卷十三《冥跡》）

枝江縣令張汀，子名省躬，汀亡，因住枝江。有張垂者，舉秀才下第，客於蜀，與省躬素未相識。大和八年，省躬晝寢，忽夢一人，自言姓張名垂，因與之接，歡狎彌日。將去，留贈一詩曰：「戚戚復戚戚，秋堂百年色。而我獨茫茫，荒郊遇寒食。」驚覺，遽錄其詩，數日卒。（續集卷三《支諾皋》）

這兩則故事都托之於鬼魂，寫舉子在客遊期間死於途中，不得歸葬於故里。段成式於中晚唐間曾仕宦於荊襄，荊襄又爲南方入京的通道，當地關於士子流落至死的傳說當不少，因此段成式擇要記錄在他的這一部筆記小說中。人們不難通過這些看似離奇的情節，看出作者對應試舉子流離道路及其凄涼結局所寄寓的深切的同情。

南宋人洪邁在其《容齋隨筆》的五筆卷二《唐曹因墓銘》中，記南宋寧宗慶元三年（一一九七），江西信州的一個村莊，挖掘出一塊唐碑，「乃婦人爲夫所作」。碑文寫得很簡單，一共不到一百來字，後半篇寫道：

惟公三舉不第，居家以禮義自許。及卒於長安之道，朝廷公卿，鄉鄰耆舊，無不太息。

這位曹君，世居鄱陽，既非大族右姓，且又累舉不第，可見在朝中是沒有什麼有力者爲之援引的，其死於長安道上，碑銘乃僅出於妻子之手，則所謂「朝廷公卿」，「無不太息」，也不過修飾之詞罷了。但這塊碑文卻仍是一個好材料，它樸素無華，然而卻相當眞實地寫出了一個默默無聞的讀書人爲考科舉而奔走至死的一生，由此也可見出上述《酉陽雜俎》的兩則鬼魂故事，確是植根於現實生活之中的。

晚唐詩人劉滄在一首詩中說：

> 旅途誰見客青眼，故國幾多人白頭。霽色滿川明水驛，蟬聲落日隱城樓。（《秋日寓懷》，《全唐詩》卷五八六）

唐代的讀書人，有多少人就是在水驛、城樓的輾轉往返中度過了青春，迎來了白髮。這幾句所寫的旅途景色，襯托出一個困於行役、來去匆匆的淒涼過客。

四

正因爲進士試競爭異常激烈，所以舉子在考試之前須進行各種活動，其目的無非是爭取榜上有名，早日登科。前面已講過進士行卷與納卷，這裡擬再舉幾點。

一是所謂過夏與夏課。李肇《國史補》卷下，說到下第舉人時說：「退而肄業，謂之過夏；執業而出，謂之夏課。」就是說，春日放榜時，有些落第的舉子，不再回家或外出，就住在長安習業，這叫過夏；將這期間所作的詩文，出而向名人達官投呈，以求荐引，這叫夏課。這時期，舉子讀書作文，是很辛苦的，如李觀《報弟兌書》：

> （貞元）六年春，我不利小宗伯（琮按此指禮部試，小宗伯謂禮部侍郎），以初誓心不徒還，乃於京師窮居，讀書著文，無缺日時。（《全唐文》卷五三三）

而且因爲前途未卜，所以憂心忡忡，如韓偓《夏課成感懷》詩說：

別離終日心切切，五湖煙波歸夢勞。凄涼身事夏課畢，濩落生涯秋風高。居世無媒多困躓，昔賢因此亦號咷。誰憐愁苦多衰敗，未到潘年有二毛。（《玉樵山人集》）

過夏時，舉子常借住於寺院道觀，一是因爲這些地方環境清幽，便於專心攻讀，二是有些較爲清貧的讀書人借住寺廟，可以寄食，以解決經濟上的一些困難。如《太平廣記》卷一八〇《宋濟》條記載：「唐德宗微行，一日夏中至西明寺，時宋濟在西明寺過夏，上忽入濟院，方在窗下，犢鼻葛巾抄書。……又曰：『所業何？曰：「作詩。」……』」又如《太平廣記》卷四十七《許棲岩》條說：「許棲岩，岐陽人也。舉進士，習業於吳天觀。」則是住於長安的道觀。有時因市區嘈雜，乃移居於畿縣，如《太平廣記》卷三七三《楊禎》條：「進士楊禎，家於渭橋，以居處繁雜，頗妨肄業，乃詣昭應縣，長借石甕寺文殊院。」至於因貧寒而寄食寺院者，可見於《唐摭言》卷七所記數條：

王播少孤貧，嘗客揚州惠昭寺木蘭院，隨僧齋食。（按王播事，後世所記者甚多，元人雜劇亦有之）

徐商相公嘗於中條山萬固寺泉，入院讀書。家廟碑云：「隨僧洗鉢。（按《唐詩紀事》卷四十八《徐商》條，載商鎮襄陽時，其觀察判官名王傳，並記云：「傳登大中三年進士第。初貧窶，於中條山萬固寺入院讀書。家廟碑云隨僧洗鉢。」則當爲王傳事，非徐商。）

韋令公昭度少貧窶，常依左街道籙淨光大師，隨僧齋粥。淨光有人倫之鑒，常器重之。

這裡說王傳（徐商？）寓居中條山佛寺，此外，也有居住於嵩山、廬山、峨眉山等名山讀書的，如：

元和初，嵩山有五六客，皆寄山習業者也。（《太平廣記》卷四五八《嵩山客》）

薛肇，不知何許人也。與進士崔寧，於廬山讀書，同志四人，二人業未成而去，崔寧勤苦，尋已擢第。（《太平廣記》卷十七《薛肇》）

君卅歲好古學，與同門生肄業於峨眉山下，採摭前載可以爲文章樞要者，紬繹區別，凡數十萬言。大曆十三年舉進士甲科。（權德輿《司門員外郎仲君墓志銘》，《權載之文集》卷二十四）

權德輿說仲子陵肄業時，將前人的文章可以備作文參考的，即加以摘錄整理，與此相類似的，則有李觀那樣，將知舉者往日所作文，作爲樣板，加以揣摩，這大約也是爲了投其所好吧。如說：

觀嘗竊覽侍郎頃年詩一篇，言才者許以不一端，文者許以所長，則雖班固、司馬遷、相如未聞若話言，是侍郎雅評掩於三賢矣。……今觀也實在洛日，擊指揮，占往來，以侍郎爲文犀，以侍郎作靈龜，中之通者，不聞遺訓，兆之靈者，不聞宿夜。（李觀《帖經日上侍郎書》，《全唐文》卷五三三）

以上是個人或二三友人潛心讀書，並形諸篇章，以準備來年的考試，應當說這還算是舉子試前活動的正常方式。另一種則是結成朋黨，互通聲氣，造成輿論，以左右主長的視聽，甚至交結權貴，採取某些不正當手段，則更是等而下之了。

各地的讀書人，由州府貢舉集中到京師來，因興趣、愛好、學養及家庭門第等原因，各有交遊，這本是正常現象，而且有時還會有一定積極的作用，如德宗貞元初，韓愈、李觀、李絳、崔群爲交友，並同遊古文家梁肅之門，這對於韓愈日後推動古文運動，是有好的作用的，《唐語林》就曾記載其事：

貞元中，李元賓、韓愈、李絳、崔群同年進士。先是四君子定交久矣，共遊梁補闕之門。肅未之面，而四賢造肅多矣，靡不諧行。肅異之，一日延接，觀等俱以文學為肅所稱，復奬以交友之道。（卷七《知己》）

這些情況，又見於其他一些作家的記載，如柳宗元說他在貞元八年（七九二）冬與苑論同為州府所貢，至長安，「自是而後，車必掛轊，席必交衽」（《柳宗元集》卷二十二《送苑論登第後歸覲詩序》）。劉禹錫回憶他的一些同年好友，在長安應試時，「聯袂齊鑣，亘絕九衢，若屏風然」，「永懷同年友，追想出谷晨：三十二君子，齊飛凌煙旻」（《劉禹錫集》卷二十八《送張盥赴舉並引》）。這些，都屬於以文會友的性質。另有一些，則與學業的切磋無關，如《舊唐書》卷一四七《高郢傳》載：

（貞元時）拜禮部侍郎。時應進士舉者，多務朋遊，馳逐聲名；每歲冬，州府荐送後，唯追奉宴集，罕肄其業。

《柳宗元集》卷二十三《送辛生下第序略》韓醇注，提及高郢知舉時，也說：「時四方士務朋比，更相譽荐，以動有司，徇名亡實。」這些人來到京師，講求交際酬宴，造成輿論，如許志雍在一篇墓誌中所提到的，太原人王叔雅，「郡舉進士，才及京師，動目屈指，傾蓋結轍」，果然為禮部侍郎劉太眞所賞識，劉在知貢舉時，王叔雅就「再舉而登甲科」（許志雍《故江南西道觀察判官監察御史裏行太原王公墓誌銘》，《全唐文》卷七一三）。這就是唐代進士舉子結成朋黨的社會歷史背景。

「朋」原來並非指進士舉子的一種組織，⑤而唐代進士舉子結成朋的，天寶時就已開始。處於盛唐和中唐之間的詩人劉長卿，他的詩是爲唐詩研究者所熟悉的，如果說「文如其人」的話，我們可怎麼也想不到，那寫出「柴門聞犬吠，風雪夜歸人」的作者，在早年竟是奔馳於科場中的一名舉子領袖呢。

科舉考試，應考者多，錄取者少，競爭的激烈是可想而知的，尤其是進士科，更是集中爭奪的場所。中唐時李肇就說過：「進士爲時所尚久矣。是故俊義實集其中，由此出者，終身爲聞人。故爭名常切，而爲俗亦弊。」（《國史補》卷下）「朋」的組織，正是在這種激烈競爭的環境中適應於爭名的需要而產生的。生活在玄、肅時期的封演在所著《封氏聞見記》中說：「士子殷勤，每歲士子到省者常不減千餘人，在館諸生更相造詣，互結朋黨，以相漁奪，號之爲棚，推聲望者爲棚頭，權門貴戚，無不走也。」（卷三《貢舉》）據此，則所謂棚（朋）者，是原在太學諸館讀書的生徒，與來京應試的舉子，相互結合而產生的，而其中的棚頭，則須具有一定的「聲望」，劉長卿在未第時，就做過這種棚頭。《國史補》卷下記道：「天寶中，則有劉長卿、袁成用分爲朋頭。」《國史補》所記的時代（《天寶中》），與《封氏聞見記》所說「玄宗時」是正好相合的，這也正是劉長卿年輕活躍的時期。⑥

爲什麼說「分爲朋頭」呢？原來事物總是有對立面的，那時的所謂朋的組織，也大體分爲兩派，稱爲東西朋，「天寶中，進士有東西棚，各有聲勢」（段成式《酉陽雜俎》續集卷四《貶誤》）⑦。朋的作用，首要就是造聲勢，即所謂「熒惑主司視聽」。在考試不糊名、試前有通榜者推荐，而知舉者在決定錄取與否及考慮等第時需博采衆議的情況下，舉子們在考試之前的投詩獻文、干謁奔走，是很重要的，有時單靠一人之力還不夠，於是就互結朋黨，造成聲勢，一方面保護本派人員以爭取榜上有名，另一方面則又攻擊別一派的人員。明胡震亨說他曾見到過一幅描繪唐人朋甲相互攻擊的圖畫：「按朋甲，唐人有畫圖，畫舉子七十八人，列二隊，指呼紛紜，如相競嘲者。意諸甲必各有脈絡，與朝貴通成就人，故氣力足以奔走，同輩令入隊耳。」（《唐音癸籤》卷二十六《談叢》二）一幅畫上畫了七十八人，列隊相嘲罵，當是很有特色的，可惜沒有傳下來，否則就其社會史料的價值來說當不下於張擇端的《清明上河圖》。據胡震亨說，兩隊都「各有脈絡」，也就是各有門路，與朝貴相通，朋中所要接納的，也就是這些有奔走能力的人。這種情況，中唐以後，愈演愈烈，德宗時，不少應進士舉的，已經是「多務朋遊，馳逐聲名」，甚至於「唯追奉宴集，罕肄其業」（《舊唐書》卷一四七《高郢傳》）。晚唐時，這些朋甲，幾乎已成爲行幫組織了，他們交通權貴，甚至勾結宦官，參與其列的容易登科，否則有時就難免落第，《唐語林》中就記載說：

> 進士舉人各樹名甲，元和中語曰：「欲入舉場，先問蘇、張；蘇、張猶可，三楊殺我。」後有東西二甲，東呼西爲茫茫隊，言其無藝也。開成、會昌中，又曰：「魯紹瓌蒙，識即命通。」又曰：「鄭楊段薛，炙手可熱。」又有厚徒薄徒，多輕侮人，故裴泌侍郎作《美人賦》譏之。後有瓌値韋羅甲，又曰「瓌値都雍，識即命通」。又有大小二甲。又有知己甲。又有四字甲，言「深輝軒庭」。又四凶甲。又芳林十哲，言其與宦官交遊，若劉煌、任江，洎李岩士、蔡鋌、秦

韜玉之徒。鋋與岩士各將兩軍（琮按兩軍指東西神策軍，都由宦官掌管）書題，求華州解元，時謂對軍解頭。大和中，又有杜顗、竇紃、蕭嶰，極有時稱，爲後來領袖。（卷四《企羨》）

顯然，這種惡劣的風氣，對於當時文人的思想會有強烈的影響。晚唐時期的文學，固然有像皮日休、羅隱、陸龜蒙、杜荀鶴等作家寫出現實性較強的作品，但無可諱言，也另有不少巧譽阿諛等無聊之作，這是與科舉制的弊端分不開的。柳宗元貶謫永州時，遇見落第進士婁圖南，同情他的遭遇，並借婁圖南之口，指責了這種時弊，說：「交貴勢，倚親戚，合則插羽翮，生風濤，沛焉而有餘」，「厭飲食，馳堅良，以歡於朋徒，相貿爲資，相易爲名，有不諾者，以氣排之」（《柳宗元集》卷二十五《送婁圖南秀才遊淮南將入道序》）⑧柳宗元說的是元和時的情況，在這之後，到了晚唐，如《唐語林》所記種種之醜狀，就更不堪入目了，晚唐文風的卑弱，不能說與此無關。

以上所記舉子在試前的活動，如在長安過夏攻讀，在名山寺觀內讀書作文，以及結成朋黨以造聲勢，等等，都是一時的風尚。另外，也有故意以特異的舉動聳動視聽，以求取聲譽的，像陳子昂的毀琴，就是很有代表性的一例，茲據《太平廣記》卷一七九引錄於下：

陳子昂，蜀射洪人，十年居京師，不爲人知。時東市有賣胡琴者，其價百萬，日有豪貴傳視，無辨者。子昂突出於衆，謂左右，可輦千緡市之。衆咸驚問曰：「何用之？」答曰：「余善此樂。」或有好事者曰：「可得一聞乎？」答曰：「余居宣陽里。」指其第處：「並具有酒，明日專候，不唯衆君子榮顧，且各宜邀召聞名者齊赴，乃幸遇也。」來晨，集者凡百餘人，皆當時重譽之士。子昂大張宴席，具珍饈。食畢，起捧胡琴，當前語曰：「蜀人陳子昂有文百軸，馳走京轂，碌碌塵土，不爲人所知。此樂賤工之役，豈愚留心哉！」遂舉而棄之，舁文軸兩案，遍贈會者。會既散，一日之內，聲華溢都。（注謂出自《獨異志》）

陳子昂是高宗開耀二年（六八二）登進士第的，此事或當在開耀二年春或上年。這還是在進士試的初期階段，如果在中晚唐朋黨交結之時，他的這種舉動恐未必能夠奏效。且以千緡之資買一胡琴而棄毀之，也非一般文士之所能爲，子昂出身富戶，足可當之，這種特異的舉動，是代表了唐代科舉試前期階段的特色，與中後期是有所不同的。

五

韋澳於宣宗大中時任京兆尹，他曾論及唐代前後期科場風氣的變化，對於元和以前的情況，不免有虛飾溢美之辭，如說：「當開元、天寶之際，始專用明經、進士，及貞元、元和之際，又益以薦送相高。當時務尚切磋，不分黨甲，絕僥幸請托之路，有推賢讓能之風。」（《解送進士明經不分等第榜文》，《全唐文》卷七五九）事實上不論貞元、元和，還是開元、天寶，科場中「僥幸請托」的事例，已經不少，前已述及。不過韋澳所論的重點是中唐以後的情況，尤其是宣宗時的風氣，這對我們認識和研究這一時期科舉考試的種種弊端，不無幫助。他說：

近日已來，前規頓改。互爭強弱，多務奔馳，定高卑於下第之初，決可否於差肩之日。曾非考核，盡係經營。奧學雄文，例舍於貞方寒素；增年矯貌，盡取於黨比群強。雖中選者曾不足云，而爭名者益熾其事。

這就是說，進士考試，中唐以後競爭愈來愈激烈，而及第者往往並非由於實際的才學，而是由於奔走請托，所謂「曾非考核，盡係經營」。

這種情況，應當怎樣看待呢？一般地說，作爲封建社會選拔官吏制度的科舉制，作爲地主階級國家的一項政治設施，無論它怎樣嚴格防範，漏洞是不可能堵塞的，因爲它本身是一種私有制的產物，它是適應地主階級的政治需要而產生的，絕不可能杜絕走私舞弊等腐敗的風氣。明清時期，尤其是清代，科場禁制十分嚴密，但科場案仍不時有所揭發，更不用說數量大得多的未被揭發的種種走私行爲了。特殊地說，在唐代，科舉制還處於初期階段，它仍不免帶有前一歷史時期荐舉制和九品中正制的某些痕跡，如注重名公巨卿對舉子的評議，錄取時可以公開接納社會上、政治上有聲望者的荐舉，可以事先確定去取及名次；考試時的不糊名制正好適應這種特定的歷史需要。在當初，這樣作，可能對擴大一般地主階級士人的政治出路起過積極作用，但在發展的進程中，新興的貴族官僚也必然會利用這種局勢，他們會很快認識到，憑他們所掌握的權勢，使自己的子弟通過科舉進入仕途，從而通向統治的高層，這是一條有利的通道。既然眼前擺著這一通道，爲什麼不加以利用呢？權勢欲和財富欲刺激和鼓動他們擁向科舉的大門，並力求憑借他們已得到的權力，通過各種社會關係，來把持這座大門，阻止一般政治上缺乏倚靠、經濟上較爲清貧的地主階級文人進入這座大門中去。尤其是中唐以後，藩鎮割據，宦官專權，腐敗空氣籠罩朝野上下，在這樣總的社會政治情勢下，科舉取士也呈現出種種腐敗的惡劣的風氣，那是必然的。

對科舉制的衝擊和破壞，首先來自那些高門大族、王公貴戚。五代詞人牛希濟在《貢士論》中說：「唯王公子弟，器貌奇偉，無才無藝者，亦冠於多士之首。」說他們的家族，由於門第清貴，本來就「機權沉密，詞辯雄壯，臧否由己，升沉在心」；因而「有司畏之，不敢不與之者，言泉疾於波浪，舌端利若鋒鋩，所排歿九泉，所引升霄漢」（《全唐文》卷八四六）。正因爲他們的家族握有政治實權，享有社會聲望，並能左右輿論，這就使他們的子弟可以不受科場的約束，牛希濟形象地描寫他們神采飛揚的狀貌與舉止說：

秋風八月，鞍馬九衢，神氣揚揚，行者避路。取富貴若咳唾，視州縣如奴僕。

這樣，就出現了某些豪門大姓幾乎每年都有人科舉及第的情況。據《唐語林》載，范陽盧氏，自德宗興元元年（七八四）起，至僖宗乾符二年（八七五）止，共九十二年，其中有兩年因事停止考試，實際爲九十年，單是進士登第者有一百一十六人，其他科目及第的還不計算在內。此事見於《唐語林》卷四《企羨》，《南部新書》已卷也有同樣的記載，當可信。科舉考試的實行，本是想擴大中小地主的進取之途，相對限制豪門大族在仕途競爭中的優勢，不想在實行過程中，某些大姓不僅沒有受到限制，反而明顯占有優越的地位。宣宗一反武宗之政，過去歷史上有「小太宗」之稱，實際上晚唐的大亂，其根子在大中時就已釀成。即以科舉而論，某些史書多說他好儒術，特重科舉，唐末孫棨《北里誌》序中一面說宣宗之世，進士之盛，「曠古無儔」，但另一方面又指出這時所取的進士「率多膏粱子弟」；並說「由是僕馬豪華，宴遊崇侈」。《冊府元龜》卷六五一《貢舉部·謬濫》記宣宗大中十四年（八六〇）的考試情況道：

> 時舉子尤盛，進士過千人，然中第者皆衣冠士子。是歲有鄭義則，故戶部尚書澣之孫；裴弘，故相休之子；魏當，故相扶之子；令狐滈，故相綯之子。餘不能遍舉。

當時豪門大族，高官貴要，互相勾結，盤根錯節，把持了舉選權，這已經比天寶時劉長卿等的朋的組織更為發展，是統治者上層的權力勾結，因此更帶有壟斷性。《唐摭言》卷七《升沉後進》說：「太平王崇、竇賢二家，率以科目為資，足以升沉後進，故科目舉人相謂云：『未見王、竇，徒勞漫走。』」另外則有崔雍、鄭顥：「崔起居雍，少有令名，進士第，與鄭顥齊名。士之遊其門者，多登第。時人語為『崔雍鄭顥世界』。」（《唐語林》卷四《企羨》）這裡所寫的這些子弟，其家庭往往帶有兩重性：一，他們不少是南北朝沿襲下來的士族；二，他們乃是自中唐以來通過科舉（特別是進士試），再經過各種途徑，成為新興的世祿貴族。正是這種人組成晚唐官僚集團的骨幹，也從而把持科舉取士的控制權。

晚唐時，一些出身貧寒、在科場中蹭蹬失意的詩人，對以上的情況是有所認識的，他們在詩中寫道：

> 當春人盡歸，我獨無歸計。送君自多感，不是緣下第。君看山上草，盡有干雲勢。結根既不然，何

必更掩袂。……（曹鄴《送厲圖南下第歸澧州》）

青帝使和氣，吹噓萬國中。發生寧有異，先後自難同。鞏草不銷力，岩花應費功。年年三十騎，飄入玉蟾宮。（李咸用《春風》，《披沙集》卷三）

讀了這些詩，我們自然地會想起左思《詠史》詩的有名的句子：「郁郁澗底松，離離山上苗。以彼徑寸莖，蔭此百尺條。世胄躡高位，英俊沉下僚。地勢使之然，由來非一朝。」左思的詩對門閥士族的壟斷統治表示極大的憤慨，時間過去了六百年，科舉制代替了九品中正制，而唐代詩人們在不同的歷史條件下又唱出了相似的主題，這是足以令人深思的。

在朝廷貴要中，首先是當朝的宰相，往往利用其職權和聲勢，使自己的子弟及親友通過科舉及第，然後迅速升遷，而知舉官懾於宰臣的權勢，也不得不仰其鼻息，放與及第。天寶後期的楊國忠就是一個很有代表性的例子。據《太平廣記》卷一七九《楊暄》條載：

楊國忠之子暄舉明經，禮部侍郎達奚珣考之，不及格，將黜落，懼國忠而未敢定。時駕在華清宮，珣子撫爲會昌尉，珣遽召使，以書報撫，令候國忠，具言其狀。撫既至國忠私第，五鼓初起，列火滿門，將欲趨朝，軒蓋如市。國忠方乘馬，撫因趨入，謁於燭下。國忠謂其子必在選中，撫蓋微笑，意色甚歡。撫乃白曰：「奉大人命，相君之子試不中，然不敢黜退。」國忠卻立大呼曰：「我兒何慮不富貴，豈借一名，爲鼠輩所賣！」即不顧，乘馬而去。撫惶駭，遽奔告於珣曰：「國忠恃勢倨貴，使人之慘舒，出於咄嗟，奈何以校其曲直。」因致暄於上第。既爲户部侍郎，珣才至禮部侍郎，轉吏部侍郎，與同列，暄話於所親，尚嘆己之淹徊，而謂珣遷致疾速。

按《太平廣記》此處所記謂出自《明皇雜錄》，其中細節有與史實不合的，如據徐松《登科記考》卷九，達奚珣任禮部侍郎知貢舉與楊暄以明經登第，乃在天寶二年（七四三），這時李林甫居相位，權傾中外，楊國忠雖因係楊貴妃的從祖兄，得入朝中，但官位尚低。又其中說「時駕在華清宮」，按天寶六載（七四七）十月始改驪山的溫泉宮爲華清宮。楊國忠原名釗，天寶九載（七五〇）冬才改名國忠，這裡記達奚撫奔告其父，謂國忠如何如何，揆之史實，皆不相合。天寶十一載（七五二）十一月，李林甫死，楊國忠才拜相。但《太平廣記》此處所記，被採入《資治通鑑》中（卷二一六，天寶十二載），則司馬光是相信實有其事的。總之，不論上述的記載與具體的史實是否有所出入，但它寫當朝的執政大臣依仗權勢，脅迫考官，強使自己的子弟登科及第，是有代表性的。這則記載的細節描寫也很生動，一定是流傳於一時的。

這種情況發展到後來，越來越嚴重。唐代有一條不成文的規定，那就是，知舉者閱卷後所擬定的名單，在正式放榜前，須親自送到宰相府第，請宰相過目，如宰相對榜中名單有異議，或另有人選，還可調換，這就無異於宰相對錄取名單有最終的決定權，而其間就不免有上下其手、交通關節等種種不可告人的情狀。雖然唐代也有個別有識者對此進行過改革，但爲時極短，積弊仍存。因此，如果考試以前能得到宰相的稱譽，就無異於已經登第。如李玨所作牛僧孺神道碑，說牛僧孺於貞元末舉進士來長安，正好韋執誼作相，網羅名士，「公袖文往謁，一見如舊，由是公卿藉甚，名動京師，得上策」（《全唐文》卷七二〇）。這是中唐時的情況。又據《金華子》載，劉崇望於僖宗時應進士試，於初一、十五日拜謁相國鄭從讜，禮部侍郎裴瓚也去鄭府訪候，鄭從讜在送出劉崇望時，對裴瓚說：「大好及第舉人！」就這麼一句話，就使得「瓚唯唯，明年列於門生矣。」另外，《唐闕史》還記有下面一則故事：

> 貢士許道敏，隨鄉荐之。初獲知於時相，是冬，主文者將涖事於貢院，謁於相門，丞相大稱其文學精臻，宜在公選，主文加簡揖額而去。許潛知其旨，則磨礪以須，屈指試期，大掛人口。俄有張希復員外結婚於丞相奇章公之門，親迎之夕，辟道敏爲儐贊。道敏乘其喜氣，縱酒飛章，搖珮高談，極歡而罷。居無何，時相數奏不稱旨，移秩他郡，人情恐駭，主文不敢第於甲乙。爾後晦昧坎壈，不復聞達，繼丁家故，垂二十載。

這也是唐代科舉試中的一個小小的悲喜劇，許道敏是權力徙易中的一個犧牲者，由此仍可看出宰相個人的權位對於科試取士的干預。這種干預是唐代所特有的，⑨宋以後隨著科舉制的改革，這種情況就不復存在。

宰相不但自己出面干預科舉試，有時還通過其子弟招財納賄，結黨營私，晚唐時令狐綯、令狐滈父子就是突出的例子。令狐綯在宣宗時，與白敏中等共同排擠和誣陷武宗時頗有作爲的政治家、宰相李德裕，當了宰相。諫議大夫崔瑄曾經奏劾道：「令狐滈昨以父居相位，權在一門。求請者詭黨風趨，妄動者群邪雲集。每歲貢闈登第，在朝清列除官，事望雖出於綯，取捨全由於滈。喧然如市，旁若無人，權動寰中，勢傾天下。」咸通二年（八六一），又有劉蜕、張雲等上疏，劾滈「恃父秉權，恣受貨賂」（《舊唐書》卷一七二《令狐滈傳》）。至於令狐綯玩弄權術，想方設法使其子滈登進士第，則除了正史外，如《北夢瑣言》（卷二）、《唐語林》（卷三）都有記述，成爲當時的醜聞。

宰相以一己的權勢干預科試，當然會激起衆人的不滿，上述崔瑄等人上疏奏劾是一種反抗的方式，有時知舉官還以巧妙的方法，加以公開的揭露，使其計不得行。如有一個叫郭薰的，與于琮交好，後于琮以懿宗咸通八年（八六七）拜相，郭薰又列爲于琮門下的清客。咸通十三年，趙騭知貢舉，于琮立意要爲郭薰致高第，趙騭極不願意，一時想不出好主意：「會列聖忌辰，宰執以下於慈恩寺行香，忽有彩帖子千餘，各方寸許，隨風散漫，有若蜂蝶，其上題曰：『新及第進士郭薰。』公卿覽之，相顧靦然。因之主司得以黜去。」想不到千餘年前，人們已經想出散發傳單的辦法，索性把于琮的心計公之於衆，這確是一條妙計，同時也可想見多數士人的憤慨心情。

唐代中晚期政治的一個特點，是宦官當權，藩鎮勢力膨脹，科舉考試也受到這兩種勢力的干擾。我們且先舉一個例子來看：

高鍇侍郎第一榜，裴思謙以仇中尉關節取狀頭，鍇庭譴之，思謙回顧厲聲曰：「明年打脊取狀頭！」明年，鍇戒門下不得受書題。思謙自懷士良一緘入貢院，既而易以紫衣，趨至階下，白鍇曰：「軍容有狀，荐裴思謙秀才。」鍇不得已，遂接之。書中與思謙求巍峨，鍇曰：「狀元

> 已有人，此外可副軍容意旨。」思謙曰：「卑吏面奉軍容處分，裴秀才非狀元，請侍郎不放。」鍇俯首良久曰：「然則略要見裴學士。」思謙曰：「卑吏便是！」（《唐摭言》卷九〈惡得及第〉）

仇士良是中唐時氣焰囂張，不可一世的大宦官，憲宗元和初他就曾因搶占驛站房間，與元稹衝突，用鞭子打傷元稹的面頰，元稹後來還被貶出。文宗大和九年（八三五）甘露之變，殺掉了好幾個宰相，朝堂爲之一空，指揮者就是仇士良。結果文宗成爲半囚禁的人物，自嘆比歷史上有名的屈辱帝王周赧王、漢獻帝還不如。《新唐書》卷二〇七本傳說仇士良一生「殺二王、一妃、四宰相，貪酷二十餘年」。《唐摭言》記載的裴思謙依仗仇士良的權勢，脅迫高鍇取爲狀元，正是仇士良的權位發展到頂點的文宗開成三年（八三八）。高鍇於開成年間連續三年知貢舉，史稱其「選擢雖多，頗得實才，抑豪華，擢孤進，至今稱之」（《舊唐書》卷一六八）。應該說，高鍇在中晚唐知貢舉中還是比較能主持公正的，但即使如此，也還是拗不過宦官的勢力。裴思謙之所以能如此放潑無賴，就是因爲有仇士良做他的靠山，自恃無恐，不但要錄取，而且還要做狀元，可見當時宦官的凶焰囂張之狀。南宋人洪邁曾以此譏議高鍇，說：「鍇徇凶璫之意，以（裴思謙）爲舉首，史謂頗得才實，恐未盡然」（《容齋續筆》卷十一〈高鍇取士〉條）。洪邁的話當然不無道理，但處於宦官專權、動輒可以殺人的文宗後期，高鍇這樣做，也有其不得已的苦衷。（附帶說一下，宦官所掌握的神策軍，有時還直接殺害舉子，搶劫其錢財。如代宗時的宦官頭子魚朝恩，讓其親信劉希暹掌管神策禁軍，劉希暹等人就秉承魚朝恩的意旨，於北司設置監獄，收羅京師街坊的惡少，「羅織城內富人，誣以違法，捕置獄中，忍酷考訊，錄其家產，並沒於軍」。到京城應考的舉子，住在旅舍客店之中，有時也被他們暗害，錢財被他們劫走，「遇橫死者非一」，長安城內稱之爲「入地牢」。事見《舊唐書》卷一八四《宦官傳》。）

晚唐時還有一個宦官頭子叫田令孜，僖宗還沒有登上皇位時，就與他昵狎，同臥起，呼他爲「父」；僖宗即位後，他更受到寵信，史稱「令孜知帝不足憚，則販鬻官爵，除拜不待旨，假賜緋紫不以聞。百度崩弛，內外垢玩」（《新唐書》卷二〇八本傳）。晚唐朝廷就是由這一腐朽集團把持著的。黃巢起義軍打進長安，田令孜簇擁僖宗逃到四川，起義軍失敗，僖宗回到長安，田令孜更以「匡佐」之功，「威權振天下」（《舊唐書》卷一八四）。當時一些沒有骨氣的文人，就投靠在這個大宦官的門下，夤緣求進。如詩還做得不錯的秦韜玉（他的名句有「苦恨年年壓金錢，爲他人做嫁衣裳」），就是「出入大閹田令孜之門」因而得第的（《唐摭言》卷九《敕賜及第》），眞是十分可惜。又如「黃郁，三衢人，早遊田令孜門，擢進士第，歷正印金紫。李瑞，曲江人，亦受知於令孜，擢進士第，又爲令孜賓佐」（同上卷九《惡得及第》）。當時有所謂「芳林十哲」，即奔走於舉場的讀書人，「皆通連中官」，「每歲有司無不爲其干撓，根蒂牢固，堅不可破」（《唐語林》卷三《方正》）。劉允章知貢舉，因爲不買他們的賬，對「十哲」中有些人不予錄取，結果則是放榜以後，即以「予奪不能塞時望」爲理由，由禮部侍郎外放，出爲鄂州觀察使，後又分司東都爲閑職。⑩像秦韜玉，就是「芳林十哲」之一，《唐語林》卷四《企羨》記道：「又芳林十哲，言其與宦官交遊，若劉煜、任江，泊李岩士、蔡鋋、秦韜玉之徒。」清代全祖望《鮚埼亭集》外集卷三十八《門生論》說：「唐人以詞賦取士，苟得於功名，至於投貴主，投中官，則士氣已盡，固無論其餘。」當指此而言。

除了宦官外，一些士人還有依托強藩而求進的，如晚唐時寫出過現實性較強詩篇的詩人杜荀鶴，就是因爲吹捧黃巢起義軍的叛徒、後來被唐朝廷封爲梁王的朱全忠而得以進士及第的，據《唐詩紀事》卷六十五記載說：

荀鶴初謁梁王朱全忠，雨作而天無雲。梁曰：「此謂天泣，知何祥？」請先作無雲雨詩，乃賦曰：「同是乾坤事不同，雨絲飛灑日輪中，若教陰翳都相似，爭表梁王造化功！」梁悅之。

《唐才子傳》卷九也載此事，並補充道：

荀鶴寒進，連敗文場甚苦，至是遣送名春官，大順三年（八九一）裴贄侍郎下第八人登科。

杜荀鶴及第後，殷文圭有詩相賀，說：

一戰平疇五字勞，晝歸鄉去錦爲袍。大鵬出海翎猶濕，駿馬辭天氣正豪。九子舊山增秀絕，二南新格變風騷。由來稽苦符公道，平地丹梯甲乙高。（《寄賀杜荀鶴及第》，《全唐詩》卷七〇七）

詩還是寫得不錯的，但可惜這「翎猶濕」的大鵬，「氣正豪」的駿馬，卻是低眉從梁王府裡出來的，並非出自大海，降自雲霄。其實，殷文圭的得中進士第，也由於朱全忠的表荐，《唐詩紀事》卷六十八記道：「唐末詞場，請托公行，文圭與游恭獨步場屋。乾寧中，帝幸三峰，文圭攜梁王表荐及第，仍列榜中。」⑪可見殷文圭與杜荀鶴有同樣的際遇，因而也有同感。殷、杜二人是當時文士中之佼佼者，尚不能免此，則其他可知。晚唐時的科場，就是由於重臣權貴、宦官強藩等插手相干預，弄得烏煙瘴氣，這與當時整個統治集團的日趨腐化緊密相連。

六

在這種情況下，交通關節、⑫納財行賄，就不可避免。北宋時蘇軾的好友趙德麟，在其所著筆記《侯鯖錄》中記載唐末五代人的話：

唐末五代，權臣執政，公然交賄，科策差除，各有等差。故當時語云：「及第不必讀書，作官何須事業！」（卷四）

如果說趙德麟的記載還較爲一般化的話，我們不妨再舉兩則傳奇作品中所寫的故事，來看看那時的風俗人情。

一是《太平廣記》卷一五七《李君》，說有一位李君，累試不第，久居長安。一日，在長安西市閑遊，登酒樓小坐，忽聽得樓下有人說話：「交他郎君平明即到此，無錢，即道，元是不要錢及第。」李君一聽，似有緣故，就連忙下樓，問一客，客曰：

「侍郎郎君有切故，要錢一千貫。昨有共某期不至者，今欲去耳。」

李君問：「此事虛實？」

這位客說：「郎君見在樓上房內。」

李君馬上說：「我是舉人，身邊也帶有錢，可不知能一見郎君否？」

客說：「實如此，何故不可。」

於是兩人重新上樓，會見這位郎君，飲酒敘談。客介紹說：「這就是當今禮部侍郎家的郎君。」這郎君也說：「主司是親叔父。」於是一筆交易講定。明年春天，李君果然及第，「後官至殿中，江陵副使」。《太平廣記》載此，謂出自《逸史》。這雖然是小說，卻十分眞切地反映了當時的情況，某種程度上比正式的史書更接近於眞實。

另一是中唐時人李復言的傳奇《續玄怪錄》卷二《李岳州》。⑬說是有李俊者，德宗興元（七八四）時舉進士，連不中第。其故人包佶貞元初任國子祭酒，答應爲他通關節，將他推荐於知舉者。放榜的前一天，照例禮部須以及第者姓名呈報宰相。那天五更，李一早起來，去見包佶，想再候候消息，這時——

里門未開，立馬門側。傍有鬻糕者，其氣爞爞。有一吏若外郡之郵檄者，小囊氈帽，坐於其側，欲糕之色盈面。俊顧曰：「此甚賤，何不以錢易之？」客曰：「囊中無錢耳。」俊曰：「俊有錢，願獻一飽，多少唯意。」客甚喜，啖數片。

這一段描寫，非常有生活氣息，唐人的一些傳奇作品中有描寫在里坊門側賣胡餅的，與這裡所載的一樣，生活情味極濃，它們不但有很高的認識價值，還使我們得到極大的美學享受。再說這位客吃了幾片之後，不一會，里門開，衆人相擠出門，這位客在馬後與李俊說：「有小事相告，請稍停。」李俊下馬聽之，客道：「某乃冥吏之送進士名者，君非其徒耶？」李俊應聲說是。客說：「送到宰相處的榜就在這裡，你自己找吧。」李俊上下尋找，未見自己的名字，不覺淚下，說：「我苦心於筆硯已二十多年，考也考了十年了，心破魂斷，就巴望著這一次。現在又沒有名，這輩子算是沒有希望了！」這個客（也就是陰吏）見他可憐，又感剛才買糕救饑之恩，就替他出主意：「能行少賂於冥吏，即於此取其同姓者，去其名而自書其名，可乎？」李俊忙問要多少錢，客說陰錢三萬貫就可以了，於是約定第二天中午送交。客隨即把榜交給李俊，叫他自己塗寫。榜上有李夷簡名，李俊要在這上頭改，客忙說：「不可。此人祿重，不可易也。」（按這反映李夷簡門第貴要，不能輕易改動）下面有叫李溫的，客說這能改。於是就把「溫」字改成「俊」字，相別而去。

李俊然後來到包佶府第，包佶還沒有打扮好，一聽說李俊來見，怒目延坐，說：「吾與主司分深，一言姓名，狀頭可致。公何躁甚相疑，頻頻見問，吾豈輕語者耶？」李俊只得告辭，隨即又換了一套衣服，伺候包佶出來，偷偷跟在後面。只見包佶走到子城東北角，正好碰到禮部侍郎帶著榜到朝堂去見宰相，包佶就問他李俊的事，侍郎說：「誠知獲罪，負荆不足以謝。然迫於大權，難副高命。」包佶一聽，心想已在李俊面前誇了海口，如果不成，何以相見，就著急說：「季布所以名重天下者，能立然諾。今君不副然諾，移妄於某，蓋以某官閑也。平生交契，今日絕矣！」不揖而行。侍郎走上，拉住他說：「迫於豪權，留之不得。……」按這段描寫，十分精彩，朝官之間的通關節，知舉者迫於權豪，不得不將及第進士留給掌大權者相托之人，而冷落國子祭酒這一閑官，而這位國子祭酒也不示弱，以斷絕交情為要挾，把他們平日掩蓋著的眞實面目揭示得極其充分。小說後來寫道：二人共同看榜上姓名，包佶要把李夷簡名指去，侍郎不肯，指下面「李溫」的名，說：「可矣。」二人於是做手腳，把「溫」字換了「俊」字，這才了結。

這個故事，表面上托之於陰府鬼曹，寫的卻是活生生的人世現實，把官官相護、互通關節，以及既勾結又爭奪的科場內幕，一一寫出，確是一篇很好的文藝作品，也是研究唐代科舉史的非常有價値的史料。

唐代的科場案沒有明清兩代的多，這並不是說唐代科場中走私舞弊就比明清時少，而是由於唐代的特殊情況，公開揭發出來的不多（如果按明清時的要求，則唐代科試中所謂通榜本身就該要治罪，但唐代卻視爲習俗，公開進行的）。這裡舉幾個來談談。

早在高宗時，就有董思恭漏洩考題的案件。《封氏聞見記》卷三《貢舉》條載：

龍朔中，敕右史董思恭與考功員外郎權原崇同試貢舉。思恭，吳士，輕脫，洩進士問目，三司推，贓污狼藉。後於西堂朝次告變，免死除名，流梧州。

董思恭算是高宗時較有名的文士，曾參預修撰文藝性類書《瑤山玉彩》（《唐詩紀事》卷三）。《舊唐書·文苑傳》有傳，說他「所著篇詠，甚爲時人所重」。這次他以右史（中書舍人）與考功員外郎權原崇同知貢舉，漏洩進士問目（這時進士尚試策文，此當是策文的問目），再加勘問，則又「贓污狼藉」。可見初唐時科舉考試中納財受賄的事就已經不少了。但那時處分還是比較嚴的，董思恭本要處以死刑，後因他「告變」（告發別人陰謀作亂，——這當是他爲了自己脫身，而誣陷別人），才算免死，流放梧州（《舊唐書》本傳說他「配流嶺表而死」）。

在這之後，則有穆宗長慶元年（八二一）的科場案，這是揭發出來的唐代最大的一次科場案件，結果是知舉者及與此案有牽連的幾個大臣都貶官外出。過去有些史書（如《通鑑》往往把這次事件與牛（僧孺）李（德裕）黨爭相聯繫，以爲事件之所以被揭出，乃是出於李德裕爲其父（吉甫）報私仇，而又因此事更加深了兩黨的紛爭，所謂「自是德裕、宗閔各分朋黨，更相傾軋，垂四十年」（《通鑑》卷二四一長慶元年三月條）。《通鑑》的這一論述，已故唐史學家岑仲勉先生《通鑑隋唐紀比事質疑》（頁二七一）已有所駁正，拙著《李德裕年譜》同意岑先生的意見，也有所論列，⑭這裡不再詳談。總的來說，這次事件與李德裕並無關係，牽涉不到牛李黨爭，但因李德裕與元稹、李紳交好，元、李二人在這次事件中是攻擊李宗閔等的主要人物，於是牛黨人物也連帶地忌恨李德裕，後人不察，也就誤以這是兩黨的爭訟。

綜合過去的史料，這次事件的原委是這樣的：長慶元年的科試，知舉者爲禮部侍郎錢徽，另有右補闕楊汝士也預其事。在這之前，段文昌任宰相，楊憑的兒子深之應進士舉，曾以家藏珍貴書畫獻於文昌，求他荐引。剛好這年二月文昌罷相，外放爲西川節度使，赴任前就以楊深之之事面托錢徽，後又寫信保荐。另外，這時任翰林學士之職的李紳也以舉子周漢賓托錢徽。想不到進士榜發，楊深之、周漢賓都落選，及第者的姓名中有鄭朗（鄭覃之子；按鄭覃父珣瑜，德宗、順宗朝做過宰相，鄭覃此時任諫議大夫，鄭家是有名的望族），裴譔（名相裴度之子），蘇巢（李宗閔之婿；按宗閔爲宗室，此時任中書舍人），楊殷士（楊汝士之弟；汝士本年參預進士試的評閱）。李宗閔、楊汝士與錢徽有交情，宗閔則與翰林學士元稹有私人矛盾。

段文昌一看榜上的情況，大怒，就向穆宗陳奏：「今歲禮部殊不公，所取進士皆子弟無藝，以關節得之。」穆宗問元稹、李紳，都說「誠如文昌言」。穆宗於是命中書舍人王起與知客郎中知制誥白居易覆試，結果鄭朗、蘇巢、楊殷士等落第，裴譔算是特放及第（裴譔之特放及第，與裴度有關，可見這裡仍有妥協）。朝廷還特地爲此事下了一道詔令，其中說道：

> 國家設文明之科，本求才實，苟容僥幸，則異至公。訪聞近日浮薄之徒，扇爲朋黨，謂之關節，干撓主司。每歲策名，無不先定，永言敗俗，深用興懷。鄭朗等昨令重試，意在精核藝能，不於異書之中，固求深僻題目，貴令所試成就，以觀學藝淺深。孤竹管是祭天之樂，出於《周禮》正經，閱其呈試之文（琮按此次覆考的試題爲《孤竹管賦》、《鳥散餘花落詩》），都不知其本事，辭律鄙淺，蕪累亦多。比令宣示錢徽，庶其深自懷愧。

接著，就貶錢徽爲江州刺史，李宗閔爲劍州刺史，楊汝士爲開江令。

應當說，這次事件的雙方，原無是非可言，李宗閔等固然與錢徽交情甚厚，因而有所請托，但段文昌以使相之尊，受人書畫珍品，跡近納賄，也於事非公。因此在錢徽貶出時，有人向他建議，叫他把段文昌、李紳囑托的書信進呈給皇帝，錢徽大約爲了防止事態擴大，沒有這麼做，因而還博得了「長者」的美譽。問題在於錢徽、李宗閔一方，事情做得太露骨了，所取人中，蘇巢爲宗閔婿，殷士爲汝士弟，都是親屬，未免引起物議；另外錄取的文士中，高門貴要子弟太多，這些人又無才學，這就引起公憤。錢徽等貶出後，朝廷又下了一道詔書，說當時科試之弊，「小則綜核之權，見侵於下輩；大則樞機之重，旁撓於薄徒」。⑮《舊唐書》卷一六四《王起傳》也記有此事，說道：「先是，貢舉猥濫，勢門子弟，交相酬酢，寒門俊造，十棄六七。及元稹、李紳在翰林，深怒其事，故有覆試之科。」白居易於覆試畢後奏狀，也說：「伏以陛下慮今年及第進士之中，子弟得者僥幸，平人落者受屈，故令重試重考。此乃至公至平，凡是平人，孰不慶幸。」（《白居易集》卷六〇《論重考試進士事宜狀》）可見這年的科場案，雖然出於朝官之間的私人摩擦，但卻是反映了相當一部分「寒門俊造」對於勢門貴要把持舉選權的深刻不滿。

在這之後，則是宣宗大中九年（八五五），據《舊唐書》卷十八下《宣宗紀》，大中九年三月載：

試宏詞舉人，漏洩題目，爲御史台所劾，侍郎裴諗改國子祭酒，郎中周敬復罰兩月俸料，考試官刑部郎中唐枝出爲處州刺史，監察御史馮顓罰一月俸料。其登科十人並落下。其吏部東銓委右丞盧懿權判。以吏部侍郎鄭涯檢校禮部尚書，兼定州刺史、御史大夫，充義武軍節度、兼定州觀察處置、北平軍等使。御史台據正月八日禮部貢院提到明經黃續之、趙弘成、全質等三人偽造堂印、堂帖，兼黃續之偽著緋衫，將偽帖入貢院，令與舉人虞蒸、胡簡、黨贊等三人及第，許得錢一千六百貫文。據勘黃續之等罪款，具招造偽，所許錢未曾入手，便事敗。奉敕並準法處死。主司以自獲奸人，並放。

此事又詳見裴廷裕之《東觀奏記》。⑯《舊紀》所載，實際上包括兩件事，一是吏部考博學宏詞，因漏洩題目，責任在試官，所以考試官裴諗、周敬復等分別受到處分；二是禮部考明經科，舉人內外應合，僞造堂印、堂帖，罪在作僞者，「準法處死」。可見對於試官與應試的舉人，量刑的輕重是頗有不同的。

以上是見於文獻記載的三件科場案，實際上這只是因各種利害衝突而暴露出來、不得不加以處理的案件，其他類似者一定還有不少，至於在幕後進行的各種大大小小的舞弊走私行爲，如本書前面敘述過的，則更不計其數。我們在肯定唐代科舉制的歷史進步性的同時，對它所已經表現出來的弊病也應該有充分的認識和估價。

七

唐代科舉考試中所表現出來的弊端，激起一些正直文人的憤慨和反抗，但在權貴、宦官、強藩等聯結成的強大勢力面前，反抗者本人必處於被毀謗和被誣陷的境地。羅隱就是如此。《五代史補》說「羅隱在科場，恃才傲物，尤爲公卿所惡，故六舉不第」。歷史上往往如此，對於腐朽的社會風氣的反抗和揭發，卻往往得到「恃才傲物」的惡謚。羅隱在《謝大理薛卿啓》中也說到這種情況，他說：「某動不知機，進惟招毀。……群居不出一言，彼則謂某矜才傲物；痛飲不逾三爵，彼則謂某恃酒凌人。」（《羅隱集·雜著》）羅隱是這樣，中晚唐時有兩位詩人的特殊遭遇，更足以說明這個問題，這兩位詩人是賈島和溫庭筠。

關於這兩位詩人事跡的全面情況，這裡不打算多談，近幾年來國內已有一些很好的文章，對詩人的事跡作了考訂。這裡打算談一下與科舉有關的部分。

《唐摭言》卷十一的《無官受黜》條列敘三個詩人，即孟浩然、賈島、溫庭筠。這三人都未科舉及第，孟浩然是終身不仕的，這不用說，賈、溫二人累舉不第，後來卻給做了官，這與唐代的科舉條例不合，因而後人就造作了種種不經之談。如《唐摭言》就說：「又嘗遇武宗皇帝於定水精舍，（賈）島尤肆毀，上訝之。他日有中旨，令與一官謫居，乃受長江縣尉，稍遷普州司倉而卒。」《詩話總龜》卷十一苦吟門引《唐宋遺史》則將此事說成是宣宗時，說賈島：

居於法乾寺，與無可唱和。一日，宣宗微行至寺，聞鐘樓上有吟聲，遂登樓，於島案上取詩卷覽之。島不識，乃攘臂睨之，遂於手內取詩卷曰：「郎君何會此耶！」宣宗下樓而去。既而島知之，亟謝罪，乃賜御札，除遂州長江簿。後遷普州司倉，卒。

《全唐文》卷七〇還載有文宗時《授賈島長江主簿制》，說是「遇朕微行，聞卿諷詠，觀其志業，可謂屈人」。雖然文宗、武宗、宣宗，所載時間不一，但都把賈島之外放爲長江縣主簿，說成是偶然事件。今按唐人蘇絳《賈公墓誌銘》（《全唐文》卷七六三），記爲：「穿楊未中，遽罹飛謗，解褐責授遂州長江縣主簿。」《新唐書》卷一七六《韓愈傳》附《賈島傳》謂：「累舉，不中第。文宗時，坐飛謗，貶長江主簿。會昌初普州司戶參軍，遷司戶，未受命卒，年六十五。」據李喜言先生《賈島年譜》，謂賈島《長江集》卷三有《寄令狐相公》詩，一作《赴長江道中》，中云「策杖馳山驛，逢人問梓州：長江那可到，行客替生愁。」此令狐相公爲令狐楚，楚卒於開成二年（八三七）十一月，則賈島赴長江主簿任當在此十一月之前。被責授的原因，蘇絳所作墓誌及《新書》本傳都說是因爲「飛謗」，未講具體情事。賈島有《寄令狐綯相公》詩（《長江集》卷六。按此「綯」字當係衍文，因令狐綯爲相在宣宗時，時賈島已卒），係仍寄令狐楚者，詩中說：「驢俊勝羸馬，東川路匪賒。一緘論賈誼，三蜀寄嚴家。」當是赴任途中作，所以說「東川路匪賒」，令狐楚時在興元。可以注意的是詩中以賈誼自喻。詩的末尾說：「豈有斯言玷，應無白璧瑕。不妨圓魄裏，人亦指蝦蟆。」即指飛謗事，以明自己的無辜。卷六又有《謝令狐相公賜衣九事》：「長江飛鳥外，主簿跨驢歸。逐客寒前夜，元戎與厚衣。」又以逐客自況。賈島另有《病蟬》詩（《長江集》卷六）：「病蟬飛不得，向我掌中行。折翼猶能薄，酸吟尚極清。露華凝在腹，塵點誤侵睛。黃雀並鳶鳥，俱懷害爾情。」五代時何光遠《鑒誡錄》卷八就曾舉此詩，說：「賈又吟《病蟬》之句，以刺公卿，公卿惡之，與禮闈議之，奏島與平曾等風狂，撓擾貢院，是時逐出關外，號爲十惡。」這就是說，賈島是以詩得罪了公卿，因而受到誣陷，於是雖非及第，也給他一個官職，遠放於偏僻小縣。[17]

中晚唐時的一些詩人，對賈島的含冤外放是了解的，他們在寄懷和悼念中都對賈島的遭際表示深切的同情，這裡可舉數首如下：

長沙事可悲，普掾罪誰知。千載人盡空，一家冤不移。吟寒應齒落，才峭自名垂。地遠山重疊，難

傳相憶詞。（姚合《寄賈島時任普州司倉》，《姚少監詩集》卷三）

敲驢吟雪月，謫出國西門。行傍長江影，愁深汨水魂。筇攜過竹寺，琴典在花村。饑拾山松子，誰知賈傳孫。（李洞《賦得送賈島謫長江》，《全唐詩》卷七二一）

忽從一官遠流離，無罪無人子細知。到得長江聞杜宇，想君魂魄也相隨。（李頻《過長江傷賈島》，《全唐詩》卷五八七）

秦樓吟苦夜，南望只悲君。一官終遐徼，千山隔旅墳。恨聲流蜀魄，冤氣入湘雲。無限風騷句，時來日夜聞。（李頻《哭賈島》，《全唐詩》卷五八九）

謫官自麻衣，銜怨至死時。山根三尺墓，人口數聯詩。仙桂終無分，皇天似有私。暗松風雨夜，空使老猿悲。（杜荀鶴《經賈島墓》，《唐風集》卷上）

如果說賈島只是較爲抽象的「飛謗」一詞的話，那麼加給溫庭筠頭上的誣陷之詞，就具體得多而又難聽得多了。這就是所謂他在考場中專替人作槍手，人以輕薄目之。如《北夢瑣言》卷四謂：「庭筠」每入試，押官韻作賦，凡八叉手而八韻成，多爲鄰鋪假手，號曰救數人也。而士行有缺，縉紳薄之。」《唐摭言》卷十三《敏捷》：「山北沈侍郎（詢）主文年，特召溫飛卿於帘前試之，爲飛卿愛救人故也。適屬翌日飛卿不樂，其日晚請開門先出，仍獻啓千餘字。或曰潛救八人矣。」於是文獻記載說他因此於大中末，未及進士第而授爲方城尉。實際上從溫庭筠的生平事跡來看，他是多次得罪於貴要的。⑱《唐詩紀事》卷七〇《溫憲》條，說：

溫憲員外，庭筠子也。僖、昭之間，就試於有司，值鄭相延昌掌邦貢也，以其父文多刺時，復傲毀朝士，抑而不錄。

這裡記述知舉者還因為溫庭筠的緣故，故意不錄取其子，而溫庭筠之所以不容於時，倒並不在於替人作槍手，而是「文多刺時，復傲毀朝士」，這與前面引述過的羅隱、賈島事，是同樣的。庭筠被貶方城尉時，其友人紀唐夫作詩送他：

何事明時經玉頻，長安不易杏園春。鳳凰詔下雖沾命，鸚鵡才高卻累身。且盡綠醽銷積恨，莫辭黃綬拂行塵。方城若比長沙路，猶隔千山與萬津。（《送溫庭筠尉方城》，《全唐詩》卷五四三）

詩中說「鸚鵡才高卻累身」，確是道出了溫庭筠被貶的眞正原因。賈島、溫庭筠，可說是中晚唐科場腐朽風氣的犧牲者。

【附註】

① 見《唐摭言》卷三《散序》。

② 關於錢起登進士第的年歲，請參見拙著《唐代詩人叢考》一書的《錢起考》。

③ 見郭紹虞輯《宋詩話輯佚》頁四六。

④ 關於白居易於長安謁見顧況的考證，請參拙著《唐代詩人叢考》一書中的《顧況考》。

⑤ 唐崔令欽《教坊記》自序謂：「凡戲，輒分兩朋，以判優劣，則人心竟勇，謂之『熱戲』。」任半塘先生《

教坊記箋訂》謂：「舊唐書・郝處俊傳及《唐會要》三四，均載上元元年九月，高宗御含元殿東翔鸞閣，大酺。當時京城四縣，及太常音樂，分爲東西二朋。雍王賢爲東朋，周王顯爲西朋，務以角勝爲樂。因處俊諫而罷（《舊書・中宗紀》：景龍三年二月，『觀宮女大酺，既而左右分曹，共爭勝負』。又四年二月，『於梨園毬場分朋拔河』）。是分朋熱戲，不自玄宗始。」（中華書局上海編輯所出版，一九六二年七月版）任半塘先生又引王建《宮詞》「青樓小婦砑裙長，總被鈔名入教坊。春設殿前多隊舞，朋頭各自請衣裳」，謂此朋頭或係「舞頭」（《教坊記箋訂》頁二八），又引蜀花蕊夫人《宮詞》「舞頭皆著畫羅衣，唱得新翻御制詞。」

⑥ 關於劉長卿，請參看拙著《唐代詩人叢考》一書中的《劉長卿長跡考辨》。

⑦ 宋人黃朝英《緗素雜記》卷八《樓夢》條也引及《酉陽雜俎》此文。

⑧ 五代時孫光憲《北夢瑣言》卷十一也有類似的記載：「唐自大中後，封定鄉、丁茂珪場中頭角，舉子與其交者，必先登第。」

⑨ 唐代前期，宰相有時可以駁回皇帝的旨令，如《封氏聞見記》卷三《貢舉》載：「李右相在廟堂，進士王如泚者，妻翁以技術供奉玄宗，欲與改官，拜謝而請曰：『臣女婿王如泚，見應進士舉，伏望聖恩回換，與一及第。』上許之，付禮部宜與及第。侍郎李暐以詔詣執政。相曰：『如泚文章堪及第否？』暐曰：『與亦得，不與亦得。』右相曰：『若爾，未可與之。明經、進士，國家取才之地，若聖恩優異，差可與官；今以及第與之，將何以觀材。林甫即自聞奏取旨。』如泚賓朋宴賀，車馬盈門；忽中書牒禮部：『王如泚可依例考試。』

聞者愕然失錯矣。」李林甫雖爲奸相，但此事卻是做得對的。晚唐就不是這樣，如《唐摭言》卷九《敕賜及第》記載兩條材料：「韋保義，咸通中以兄在相位，應舉不得，特敕賜及第，擢入內庭。」「永寧劉相鄴，字漢藩，咸通中自長春宮判官，召入內庭，特敕賜及第。中外賀緘極衆。唯鄆州李尚書鍾一章最著，……略曰：『用敕代榜，由官入名；仰溫樹之煙，何人折桂；泝甘泉之水，獨我登龍。禁門而便是龍門，聖主而永爲座主。』」又曰：『三十浮名，每年皆有；九重知己，曠代所無。』相國深所慊鬱，蓋指斥太中的也。」

⑩《舊唐書》卷一五三《劉寬夫傳》附允章事，謂：「允章登進士第，累官至翰林學士承旨，禮部侍郎。咸通九年，知貢舉，出爲鄂州觀察使、檢校工部尚書，後遷東都留守。」《唐語林》卷三《方正》條則謂「允章少孤自立，以臧否爲己任，及掌貢舉，尤惡朋黨。……及出榜，惑於浮說，予奪不能塞時望，允章自鄂渚分司東都。」

⑪殷文圭事，又見清吳任臣《十國春秋》卷十一。

⑫趙翼《陔餘叢考》卷二十九《關節》條曾云：「蓋關節之云，謂竿牘請囑，如過關之用符節耳。」

⑬此用程毅中兄點校本，中華書局一九八二年九月出版。毅中兄校謂：「本篇亦見《太平廣記》卷三四一，題作《李俊》。文字差異甚多。」

⑭《李德裕年譜》，齊魯書社一九八四年出版。

⑮這道詔書出於元稹之手，見元稹《戒勵風俗德音》（《全唐文》卷六五〇），又見《唐大詔令集》卷一一〇《戒勵風俗詔》，下署「長慶元年四月」。

⑯《東觀奏記》以唐枝作唐扶，誤，《舊唐書》卷一九〇下《唐扶傳》，扶卒於開成四年（八三九），而唐枝則「會昌末累遷刑部員外，轉郎中，累歷刺史，卒」，與《舊紀》所載合。

⑰關於賈島事的辨析，又可見於《委宛餘編》，及王楙《野客叢書》卷十四《賈島事衆說不同》條，戴埴《鼠璞》卷下《唐進士貶官》條。

⑱關於這方面的情況，《野客叢書》卷十四《玉條脫事》條載之甚詳，頗可參考，云：《南部新書》載大中間上賦詩有『金步搖』，未能對，令溫飛卿續之，飛卿以『玉條脫』應之，宣宗令以甲科處之，爲令狐綯所沮，除方城尉。綯嘗問其事於飛卿，曰『出《南華眞經》，非僻書也，冀相公燮理之暇，事宜覽古』。綯甚怒。後飛卿詩有『悔讀《南華》第二篇』之句。……《北夢瑣言》又謂宣宗嘗有『金步搖』，未能對，求進士對之，溫庭筠以『玉條脫』續之，帝賞焉。宣宗愛唱《菩薩蠻》詞，丞相令狐綯假其修撰，密進之，戒令勿洩，而遽告於人，由是疏之。溫亦有言『中書內坐將軍』，譏相國無學也。」

第十三章　唐人論進士試的弊病及改革

在前面幾章中，我們曾經談到了唐代的科舉制在實施過程中所表現出來的某些弊病，現在，讓我們來看一下，唐朝廷的一些官員和文士，他們是如何看待科舉試（主要是進士試）的弊病的，以及他們如何從不同的思想角度提出各自的改革方案。爲敍述方便起見，讓我們先按時間順序來展開對問題的論述。

一

據有些史料記載，對進士試的批評，似乎在唐太宗貞觀年間就已開始。讓我們來研究一下有關的歷史記載。

《唐會要》卷七十六《貢舉中．進士》：

（貞觀）二十年九月，考功員外郎王師旦知舉。時進士張昌齡、王公瑾並有俊才，聲振京邑，而師旦考其文策全下，舉朝不知所以。及奏等第，太宗怪無昌齡等名，因召師旦問之。對曰：「此輩誠有文章，然其體性輕薄，文章浮艷，必不成令器。臣若擢之，恐後生相效，有變陛下風雅。」帝以爲名言。後並如其言。

《唐會要》的記載後來爲《新唐書》卷二〇一《文藝傳》的《張昌齡傳》所本，而南宋計有功《唐詩紀事》卷八記張昌齡事也即根據《新唐書》。《舊唐書》卷一九〇上《文苑上·張昌齡傳》所記則有所不同，說：「張昌齡，冀州南宮人。弱冠以文詞知名，本州欲以秀才舉之，昌齡以時廢此科已久，固辭，乃充進士貢舉及第。」後面即又記敍貞觀二十一年翠微宮成，張昌齡獻頌文一篇，唐太宗召見他，命他起草《息兵詔》，受到太宗的賞識，「乃敕於通事舍人裏供奉。」昌齡後又爲昆山道行軍記室，所作軍事露布，頗受時人的贊賞（此點《新唐書》本傳也記）。《舊唐書》本傳並未記他落第事，也沒有提王師旦的評論。因此徐松《登科記考》卷一即將張昌齡列爲貞觀二十年進士登第，並說：「按《舊唐書》明言昌齡及第，《文苑英華》亦載其文，潘昂霄《金石例》載張昌齡召見試《息兵詔》，又言昌齡爲昆山道記室，平龜茲露布爲士所稱，則又及第後任幕職之證也。《會要》、《新書》皆非事實，今從《舊書》。」「今按《全唐文》卷一六一收張昌齡文兩篇（皆本之於《文苑英華》），題爲《對刑獄用舍策》、《對高潔之士策》，雖然沒有值得稱道的思想內容，但如品評爲「體性輕薄，文章浮艷」，則是顯然不適當的。今存張昌齡文僅這兩篇，史書上記載的《息兵詔》及平龜茲露布都已不傳；——這兩篇都是有關政治、軍事的公文，諒來也不可能以浮艷出之的。《唐會要》記王師旦對張昌齡的評論，又說「後並如其言」，但據兩《唐書》所載張昌齡後半生的事跡，如任昆山道行軍記室，轉長安尉，出爲襄州司戶，丁憂去官，後爲北門修撰，不久又罷去，高宗乾封元年（六六六）卒，也並無涉於浮薄，所謂「如其言」，未知何所據。從這種種情況來看，《唐會要》所記王師旦的評論，似未必有據，恐是修史者據唐中後期人對進士科的看法誤加到張昌齡的頭上，貞觀時期進士試的策文還不至於表現出輕薄浮艷的毛病。

對科舉取士和進士科考試提出激烈批評的，是武后時的薛登（謙光）。《舊唐書》卷一〇一、《新唐書》卷一一二有其傳。薛登之父本為隋將，隋亡降唐，歷任東武州刺史、泉州刺史等職。薛登年輕時與《初學記》編者徐堅、《史通》著者劉知幾齊名友善。武周天授（六九〇—六九二）時任左補闕。他看到當時「選舉頗濫」，遂上疏議其事。他的奏文保存於兩《唐書》本傳，及《通典》、《唐會要》等書中。

武則天時，無論科舉取士或吏部授官，確有濫的毛病。武則天這樣做，是想籠絡人心，擴大其統治基礎，抵制李唐皇室排斥與李唐皇室有密切關係的關隴、山東等豪門大族。在她實際操縱政權的二三十年間，在科舉取士上，標尚文詞，相對來說並不很看重經術，這在客觀上有利於一般的庶族地主擴大政治上的出路（此事可參唐沈既濟《詞科論》，中云：「初國家自顯慶以來，高宗聖躬多不康，而武太后任事，參決大政，與天子並。太后頗涉文史，好雕蟲之藝，永隆中始以文章選士。及永淳之後，太后君天下二十餘年，當時公卿百辟，無不以文章，因循遐久，浸以成風」）。這種情況，使得一些守舊的人士看不慣。對那時科試和授官之濫大肆抨擊的，不少即出於這些人之口。薛登的議論就代表了這部分人的主張。他指出的雖然也是當時存在的弊病，如：「策第競喧於州府，祈恩不勝於拜伏。或明制才出，試遣搜敭，驅馳府寺之門，出入王公之第。上啓陳詩，唯希欬唾之澤；摩頂至足，冀荷提攜之恩。」但薛登的眼光是朝後看的，他美化過去實際並不存在的東西，來否定現實中正在發展著的事物，並誇大其缺點。譬如他說「古之取士」，是如何的「先觀名行之源，考其鄉邑之譽」，「衆議以定其高下，郡將難誣於曲直」，卻不提兩漢察舉制下士人的崇尚虛僞，而九品中正制的實行則是「上品無寒門，下品無世族」。薛登從根本上反對進士科，認爲隋煬帝設置進士等科，遂使「後生之徒，復相仿效，因陋就寡，赴速邀時，緝綴小文，名之策學，不以指實爲本，而以浮虛爲貴」。

正因爲從根本上反對進士科，也就反對進士科實施中的新辦法，即可以自己向州縣報名。薛登說：「故俗號舉人，皆稱覔舉。覔爲自求之稱，未是人知之辭。察其行而度其材，則人品於茲見矣。」我們說，唐代進士試之所以在歷史上表現一定的進步性，覔舉是一大標誌，覔舉就是打破門第的限制，打破地方豪强對人才的控制和壓抑。而在薛登看來，這恰是人品不足觀的表現。守舊的人，總往往把現實問題抽象化，把社會問題說成是一種單純的倫理道德問題。進士科在武后朝是被用來抵制舊的豪門大族的，它是正在發展著的，因此薛登的上疏，也就並沒有什麼結果。《新唐書》本傳還記載他的另一奏議，建議禁止唐帝國四周少數民族上層治者派遣親屬來長安，原已在長安、洛陽等地居住的，「不使歸蕃」，實行民族隔離政策。這一主張顯然也是違背時代潮流的。

玄宗開元時，關於進士試有兩次改革。一次是開元六年（七一八），據《册府元龜》卷六三九《貢舉部·條制》一：

二月，詔曰：我國家敦古質，斷浮艶，禮樂詩書，是宏文德，綺羅珠翠，深革弊風。必使情見於詞，不用言浮於行。比來選人試判，舉人對策，剖析案牘，敷陳奏議，多不切時宜，廣張華飾，何大雅之不足，而小能之是炫。自今以後，不得更然。

這是要求考試中不要用浮文艶詞。這應當說是對的。可以注意的是，此處提到舉人考試，只提到對策，具體說即是「剖析案牘，敷陳奏議」，要求切於事宜，不要「廣張華飾」，並未提到詩賦，更沒有提到聲律方面的問題。由此也可見在開元初期，詩賦在進士考試中還沒有占重要的地位，這對於我們研究唐代詩歌的繁榮與進士以詩賦取士的關係，是一條有用的材料。

另一是開元二十五年（七三七），據《唐會要》卷七十五《貢舉上·帖經條例》：「（開元）二十五年敕：今之明經、進士，則古之孝廉、秀才，近日以來，殊乖本意。進士以聲律爲學，多昧古今，明經以帖誦爲功，罕窮旨趣。……以此登科，非選士取賢之道。」補救之法，進士須像明經那樣，帖大經十帖，取通四已上，才得試雜文。這一敕令，當是在詩賦試已較爲經常，且詩賦試已較多地講究聲律的情況下制定的。但實際上，這一規定也並未起多大作用，據《封氏聞見記》所說，那時「文士多於經不精，至有白首舉場者，故進士以帖經爲大厄」；因此到天寶初，就被允許以作詩代帖經，所謂「進士文名高而帖落者，時或試詩放過，謂之贖帖」（卷三《貢舉》）。這種情況，說明詩賦，尤其是詩歌的發展，它在社會生活中的廣泛應用，使它在進士考試的項目中，已經占據主導的地位。

安史之亂以後，唐代社會的各種矛盾暴露出來，進士試的弊病也有較多的表現，在此後的一段時期內，集中出現了對進士科的批評。

二

首先是肅宗時劉嶢的上疏，《全唐文》卷四三三所收題為《取士先德行而後才藝疏》。關於劉嶢上疏的時間，應先稍作考證。此疏過去大多列於高宗時，如《通典》卷十七《選舉》五《雜論議》中，先敘高宗乾封（六六六—六六八）時事，接著說「上元元年劉嶢上疏曰」。高宗時有上元年號（六七四—六七六）。《唐會要》卷七十四《選部上·論選事》載：「上元元年，劉嶢上疏曰……。」《唐會要》排列在玄宗開元三年（七一五）之前，則也把它算在高宗之時。《通鑑》卷二〇二高宗上元元年（六七四）末，記謂：「是歲，有劉曉（《考異》引《會要》作嶢）者，上疏論選，以為……。」《新唐書·選舉誌》則未記劉嶢事。對劉嶢上疏的時間提出疑問的是清代的徐松，他在《登科記考》卷二中，雖然仍把劉嶢上疏列於高宗上元元年，但他舉出劉嶢疏中「國家以禮部為孝秀之門」一句話，說「按是時貢舉未歸禮部，而言『禮部為孝秀之門』，恐誤。《通鑑》引亦作禮部取士。」唐代的科舉取士，先是由吏部的考功郎中、考功員外郎主持，自開元二十四年（七三六）發生李昂事件以後，就由朝廷下令，改由禮部侍郎知舉，即事歸禮部。此點本書已有好幾次敘及。這應當說是堅實的證據。唐代以上元為年號者，前有高宗，後有肅宗，肅宗時上元亦為三年（七六〇—七六二），正好在開元之後。徐松正確地提出疑問，但他認爲劉嶢疏中「禮部」字有誤。按《全唐文》的劉嶢小傳，即直截了當地說「嶢，肅宗時人」，是對的。《通典》等書，可能就誤以肅宗的上元爲高宗的上元。

《通典》所載劉嶢的奏疏較詳，《全唐文》即本之於此。今錄之於下：

> 國家以禮部爲孝秀之門，考文章於甲乙，故天下響應，驅馳於才氣，不務於德行。夫德行者可以化人成俗，才藝者可以約法立名，致有朝登甲科而夕陷刑辟，制法守度，使之然也。陛下焉得不改而張之？至如日誦萬言，何關理體，文成七步，未足化人。昔子張學干祿，仲尼曰：「言寡尤，行寡悔，祿在其中矣。」又曰：「行有餘力，則以學文。」今捨其本而循其末。況古之作文，必諧風雅，今之末學，不近典謨，勞心於草木之間，極筆於煙雲之際，以此成俗，斯大謬也。昔之採詩，以觀風俗，詠《卷耳》則忠臣喜，誦《蓼莪》而孝子悲。溫良敦厚，《詩》教也，豈主於淫文哉？夫人之愛民，猶水之就下，上有所好，下必甚焉。陛下若以德行爲先，才藝爲末，必敦德勵行，以佇甲科。……

這篇奏疏的矛頭是指向進士科的，所謂「考文章於甲乙」，即指的進士科以詩賦取士。劉嶢認爲，進士科以文詞定高下，勢必使人重才輕德，結果是雖中高第而終陷刑辟。他把德與才對立起來，把德說成本，才說成末，不論才藝如何高超，終歸無補於政事。如果「勞心於草木之間，極筆於煙雲之際」，而且曼衍成俗，則眞是「大謬」了。劉嶢沒有新的標格可以樹立，他只得回過頭去，把漢儒的《詩》教旗幟重新豎立起來，實際上並沒有號召的力量。如果從積極方面來估計，劉嶢的這一奏疏，也只不過表現了在安史之亂以後，一些士大夫想借用古代儒家學說來維繫世道人心，以整頓破碎的山河和渙散的民心。

過了二年，代宗寶應二年即廣德元年（七六三），以禮部侍郎楊綰爲首，包括給事中李栖筠、李廙、尚書左丞賈至、京兆尹兼御史大夫嚴武等有名望的朝臣在內，更集中攻擊進士、明經等科，而且進一步提出停止明經、進士、道舉等考試，實際上就是全面廢止科舉制，恢復兩漢時代的察舉制。楊綰的文章雖然長，但其立論並沒有超出劉嶢奏疏的範圍。楊綰認爲，科舉之弊，是自從高宗朝劉思立奏請進士加試雜文、明經填帖，而「寖轉成俗」的。他認爲這樣以來，士子就不學經史，「六經則未嘗開卷，三史則皆同掛壁，況復徵以孔門之道，責其君子之儒者哉！」他們把科試的弊病與政治上的動亂聯繫起來，如賈至說，之所以有「臣弑其君，子弑其父」，乃非一朝一夕之故，其原因在於「忠信之陵頽，耻尚之失所，末學之馳騁，儒道之不舉」，而言四者，都是由於「取士之失也」。安史的大動亂對於唐代社會的震動至深，不少人在大亂初定時不得不思考動亂究竟是怎麼起來的。楊綰說：「方今聖德御天，再寧寰宇，四海之內，顒顒向化，皆延頸舉踵，思聖朝之理也。」賈至說：「近代趨仕，靡然向風，致使祿山一呼而四海震盪，思明再亂而十年不復。向使禮讓之道弘，仁義之道著，則忠臣孝子比屋可封，逆節不得而萌也，人心不得而搖也。」他們主觀上是爲了尋求安史之亂的原由，探索唐室再興的途徑，而實際上他們推理尋繹的本身是本末倒置的，他們的認識還沒有達到杜甫在大亂之前所作的《赴奉先詠懷》詩中所達到的水平，無視天寶末季的種種政治腐敗，而把這場席捲整個北方中國的戰亂之根由僅僅歸結爲風化淺薄，竟以爲只要做到「禮讓之道弘，仁義之道著」，社會動亂即可自然消弭。正是從這種政治唯心觀出發，使他們提出廢科舉、復察舉的倒退主張。他們雖然也看到科場中「投刺干謁，驅馳於要津；露才揚己，喧騰於當代」的某些弊病，但他們提出廢止士人「投牒自舉」，無異於要求將人才的選拔權重新掌握在中央貴要與地方豪強手中，阻止一般中小地主的文人進入仕途。

楊綰是完全不顧已經變化了的現實，他的原則是「依古制」，就是「縣令察孝廉，審知其鄉閭有孝友信義廉恥之行，加以經業，才堪策試者，以孝廉爲名，荐之於州」；州再試以經學，送名於中央尚書省；「自縣至省，不得令舉人輒自陳牒」。賈至較爲看到了現實，他說自東晉以來，「衣冠遷徙，南北分裂，人多僑處」，過去按照郡籍而實行鄉舉里選的社會條件已逐步消失，而經過隋末大亂及安史之動亂，「士居鄉土，百無一二，因緣官族，所在耕築，地望繫之數百里之外，而身皆東西南北之人焉」。由於政治的變動，經濟的發展，人口的流徙，社會生活已經發生很大的變化。因此他又說：「今欲依古制鄉舉里選，猶恐取士之未盡也」。賈至提出一個折衷方案，就是廣設學校，招收生徒，荐舉與科舉並行。學校與科舉結合起來，未始不是一個辦法，明清時的科舉制就是這樣實行的，但賈至的興學校主張，歸根結蒂還是在於行荐舉制，這當然也是行不通的。這一次的廢科舉的動議，是發生在一場社會大動亂之後，而進士科等考試又暴露出它的一定的弊病，再加以楊綰等人有一定的聲望，因此在統治者上層是有較大影響的，以致當時的皇帝代宗也不得不以進士科的廢興來問翰林學士，翰林學士答以：「進士行來已久，遽廢之，恐失人業。」這就是說，進士取士已經過歷史的檢驗，它在時間上已經站住了腳跟；「恐失人業」，從另一方面說明了科舉取士對於擴大唐朝廷的統治基礎起了不可忽視的作用。②

在這以後，對於是否應停止進士科這一較帶根本性的問題就擱置起來，雖然文宗時還有鄭覃再次提出，但隨即被否定，③從此再無人議論此事。中唐時人的議論，集中在進士考試中的試詩賦問題。唐代的經學大師啖助的門人趙匡，在任洋州刺史時，④曾上《舉選議》（《全唐文》卷三五五）。他顯然比薛登、楊綰要前進了一步，認爲魏晉時的九品中正制，使得「族大者高第，而寒門之秀屈矣」。但另一方面他又認爲唐朝沿用隋朝開始的科舉制，卻也是「歲月既久，其法益訛」。他特別提出了進士試詩賦之弊，說：

進士者，時共貴之，主司褒貶，實在詩賦，務求巧麗，以此爲賢。不惟無益於用，實亦妨其正習，不惟撓其淳和，實又長其佻薄。

作爲儒家經學的學者和地方官員，趙匡注重的是實際政事，他認爲士子的進德修業和科試授官，都要與實際的施政才能相結合加以統一的考慮，因而他主張停試詩賦，而代之以「箋表議論銘頌箴檄等有資於用者」，所試策文，重點也放在考問歷史上成敗得失及時務上的是否合宜：「貴觀理識，不用求隱僻，詁名數，爲無益之能」。對於明經，也從這總要求出發，認爲目下的明經考試只不過「習不急之業，而其當代禮法，無不面牆，及臨民決事，取辦胥吏之口而已，所謂所習非所用，所用非所習者也，故當官少稱職之吏」。

趙匡的這一主張，在過了幾年趙贊以中書舍人知禮部貢舉時，就曾一度實行。《新唐書·選舉志》記載道：「先是，進士試詩賦及時務策五道，明經策三道。建中二年，中書舍人趙贊知貢舉，乃以箴論表贊代詩賦，而皆試策三道。」趙贊是建中二年（七八一）中月任命為知貢舉的，主建中三年（七八二）春的科試，這年進士雜文試的題目即為《學官箴》，可見是實施了他的主張的。徐松《登科記考》卷十一建中三年載此事，並加按語曰：「按次年進士試《學官箴》，是罷詩賦自三年始，並不知復於何年用詩賦。考《文苑英華》載貞元四年試《曲江亭望慈恩寺杏花發詩》，大約貞元之初即復舊制，故大和間禮部奏言國初以來試詩賦，中間或暫改更，旋即仍舊，是也。」貞元元年為公元七八五年，則由於趙贊知舉而停止試詩賦，最多不超過五、六年的時間。

在進士試詩賦已經實行了五六十年，在趙贊知舉後，竟然就停止了幾年，時間雖然不長，卻也說明了兩個問題：第一，進士科所試的詩賦，只講究格律聲韻，詞彩華美，缺乏思想內容，與現實脫節。就是說，詩賦試的本身已表現出很大的弊病。第二，這種弊病受到指責，已成為一種社會輿論。關於後一點，還可以補充一些材料，這些材料有些雖然可能在趙贊知舉之後，但這些意見之在社會上的存在，則是早已有了的。

《權載之文集》卷四十一載柳冕寫給權德輿的書信，及權德輿的答覆。柳冕說：「進士以詩賦取人，不先理道；明經以墨義考試，不本儒意；選以書判殿最，不尊人物。故吏道之理天下，天下奔競而無廉恥者，以教之者未也。」權德輿的答書中說：「近者祖習綺靡，過於雕蟲，謂之甲賦律詩，儷偶對屬，況十數年間，至大官右職，教化所繫，其若是乎？」柳、權二人都非科舉出身，他們對進士以詩賦取人並不贊同，可能與此有關。徐松《登科記考》卷十五將二人往還的書信列於貞元十九年（八〇三）權德輿知貢舉時，是否作於這年，倒不一定，但當不出貞元年間。

元稹於貞元十九年應才識兼茂明於體用制科，其對策中對明經、進士考試都提出了批評，談進士試云：「至於工文自試者，又不過雕蟲鏤句之才，搜摘絕離之學。苟或出於此者，則公卿可坐致，郎署可俯就，崇樹風聲，不由殿最」。（《元稹集》卷二十八）元稹是由明經出身的，他所作的詩文，以詞彩富艷、格律齊整著稱。可是他仍批評進士所試的詩文，是「雕蟲鏤句之才，搜摘絕離之學」，可見社會輿論對詩賦試的看法。

舒元輿《上論貢士書》，中謂：「及睹今之甲賦律詩，皆是偷抑經誥侮聖人之言者，乃知非聖人之徒也。……試甲賦律詩，是待之以雕蟲微藝，非所以觀人文化成之道也。有司之不知，其爲弊若此。」（《全唐文》卷七二七）按舒元輿於元和八年（八一三）登進士第，此書爲登第前作。

沈亞之於穆宗長慶元年（八二一）應制舉，其《賢良方正能直言極諫科對策》（《全唐文》卷七三四）中說：「今禮部之得進士，最爲清選，而以綺言聲律之賦詩而擇之。及乎爲仕也，則責之不通天下之大經，無王公之重器。今取之至微，而望甚大，其猶擊陋缶而望曲齊於韶濩也。」沈亞之也同柳冕、權德輿那樣，都是從入仕後的實際行政職能這一角度，來評論進士科之試詩賦與實際應用不相符合，但他並沒有提出正面改革的設想。

三

對唐代的進士試可以稱得上改革的，是李德裕。李德裕於文宗大和七年（八三三）二月至八年（八三四）九月，以及武宗會昌年間（八四一—八四六），兩度拜相。李德裕是晚唐時期一位有作爲的政治家，無論在任地方節鎮時，或在朝執政時，都有好的政績，尤其是會昌時，他受到武宗的信任，使他的政治才能有較充分的施展。關於李德裕一生的事跡以及他的歷史地位，筆者另有《李德裕年譜》一書（齊魯書社一九八四年版），請讀者參閱。這裡著重論他對於科舉考試的改革。關於這方面的情況，過去的記載及前人的研究，往往有不夠確切的地方。譬如，以前的一些研究者只注意到《新唐書·選舉志》所說的「武宗即位，宰相李德裕尤惡進士」的記述，以及所引李德裕的話：「臣無名第，不當非進士。然臣祖天寶末以仕進無他岐，勉強隨計，一舉登第；自後家不置《文選》，蓋惡其不根藝實。然朝廷顯官，固公卿子弟爲之。」據此得出結論，認爲李德裕是反對進士科的，又如像陳寅恪先生那樣，更把牛李黨爭的性質，歸結爲擁護還是反對科舉之爭。他在《唐代政治史述論稿》中篇《政治革命及黨派分野》中說：「牛李兩黨之對立，其根本在兩晉、北朝以來山東士族與唐高宗、武則天之後由進士詞科進用之新興階級兩者互不相容。」對於陳寅恪先生的論點，岑仲勉先生明確表示不能同意，他在《隋唐史》第四十五節中逐步申述了自己的意見，認爲牛李的對立並非「門第」與「科舉」之爭。

關於這一點，現代唐史學家胡如雷先生《論牛李黨爭》一文也是不同意陳寅恪先生的論點的。牛李黨爭本身，不屬於本書論述的範圍，此處從略。我們只說李德裕本人對科舉的態度。

《新唐書·選舉志》有關於李德裕論進士試的記述，但《新書》的記載是不確實的。經查唐人的史料，找不出李德裕從根本上否定進士科試的證據，相反的卻有扶植文士、獎掖孤寒的記載，如會昌三年的進士科狀元江西人盧肇，就是李德裕在大和末貶官宜春時賞識的；有的史書上記載，他在宣宗時受到迫害，被貶向嶺南，不少寒士爲之下淚，如《唐摭言》卷七《好放孤寒》云：

李太尉德裕頗爲寒畯開路，及謫官南去，或有詩云：「八百孤寒齊下淚，一時南望李崖州。」

又據《登科記考》卷二十一大和八年載《記篡淵海》引《秦中記》：

唐大和八年放進士，多貧士，無名子作詩云：「乞兒還有大通年，六十三人籠仗全。薛庶準前騎瘦馬，范酇依舊蓋番氈。」

大和八年進士考試，正是李德裕擔任宰相的時期。

李德裕第一次任相期間，即對科舉進行了幾項改革。一是進士停試詩賦。《通鑑》卷二四四大和七年：

上患近世文士不通經術，李德裕請依楊綰議，進士試論議，不試詩賦。……八月庚寅，冊命太子，因下制：「……進士停試詩賦。」

可見大和七年由皇帝的名義下詔停進士科試詩賦，是李德裕動議的。「唐大詔令集」卷二十九「

大和七年冊皇太子德音」載有制詞（並參《冊府元龜》卷六四一《貢舉部·條制》三）如下：

漢代用人，皆由儒術，故能風俗深厚，教化興行。近日苟尚浮華，莫修經義，先聖之道，堙鬱不傳。況進士之科，尤要釐革。雖鄉舉里選不可復行，然務實抑華必有良術。既當甚弊，斯亦改張。………其公卿士族子弟，明年以後不先入國學習業，不在應明經、進士之限。其進士學宜先試帖經，並略問大義，取經義精通者；次試議論各一首，文理高者便與及第。其所試詩賦並停。………

對於進士試詩賦所表現出來的追求浮艷、不切實際的弊病，肅、代以來，歷朝都有人批評，前已述及，並且在趙贊知舉時曾一度停試詩賦，李德裕的這一主張，他明確說是依楊綰議，可見他是集中了自楊綰以來一些人的意見。但他不贊成楊綰的廢止科舉制本身的開倒車的主張，而是明確提出「鄉舉里選不可復行」。大和八年春的進士試即不以詩賦命題。但這年下半年李德裕罷相，李宗閔上台，盡斥李德裕之所爲，大和九年又用詩賦取士。⑤

二是罷宰相閱榜。如果說進士停試詩賦尚爲沿襲前人已有的主張，則罷宰相閱榜可以說是李德裕的首創，對制度的改革頗有積極意義。前面曾說過，唐朝科試中有一條不成文的規定，即知舉者須將錄取的名單，在正式發榜前，送至宰相府第，請宰相過目，當時稱爲呈榜。在這中間，宰相就可利用其職權，與知舉者上下其手，抽換人員，調換名第。這是一項陋規。在唐人的一些記載中，往往有嘲笑在呈榜過程中因誤傳誤而於不意中得第的。但在李德裕之前，並未有人正式提出這個問題，至李德裕於大和中爲相，乃提出須對此加以改革。據《唐會要》卷七十六《貢舉中・進士》載：

（大和）八年正月，中書門下奏：進士放榜，舊例，禮部侍郎皆將及第人名先呈宰相，然後放榜。伏以委任有司，固當精愼，宰相先知取捨，事匪至公。今年以後，請便令放榜，不用先呈人名。其及第人所試雜文，及鄉貫、三代名諱，並當日送中書門下，便合定例。敕旨，依奏。

《新唐書・選舉志》把此事之提出歸之於王涯，說「（大和）八年，宰相王涯以爲禮部取士，乃先以榜示中書，非至公之道，自今一委有司」。這一記載是不確的，因爲這時的王涯雖也是宰相，李德裕則是首座，重大事項都由李德裕決定；另外，李德裕後來在會昌年間任相時，再次提出此事，前後思想是一貫的，如《冊府元龜》卷六四一《貢舉部・條制》三：

（武宗會昌三年正月）是月，宰臣李德裕等奏，舊例，進士未放榜前，禮部侍郎遍到宰相私第，先呈及第人名，謂之呈榜。比聞多有改換，頗致流言。宰相稍有寄情，有司固無畏忌，取士之濫，莫不由斯。將務責成，在於不撓，既無取捨，豈必預知。臣等商量，今年便任有司放榜，更不得先呈臣等。仍向後便爲定例，如有固違，御史糾舉奏者。

此又見《會昌一品集・補遺》，題《請罷呈榜奏》。這裡所述，較大和年間更爲詳切，採取的辦法也更爲完密。禁止呈榜就是杜絕宰相利用特權來干預科試，李德裕這樣做，包括了限制自己的特權，這對封建時代上層統治者來說確是難能可貴的。他將呈榜提到「取士之濫，莫不由斯」的高度，而且先後爲相，兩次提出，可見他對此是經過深思熟慮的，同時這也反映了中唐以來呈榜舊例已經產生了不少弊病，引起了社會上許多人的不滿。

李德裕第二次爲相時，似不再提停試詩賦事，會昌年間的進士考試是試詩賦的。此外，又另有兩項措施，一是禁止進士及第與知舉者有進一步的密切關係，二是禁止曲江大會。他有《停進士宴會題名疏》，說：

奉宣旨，不欲令及第進士呼有司爲座主，趨其門，兼題名局席等條疏進來者。伏以國家設文學之科，求貞正之士，所宜行敦風俗，義本君親，然後升於朝廷，必爲國器，豈可懷賞拔之私惠，忘教化之根源，自謂門生，遂成膠固。所以時風寖薄，臣節何施，樹黨背公，靡不由此。臣等商量，今日以後，進士及第，任一度參見有司，向後不得聚集參謁，及於有司宅置宴。其曲江大會，朝官及題名局席，並望勒停。緣初獲美名，實皆少儁，既遇春節，難阻良遊，三五人自爲宴樂，並無所禁，惟不得聚集同年進士，廣爲宴會。仍委御史台察訪聞奏。謹具如前。（《會昌一品集·補遺》）

《登科記考》卷二十二據《唐詩紀事》所載中書覆奏，係於會昌三年（八四三）十二月二十二日。李德裕是實際政治家，他的一切措施，都是從實際政治著眼的。自禮部侍郎知貢舉以來，知舉者與新科進士，已結成非同尋常的關係，中晚唐時的朋黨，很大程度上即與此有關。及第者視座主爲恩門，知舉者視新科進士爲自己的私親，如崔群那樣，竟以新科進士爲自己的田莊，這些在前面一些章節中都有所述及。爲了維護中央集權制。對於座主、門生之間「掄揚品目，至於終身，敦尙恩紀，子孫不替」（

王夫之《宋論》卷一語)的關係必須加以改革，整頓這種「受命公朝，拜恩私室」(《文獻通考》卷二十九《選舉考》二)的風氣。另外，曲江大會的宴集，發展到後來，確實有侈靡的流弊，對社會風氣有不好的影響。李德裕的這些措施，對於國計民生都是有利的。

又據《唐會要》卷七十六《貢舉中·進士》載：「會昌三年正月敕，禮部所放進士及第人數，自今後，但據才堪即與，不要限人數每年止於二十五人。」這也是李德裕當政時作出的一條規定。這就更進一步證明李德裕並不是一般地反對進士科，而是想對進士科考試中的弊病進行改革。晚唐時無名子所作《玉泉子》說：「李德裕抑退浮薄，奬拔孤寒」(又見《北夢瑣言》卷三)，確是有根據的。

可惜李德裕的這些有進步意義的改革措施，隨著他的被貶，以及牛黨人物白敏中等上台，都被廢棄。《舊唐書》卷十八下《宣宗紀》大中元年(八四七)三月紀：「又敕：自今進士放榜後，杏園任依舊宴集，有司不得禁制。」連曲江大會並不帶根本性的改革措施尚且廢止，則其他可知。從這以後，直至唐末，就再也沒有人對科舉考試提出改革的意見，更不用說見之於實行了。晚唐時科舉之弊，正是唐王朝整個政治日益腐朽的反映。

四

從以上的敍述中，我們可以看到，唐人對於科舉制和進士試的批評和改革，與科舉制及進士試中實際存在的弊病，尚有不小的差距。有些問題，在唐人的議論中根本沒有接觸到，如因公荐而引起的通關節、托人情而因緣爲奸，貴門勢要之家的把持舉選權，宦官、藩鎮等之干預考試，等等。總的說來，科舉制，包括進士試，在唐代還是有進步意義的，它與明清時期以八股取士、以五經四書窒息讀書人的思想有著不同的歷史作用。它所表現出來的弊病，一方面是封建時代的通病，如有權勢者謀求干預舉選權，以及納賄受賄，等等，不論那個朝代都有；另一方面，唐代科舉制的弊病，也是因爲它是從過去的察舉制和九品中正制脫胎而來，帶有舊制度殘餘的影響，如公荐，試卷不糊名，等等。科舉制本身有一個完密化的過程。譬如，唐代座主與門生的關係，到北宋，就逐步受到限制，自從實行殿試以後，進士都作爲「天子門生」，像唐代那樣的特殊關係就自然消失。又如進士試詩賦的問題，如上所述，也多次受到人們的非議，不少人從實際的政治出發，認爲考試詩賦無補於實用，培養不出眞正有利於國家的行政人才。但這問題一直未能得到很好的解決。對這件事情，柳宗元倒接觸到一些實質問題，他在《送崔子符罷舉詩序》一文中說：

世有病進士科者，思易以孝悌經術兵農，曰：「庶幾厚於俗，而國得以爲理乎？」柳子曰：「否。以今世尚進士，故凡天下家推其良，公卿大夫之名子弟、國之秀民舉歸之。且而更其科，以爲得異人乎？無也。唯其所尚文學，移而從之，尚之以孝悌，孝悌猶是人也；尚之以經術，經術猶是人也。雖兵與農皆然。」（《柳宗元集》卷二十三）

柳宗元看到，在這樣的社會中，不管考試的內容有何變化，考試的對象總不過是這些讀書人，朝廷所尚者是什麼，他們的趨向就是什麼，不會有實質性的變更。唐代所試詩賦，題目的範圍還是比較寬的，不完全從儒家的經書中出題，思想的限制還不是那麼嚴格。北宋自王安石熙寧變法以後，以經義代詩賦，應當說是前進了一步，但是同樣脫離現實。蘇軾說：

自文章而言，則策論爲有用，詩賦爲無益。自政事言之，則策論、詩賦均爲無用。雖知其無用，然自祖宗以來莫之廢者，以爲設科取士，不過如此而已。……自唐至今，以詩賦爲名臣者不可勝數，何負天下而必欲廢之？（《議學校貢舉狀》，《東坡奏議集》卷一）

王安石針對蘇軾的意見，反駁道：

若謂此科嘗多得人，自緣仕進別無他路，其間不容無賢。若謂科法已善，則未也。今以少壯時正當講求天下正理，乃閉門學作詩賦，及其入官，世事皆所不習。此乃科法敗壞人才，致不如古。（載《文獻通考》卷三十一《選舉考》四）

王安石的議論應當說比蘇軾更具有合理性，但從實踐來看，在封建社會中，無論考詩賦，或考經義、策論，都不能解決選拔眞才實學問題。考策論、經義的結果，自明以後即逐步衍化爲八股制藝，即是一例。唐代的科舉試，是中國封建時代科舉制的初期階段，它有著後世不可能具備的進步作用，也有其自身發展階段中不可避免的弊病或漏洞。到宋代，科舉制在各方面則更爲完備，明清時期在制度實施方面又更爲嚴密，但它們已失去唐代的那種特有的光彩和吸引人的地方了。

【附註】

①按劉嶢的事跡無考，除了這篇奏疏外，未見他文。《通典》所載，似也非全篇。

②關於楊綰、賈至等的議論，見《通典》卷十五《選舉》三《歷代制》下，《唐會要》卷七十六《孝廉舉》，《舊唐書》卷一一九《楊綰傳》，卷一九〇中《文苑中·賈至傳》，《新唐書·選舉誌》，《通鑑》卷二二二廣德元年條。

③《新唐書》卷一六五《鄭覃傳》，載覃於開成時拜相，「不喜文辭，病進士浮夸，建廢其科，曰：『南北朝所以不治，文采勝質厚也。士惟用才，何必文辭。』又言：『文人多佻薄。』帝曰：『純薄似賦性之異，奚特進士？且設是科二百年，渠可易？』乃止。」又見《新唐書·選舉誌》，及《舊唐書》卷一七三《鄭覃傳》，略同。

④趙匡無專傳，事跡附見《新唐書》卷二〇〇《儒學·啖助傳》，說：「助門人趙匡、陸質，其高第也。……匡者，字伯循，河東人，歷洋州刺史，質所稱爲趙夫子者。」又《通典》卷十七《選舉》五《雜論議》中謂「洋州刺史趙匡《舉選議》曰」，則其上《舉選議》乃在任洋州刺史時。但趙匡任洋州刺史在何年，未得確考，或當在大歷（七六六—七七九）期間。

⑤徐松《登科記考》卷二十一大和七年條按云：「按開成元年（八三六），文宗謂宰相，所見詩賦似勝去年，是大和九年仍用詩賦。則停試詩賦惟大和甲寅一年耳。」

第十四章 進士試與文學風氣

關於唐代進士考試與文學發展的關係，近年來已開始引起古典文學研究者的注意。其實這是一個老問題，譬如說，南宋人嚴羽在他的詩論名著《滄浪詩話》中就說過：「唐以詩取士，故多專門之學，我朝之詩所以不及也。」明代的王文祿也說：「唐以詩取士，盛矣。」（《文脈》卷二）。也有相反的議論，如郭紹虞先生《滄浪詩話校釋》中所引明代王世貞《藝苑卮言》、楊愼《升庵詩話》等著作，認爲唐人省題詩很少佳者，而凡傳世之作，則皆非省題詩。這些說法，都與議論者各自的文學思想與論詩主張有關。限於種種條件，前人關於科舉制對當時文學創作的影響，雖有某些值得參考的意見，但總的說來，還未能有全面的科學的論斷。這些年來，由於討論唐詩繁榮的原因，這一問題再次被提了出來，有些文章對此發表了一些很好的意見。唐代進士科的考試詩賦是否促進詩歌的繁榮，這是一個問題，唐代科舉制的施行與唐代文學發展的關係，這是又一個問題，後一個問題比前一個問題範圍要大，內容要廣，涉及到上層建築內政治制度與意識形態的相互影響，既有歷史材料的辨析問題，又有理論探索的問題。本章擬就進士考試與文學的關係，就所能接觸到的材料，選取若干個問題，作一些探討。

一

在前面一些章節中，我們已經講過，唐代進士考試的辦法以及具體項目，曾經經過幾次變易，如果不理清其頭緒，就容易造成誤解。即以博學淹通如清人趙翼者，論述時也有疏失之處，其所著《陔餘叢考》卷二十八《進士》條記：「唐初制，試時務策五道，帖一大經，經、策全通爲甲第，策通四、帖過四以上爲乙第。永隆二年，以劉思立言進士唯誦舊策，皆無實材，乃詔進士試雜文二篇，通文律者然後試策，此進士試詩賦之始。開元二十五年，詔進士以聲韻爲學，多昧古今，自今加試大經十帖。建中二年，中書舍人趙贊權知貢舉，又以箴論表贊代詩賦。大和八年，仍復詩賦。此唐一代進士試之大略也。」趙翼的這一段話，大致本於《通志》，可議者有好幾處：第一，說唐初試時務策五道，帖一大經，實則唐初只試策，未有帖經，帖經是高宗永隆二年（六八一）以後的事。第二，說永隆二年起試雜文，即是試雜文之始，實際上最初所謂雜文者只是箴表論贊等，後漸有賦或詩，雜文專試詩賦已是開元、天寶之交。第三，說自建中二年（七八一）起以箴表論贊代詩賦，至大和八年（八三四）又試詩賦，似乎這中間有半個多世紀的時間不試詩賦，實際情況是，所謂停進士詩賦而代之以論議，是李德裕任宰相時對於科試所作改革的一部分，這是於文宗大和七年（八三三）八月頒下的，第二年即大和八年九月李德裕罷相，李宗閔上台，盡斥李德裕之所爲，又復試詩賦。可見這次罷詩賦，只是一年的時間。

正因爲對歷史材料未作必要的清理和辨析，有時就會對某些歷史現象作出不符合實情的判斷。所謂唐代進士科以詩取士促進唐詩的繁榮，就是誤解之一。

在唐初一個相當長的時間內，進士考試是與詩賦無關的。《通典》卷十五《選舉》三，說進士「其初止試策，貞觀八年詔加進士試讀經史一部。至調露二年，考功員外郎劉思立始奏二科（進士、明經）並加帖經，其後又加《老子》、《孝經》，使兼通之。」劉肅的《大唐新語》（卷十《釐革》）、胡震亨《唐音癸籤》（卷十八《進士科故實》），都提到進士科最初只試策文。到高宗調露二年（六八〇），由於劉思立的奏請，進士才與明經同樣要考帖經。這就是說，從唐開國起，有六十年的光景，進士考試是只考策文的。這占了唐朝歷史的五分之一的時期。

當時試策的情況，我們還可在《文苑英華》中略見一二。《文苑英華》卷四九九、五〇二分別記載了貞觀元年（六二七）進士科試時務策的兩道策問，前者是關於評審案件的，提出如何寬猛相濟、緩急折衷，後者是關於選拔人才的，提出如何不次擢用才能之士，以充實新建立的政權。這年進士登第者有上官儀，——就是後來在高宗朝有詩壇盛譽的「上官體」的代表詩人。他的策文也保存在《文苑英華》上述的兩卷中。上官儀的對策，則完全是堆砌辭藻，用的是初唐流行的駢體，內容則一無可取，全是頌揚休明之詞，沒有任何一點現實的影子。可見唐初進士科試策文，注重的還不過是文詞的工麗和精巧。

進士只考試策文的情況，到高宗後期、即武則天實際掌握政權時有了變化，這就是進士試由試策文一場改變爲試帖經、雜文、策文三場，這種三場考試的辦法遂成爲唐代進士試的定制。

《唐會要》有兩條記載這種變化的材料：

調露二年四月，劉思立除考功員外郎。先是進士但試策而已。思立以其庸淺，奏請帖經及試雜文，自後因以爲常式。（卷七十六《貢舉中·進士》）

永隆二年八月敕：如聞明經射策，不讀正經，抄撮義條，才有數卷；進士不尋史籍，惟誦文策，銓綜藝能，遂無優劣。自今以後，明經每帖經十得六已上者，進士試雜文兩首，識文律者，然後令試策。（卷七十五《貢舉上·帖經條例》）

調露二年爲公元六八〇年，永隆二年爲公元六八一年（調露二年即永隆元年）。這當是前一年劉思立建議，第二年就由朝廷正式頒布施行。因此史書上認爲進士試雜文和帖經，即起始於劉思立的奏請，如《舊唐書·劉憲傳》：「父思立，高宗時爲侍御史。後遷考功員外郎，始奏請明經加帖、進士試雜文，自思立始也。」《舊唐書·楊綰傳》載楊綰於代宗時上疏議貢舉，說：「至高宗朝，劉思立爲考功員外郎，又奏進士加雜文，明經塡帖，從此積弊，浸轉成俗。」（《南部新書》戊卷等也有類似的記載，不具引）

所謂雜文兩首，具體何所指，徐松有一個解釋。《登科記考》卷二永隆二年條說：「按雜文兩首，謂箴銘論表之類，開元間始以賦居其一，或以詩居其一，亦有全用詩賦者，非定制也。雜文之專用詩賦，當在天寶之間。」這段話說得扼要明白，對於唐代進士試雜文選一措施的演變講得相當清楚。徐松的話是有事實根據的，如顏眞卿所作顏元孫神道碑（《全唐文》卷三四一），說：「舉進士，……省試《九河銘》、《高松賦》。故事，舉人就試，朝官畢集，考功郎劉奇乃先標榜君曰：『銘賦二首，既麗且新，時務五條，詞高理贍，惜其帖經通六，所以不□（原缺），屈從常第，徒深愧怍。』由是名動天下。」顏元孫爲武周垂拱元年（六八五）登進士第，這是永隆二年實行試雜文後的第三年，這一年的雜文兩首即是銘和賦。在這之後，見於記載的，玄宗先天二年（即開元元年）爲《籍田賦》，開元二年爲《旗賦》，開元四年爲《丹甑賦》，開元五年爲《止水賦》，開元七年爲《北斗城賦》，開元十一年爲《黃龍頌》，開元十二年才有試詩的記載，這就是著名的祖詠《終南山望餘雪》詩。在這之後，開元十四年爲《考功箴》，開元十五年爲《積翠宮甘露頌》，開元十八年爲《冰壺賦》，開元二十二年乃有詩賦各一，即《武庫詩》、《梓材賦》。開元二十五年爲《花萼樓賦》，開元二十六年又爲詩賦各一：《擬孔融荐禰衡賦》、《明堂火珠詩》。天寶十載，詩賦各一：《豹鳥賦》、《湘靈鼓瑟詩》。在這之後，則試題即固定爲詩賦各一首。上面的記載，可能因材料不全，有所缺漏，但大致的輪廓是不差的。唐人的論述，往往把開元、天寶年間的進士科與文學聯繫起來，極言其盛況，如古文家梁肅《李史魚墓誌銘》（《文苑英華》卷九四四）說：「開元中，以多才應詔，解褐授秘書省正字。時海內和平，士有不由文學而進，談者所恥。」獨孤及《頓丘李公墓誌》（《毘陵集》卷十一）：「開元中蠻夷來格，天下無事，搢紳聞達之路惟文章。」權德輿《王公（端）神道碑銘》（《權載之文集》卷十七）：「自開元、天寶間，萬戶砥平，仕進者以文講業，無他蹊隧。」杜佑《通典》卷十五

《選舉》三也記道：「開元以後，四海晏清，士無賢不肖，恥不以文章達。」這些話當然不免有所誇張，但其論述的基本點，是都把開元、天寶間進士科得人之盛與文學的發達聯繫起來談的，關於二者關係的這種論述，爲開元以前所未有。

由此可見，以詩賦作爲進士考試的固定的格局，是在唐代立國一百餘年以後。而在這以前，唐詩已經經歷了婉麗清新、婀娜多姿的初唐階段，正以璀燦奪目的光彩，步入盛唐的康莊大道。在這一百餘年中，傑出的詩人已絡繹出現在詩壇上，寫出了歷世經久、傳誦不息的名篇。這都是文學史上的常識，不需要多講的。因此，那種片面地強調唐代進士以詩取士促進了詩歌創作的繁榮，在歷史發展的客觀事實面前，是站不住腳的。應當說，進士科在八世紀初開始採用考試詩賦的方式，到天寶時以詩賦取士成爲固定的格局，正是詩歌的發展繁榮對當時社會生活產生廣泛影響的結果。

二

而且，如果我們再作進一步的考察，就會發現，唐代進士科的考試詩賦，還對文學的發展起過一定消極的作用。

首先是省題詩本身，由於內容的限制和形式格律的拘牽，不容易產生好的作品。宋人阮閱《詩話總龜》後集卷三十一《丹陽集》說：「省題詩自成一家，非他詩之比也。首韻拘於見題，則易於牽合；中聯縛於法律，則易於駢對；非若遊戲於煙雲月露之形，可以縱橫在我者也。王昌齡、錢起、孟浩然、李商隱之輩，皆有詩名，至於作省題詩，則疏矣。」這段話雖然並不全面，但它說省題詩容易束縛作者的思想，也難於施展詩人的獨特的藝術手法，則有一定的道理。雖然在現存的省題詩中，有錢起的「曲終人不見，江上數峰清」（《湘靈鼓瑟》），祖詠的「終南陰嶺秀，積雪浮雲端；林表明霽色，城中增暮寒」（《終南山望餘雪》），但在整個唐詩中，畢竟是太少了，而且也是只有名句，而未能產生名篇。①

唐代統治者衡量省題詩的標準是什麼呢？說來很有意思，其標準乃是齊梁體格。唐末范攄《雲溪友議》卷上《古制興》條記載道：「文宗元年秋，詔禮部高侍郎鍇復司貢籍，曰：『……其所試賦，則準常規；詩則依齊梁體格。』」這裡所說的文宗元年應是文宗的開成元年，開成二年高鍇知貢舉，他在《先進五人詩賦奏》（《全唐文》卷七二五）中，具體地品鑒了第一至第五名的詩賦，其中說：

進士李肱《霓裳羽衣曲詩》一首最爲迥出，更無其比，詞韻既好，人才俱美，前場吟詠，近三五十遍，雖使何遜復生，亦不能過，兼是宗枝，臣與狀頭第一人，以奬其能。……其次沈黃中《琴瑟合奏賦》，又似《文選》中《雪》、《月》賦體格，臣與第三人。

高鍇的品評，是具體地體現了文宗詔語中提出的原則的，以李肱的詩與何遜相比，以沈黃中的賦與《文選》中的《雪賦》、《月賦》相比，總之，取則乎齊梁，把衡文的標準退回到王勃、楊炯、陳子昂、李白等早已批判過了的六朝柔弱細巧的文風中去。再來看看爲高階取爲狀頭的李肱《霓裳羽衣曲詩》：

開元太平時，萬國賀豐歲。梨園獻舊曲，玉座流新制。鳳管勢參差，霞衣竟搖曳。宴罷水殿空，輦餘春草細。蓬壺事已久，仙樂功無替。詎肯聽遺音，聖明知善繼。

這樣的詩，說是「雖使何遜復生，亦不能工」，實在是品鑒失當，何遜的作品眞是敻出乎其上，李肱的詩，怎能相比。這不僅是文宗一朝的情況，在唐代進士試中有它的代表性。這裡倒是可以看出唐代上層統治者對省題詩的要求，也可以看出以《文選》爲代表的齊梁體格在唐代的影響，②並不是像我們有些論著所說的，經過初盛唐一些作家的批判，就銷聲匿跡，不再發生影響。文學發展的現象就是這樣的複雜。

總之，按照對省題詩的要求，以及省題詩的具體創作實踐，來比較唐代現實主義和積極浪漫主義詩歌的發展道路，可以說二者正好是背道而馳的。幸好唐代的不少作家對省題詩只當作敲門磚，否則眞不知會給文學發展帶來多麼不利的影響。如果《全唐詩》中到處充塞著的竟是李肱那樣的詩，那還有什麼我們可爲之驕傲的文學菁英——「唐詩」可言呢。

唐代作家中對科試文的看法，不少是清醒的，他們並不把這看成爲眞正的文學創作。大家知道，韓愈考過好幾次進士試，他對科舉是熱中的，但對他作的這些詩文，他抱什麼態度呢？他說：「退自取所試讀之，乃類於俳優者之辭，顏忸怩而心不寧者數月。」他認爲讀自己所作的這些東西，要臉紅心跳的，因此又說：「使古之豪傑之士，若屈原、孟軻、司馬遷、相如、揚雄之徒進於是選，僕必知其辱焉。」（《答崔立之書》）他說如果讓古代傑出的作家如屈原等來作這種科試文，也必定無所施展其才能。這是爲什麼呢？韓愈在另一篇文章中談到了這是由於科舉考試給文風帶來的消極影響所致，他在《答呂毉山人書》中說：「方今天下入仕，惟以進士、明經及卿大夫之世耳。其人率皆習熟時俗，工於語言，識形勢善候人主意，故天下靡靡日入於衰壞，恐不復振起。」韓愈是從內容和形式統一的角度來批判科試文對文風所起的腐蝕作用的。談韓愈所倡導的古文運動，如果只注意他批判六朝以來流行的駢文，而不注意他對「時文」的出於自身經驗的針砭，那是不全面的。在中國文學史上，對科舉制度給予社會習尚、文人生活和文學風氣壞影響的抨擊，在科舉制實行不久就已經開始，不是僅從《聊齋誌異》、《儒林外史》或者明清之際的一些思想家、評論家才開始的。這是我們古代文學的一個好的傳統。

韓愈的兩個弟子——皇甫湜與李翺，都對進士試的文章有所批評。皇甫湜在《答李生第一書》（《皇甫持正文集》卷四）中，提到了當時應進士試的一些年輕士子，視科試的詩文爲「浮艷聲病」，乃至於「恥不爲者」，可見出當時知識階層對這種情況的不滿。在《第二書》中，皇甫湜自己對「近風教偷薄，進士尤甚」的種種表現給以種種指責。③李翺《與淮南節度使書》（《李文公集》卷八）說：「近代已來，俗尚文字，爲學者以抄集爲科第之資。」另外，與他們同時的散文家兼傳奇作家沈亞之，曾經在一篇文章中回顧自己爲什麼考試未中的原因，說：

時亦有人勉亞之於進士科，言得祿位大可以養上飽下。去年始來京師，與群士皆求進，而試以八韻，琢雕綺言與聲病。亞之習未熟，而又以文不合於禮部，先黜去。（《與京兆試官書》，《

沈下賢文集》卷八）

晚唐古文家孫樵《與友人論文書》說：

今天下以文進取者，歲叢試於有司，不下八百輩。人人矜執，自大所得，故其出於易者則斥艱澀之辭，攻於難者則鄙平淡之言，至於破句讀以爲工，摘俚語以爲奇。秦漢已降，古文所稱工而奇者，莫若揚、馬，然吾觀其書，乃與今之作者異耳，豈二子所工不及今之人乎！此樵所以惑也。（《孫樵集》卷二）

五代的西蜀詞人牛希濟《文章論》說：

今有司程式之下，詩賦判章而已，唯聲病忌諱爲切，比事之中，過於諸譃，學古文者深以爲慚，晦其道者揚袂而行。……且時俗所省者唯詩賦兩途，即有身不就學，口不知書，而能吟詠之列。是知浮艷之文，焉能臻於理道。（《全唐文》卷八四五）

以上的議論，側重點雖各有所不同，但都指出進士科試文字那種「雕琢綺言」與講究「聲病」的風氣，只能窒息正常的文學創作活動，而不能帶給文學發展以任何的生機。特別是科場中朋黨交結、行賄納賄、吹嘘拍馬、互相攻訐等種種惡劣習氣，也侵蝕到文壇中來，使得晚唐的文學風氣，除了一部分作家還能正視現實、寫出較好的作品以外，相當部分的文人，正如明代唐詩學家胡震亨所說的那樣：「晚唐人集，多是未第前詩，其中非自敘無援之苦，即訾他人成事之由。」（《唐音癸籤》卷二十八）北宋初期作家王禹偁也說：「文自咸通後，流蕩不復雅；因仍歷五代，秉筆多艷冶。」（《高錫》）南宋人計有功說：「唐詩自咸通而下，不足觀矣。……氣喪而語偷，聲煩而調急，甚者忿目褊吻，如戟手交罵。」（《唐詩紀事》卷六十六《趙牧》條）計有功認爲這種情況之產生，「其來有源」；這個源，一大部分是出於當時科舉考試的那種壞的一方面，正如宋人孫明復所說，「專以辭賦取人，故天下之士皆致力於聲病對偶之間。」（《與范天章書》），《孫明復小集》卷二）

三

上面所說的，是唐代的科舉制度，特別是進士科的以詩賦取士，給文學帶來的消極影響。這裡就產生一個問題，那就是，作爲封建社會上層建築一部分的科舉制度，它在唐代的歷史條件下，無疑在政治上是起了進步作用的。科舉制原是封建時代選拔官員的一種制度，它在唐代被正式確立，比起兩漢的察舉制與魏晉南北朝的九品中正制，有極大的優越性，它使得封建國家把官員的選用權集中於中央，以適應於大唐帝國統一的政治局面的需要。科舉制又採取一整套考試的辦法，訂立一定的文化標準，面向地主階級的整體，招徠人才，這說明中國古代封建地主階級，發展到唐代，對國家官員的文化水準較過去時代有更高的要求，也反映了當時社會的文化較過去更有所發展和提高。這說明，科舉制對唐代的政治生活是起了積極作用的。一個在政治上有進步作用的、在當時社會生活中有較爲廣泛影響的制度，對於文學卻有著消極的影響，這二者是否有矛盾呢？

筆者以爲，這應當加以分析。科舉在唐代，甚至在宋代，起過進步作用，這是應當肯定的，我們應當從一定的歷史條件出發。但科舉制畢竟是封建社會的上層建築，它是爲封建國家的最高統治階層服務的，這種考試制度根本不可能向廣大勞動者開門，即使對地主階級來說，能實際享受到科舉制實行的好處的也只是地主階級中極少的一部分；尤其是到中晚唐，貴族大官僚利用其權勢，以種種手段把持舉選權，抑止寒門貧士通過科舉以求得進士之階，鬥爭甚爲激烈。因此，伴隨著它的進步性，科舉制在實行過程中也暴露出不少嚴重的弊病，正是這種弊病給予文學創作以消極的影響。但我們另一面還應看到，科舉制在唐代，是以南北朝豪門把持政權、阻止貧寒而有才能之士進入仕途的對立物而出現的，科舉制的實行，使得盛行了幾百年的「平流進取，坐致公卿」的門閥世襲統治無最終立足之地，這就極大地解放了人才，大批非士族出身的、一般中小地主階級知識分子，想在政治上爭露頭角，從而也力求在文化上施展其才藝，這就給了社會以活力，尤其是唐代進士科以詩賦取士，在唐代文學藝術充分發展的時代，新科進士的活動就更受到人們的注意。顏眞卿稱進士及第爲「以詞學登科」（《顏魯公文集》卷十二《孫逖文公集序》），王定保又稱之爲「文學之科」（《唐摭言》），李嘉祐在送人及第歸家詩中認爲「高第由佳句」（《送冷朝陽及第東歸江寧》）（《全唐詩》卷二〇六），都把進士科與文學聯繫了起來。韓愈在向人推荐應試舉子時，也著重稱揚他們的文才，他在《與祠部陸員外書》（《韓昌黎文集校注》卷三）中，說「文章之佳者，有候喜者，侯雲長者」，又說：「有劉述古者，其文長於爲詩，文麗而思深，當今舉於禮部者，其詩無與爲比。」在韓愈看來，不管科試的程式之文如何類似於俳優之所爲，但眞正有文才之士，還是應當參加科試，因爲只有科舉及第，才能取得進身之階，施展自己的抱負，—而正因爲進士等科向地主階級文人提供了這一現實的道途，才使韓愈等人能有這種想法，如果是在「世胄躡高位，英俊沈下僚」（左思《詠史》）那樣的社會，則是根本不可能的。

譬如李白，過去不少論著中都說他不屑於應科舉試，這也需要分析。李白本人當然有他自己的打算，他是想求得人的荐引，直接爲朝廷所賞識，「申管晏之談，謀帝王之術，奮其智能，願爲輔弼」（《代壽山答孟少府移文書》，《李白集校注》卷二十六）。但李白並不否定科舉制本身。如開元二十九年立崇玄學，開四子舉，他有《送于十八應四子舉落第還嵩山》詩（同上卷十七），說「復羨二龍去，才華冠世雄，平衢騁高足，逸翰凌長風」，爲于十八的落第感到惋惜。李白又有《同吳王送杜秀芝舉入京》詩（同上卷十八）：「秀才何翩翩，王許回也賢。暫別廬江守，將遊京兆天。秋山宜落日，秀木出寒煙。欲折一枝桂，還來雁沼前。」又是對赴京應試的舉子寄予及第的希望，鼓勵他能一舉成名，喜慶歸聚。可見即使像李白那樣恃才傲世、不拘常調的大詩人，對科舉制也是採取肯定的態度，這與《儒林外史》的作者吳敬梓大爲不同，而所以如此，那是因爲歷史條件不一樣，這是完全可以理解的。

由此可見，歷史上的一種制度，當他在主導方面還起著進步作用時，即使它已表現出某種弊病，它還是可以得到人們的擁護，即使這些人並沒有直接從這種制度得到什麼好處，或甚至還給予這種制度以嚴厲的批評，但他們對它的存在本身還是持肯定的態度。而我們今天則更應該把它放在一定的歷史條件下去加以說明，充分研究它的不同的側面，它在社會發展進程中所曾起的不同的作用。對於唐代科舉制及其與文學發展的關係，就是應該抱這種態度去加以研究的。我們似應該把視野放開些，不能只停留在說考試辦法（如試詩賦、策文等）對文學的影響上，單純以下個積極或消極的結論爲滿足，可以把科舉制對社會風氣與文人生活的影響作爲研究的課題，進行較爲全面的、歷史的考察。在這方面，程千帆先生的《唐代進士行卷與文學》（上海古籍出版社一九八〇年八月出版），已經做了很好的工作，本書在《進士的行卷與納卷》一章中已有論述，這裡不再詳述。

由於科舉考試是面向地主階級的整體，它以文化（當然不言而喻是封建文化）考試爲主要的內容，這就刺激人們對其子弟進行文化教育，客觀上則對文化在社會上的普及起了推動作用，唐代文化的普及遠遠超過了前代，唐代燦爛的文學藝術就是以文化的普及爲基礎的。在唐代，中央有國子學，州縣有州縣學，鄉有鄉學，教育事業得到空前的發展。皮日休在一篇詩序中說，他在兒童時在村中上鄉校，得到杜牧的詩集，就伏在桌上抄寫（《唐詩紀事》卷六十六《嚴惲》條）。在鄉村的學校中，竟有杜牧的集子，可見文化傳播的面已經相當之廣了。韓愈於德宗貞元末因言事被貶爲陽山（今廣東陽山縣）令，「陽山，天下之窮處也」，但「有區生者，誓言相好，自南海拿舟而來」，向他問學（《送區冊序》，《韓昌黎文集校注》卷四）。另有一位竇秀才，也是「乘不測之舟，入無人之地，以相從問文章爲事」（《答竇秀才書》，同上卷二）。後來韓愈又一次被貶往潮州，後移江西的宜春，又有當地的士子向他學文（《唐摭言》卷四《師友》）。而柳宗元元和時被貶於湖南的零陵，廣西的柳州，「江嶺間爲進士者，不遠數千里皆隨宗元師法；凡經其門，必爲名士」（《舊唐書·柳宗元傳》）。又如劉禹錫，他也是因參預永貞革新而被貶出的，他自述貶在連州（今廣東連縣）時的情形是：「予爲連州，諸生以進士書刺者，浩不可紀。」（《送曹璩歸越中舊隱詩》，《劉禹錫集》卷三十八）這些當然與韓愈、柳宗元、劉禹錫個人的聲望有關，但更基本的原因，則是科舉取士面向整個地主階級的知識分子，在他們面前出現了只要提高文化知識就可以有仕進機會的現實可能性，這就不僅是中原地區和經濟文化素稱發達的江南地區，就是偏遠的湘西、桂中及嶺南等鄉縣，地主階級士人拜師學文的風氣也逐漸形成。這在客觀上也就推動了文化在這些地區的傳播和普及。

即以進士科試詩賦而論，如前面所述，對文學創作有過不好的影響，但我們也應當看到另一面，科試詩賦的講究聲韻對偶，也刺激了文人對聲律的研究，從詩歌創作的形式上來說，也不是沒有值得肯定的一面。同時，我們還應注意到，唐代考試時，對詩賦的用韻，要求是很嚴格的，宋人吳曾的《能改齋漫錄》（卷二）、彭叔夏的《文苑英華辨證》（卷一）都有所論列，爲省篇幅，這裡不再具引。《冊府元龜》卷六四二曾記「有犯韻及諸雜違格，不得放及第」。中唐時李肇《國史補》（卷下）就記載宋濟屢試不第，「嘗試賦，誤失官韻，乃撫膺曰：『宋五又坦率矣！』」由於這種現實需要，使得從中唐時起，韻書大爲發達，《切韻》及有關《切韻》補缺刊謬本在社會上廣爲流行。④年輕女子吳彩鸞工於書法，「以小楷書《唐韻》一部市五千錢，爲糊口計」（《宣和書譜》卷五）。吳彩鸞一生寫了近百部王仁昫《切韻》。另有詹鸞，也以書寫《唐韻》爲生，「書《唐韻》極有功」；吳彩鸞和詹鸞所寫的《唐韻》一直傳到北宋末，「斷紙餘墨，人傳寶之」（《宣和書譜》卷四）。能以抄寫韻書爲生計，可見社會上對韻書的需要，這種需要正是出於進士科的考試詩賦，當時應試的舉子入場考試，是可以而且是必需帶韻書的，否則就要誤失（此點可參《白居易集》卷六十《論重考試進士事宜狀》，及《太平廣記》卷二六一《梅權衡》條，前面一些章節中已有論述，不贅引）。

四

《大唐新語》卷七《知微》載：

李迥秀任考功員外，知貢舉。有進士姓崔者，文章非佳。迥秀覽之良久，謂之曰：「第一清河崔郎，儀貌不惡，鬚眉如戟，精彩甚高。出身處可量，豈必要須進士？」再三慰諭而遣之。聞者大噱焉。

李迥秀於武后證聖元年（六九五、萬歲登封元年（六九六）知貢舉。從這則記載中可以看出，在武后時，進士試雖還不是以詩賦爲主，但對於進士的選拔，文詞已經占有很重要的地位，文詞不佳，即使門第高，也不予錄取。

《封氏聞見記》卷三《貢舉》還記有貞觀時的一件事：

貞觀二十年，王師旦爲員外郎，冀州進士張昌齡、王公瑾並文詞俊楚，聲振京邑。師旦考其文策爲下等，舉朝不知所以。及奏等第，太宗怪無昌齡等名，問師旦。師旦曰：「此輩誠有詞華，然其體輕薄，文章浮艷，必不成令器。臣擢之，恐後生仿效，有變陛下風俗。」上深然之。

此事又見《通典》卷十七《選舉》五《雜論議》中，《唐會要》卷七十六《貢舉中．進士》。《大唐新語》所載以文章非佳而不取，《封氏聞見記》所載張昌齡等則又以「文章浮艷」而列下等（此所載張昌齡事，疑非實，本書前已有辨證，但作爲唐朝人的評論，仍可作爲例子），看似相反，實際都說明一個問題，那就是從初唐起，已經把進士科與講究文藻詞章相聯繫。凡是應進士科試的，必須在文學方面有相當的訓練，而從開元以後，則進士舉子更需要在詩賦的創作上，特別是在詩歌方面，下更大的工夫。

士人應試，每年秋冬由各地集中來到京都，第二年春天，及第的，或在京等候吏部試，或歸覲慶賀；失第的，或留在京都繼續學習，或漫游四方。這些，都造成人才的流動。有才能之士，並不是終生困居於一隅，而是聚居於通都大邑，遊歷於名山大川，這對於文士視野的開闊，加深對現實生活的認識，都極有好處。才藝相當者，互相切磋，交通聲氣，對於文學創作當然也是有利的。在題材上，因科舉的興起，已在傳統的送別詩的範圍內，加入新的內容，那就是產生了相當數量的送人赴舉、賀人及第與慰人下第的詩篇，這些作品不少寫得聲情並茂，並富有現實內容和時代氣息。

據筆者所見，在現有材料中，唐人以詩送人赴舉的，最早要算是劉希夷的《餞李秀才赴舉》：

鴻鵠振羽翮，翻飛入帝鄉。朝鳴集銀樹，暝宿下金塘。日月天門近，風煙客路長。自憐窮浦雁，歲歲不隨陽。（《全唐詩》卷八十二）

由這首詩的末二句看，則劉希夷寫此詩時他本人還未登第。據《唐才子傳》卷一所載小傳，劉希夷爲高宗上元二年（六七五）登進士第，年二十五，其生年當爲高宗永徽二年（六五一）。過去有些材料說他因爲不願將《白頭吟》中的「年年歲歲花相似，歲歲年年人不同」割讓給舅父宋之問，因而被宋之問害死，死時年僅三十歲。這一記載恐不可靠，⑤但劉希夷於高宗時頗有詩名，則是可以確定的。這首詩寫得較爲一般，它的意義在於開啓唐詩寫科第送別的風氣。

此後，孟浩然有《送丁大鳳赴舉呈張九齡》詩，作於開元時，寫道：

吾觀鷦鷯賦，君負王佐才。惜無金張援，十上空歸來。棄置鄉園誌，翻飛羽翼摧。故人今在位，歧路莫遲回。（《孟浩然集》卷一）

孟詩已有一定的社會內容，作者爲丁鳳無人援引而「十上空歸來」感到惋惜，他認爲負有王佐之才的丁生不應該因此而棄置鄉園，趁故人（張九齡）還在位的時候，應當再次出去應試。詩是由丁而呈張的，是一首紹介之作，但含蘊有致，寫得十分得體，從中也寄寓了詩人自己對身世的感慨。

中唐以後，這類的詩就多了起來，在自然景色的描寫中還可見出時代動亂的影子，如：

秋色生邊思，送君西入關。草衰空大野，葉落露青山。故國煙霞外，新安道路間。……（冷朝陽《送唐六赴舉》，《全唐詩》卷三〇五）

秋風昨夜滿蕭湘，衰柳殘蟬思客腸。早是亂來無勝事，更堪江上揖離觴。……（李咸用《送黃賓於于舉》⑥《披沙集》卷六）

有些送人赴舉詩，則又有佳句可誦，如李嘉祐《送張維儉秀才入舉》（「淮岸經霜柳，關城帶月鴻」，《全唐詩》卷二〇六），皇甫曾《送鄭秀才貢舉》（「晚色寒蕪遠，秋聲候雁多」，《全唐詩》卷二一〇），劉商《送李元規昆季赴舉》（「別思看衰柳，秋風動客衣」，《全唐詩》卷三〇三），李咸用《送進士劉松》（「雲低春雨後，風細暮鐘時」，《披沙集》卷三），等。

以文相贈的也有，如梁肅《送元錫赴舉序》（《全唐文》卷五一八），權德輿《送陳秀才應舉序》、《送紐秀才謁信州陸員外便赴舉序》、《送獨孤孝廉應舉序》（《權載之文集》卷三十九）。不過這些文章說理多，形象性較弱，不大能算得上文學性的散文。

唐代文士有一種習尚，就是及第以後，往往不是馬上就留在京師應吏部試，而是先歸故鄉，拜見父母，以示慶賀，或則去有關州府節鎮，進行一些活動。當他們離京時，同年或在長安的友人（包括已及第或未及第的），以宴集相送，欽餞賦詩。這無異是一種詩歌創作的盛會，並顯示少年進士對前途的展望如豪興。如柳宗元《送苑論登第後歸覲詩序》（《柳宗元集》卷二十二），苑論與柳宗元都是貞元九年（七九三）登第的同科進士。文章說：「夏四月，告歸荊衡，拜手行邊。輪移都門之轍，轅指秦嶺之路。方將高堂稱慶，里閈更賀。」後又說：「群公追餞於灞陵，列筵而觴，送遠之賦，圭璋交映。或授首簡於余曰：『子得非知言揚（苑論字——引者）者乎？安得而默耶？』余受而書之，編於群玉之右，非不知讓，貴傳信焉爾。」柳宗元的這篇序文給我們提供了唐代進士們詩酒文會的情況，大致是：灞陵送別，列坐宴欽，各人賦詩一首，然後匯為一編，推舉一人撰寫序文，以記其事。被送者也有作詩留別的，如白居易於貞元十六年（八〇〇）進士及第，時其父早死，其母居於洛陽，白居易乃於及第後離京赴洛陽歸省其母。他有《及第後歸覲留別諸同年》詩：

> 十年常苦學，一上謬成名。擢第未爲貴，賀親方始榮。時輩六七人，送我出帝城。軒車動行色，絲管舉離聲。得意減別恨，半酣輕遠程。翩翩馬蹄疾，春日歸鄉程。（《白居易集》卷五）

柳宗元又有《送蕭煉登第後南歸序》（《柳宗元集》卷二十二），說「亦既升名於天官，告余東遊」，則是及第後應吏部試合格，乃又東遊。蕭煉於貞元十二年（七九六）進士及第，柳宗元是貞元九年及第，柳爲蕭之先輩。

中唐時，這種以詩相餞送的風氣很盛，這種風氣也往往有助於文學流派的形成。如冷朝陽大歷四年（七六九）登進士第，據《唐才子傳》卷四載，他歸江東省親時，「自狀元以下，一時名士大夫及詩人李嘉祐、李端、韓雄、錢起等，大會賦詩攀餞」。這些都是大歷十才子派、或詩風與之相近的詩人。又如李餘長慶三年（八二三）及第後還蜀（《唐詩紀事》卷四十六），以詩相送的有張籍、朱慶餘、姚合、賈島等，他們的詩風也有某種程度的相接近。

這種風尚，盛唐時已有，但還不算太多（如岑參有《送薛彥偉擢第東都覲省》、《送蒲秀才擢第歸蜀》、《送許子擢第歸江寧拜親因寄王大昌齡》、《送薛播擢第歸河東》等），大盛於中唐（如錢起一人就有：《送李四擢第歸覲省》、《送虞說擢第東遊》、《送褚十二澡擢第歸吳覲省》、《送揚皞擢第遊江南》、《送李栖桐道舉擢第還鄉省詩》、《送虞說擢第南歸覲省》、《送陸贄擢第還蘇州》、

《送鄭巨及第後歸覲》、《送冷朝陽擢第後歸金陵》、《送張參及第還家》等作），至晚唐仍沿而不衰，如趙嘏《李先輩擢第東歸有贈送》（《全唐詩》卷五四九），劉駕《送友人擢第東歸》、《送友人登第東歸》（《全唐詩》卷五八五），無可《送郡錫及第歸湖州》（《全唐詩》卷五八八），張喬《送友人及第歸江南》、《送許棠及第歸宣州》（《全唐詩》卷六三八）、《送友第及第歸海東》（《全唐詩》卷六四九），殷文圭《寄賀杜荀鶴及第》（《全唐詩》卷七〇七），曹松《送郡安石及第歸連州覲省》（《全唐詩》卷七一六），杜荀鶴《送賓貢登第後歸海東》（《唐風集》卷上），等。

在這些作品中，有些句子在景色描寫上頗有一定的新意，如：

有寺山皆遍，無家水不通。湖聲蓮葉雨，野氣稻花風。（張籍《送朱慶餘及第歸越》，《張籍詩集》卷二）

思親盧桔熟，帶雨客帆輕。夜火臨津驛，晨鐘隔浦城。（錢起《送陸贄擢第還蘇州》，《錢考功集》卷五）

落日澄江烏榜外，秋風疏柳白門前。橋通小市家林近，山帶平湖野寺連。（韓雄《送冷朝陽還上元》，《全唐詩》卷二四五）

唐人以科舉爲題材的詩篇，還是以寫落第的作品爲最好，這包括兩方面的內容，一是對自己久舉不第的感嘆，二是對別人不第失意的慰藉。唐駢《劇談錄》卷下《元相國謁李賀》一節，曾說到唐代「自大中、咸通之後，每歲試春官者千餘人，其間章句有聞，亹亹不絕」者，舉了不少人，但這些人

「皆苦心文章，厄於一第」。就是說，雖有文采，但未能進士及第的，大有人在。宋代初年人錢易《南部新書》丁卷曾舉出一個名叫嚴惲的，與杜牧交友，善爲詩，其詩曾得到皮日休、陸龜蒙的賞愛。嚴惲有一首《落花》詩：

春光冉冉歸何處，更向花前把一杯。盡日問花花不語，爲誰零落爲誰開？

相傳爲歐陽修所作的《蝶戀花》詞「淚眼問花花不語，亂紅飛過秋千去」，在遣字造句上顯然是受到這首詩的啓發的。杜牧有一首《和嚴惲秀才落花》：「共惜流年留不得，且環流水醉流杯。無情紅艷年年盛，不恨凋零卻恨開。」（《全唐詩》卷五二四）比嚴惲的原作要遜色多了。但嚴惲卻是「七上不第，卒於吳中」，幾致湮沒無聞。無怪皮日休感嘆道：「江湖間多美材，士君子苟樂退而有文才者，死無不爲時惜，可勝言耶！」（《傷嚴子重序》，見《唐詩紀事》卷六十六引。子重爲嚴惲字）每年應進士試而來長安的，總有千人左右，所取者不過二三十人，有百分之九十五以上的人是落第的。《通典》卷十五《選舉》就說過：「其進士大抵千人，得第者百一二，明經倍之，得第者十一二。」可見中唐以前就已如此。有些人可能考了幾次後終歸考上，多數人則是考了一輩子而未能及第，有些名人也曾經歷過久困舉場的境遇。駱賓王《夏日遊德州贈高四》詩自序說：「僕少負不荐，長逾虛誕，讀書頗存涉獵，學劍不待窮工。進不能矯翰龍雲，退不能栖神豹霧，撫循諸己，深覺勞生。而太夫人在堂，義須捧檄，因仰長安而就日，赴帝鄉以望雲，雖文缺三冬，而書勞十上。嗟乎！入門自媚，誰相謂言，致使君門隔於九重，中堂遠於千里。」（陳熙晉《駱臨海集箋注》卷一）大約駱賓王早年也曾從事於科試，但終未能如願，後來終於放棄科舉，而爲道王府屬（參陳熙晉《續補唐書駱侍御傳》）。岑參於天寶三載（七四四）進士及第，在這之前也有過多次失利，他的《感舊賦》說：「我從東山，獻書西周，出入二郡，蹉跎十秋。」（《岑參集校注》卷五）他的《戲題關門》詩就是科場失意後所作：「來亦一布衣，去亦一布衣。羞見關城吏，還從舊道歸。」（同上卷一）初盛唐如此，中晚唐則更是如此。如大家知道的韓愈「四舉於禮部乃一得，三選於吏部卒無成」；李商隱「凡爲進士者五年，始爲故賈相國所憎；明年，病不試；又明年，復爲今崔宣州所不取」（《上崔華州書》，《樊南文集詳注》卷八）。我們從有些詩人的詠嘆中，可以看出紛亂的年代提供給士子的是一個多麼艱辛的環境，他們個人的不幸遭遇有著時代的深刻烙印，如：

出關愁暮一沾裳，滿野蓬生古戰場。孤村樹色昏殘雨，遠寺鐘聲帶夕陽。（盧綸《與從弟瑾同下第後出送言別》，《全唐詩》卷二七六）

寂寞過朝昏，沉猶豈易論。有時空卜命，無事可酬恩。……醉裡因多感，愁中欲強言。花林逢廢井，戰地識荒園。悵別臨晴野，悲春上古原。（盧綸《落第後歸山下舊居留別劉起居昆季》，同上）

不遂青雲望，愁看黃鳥飛。梨花度寒食，客子未春衣。世事隨時變，交情與我違。空餘主人柳，相見卻依依。（錢起《下第題長安客舍》，《錢考功集》卷四）

十載驅馳倦荷鋤，三年生計鬢蕭疏。辛勤幾逐英雄後，乙榜猶然姓氏虛。欲射狼星把弓箭，休將螢火讀詩書。身賤自慚貧骨相，朗嘯東歸學釣魚。（殷堯藩《下第東歸作》，《全唐詩》卷四九二）

送下第的舉子，大多是慰藉勸勉，如柳宗元《送嚴公貺下第歸興元覲省詩序》：「嚴氏之子有公貺者，退自有司，踵門而告柳氏曰：『吾獻藝不售於儀曹（指禮部—引者）之賈，貨不中度，敢逃其咎。詰朝將行，願聞所以去我者，其可乎哉？』余諭之曰……撝謙如此，其何患乎賈之不售而自薄哉！於是文行之達，若高陽齊據者，偕賦命余序引。」（《柳宗元集》卷二十三）又《送元秀才下第東歸序》：「余聞其欲退家殷墟，修志增藝，懼其沈鬱傷氣，懷憤而不達，乃往送而諭焉。」（同上）柳宗元的這兩篇序，是當時較典型的送人下第的寫作格局，即以同情的筆調勸慰舉子，希望他們修志增藝，再來應試，語氣溫潤和婉，下筆中正閎達。當然，也是有「變體」的，最出名的就是韓愈的那篇《送董邵南序》，一開始，就以迅疾錯落的文筆給人以不凡的感覺：

燕趙古稱多感慨悲歌之士。董生舉進士，連不得志於有司，懷抱利器，鬱鬱適茲土，吾知其必有合也。董生勉乎哉！（《韓昌黎文集校注》卷四）

中唐以後，應舉者多，而所取名額有限，這大多數讀書人的出路，是社會的一個大問題。當時士人之應各地藩鎮辟召，以在其幕府供職，是普遍的現象。在藩鎮與中央政府存在矛盾的情況下，大批士人爲藩鎮所用，對唐朝廷來說，也就是日益嚴重的「人才外流」的問題。尤其是河北三鎮，自安史亂後，長期割據，自立制度，隱然與唐朝中央政府分庭抗禮。不少失意的士人投奔到河北三鎮任職，就逐漸對唐朝廷產生離心力。相傳詩人李益到幽州後所作詩，就有類似心情的表露（此點可參譚優學《李益行年考》，載《唐詩人行年考》中）。韓愈的《送董邵南序》，行文雖短，但他提出了當時社會的一個嚴重問題，揭出河北藩鎮對於知識分子的吸引力，以及知識分子與這些地方政權相「合」以後所可能引起的後果。這是一個大問題。這篇短序，因其包蘊豐富的時代意義及雄奇的氣勢，而聞名於世。

唐代也有不少送人下第的好詩，這裡舉出兩首。一是李賀《送沈亞之歌》，其自序說：「文人沈亞之，元和七年，以書不中第，返歸於吳江。吾悲其行，無餞酒以勞，又感沈之勤請，乃歌一解以送之。」詩云：

吳興才人怨春風，桃李滿陌千里紅。紫絲竹斷驄馬小，家住錢塘東復東。白藤交穿織書笈，短策齊裁如梵夾。雄光寶礦獻春卿，煙底驀波乘一葉。春卿拾才白日下，擲置黃金解龍馬。攜笈歸江重入門，勞勞誰是憐君者！吾聞壯夫重心骨，古人三走無摧捽。請君待旦事長鞭，他日還轅及秋律。（《李長吉歌詩匯解》卷一）

另一是劉商的《姑蘇懷古送秀才下第歸江南》，詩為七古，前半篇寫吳國之興亡，而歸結於「可憐荒堞晚溟濛，麋鹿呦呦繞遺址」，之後即敘送人下第而歸：

君懷逸氣歸東吳，吟犯日月遊姑蘇。興來下筆倒奇景，瑤船迸灑蛟人珠。大鵬矯翼翻雲衢，嵩華齊後凌天孤。海潮秋打羅剎石，月魄夜當彭蠡湖。有時凝思家虛無，霓幢彷彿遊仙都。琳琅暗戛玉華殿，天香靜裊金芙蕖。君聲日下聞來久，清贍何人敢敵手。我逃名跡遁西林，不得灞陵傾別酒。莫使五湖為隱淪，年年三十升仙人。（《全唐詩》卷三〇三）

李賀寫上述詩時是二十三歲，沈亞之也不過二十幾歲，兩人雖都有落第的感嘆，但畢竟還都年輕。賀詩色澤鮮艷，光彩照人，於不平的寄慨中仍不失對前途的展望。劉商是以擬蔡琰的《胡笳十八拍》而著稱的，同時人武元衡序其文集，稱他的詩如「珠玉綴錯，清泠自飄」，又說他的歌行「皆思入窅冥，劫含飛動」（《劉商郎中集序》，《全唐文》卷五三一）。這幾句評語用在這首送人詩上也是合適的。此詩緬懷往跡，勸勉下第東歸的秀才要開闊胸襟，從歷史的興衰變動和大自然的奇觀逸景中吸取振奮的力量。

中晚唐時，這類題材也還有寫得好的詩句，如「堰水靜連堤樹綠，村橋時映野花紅」（朱慶餘《送崔約下第歸淮南覲省》，《全唐詩》卷五一四）；「鳥啼寒食雨，花落暮春風」（姚合《送馬戴下第客遊》，《姚少監詩集》卷二）；「雲峰天外出，江色草中明」（薛能《送進士許棠下第東歸》，《全唐詩》卷五五八），等等。但我們在這裡可以發現一種文學現象，就是同時寫落第，無論自詠還是送人，盛唐與中晚，氣勢、情調都有迥別。不妨舉凡個例子來看。如岑參有一首《送費子歸武昌》詩（《岑參集校注》卷一），李嘉言先生《岑詩繫年》謂當作於天寶八載（七四九）。這位費生「離家十年恒在邊」，功名上不得意，今將歸武昌故園，岑參同情其坎坷的遭遇，但仍勸其仕進。詩的後半篇寫道：

吾觀費子毛骨秀，廣眉大口仍赤髭；看君失路尚如此，人生貴賤那得知！高秋八月歸南楚，東門一壺聊出祖。路指鳳凰山北路，衣沾鸚鵡洲邊雨。莫嘆蹉跎白髮新，應須守道勿羞貧。男兒何必戀妻子，莫向江村老卻人！

此詩慨慷激昂，讀之使人振奮。就以一向被稱爲田園詩派的王、孟來說，其送人下第詩如：

疾風吹征帆，倏爾向空沒。千里去俄頃，三江坐超忽。向來共歡娛，日夕成楚越。落羽更紛飛，誰能不驚骨。（孟浩然《送從弟邕下第後歸會稽》，《孟浩然集》卷一）

憐君不得意，況復柳條春。爲客黃金盡，還家白髮新。五湖三畝宅，萬里一歸人。知禰不得荐，羞爲獻納臣。（王維《送丘爲落第歸》，《王右丞集箋注》卷八）

這兩首詩意境明遠，詞彩清麗，詩中表達了友情的深摯，使人感到詩人對現實世界執著的追求。

對自己不第的詠嘆，我們試來看高適的《別韋參軍》：

二十解書劍，西遊長安城。舉頭望君門，屈指取公卿。國風沖融邁三五，朝廷歡樂彌寰宇。白璧皆言賜近臣，布衣不得干明主。歸來洛陽無負郭，東過梁宋非吾土。兔苑爲農歲不登，雁池垂釣心長苦。世人向我同眾人，唯君於我最相親。且喜百年有交態，未嘗一日辭家貧。彈棋擊筑白日晚，縱酒高歌楊柳春。高歌未盡分散去，使我惆悵驚心神。丈夫不作兒女別，臨歧涕淚沾衣巾。（劉開揚《高適詩集編年箋注》頁一〇）

這詩是高適早年未第時作，激憤之情溢於篇章，但作者把個人的失意與對社會政治的抨擊結合起來，因此視野較闊大，歸結於「丈夫不作兒女別」，使人回腸盪氣，清剛激越之氣躍然紙上。

另有王維的《不遇詠》：

北闕獻書寢不報，南山種田時不登。百人會中身不預，五侯門前心不能。身投河朔飲君酒，家在茂陵平安否。且共登山腹臨水，莫問春風動楊柳。今人作人多自私，我心不說君應知。濟人然後拂衣去，肯作徒爾一男兒！（《王右丞集箋注》卷六）

王維個人的仕途是比較順利的，這首《不遇詠》以第一人稱寫出，雖然有失意的話，但理想是明朗而堅定的，氣度是磊落不凡的。

我們讀了這些詩，再回過頭來讀中晚唐的同類題材的篇什，就會強烈感覺到詩人們的那種愁苦之音和蕭索之情。如錢起《送鄔三落第還鄉》（《錢考功集》卷三），一開始說：「郢客文章絕世稀，常嗟時命與心違。十年失路誰知己，千里思親獨遠歸。」把一個孤獨者的形象提供給讀者，這個孤獨者把自己放在與現實社會對立的地位，卻缺乏足夠的勇氣與之抗爭。詩篇的最後二句說：「名宦無媒自古遲，窮途此別不堪悲。」我們只感到作者與孤獨者都陷入無希望的境地，苦於不能自拔。又如李頻《送友人下第歸越》，有這樣的四句：

山陰何處去，草際片帆通。雨色春愁裡，潮聲曉夢中。（《全唐詩》卷五八七）

江南秀麗的自然景色已經吸引不了詩人和他的友人，他們整個兒已被沉浸在落第的悲哀中，隨著雨勢和潮聲，春愁在曉夢中縈繞。又如羅隱《送顧雲下第》，詩中說：

年深旅舍衣裳弊，潮打村田活計貧。百歲都來多幾日，不堪相別又傷春。（《甲乙集》卷九）

這裡，詩人感嘆顧雲的久舉不第，竟認爲活著也沒有多大意義了。我們所舉的這個例子，作者還都是中晚唐時較爲優秀的詩人，他們都寫過較有現實內容的、藝術上有一定特色的作品。但即使是那個時代的值得稱道的詩人，他們作品的基調也還是那樣的低沉，這就更能說明問題，那就是，這不完全是作家個人的風格和才力的問題，而是時代的主旋律已經改變，紛亂破敗的社會，使得即使有才能的作家也不能超越時代而奏出高亢的樂章。通過比較，可以見出時代風尚的差異給予文學風氣的迥別。這都有助於我們對整個唐詩作深入的研究。

【附註】

① 當然，在省題詩的範圍之內，除了所舉的錢起、祖詠所作以外，也不是沒有可稱道的，如與錢起同題的陳季所作的一首，其中「一彈新月白，數曲暮山青」也頗有新意。又如《唐詩紀事》卷五十六載童翰卿《省試昆明池織女石》詩也可稱佳作：「一片昆明石，千秋織女名。向風長脈脈，臨水更盈盈。有臉蓮同笑，無心鳥不驚。岸雲連鬢濕，沙月對眉生。苔作輕裙色，波爲促杼聲。還如明鏡裡，形影自分明。」這首詩，如果不看詩題，是不會想到是省題詩的；這樣寫，也是宋以後所不可能有的。這也可見出唐代科試在思想內容和寫作手法上，還是較爲自由的。宋人李頎《古今詩話》曾說：「自唐以來，試進士詩與省題，時有佳句。」（郭紹虞《宋詩話輯佚》頁一六六）

② 杜甫詩所謂「熟精《文選》理」，不光是對作詩而言，在很大程度上是對於科舉考試說的。又如《舊唐書》卷十八上《武宗紀》會昌四年十二月記武宗與李德裕對語，李德裕說：「臣無名第，不合言進士之非。然臣

祖天寶末以仕進無他岐，勉強隨計，一舉登第。自後不於私家置《文選》，蓋惡其祖尙浮華，不根藝實。……」從這一記載中，可以看出《文選》與進士試的關係。

③《唐摭言》卷五《切磋》條載皇甫湜《答李生第二書》，中云：「近風教偷薄，進士尤甚，乃至有一謙三十年之說，爭爲虛張以相高自謾。詩未有劉長卿一句，已呼阮籍爲老兵矣；筆語未有駱賓王一字，已罵宋玉爲罪人矣。書字未識偏旁，高談稷、契；讀書未知句度，下視服、鄭。此時之大病，所當嫉者。」

④此點請詳參周祖謨先生《切韻的性質和它的音系基礎》、《王仁昫切韻著作年代釋疑》（收入《問學集》），及《唐五代韻書集存》（中華書局一九八四年出版）

⑤請參酌著《唐代詩人考略》（《文史》第八輯）。

⑥此詩詩題中「黃」字疑當作「孟」字。《唐才子傳》卷十有孟賓于傳。又查《全唐詩》卷六四六，亦作《送黃賓于赴舉》，疑皆誤。據《詩話總龜》卷二十六引《江南野錄》，謂孟賓于「湖湘連上人」。

第十五章　進士試與社會風氣

一

中唐詩人姚合在《送喻凫校書歸毗陵》詩中說：

闕下科名出，鄉中賦籍除。（《姚少監詩集》卷一）

這裡牽涉到科舉及第以後，文人享有的特權問題。

唐代前期實行租庸調法，後期實行兩稅法。關於租庸調法和兩稅法的性質以及實施情況，屬於專門研究的範圍，這裡不作詳論。簡略說來，就是，凡是有戶籍的農戶及有土地的人丁，或者出錢，或者出人，都有對封建國家負擔賦役的義務；但如果做了官，或上代有過功名，就可以按規定免去這種義務，而把負擔轉嫁到廣大勞動者身上。根據唐朝的法令，凡是科舉及第，其本人或全家就可以免除賦役。如穆宗《南郊改元德音》中說：

將欲化人，必先興學，苟升名於俊造，宜甄異於鄉閭。各委刺史、縣令招延儒學，明加訓誘，名登科第，即免徵役。（《全唐文》卷六十六）

在這之後，敬宗時又重申前令：

天下諸色人中，有能經通一經、堪爲師法者，委國子祭酒訪擇，具以名聞奏。天下州縣，各委刺史、縣令，招延儒學，明加訓誘，名登科第，即免徵役。（《寶歷元年正月南郊赦文》，《唐大詔令集》卷七〇）

這兩道由中央朝廷頒布的命令，都明確規定，只要科舉及第，就可以免除徵役；這所謂徵役，也就是差役。

這是唐代中期的法令，那末在這之前怎樣呢？在正式的公文中還沒有發現同樣的記載，但我們可以找到一些旁證。如韓愈《上宰相書》，說自己「名不著於農工商賈之版」（《韓昌黎文集校注》卷三），也就是可以不同於老百姓，已能免除賦役的負擔。韓愈是貞元八年（七九二）登進士第的，進士登第後連續考了三次博學宏詞科，都未中第，所謂「四舉於禮部乃一得，三選於吏部卒無成」，因此於貞元十一年（七九五）乃有這一《上宰相書》。這是在穆宗的《南郊改元德音》之前二十多年。我們現在所看到的唐代詔令是不全的，由韓愈的例子，可以推想貞元或貞元之前，凡科舉及第即可享有免除賦役的特權。

《唐大詔令集》卷七十二還載有僖宗《乾符二年（八七五）南郊赦》，其中說：

州縣除前資寄往、實是衣冠之外，便各將攝官文牒及軍職賂遺，全免科差，多是豪富之家，至若貧下。準會昌中敕，家有進士及第，方免差役，其餘只庇一身。就中江南富人多，一武官便庇一户，致使貧者更加流亡，從今後並依百姓，一例差遣。

這裡說「準會昌中赦」，徐松《登科記考》卷二十二據《新唐書》武宗本紀會昌元年「正月辛巳，有事南郊，大赦，改元」的記載，說「疑爲此年赦書節文」。但查《全唐文》卷七十八有武宗《加尊號後郊天赦文》，題下注爲「會昌五年正月初」，文意即乾符二年赦文所指，其中說：

> 或本州百姓子弟，才沾一官，及官滿後，移住鄰州，每於諸軍諸使假職，便稱衣冠户，廣置資產，輸稅全輕，便免諸色差役。其本鄉家業漸自典賣，以破户籍，所以正稅百姓日減，州縣色役漸少。從今以後，江淮百姓，非前進士及登科有名聞者，縱因官罷職，居別州寄住，亦不稱爲衣冠户，其差科色役並同當處百姓流例處分。

由此，則乾符二年所說的「準會昌中赦」，當是這道會昌五年正月的赦文，而不是已經佚去的會昌元年正月的赦文。會昌五年和乾符二年的赦文，都牽涉到地主階級內部的矛盾（逃避賦役及影佔戶口），這裡不加論列。另外，唐末人楊夔《復宮闕後上執政書》，歷數晚唐時的種種弊政，說：

> 蓋僑寓州縣者，或稱前賢，或稱衣冠，既是寄住，例無徭役。且敕有進士及第，許免一門差徭，其餘雜科，止於免一身而已。（《全唐文》卷八六六）

韓國磐先生《科舉制和衣冠戶》一文，曾據這些材料，說「科舉出身者，尤其是進士科出身者才能合乎享受免去差役的特權」。①

另外，五代時張允曾奏請停止童子科的考試，說：童子每當就試，止在念書背經，則雖似精詳，對卷則不能讀誦，及成名貢院，身返故鄉，但刻日以除官，更無心而習業，濫蠲徭役，虛占官名。」

（《請罷童子科奏》，《全唐文》卷八五五）童子科在科舉的項目中是排列在末等的，規定年不滿十歲的孩童方許應試，考試時正如張允奏中所說，只不過是「念書背經」，對照書本有時就連字也不認得。但即使如此，童子科及第，還是能蠲免徭役，則其他科目當更是如此。

這就是說，一個文人，只要經禮部試及第，即使還沒有通過吏部試，也即還未取得官職，已經和一般老百姓不同，他可以免除差役徵徭，享有政治上、經濟上一定的特權。姚合的「闕下科名出，鄉中賦籍除」二句詩，寫出了文人們所以嚮往科第的實際物質利益所在。而且，有時詩作得好，有一定的文名，雖未登第，也可以作為特例，免去差役的。《唐摭言》記載任濤：「豫章筠川人也，詩名早著。有『露團沙鶴起，人臥釣船流』，他皆仿此。數舉敗於垂成。李常侍騭廉察江西，特與放鄉里之役，盲俗互有論列。騭判曰：『江西境內，凡為詩得及濤者，即與放色役，不止一任濤耳。』」（卷十《海敘不遇》）任濤是憑他的文學才能而受到優顧的，這也進一步說明了科舉得第者免去鄉里之役更是當然之事，各科皆然，不獨進士，當然進士是更能享受到特權的（即全家都免差役）。

進士及第既能享受一定的特權，同時它又有優越於其他科目的升遷機會，於是更成為中唐以後士人注目的所在。譬如憲、穆時人李肇就說：「進士為時所尚久矣。是故俊義實集其中，由此出者，終身為聞人。」（《國史補》卷下）。敬宗開成元年（八三六）十月，中書門下奏，說到進士科時，說「台閣清選，莫不由茲」（《唐會要》卷七十六《貢舉中·進士》）。晚唐人李綽，又說當時人的議論，把進士登第比喻為「遷鶯」，即是用《詩經》的《伐木》詩典故：「伐木丁丁，鳥鳴嚶嚶；出自幽谷，遷於喬木。」（《尙書故實》）再加上最高統治者的倡導，②地方節鎭的重視，③進士的地位，在社會一般人的心目中，已經有「白衣公卿」之稱。④

讓我們舉一些具體的例子，來說明唐代那種馳逐於科場、爭名於進士的社會風尙。

《劉賓客嘉話錄》中有一則記載：

苗給事子纘應舉次，而給事以中風語澀，而心中至切。臨試，又疾亟。纘乃爲狀，請許入試否。給事猶能把筆，淡墨爲書曰：「入！入！」其父子之情切如此。

此事又見於《太平廣記》卷一八〇，及宋王讜《唐語林》卷四。既然托之於劉禹錫所述，當有一定的事實根據。作爲文學性的隨筆，這寥寥數語，描摹世態人情，也非常傳神。這裡的苗給事，名粲。⑤苗粲的父親苗晉卿，唐玄宗天寶年間做過吏部侍郎，職掌考銓，後來在肅宗、代宗朝又做過幾任宰相，是個老練世故的官僚。⑥苗粲的官沒有做得像他父親那樣發達，但給事中的職位已經不低，他又曾被任爲吏部侍郎、知銓事。他在德宗時頗有實權，那時曾有宰相之望的戶部尙書裴延齡，爲了想給兒子謀得一個官職，還曾經走過苗粲的門路。⑦這樣一個官僚世家出身的、在官場中混了多年的人，當然懂得科舉入仕是何等的事關緊要，因此即使得了中風病，連話也說不出來，但一聽說兒子要進考，就急忙叫人給他一支筆，淡墨寫了兩個「入」字。而這位兒子，也顧不得侍奉病情緊急、隨時可能出事的老父親，趕緊入闈應試。這種情況使我們想到了《儒林外史》中描寫的嚴監生，他臨死前連燈盞裡點了兩根燈草也覺得費油，捨不得，但又說不出話，伸著兩個指頭，不肯斷氣。《儒林外史》所寫的嚴監生，和《劉賓客嘉話錄》所記的苗粲父子，都是具有時代特徵的典型人物。

苗粲父子的思想和行動，必須放在唐代（特別是中唐以後）的社會環境中加以考察，其時代意義才能認識得更加清楚。這裡，我們自然地會再一次想起韓愈的話：「今天下不由吏部而仕進者幾希矣。」；「方聞國家之仕進者，必舉於州縣，然後升於禮部吏部，試之以繡繪雕琢之文，考之以聲勢之逆順，章句之短長，中其程式者，然後得從下士之列。雖有化俗之方，安邊之畫，不由是而稍進，萬不有一得焉。」（《上宰相書》，《韓昌黎文集校注》卷三）韓愈的這幾句話，確實道出了一個現實，這個現實就是他那一時代不少地主階級文人所謀求的道路。這也使我們想起《儒林外史》中描寫的馬二先生。馬二先生也有一番高論，他在酒醉飯飽之餘，憑他所能達到的那一點知識水平和推理能力，歷數了從孔夫子到「本朝」的舉業沿革，說：

舉業二字，是從古及今人人必要做的。就如孔子在春秋時候，那時用「言揚行舉」做官，如孔子只講得個「言寡尤，行寡悔，祿在其中」這便是孔子的舉業。

他又畫龍點睛地說：

就是夫子在而今，也要念文章，做舉業，斷不講那「言寡尤，行寡悔」的話。何也？就日日講究「言寡尤，行寡悔」，那個給你官做？孔子的道也就不行了。

這一席話，說得聽者蘧公孫如夢方醒。為什麼呢？因為酸腐而不失誠篤的馬二先生講的確實是那時的現實。韓愈說的和馬二先生說的，具體內容不同，但都是當時現實生活的反映。以唐代而論，如果單純從數量上來看，那末由科舉入仕，比起門蔭入仕和以雜色入流，以及藩鎮辟召等等，還只佔少數，但科舉入仕的社會影響遠非其他入仕途徑所能及，尤其是開元、天寶以後，進士出身擔任中央要職的比重日益增大。中唐時人趙修作《李奕登科記序》，敘述進士登第後的情況，就說「於是獻藝輸能、擅場中的者，榜第揭出，萬人觀之，未浹旬而名達四方矣。近者佐使外藩，司言中禁，彈冠憲府，起草粉闈，由此與能，十恒七八。至於登台階、參密命者，亦繁有徒。所謂選才授爵之高科，求仕濫觴之捷徑也。」（《文苑英華》卷七三七）。⑧唐代初期一些高門大族，他們承襲北朝和梁陳餘風，以門第禮法自高，還可以通過門蔭讓其子孫襲爵，因此對科舉還不以爲意。但「君子之澤，五世而斬」經過幾十年的政治風波，又隨著封建土地所有制的逐漸演變，任何地主已不能世代保有其土地，政治地位也由於土地所有權的不斷轉移，而不斷地更迭，「諸達官身亡以後，子孫既少覆蔭，多至貧寒」（《舊唐書》卷九十六《姚崇傳》）。這就使他們也轉而謀求從科舉中取得發展。譬如大家都知道的盛唐詩人岑參，他的曾祖岑文本，太宗時宰相，伯祖岑長倩，高宗時宰相，堂伯父岑羲，睿宗時宰相。岑參在《感舊賦》的自序中就說「國家六葉，吾門三相」。這樣一個出身，如果放在六朝，毫無問題，是能「平流進取，坐致公卿」的。但在唐代卻不行了，經過幾次波折，到岑參一代，已經「世業淪替」，不得不感嘆「昔一何榮矣，今一何衰矣」。這就迫使他走科舉入仕的道路。但偏偏又累考不中，他在《至大梁卻寄匡城主人》一詩中，悲嘆自己的不遇，幾乎動了斷絕進取的念頭：「一從棄魚釣，十載干明主。無由謁天階，卻欲歸滄浪。」應當說，岑參的遭遇，在初盛唐時是有相當代表性的。唐末五代時人王定保曾經帶有總結性地說：「三百年來，科第之設，草澤望之起家，簪紱望之繼世。孤寒失之，其族餒矣；世祿失之，其族絕矣。」（《唐摭言》卷九《好及第惡登科》條）由此可見，科舉制度的發展，使得爭取科舉及第成爲獲得政治地位或保持世襲門第的重要途徑。

中唐詩人王建在一首送人應科舉試的詩中說：

一士登甲科，九族光彩新。（《送薛蔓應舉》，《王建詩集》卷四）

稍後，與韓愈同榜登第、受到韓愈器重的散文家歐陽詹，在一封書信中說：

慰上下之望，在乎早成名，早歸寧。（《與王式書》，《歐陽行周文集》卷八）

晚唐詩人李頻說得更爲明白：

一第知何日，全家待此身。（《長安感懷》，《全唐詩》卷五八九）

唐朝士人爲什麼久試不第，但仍然孜孜白首，至於不休，杜甫在長安，「殘杯與冷炙，到處潸悲辛」，而仍鍥而不捨，似都可以從這種時代氣氛中得到解釋。

唐人有所謂「五十少進士」的說法，意謂五十歲進士及第，還算年少。這絕不是誇張的話。《國史補》說，由於從進士出身者多成爲名人，「故爭名常切」（卷下），這就增加了登第的艱難。詩人元結於天寶十三載（七五四）進士登第，這時元結已三十五歲，但他自已還說是「方年少」（《文編》自序）。中唐時，崔元翰年五十始舉進士（《舊唐書．于邵傳》）。《唐摭言》還記載一崔某者，累舉進士不第，其外兄鎮南海，勸他放棄考進士，「以他途入仕」，但他死活不肯，年老龍鍾，又出入於場屋者十多年，才算中了第（《唐摭言》卷四《節操》）。其他像晚唐詩人曹松及王希羽等，都是七十多歲才考中的（見《唐摭言》卷八《放志》）。又如像李蠙，初名虬，將赴舉時，做了一個夢，夢見他的名字上加了一劃，成爲「虱」字。醒來一想：「虱者蠙也。」索性改了名，圖個吉利，據說那年果然登了第（尉遲樞《南楚新聞》）。寫讀書人因切盼科舉及第而產生這種愚妄可笑的想法，眞可以說是婉而多諷。

二

對於名利場中人的挖苦和諷刺，還可見之於托名溫庭筠所作的《干𦠆子》中的一則故事：

> 貞元中，蕭俛新及第時，國醫王彥伯住太平里，與給事鄭雲逵比舍。忽患寒熱，詣彥伯求診候，誤入雲逵第。會候門人他適，雲逵立於中門，俛首趨曰：「某前及第，有期集之役，忽患……」具說其狀。逵延坐，爲診其臂，曰：「據脈候，是心家熱風。雲逵姓鄭，若覓國醫王彥伯，東鄰是也。」俛赧然而去。（《蕭俛》）

這裡的幾個人物，歷史上都是實有其人的。蕭俛確實是貞元中進士及第，穆宗時當過宰相，在強藩擅命的中唐時代，他一再主張削兵，是一個缺乏見識、無所作爲的官僚。⑨，這裡鄭雲逵說他「是心家熱風」，是暗諷他的所謂寒熱乃由躁進所致，觸及蕭俛的心病，故爾「赧然而去」。這可能出於小說家的隨手拈合，但寫新科進士的心理是十分眞切的。另外，我們還可以舉出晚唐詩人許棠自己的話來作印証。據南唐人劉崇遠《金華子雜編》卷下載：

許棠常言於人曰：往者年漸衰暮，行卷達官門下，身疲且重，上馬極難。自喜一第以來，筋骨輕健，攬轡升降，愈於少年時。則知一名能療身心之疾，眞人世孤進之還丹也。

據《唐才子傳》（卷九），許棠於咸通十二年（八七一）登進士第，年已五十歲。可見也是累困於科場的人物，每年到達官貴人門下行卷趨候，其奔走困乏與焦躁不安是可以想見的，而一旦得第，雖已到知命之年，卻是「筋骨輕健」，登車上馬，感到比年輕時還靈活了。這使我們想起許澤詠嘆及第的詩：

世間得意是春風，散誕經過觸處通。細搖柳臉牽長帶，慢撼桃株舞碎紅。……（《及第後春情》）

⑩

長期的失意與壓抑，一旦中第，精神上的振奮與衝動會給人以異常的刺激，吳敬梓《儒林外史》所描寫的周進與范進，就是這樣的，我們從唐人的詩文中也看到了類似的情況，這都使我們增進對中國古代社會風尚和文人生活的認識。

又譬如曹鄴，這位來自水清山秀之鄉的桂林陽朔詩人，寫他久舉不第的貧困處境和痛苦心情，說「一辭桂嶺猿，九泣東門月。年年孟春時，看花不如雪。僻居城南隅，顏予須泣血。沉埋若九泉，誰肯開口說。」（《成名後獻恩門》）這是他登第後的回顧，眞有如像韓愈所說的，「當時行之不覺也，今而思之，如痛定之人思當痛之時，不知何能自處也」（《與李翺書》）。曹鄴後來寫得第後情緒的細膩變化，也頗有意思，如寫他出門：—

匆匆出九衢，僮僕頻色異。故衣未及換，尚有去年淚。晴陽照花陰，落絮浮野翠。對酒時忽驚，猶疑夢中事。（《杏園即席上同年》）

這種喜極而疑，是對長期失意而造成的抑鬱的精神世界的精細刻劃。中唐時詩人姚合，及第後，半夜驚起，猶疑似在夢中：

夜睡常驚起，春光屬野人。新銜添一字，舊友遜前途。喜過還疑夢，狂來不似儒。……（《及第後中夜書事》，《姚少監詩集》卷六）

而韓偓，則更以其清俊的文筆，寫及第新進士喜赴期集的灑脫舉止：

輕寒著背雨凄凄，九陌無塵未有泥。還是平時舊滋味，漫垂鞭袖過街西。（《初赴期集》，《玉山樵人集》）

正因爲進士及第得來不易，因此凡舉子得能及第者，必有各種慶宴，這在本書論進士的曲江、杏園等宴集時已經作過介紹。當時把朋僚的這種慰賀，有叫做燒尾的。唐時的燒尾一詞，有好幾種解釋，據宋人葉夢得的《石林燕語》所記，則謂：「《唐書》言大臣初拜官，獻食天子，名曰燒尾。蘇瓌爲相，以食貴，百姓不足，獨不進。然唐人小說所載與此不同，乃云士子初登科，及在官者遷除，朋僚慰賀，皆盛置酒饌音樂宴之，爲燒尾。」（卷四）葉石林所謂的「唐人小說」，當是指封演的《封氏聞見記》，其書卷五有《燒尾》條：「士子初登榮進及遷除，朋僚慰賀，必盛置酒饌音樂，以展歡宴，謂之燒尾。說者謂虎變爲人，惟尾不化，須爲焚除，乃得成人。」封演的話是符合實際的，晚唐時黃滔在祝賀友人登第時就用了燒尾一詞：

今年春已到京華，天與吾曹雪怨嗟。甲乙中時公道復，朝廷看處主司誇。飛離海浪從燒尾，咽卻金丹定易牙。不是駕前偏落羽，錦城爭得杏園花。（《喜陳先輩（嶠）及第》，《唐黃御史公集》卷三）

當時新及第進士的各種宴集，是頗有規模的。中唐時沈亞之在《送同年任畹歸寧序》中就寫了其中的一種：

（元和）十年，新及第進士將去都，乃大宴，朝賢卿士與來會樂，而都中樂工倡優女子皆坐，優人前讚，舞者奮袖出席，於是堂上下匏吹弦簧大奏。（《沈下賢文集》卷八）

黃滔、沈亞之寫的都是舉子登進士第的喜慶活動，他們都算是幸運兒。我們還應當看到那時舉子的大部分是落第的，由於他們是科場的失敗者，有些人考了十幾年、幾十年，可能終於無成，因此關於他們的情況，就很少記載，也就不大爲人所知。如果我們要全面研究唐代的科舉制，全面探討唐代的文人生活，那麼較及第者要多出好幾倍的這部分士人的命運和出路，是應當加以研究的。但是這方面的材料還不是太多，限制了我們的認識。我們只能大略地說，有些人累舉不第，有的就應藩鎮和地方州府的辟召，作爲他們的幕職；有的歸居田里，有的漂泊各地，有的則坎坷困頓，以至貧病而死。這些情況，在前面有關章節中曾分別有過介紹。這裡再作一些補充。

署名爲谷神子所撰的《博異誌》，其中有題爲《白幽求》的一篇（採自《太平廣記》卷四十六），記載道：

唐貞元十一年，秀才白幽求，頻年下第，其年失志後，乃從新羅王子過海，於大謝公島，夜遭風，與徒侶數十人，爲風所飄，南馳兩日兩夜，不知幾千萬里。

後面敘述白幽求在一山島上的種種遭遇，過了一段時間，重又歸還故里。這當然是小說家言，但從這裡的描寫中，可以看到，中唐時，士人屢舉不第的，就有人飄海至外國另覓生計。這是一種情況。

另一種是做道士，有的則是做了幾年道士後又還俗經商，發了財的。如陸龜蒙《送侯道士還太白山序》中說：「侯生嘗應舉，名彤，作七言詩，甚有態度。不見十年，自云載貢於有司，藝不中度，輒得黜齟，不與世合，去入老子法中，作道士，更名雲多，居太白山。」（《唐甫里先生集》卷十六）這個侯彤，雖然詩作得好，但不合試官的要求，連考了十年都沒有中，最後只得放棄科舉入仕的打算，在長安西部的太白山做一名道士，了其一生。又如《太平廣記》卷二十四《蕭靜之》：「蘭陵蕭靜之，舉進士不第。性頗好道，委書策，絕粒練氣，結廬漳水之上。十餘年而顏貌枯悴，齒髮凋落。一旦引鏡而怒，因遷居鄴下，逐市人求什一之利，數年而資用豐足，乃資地葺居。」這個蕭靜之，最初是想走科第發跡的道路，但走不通，只好做道士，但入道卻又嫌生活清苦，於是索性經商，終於發達起來。中唐以後，商業經濟十分活躍，因經商而致富的很多，唐人詩篇中描寫商人生活的富侈，氣度的豪華，是不少的。可以想見，商業的繁榮發展，當會吸引相當數量的科第失意者加入其行列，而商賈力量的增長，當然也會相應的要求政治上的出路，唐代進士出身中，有不少即是商賈之子。我們研究唐代的文學和文人生活，是不能忽視中唐以後日益興盛起來的城鄉貿易和商業流通的。

有些落第舉子則是出家爲僧，如《宋高僧傳》卷二六《增忍傳》，記增忍原爲儒家子，「數舉不捷」，不得已，就「頓掛儒冠，直歸釋氏」。在唐朝朝野上下佞佛成風的情況下，皈依寺院也不失爲一條出路，《佛祖歷代通載》卷十六就記載僧徒對進京應試的儒生說：「選官何如選佛。」就是因爲「選佛」也是一條名利之途。（關於這方面的情況，可參看李斌誠《論唐代士大夫與佛教》，《魏晉隋唐史史論集》第二輯，中國社會科學出版社一九八三年十二月版）。

另外，《博異誌》中還有一篇《敬元穎》，說：「天寶中，有陳仲躬家居金陵，多金帛。仲躬好學，修詞未成，乃攜數千金，於洛陽清化裡假居一宅。」此後敍述陳仲躬於宅內井中救一女鬼，名敬元穎，得其所助，移居立德場，自後乃「文戰累勝，爲大官」。陳仲躬是科舉及第者，從這篇小說中，可以看出，當時南方的一些富室，爲求仕進，謀求在學業上有所長進，情願放棄故土，攜家財而移居於中原名城。可見科舉制對社會生活的影響。這條材料對於研究唐代南北的人口流動也頗有價值。

科舉的發展，使它的影響擴及於家庭生活，人們對一個人的社會地位的看法，人們的價值觀念，以及倫理觀念，都有新的變化；這應當看作是科舉制對社會風氣影響深刻化的表現。譬如《南部新書》丁卷載：

杜羔妻劉氏，善爲詩。羔屢舉不第，將至家，妻先寄詩與之曰：「良人的的有奇才，何事年年被放回。如今妾面羞君面，君若來時近夜來。」羔見詩，即時回去。

後面又寫杜羔登第後，其妻又以詩招其回家。劉氏既然是「善爲詩」，當是一個才女子，但這個才女卻是酸腐得厲害，在她的眼中，丈夫的才奇不奇，是以科舉的是否及第爲標準的。眞是無獨有偶，這不禁使人們想起了《儒林外史》中的魯小姐。《儒林外史》第十一回寫魯小姐自幼受父親的教育，把八股制藝一套弄得很熟，不想招來一個女婿蘧公孫卻是風流名士，不把舉業放在心上。家裡人見她平時「愁眉淚眼，長呼短嘆」，就勸她，說這位新姑爺乃是「少年名士」，不想卻引起了她的反駁：「自古及今，幾曾看見不會中進士的人可以叫做個名士的？」魯小姐與這位劉氏，眞可以說是古今雙璧，相映成趣。

如果說劉氏之羞與其夫相見，乃出於世俗之見，那末《玉泉子》所載趙琮妻子爲丈夫不第而感受到屈辱，則是因爲遭到社會輿論的冷酷的壓力：

趙琮妻父爲鍾陵大將，琮以久隨計不第，窮悴甚，妻族益相薄，雖妻父母不能不然也。一日軍中高會，州郡請之春設者（按此句頗費解，未知有誤字否），大將家相率列棚以觀之。其妻雖貧，不能無往，然所服故敝，衆以帷隔絕之。設方酣，廉使忽馳吏呼將，將驚且懼。既至，廉使臨軒，手持一書，笑曰：「趙琮得非君子婿乎？」曰然。乃告之，適報至，已及第矣。即授所持書，乃榜也。將遽以榜歸，呼曰：「趙郎及第矣！」妻之族即撤去帷障，相與同席，競以簪服而慶遺焉。

這裡生動地描寫了一個人及第與否，在人們的心目中，價值是怎樣的不同。久舉不第，其妻雖爲節鎮大將之女，也被親族所辱，一旦榜至，則又被刮目相待。封建社會中，對於人們的身份價值與社會地位的衡量，一是看他擁有土地的多寡，二是看他官位的高低，而在一般情況下，無寧說後者更爲重要，因爲對於封建社會來說，權勢通常是起主導作用的，有了權，就可以仗勢欺人，可以魚肉鄉里，可以霸佔田產，種種不法之事都可以幹出來。而從唐開始，由於實行以科舉取士，科第成爲通向官僚機構的階梯，因此一個人能否在科試中獲得成功，也就是衡量這個人價值的主要標準。

譬如《太平廣記》卷二五一《孟君》篇，記道：「貞元中，有孟員外者，少時應進士舉，久不中第，將罷舉，又無所歸。托於親丈人省郎殷君宅，爲殷氏賤厭，近至不容。」這位孟君，又不幸染病，丈人就索性給了他三百文錢，趕他出門。孟君後來住在一個卜相者之家，相者預言他將來必富貴，乃「又卻住殷君宅，殷氏見甚薄之，亦不留連，寄宿馬廄」。這裡可以看出唐代官紳之家的人情勢利，女婿考試不第，乃漸見厭薄，生了病，把他趕出門，又回來，就讓他住馬廄。這種新鮮的社會史料，是不容易在正史中找見的。可以想見，科場失利的文士，落魄到無以自存的地步，在唐代這個爲人所艷稱的中古盛世，一定是爲數不少的，這裡所寫，只不過是其中的一角而已。《北夢瑣言》卷四：

唐進士宇文翃，雖士族子，無文藻，酷愛上科。有女及笄，眞國色也，朝之令子弟求之不得。時竇璠年逾耳順，方謀繼室，其兄諫議，頗有氣焰，能爲人致登第。翃嫁女與璠，璠爲言之元昆，果有所獲。相國韋公說，即其中表，甚鄙之。

按照姓氏門第，宇文翃當是北朝沿襲下來的士族，但在晚唐，這一門第已經淪落了，他爲了要取得科舉上第，竟將其女兒嫁給七十老翁爲繼室。宇文翃的這一舉動，當然會受到時人的鄙視，但我們從歷史研究的角度出發，卻可以看到歷史發展的客觀進程確是冷酷無情的：舊門第的衰落，新官僚的興起，落魄的士族後代要謀取政治上的出路，不得不由科舉入仕，而要這樣做，又不得不巴結朝廷上的新貴；他們沒有別的資本，只有出讓自己的女兒。這就是當時上層社會的群醜圖。

科舉對社會風氣的多方面的影響，還可以從李肇《國史補》（卷下）的一則記載中看出：

> 李直方嘗第果實名爲貢士之目者，以綠李爲首，楞梨爲副，櫻桃爲三，甘子爲四，蒲桃爲五。或荐荔枝，曰：「寄舉之首。」又問：「栗如之何？」曰：「取其實事，不出八九。」始范曄以香品時輩，後侯朱虛撰《百官本草》，皆此類也。其升降異趣，直方多則而效之。

此事又見於《唐語林》卷一，《紺珠集》卷三，《類說》卷二十六，《侯鯖錄》卷一。可見引起知識階層普遍的注意。這原是一件小事，但從這種生活瑣事的記載中，可以見出科舉考試對社會生活影響的廣泛，以及引起封建士大夫們審美心理的變化，都是很有意思的。

三

關於唐代科舉對社會風氣、社會生活的影響，我們還可以再從避諱、相卜與倡妓幾方面來加以敘述。

避諱的風氣似乎是自古有之。《左傳》、《禮記》中都有避諱的記載，但作為社會風氣盛行於世，則是在南北朝時，這是與那一時期豪門大族以門第相尚、高自標置分不開的。清朝有名的考據學家及文學家趙翼已經注意到這一點，他在《陔餘叢考》中說：

> 六朝時最重犯諱。《南史》：謝鳳之子超宗，以劉道隆問其有鳳毛，輒走匿不敢對。後超宗謂王僧虔子慈曰：「卿書何如虔公書？」答曰：「如鷗比鳳。」超宗狼狽而退，蓋各觸父諱故也。殷鈞尚永興公主，公主憎之，每召入，滿壁書其父睿名，鈞輒流涕而去。（卷三一《覿面犯諱》）

趙翼這裡講的是六朝的情況。唐朝時門閥的經濟基礎和政治地位雖然已從根本上被削弱，但門第觀念仍保留有較大的影響，所謂避家諱的風氣依然在士大夫中間嚴重地存在。對於士人來說，這種避諱的習俗，更須嚴格注意，一不小心，觸犯了私諱，就要失去成名得第的機會。南宋人洪邁記述他父親洪皓從金國出使歸來，帶回流散在燕薊一帶的舊籍，其中有一部書叫《貽子錄》，書中記載說：唐朝懿宗時有一個叫盧子期的人著有《初舉子》一書，對科舉試中應須注意的事項，記載得「細大無遺」，書中特別告誡舉子們在三場考試時，賦詩作文，要避皇帝的諱、宰相的諱，以及主考官的諱（洪邁《容齋隨筆》卷十三《貽子錄》）。《初舉子》是類似於升學考試指導一類的書，它把避諱作為科場考試時需要特別注意的問題提出來，就可見這個問題確是非同一般。讀書人一心想考試及第，有時把避諱弄到迷信可笑的地步，像《初舉子》中所舉出的事例，「士人家小子弟，忌用熨斗時把帛，慮有拽白之嫌」。拽白就是考試時一個字也答不出，交白卷。

避諱的風氣在官場中更爲盛行，如賈曾因爲父名忠，就推辭不做中書舍人（《南部尚書》甲卷）。袁德師因爲父名高，重陽日朋友聚會，請吃糕，他就說：「某不敢吃，請諸公破除。」（《劉賓客嘉話錄》）有一個舉進士的周瞻，去拜見宰相李德裕，在門外連續等了一個多月還未能得見。後來守門人提示周瞻說：「宰相的父親名叫吉甫，是諱『吉』字。因此宰相每次見到你的名片，總是要皺眉頭。」（《唐語林》卷七補遺）這種避諱的習性已到了怪癖的地步。不管這些記載可靠性如何，但可以看出唐代士大夫官僚階層中避忌家諱的風氣是何等的濃厚。只有從這樣一種時代背景中，我們才能對韓愈爲李賀所作的《諱辨》一文有具體深切的了解。

元和十五年（八一〇），李賀經過河南府試，被荐送到長安應進士試，當時就有人造輿論，說李賀父名晉肅，「晉」與「進」同音，李賀應進士試是犯了父諱。韓愈的《諱辨》說：

愈與李賀書，勸賀舉進士。賀舉進士有名，與賀爭名者毀之曰：「賀父名晉肅，賀不舉進士爲是，勸之舉者爲非。」聽者不察也，和而唱之，同然一辭。皇甫湜曰：「若不明白，子與賀且得罪。」（《韓昌黎文集校注》卷一）

現在看來是何等的小事，在當時卻要如此鄭重的對待，如果不放在特定的歷史環境中去認識，確實是不易理解的。

唐代前期雖曾由皇帝的名義下詔，申令「二名不偏諱」、「臨文不諱」⑪，但首先在統治階級上層，不僅保存，而且助長這種風氣。如唐玄宗任命蘇頲爲相，命中書舍人蕭嵩起草制書，制文中有「

國之環寶」四字，玄宗看了，對蕭嵩說：「頲，瓌之子，朕不欲斥其父名，卿爲刊削之。」蕭嵩聽了後，「慚懼流汗，筆不能下者久之」（鄭處晦《明皇雜錄》卷下）。唐代考場中規定，進士入試時，如果試題中遇有家諱，「即托疾下將息狀來出，云牒某，忽患心痛，請出試院將息」（《南部新書》丙卷）。此人本年的科試就算告吹了。但如果他隱瞞，一旦查出，則犯了清議，就會影響一輩子的前途。明瞭這些，就可以知道韓愈當時寫《諱辨》一文，確實需要有相當的勇氣。洪邁說：「唐人避家諱甚嚴，固有出於禮律之外者。……韓文公作《諱辨》論之至切，不能解衆惑也。《舊唐史》至謂韓公此文爲文章之紕謬者，則一時橫議可知也。」（《容齋隨筆》卷十一《唐人避諱》）這就是說，韓愈雖然寫了這篇《諱辨》，但仍敵不過世俗之橫議，而李賀也終於未能應進士試。

附帶說一下，唐人的這種避諱習俗在詩文創作中也有影響，據宋人說，杜甫因爲父名閑，因此整個一部杜集，沒有用過一個「閑」字，宋時杜集惟獨有一聯云：「見愁汗馬西戎逼，曾閃朱旗北斗閑。」但據宋朝杜集的校輯專家王欽臣考証，這個「閑」字，五代時的本子原是「殷」字，是宋朝人避大宋皇帝先祖的廟諱而改換的，⑫但他們沒有想到這卻使杜甫背了觸犯家諱的名聲。

唐人舉子向達官名卿行卷，更須注意不能觸犯對方的家諱，否則不但達不到荐引揄揚的目的，反而因此斷送了前程。如《唐摭言》卷十一《惡分疏》載：

文德中，劉子長出鎭浙西，行至江西；時陸威侍郎猶爲郎吏，亦寓於此。進士褚載緘二軸投謁，誤以子長之卷面贄於威。威覽之，連有數字犯威家諱，威因拱而矍然。載錯愕，白以大誤，尋以長箋致謝，略曰：「曹興之圖畫雖精，終慚誤筆；殷浩之矜持太過，翻達空函。」

關於這方面的情況，本書《進士行卷與納卷》一章已有論述，這裡就不詳談了。

這種避家諱的情況，北宋初還是如此，南宋時就不那麼嚴重了。如宋王栐《燕翼貽謀錄》卷四：「唐人重於避諱，國初此風尚在。劉溫叟以父名岳，終身不聽樂，部曲避監臨家諱尤甚。」又莊季裕《雞肋編》卷下載：「紹興中，范漴知鄂州，以父名崿辭，不聽。」宋代的情況與唐代有很大的不同，於此也可看出。正如前引《雞肋編》所說：「二名偏諱，皆所不當避者，而唐世法乃聽之，與今條令蓋少異矣。」

看相也是唐以前就有的，漢代的嚴君平，就是名盛一時的相者，屢爲後世文士所稱道。從唐代開始，科舉制興起，看相的行業得到意外的發展。我們不妨引沈括講北宋的情況來看一看：

京師賣卜者唯利舉場，時舉人占得失，取之各有術。有求目下之利者，凡有人問，皆曰必得。士人樂得所欲，竟往問之。有邀以後之利者，凡有人問，悉曰不得。下第者常過十分之七，皆以謂術精而言直。後舉倍獲，有因此著名，終身餐利者。（《夢溪筆談》卷二十二）

沈括講的是北宋開封的情況，說開封賣卜者主要是做舉場的生意，卜者揣摩舉子的心理，揀其樂意聽者而答之。應當說，這種情況不是從宋開始的，唐代的長安，這種行業已經很發達了。《太平廣記》卷二六一《鄭群玉》條（據《干膙子》）云：

唐東市鐵行，有范生，卜舉人連中成敗，每卦一縑。秀才鄭群玉短於呈試，家寄海濱，頗有生涯，獻賦之來，下視同輩，意在必取，僕馬鮮華。遂齎緡三千，並江南所出，詣范生。范喜於異禮，卦成，乃曰：「秀才萬全矣。」群玉之氣益高。比入試，又多齎珍品，烹之坐享。以至繼燭，見諸會賦，多有寫淨者，乃步於庭曰：「吾今下筆，一字不得生，鐵行范生，須一打二十！」突明，竟掣白而去。

長安的東市是有名的市場，范生在市場的鐵行設座賣卜，每次一縑（唐制布帛四丈爲一縑），所取不可謂低了。由此可見問卜之人必多，否則就不能維持這個價格。鄭群玉爲海濱富室，精於人情世故的范生當然一眼就看穿他的底細，順著他的意思，保他「萬全」，結果這位鄭秀才卻是熬了一夜，交了白卷走出考場。與此則所記類似的，還有康駢《劇談錄》的一條記載：

開成中，有龍復本者，無目，善聽聲揣骨，每言休咎，無不必中，凡有象簡竹笏，以手捻之，必知官祿年壽。（卷上《龍待詔相笏》）

唐駢風趣地說這位失明的相者，凡有像簡竹笏，必用手捻之，然後知官祿年壽，這也無非揀官僚們所樂意聽而言之罷了。因此康駢在此條之末議論說：「自咸通、乾符以來，京國察相者殊多，言事適中者殊少。」本來這種迷信行業完全靠的是編造，但他們因時代的風氣，投合人們的心理，他們之所以能在社會上存在，也有其社會的原因。唐代的科舉考試，本身並不完密，前面一些章節中曾經講到，科試中之及第與落第，有不少偶然因素，再加上貴族官僚的行私納賄，宦官等勢力的從中插手，情況就更加複雜。士人之能否及第，並不完全取決於本身的才學。再加上某些士人求名心切，巴望早日躋身於官場，於是卜卦之業，就有存在和發展的基礎。

這種情況，即使名人，也在所難免。如鼎鼎大名、有唯物主義思想家之稱的柳宗元，在應試前也曾在長安問過卜：

僕之始貢於京師，蓍者卦之曰：是所謂望而未睹，隱而未見，瞠乎遠而有榮者也。今茲歲在鶉首，若合於壽星，其果合乎？僕時怛然遲之，謂其誕慢怪迂，是將不然，然而僅置於懷耳，未克決而忘之也。後果依違遷就，四進而獲，卒如其言云。噫！彼莫莫者，其有宰於人乎？不然，何其應前定若是之章明也。（《送蔡秀才下第歸覲序》，《柳宗元集》卷二十三）

柳宗元是貞元五年（七八九）到長安，貞元九年（七九七）春進士登第，考了四回，所以說「依違遷就，四進而獲」。這位蔡秀才下第歸家，柳宗元用「定數」來安慰他，這當然是可以理解的，但由此也可看出，即使「俊傑廉悍」、「踔厲風發」如子厚者尚且如此，其他則更可想而知。

晚唐詩人崔塗也是「窮年羈旅」（《唐才子傳》卷九）、屢舉不第的，他有《問卜》一詩：

承家望一名，幾欲問君平。自小非無志，何年即有成。豈能長失路，爭忍學歸耕。不擬問昭代，悠悠寄此生。（《全唐詩》卷六七九）

出身貧寒的士人，所盼者無非「承家望一名」，在多次失望的情況下，不禁起「何年即有成」之嘆，問卜就是他們百無聊賴的自我慰藉罷了。

現再將科試與問卜的幾條材料抄錄於下，以備研討：

元和中，（孟）簡將試，詣日者卜之。曰：「近東門坐，即得之矣。」既入，即坐西廊。迫晚，忽得疾，鄰坐請與終篇，見其姓，即東門也，乃擢上第。（《唐詩紀事》卷四十一《孟簡》）

張曙、崔昭緯中和初同舉，相與詣日者問命。曙時自負才命藉甚，以爲將來狀元，崔亦分居其下。日者殊不顧曙，第目崔曰：「將來萬全高第。」曙有慍色。日者曰：「郎君亦及第，然須待崔拜相，當此時過堂。」既而曙果不終場，昭緯首冠。……後七年，昭緯爲相，曙方登第，果於昭緯下過堂。（《唐詩紀事》卷六十六《張曙》）

李相國揆，以進士調集在京師，聞宣平坊王生善《易》筮，往問之。揆時持一縑晨往，生爲之開卦曰：「君非文字之選乎？當得河南道一尉。」揆負才華，不宜爲此，色悒忿而去。王生曰：「君無怏怏。自此數月，當爲左拾遺，前事固不可涯也。」揆怒未解。生曰：「若果然，幸一枉駕。」揆以書判不中第，補汴州陳留尉，始以王生之言有徵，後詣之。（《前定錄》）⑬

近世學者注意於進士科與倡妓之關係的，據筆者所知，最早應推陳寅恪先生。陳先生在《讀鶯鶯傳》一文中說：

故眞字即與仙字同義，而會眞即遇仙或遊仙之謂也。又六朝人已侈談仙女杜蘭香萼綠華之世緣，流傳至於唐代，仙（女性）之一名，遂多用作妖艷婦人，或風流放蕩之女道士之代稱，亦竟有以目倡妓者。其例證不遑悉舉，即就《全唐詩》卷一八（按即中華書局整理本卷四九四—琮）所收施肩吾詩言之，如《及第後夜訪月仙子》云：自喜尋幽夜，新當及第年。還將天上桂，來訪月中仙。及《贈仙子》云：欲令雪貌帶紅芳，更取金瓶瀉玉漿。鳳管鶴聲來未足，懶眠秋月憶蕭郎。即是一例。而唐代進士貢舉與倡妓之密切關係，觀孫棨《北里志》及韓偓《香奩集》之類，又可證知。（《元白詩箋證稿》頁一〇六）

陳先生提出了這個問題，但他對這一問題的論述並沒有展開。倡妓的問題是比較複雜的，它是剝削制度社會的產物，在這之中，女性是受害者，但倡妓制又是社會腐朽性的表現，倡妓是社會的寄生階層。應當作具體的分析。就唐代的進士舉子來說，也應當作具體分析，有些是官僚或富室的紈袴子弟，他們來到長安，尋花問柳，無非是狎客之流，僅把淪落在妓院中的女子當作玩物，如那個憑藉宦官仇士良的權勢取得狀元的裴思謙，在登第後宿於平康里妓院中，作詩道：「銀缸斜背解鳴璫，小語低聲賀玉郎。從此不知蘭麝貴，夜來新惹桂枝香。」（《唐摭言》卷三）風格輕佻，一如其人，是完全不足取的。但也有的士人確與某些倡妓有較爲眞實的感情。唐代長安的倡妓，多集中居住於平康里，平康里也就成爲少年進士嚮往的地方。這種情況自唐玄宗時即已如此。如王仁裕《開元天寶遺事》記：「長安有平康坊，妓女所居之地，京都俠少萃集於此，兼每年新進士以紅箋名紙遊謁其中，時人謂此坊爲風流藪澤。」而平康里的女子，也視進士舉子爲詩文雅談之友，她們當中不少人也有較高的文化修養，如孫棨《北里誌序》說：

諸妓居平康里。……其中諸妓多能談吐，頗有知書言詩者。自公卿以降，皆以表德呼之，其分別品流，衡尺人物，應對非次，良不可及，信可輟叔孫之朝，致楊秉之惑。比常聞蜀妓薛濤之才辨，必謂人過言，及睹北里二三子之徒，則薛濤遠有慚德矣。

孫棨對平康女子是抱同情讚美態度的，他的這部篇幅並不大的著作《北里誌》，對研究唐代中後期長安的倡妓生活，及進士與倡妓的關係，有著很可寶貴的資料。當時的一些舉子與這般淪落風塵的女子，互相愛慕，往往找機會會面，《北里誌》的《海論三曲中事》條說：「諸妓以出里（平康里）艱難，每南街保唐寺有講席，多以月三八日相牽率聽焉，皆納其假母一緡，然後能出於里。……故保唐寺每三八日士極多，蓋有期於諸妓也。」

韓偓也有幾首寫他與妓女相愛的詩，如《及第後出家別錦兒》詩：「一尺紅綃一首詩，贈君相別兩相思。畫眉今日空留語，解珮他年更可期。臨去莫論交頸意，清歌休著斷腸詞。出門何事休惆悵，曾夢良人折桂枝。」（《玉樵山人集》）但韓偓這類的詩，體格總嫌輕薄。現在所見記述唐代進士與妓女的事跡，當以所傳歐陽詹與太原樂籍中女子爲最深切動人，今據《太平廣記》卷二七四抄錄於下：

歐陽詹字行周，泉州晉江人。弱冠能屬文，天縱浩瀚。貞元年登進士第，畢關試，薄遊太原，於樂籍中，因有所悦，情甚相得。及歸，乃與之盟曰：「至都，當相迎耳。」即灑泣而別，仍贈之詩曰：「驅馬漸覺遠，回頭長路塵，高城已不見，況復城中人。去意既未甘，居情諒多辛。五原東北晉，千里西南秦。一履不出門，一車無停輪。流萍與繫浮，早晚期相親。」尋除國子四門助教，居京。籍中者思之不已，經年得疾且甚，乃危妝引髻，刃而匣之，顧謂女弟曰：「吾其死矣。苟歐陽生使至，可以是爲信。」又遺之詩曰：「自從別後減容光，半是思郎半恨郎。

欲識舊時雲髻樣，爲奴開取鏤金箱。」絕筆而逝。及詹使至，女弟如言，徑持舊京，具白其事。詹啓函閱之，又見其詩，一慟而卒。」

《全唐詩》卷四七三載孟簡《詠歐陽行周事》詩，其自序有云：

……初抵太原，居大將軍宴，席上有妓，北方之尤者，屢目於生，生感悅之，留賞累月，以爲燕婉之樂，盡在是矣。既而南轅，妓請同行，生曰：「十目所視，不可不畏。」辭焉，請待至都而來迎，許之，乃去。生竟以蹇連不克如約，過期，命甲遣乘，密往迎妓。妓因指望成疾，不可爲也，生死之夕，剪其雲髻，謂侍兒曰：「所歡應訪我，當以髻爲貺。」甲至，得之，以乘空歸，授髻於生。生爲之慟怨，涉旬而生亦歿。……

孟簡序與《太平廣記》所載可以互看。歐陽詹是實有其人的，他與韓愈同年登進士第。韓愈有《歐陽生哀辭》（《韓昌黎文集校注》卷五），未記與太原妓之事，且歐陽詹之死當在貞元之末，因此《太平廣記》所記，事之有無，尚在疑似之間。但《歐陽行周文集》卷二確有《初發太原途中寄太原所思》詩，即《太平廣記》所載者，文集中有好幾首記遊太原詩，則歐陽詹登第以後確曾有太原之遊。故事是動人的，即使歐陽詹未有其事，但作爲文學作品來讀，也可見出妓女的悲慘命運，歐陽詹之「一慟而卒」，比起唐人傳奇中的張生、李益來，其形象眞淳多了。宋代詞人秦觀的著名詞作《滿庭芳》，結句爲「高城望斷，燈火已黃昏」，有的注本即以爲從歐陽詹的「高城已不見，況復城中人」化出。

關於唐代的進士科舉與倡妓，還可以作進一步的研究，這裡只作一些材料上的介紹，以備參資。

【附註】

①載韓國磐著《隋唐五代史論集》，三聯書店一九七九年十月版。

②如《唐語林》卷四《企羨》：「宣宗好儒，多與學士小殿從容議論。殿柱自題曰：鄉貢進士李某。又：「宣宗愛羨進士，每對朝臣，問：『登第否？』有以科名對者，必有喜，便問所賦詩賦題，並主試姓名。或有人物優而不中第者，必嘆息久之。嘗於禁中題：『鄉貢進士李道龍。』」

③如《唐語林》卷三《雅量》：「夏侯孜在舉場，有王生者，有時名，遇孜下第，偕遊京西。鳳翔節度使館之，從事有宴召焉。酒酣，以骰子祝曰：『二秀才明年但得第，當擲堂印。』……」唐代節鎮及地方州府長官禮遇舉子及進士得第者的例子頗多，本書前也有引及，此不詳舉。

④參見明胡震亨《唐音癸籤》卷十八《詁箋》三，《進士科故實》。

⑤關於苗粲，可參《新唐書》卷七十五上《宰相世系表》五上，又請參考我與張忱石、許逸民合編的《唐五代人物傳記資料綜合索引》（中華書局一九八二年出版）

⑥苗晉卿，見兩《唐書》本傳。

⑦參見《唐語林》卷三「方正」門。

⑧《全唐文》卷五三六作李奕《登科記序》，誤，參本書第一章關於唐代登科記的考索。

⑨蕭俛事見兩《唐書》本傳及《通鑑》的有關部分。

⑩此詩見《全唐詩》卷五三六，四部叢刊本之《丁卯集》末收。

⑪ 見《全唐文》卷四太宗《二名不偏諱令》，卷十二高宗《臨文不諱詔》。

⑫ 《蔡寬夫詩話》見郭紹虞《宋詩話輯佚》）。

⑬ 此據《全唐文紀事》卷六十一《徵兆》。

第十六章 學校與科舉

講唐代的科舉制度，還應該講到唐代的學校，因爲從唐代起，學校就與科舉緊密相連。在唐代，中央和地方學校培養出來的學生，有一部分就是作爲舉子而應科舉考試（《新唐書・選舉誌》說：「唐制，取士之科，多因隋舊，然其大要有三：由學館者曰生徒，由州縣者曰鄉貢，……其天子自詔者曰制舉」）的。後來發展到明清兩代，舉子即是從學校中選拔。可見從唐代開始，學校教學的目的，就是爲培養合格的科舉應試的人才，學校成爲科舉的後備隊，官員的養成所。

本書不是教育制度史，因此不準備全面討論唐代的學校教育，只是從科舉與文學的角度，談談有關的一些方面，以便對唐代科舉與文學的社會背景，從多方面作一些探討。

一

唐代是中國古代封建社會國力空前強盛的王朝，爲適應大一統的局面，教育和學校制度也有不少特點。概括說來，一是教育行政組織較前完密，二是教育行政權進一步集中於中央，三是學校教育的內容較爲廣泛。下面我們作一些具體的介紹。

據《唐六典》、《新唐書·選舉誌》等的記載，唐代中央一級的學校，隸屬國子監的有六學，這就是國子學、太學、四門學、律學、書學、算學。玄宗開元後期，又設立廣文館，同屬於國子監。國子學、太學、四門學、廣文館類似於現在的綜合性大學，講授的內容主要是儒家經書，律學、書學、算學屬於專科學校性質，講授與各科專業有關的知識。國子學第六學的差別，不在於學業程度的深淺，而在於學生入學資格的高低，這所謂入學資格，指的是其家庭官階和門蔭地位。也就是說，並非國子學學生所學的課程要較太學的高深，或太學學生所學的課程要較四門學的高深，而是國子學學生的家庭出身比太學學生高，太學學生的家庭出身比四門學學生高。這也決定國子學地位比太學高，太學的地位比四門學高（按《柳宗元集》卷二十六《四門助教廳壁記》有云：「四門學之制，掌國之上士、中士、下士凡三等，侯伯子男凡四等，其子孫之爲冑子者，及庶士、庶人之子爲俊士者」）。這種情況正是封建等級制在學校教育中的反映。

據《新唐書·選舉誌》的記載，這六學學生的人數和入學資格，是這樣的：

國子學，生三百人，以文武三品以上子孫若從二品以上曾孫及勛官二品、縣公京官四品帶三品勛封之子爲之；太學，生五百人，以五品以上子孫、職事官五品期親若三品曾孫及勛官三品以上有封之子爲之；四門學，生千三百人，其五百人以勛官三品以上無封、四品有封及文武七品以上子爲之，八百人以庶人之俊異者爲之；律學，生五十人，書學，生三十人，算學，生三十人，以八品以下子及庶人通其學者爲之。

這裡我們可以看到封建社會學校教育的時代特點，就是，一，地位高的，人數少，地位低的，人數多，成爲金字塔形或寶塔形。二，國子學、太學、四門學入學的品階比律學、書學、算學高，前三者培養的目標主要是爲應進士、明經之用，也就是從政人才，後三者培養的是專科人才；—可見在唐代，封建教育已經是輕視技術專科人才。

除了國子監所管轄的六學（或七學，即加上廣文館）以外，還有二館，即弘文館，屬門下省；崇文館，屬太子東宮。弘文、崇文兩館，是當時的貴族學校，學生的人數少，入學的資格要求嚴，據《新唐書·選舉誌》的記載爲：「凡館二：門下省有弘文館，生三十人；東宮有崇文館，生二十人。以皇緦麻以上親，皇太后、皇后大功以上親，宰相及散官一品、功臣身食實封者、京官職事從三品、中書黃門侍郎之子爲之。」就是皇室和皇后、皇太后的近親，宰相、功臣及三品以上大官的兒子，才有入學的資格。弘文、崇文兩館也屬於大學性質，應進士、明經等科試。

另有崇玄學，屬祠部；醫學，屬太醫署；小學，屬秘書外省。

以上是中央系統的學校。地方系統的，府有府學，州有州學。府州學之下有縣學，各縣還沒有鄉校（或村學）。府州學的學生，學成之後可以應鄉試，合格後即作爲舉子荐送到京城應禮部試，有些則被選拔入京都的四門學。另外，府州也有崇玄學和醫學，統轄於中央的崇玄學和醫學。現據以上所述，列表如下：①

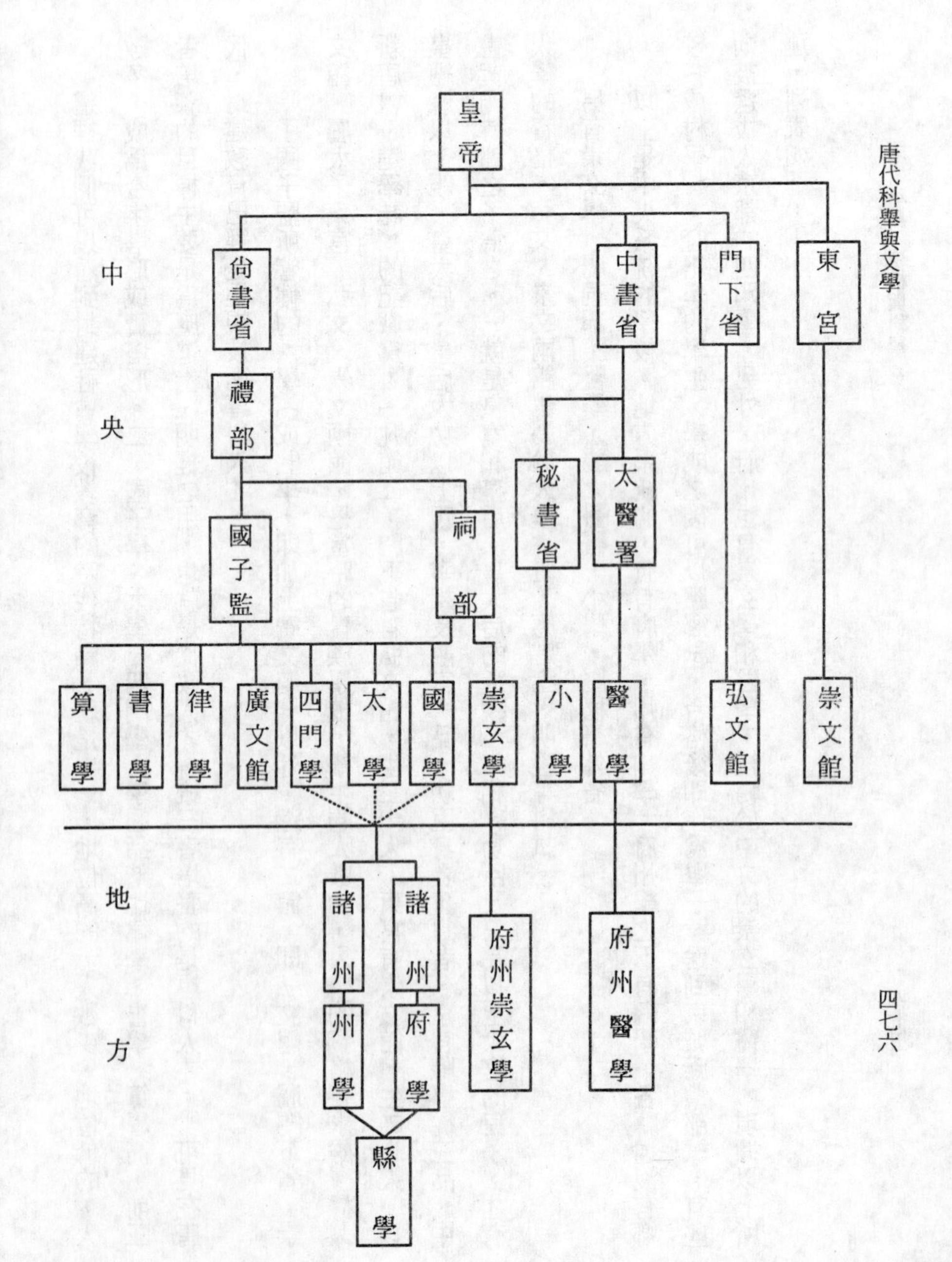
皇帝
尙書省
中書省
門下省
東宮
禮部
秘書省
太醫署
國子監
祠部
算學
書學
律學
廣文館
四門學
太學
國學
崇玄學
小學
醫學
弘文館
崇文館
中央
地方
諸州州學
諸州府學
府州崇玄學
府州醫學
縣學

中央系統各學館的人數，唐朝前期與後期差別很大，前期經濟發展，社會安定，因此學校的規模較大，學生的人數較多；安史亂後，社會動蕩，經濟衰落，政府收入減少，辦學的經費也相應縮減，教育得不到重視，學生的人數與前期相差很多。前面所舉六學、二館的名額，是據《唐六典》、《新唐書·選舉誌》的記載，大致反映開元以前的情況。國子學生三百名，太學生五百名，四門學生一千三百名，律學生五十名，書、算學生各三十名，以及弘文、崇文生共五十名，合計爲二千二百六十名。據有此書上記載，太宗貞觀時，學生人數則又大大超過此數，如《唐摭言》說：

> 貞觀五年以後，太宗數幸國學，遂增築學舍一千二百間，增置學生凡三千二百六十員。無何，高麗、百濟、新羅、高昌、吐蕃諸國酋長，亦遣子弟請入。國學之內，八千餘人，國學之盛，近古未有。（卷一《兩監》）

這是我國古代文化鼎盛發旺的時期，這種情況在古代世界歷史上也是少有的。

《唐摭言》這裡所謂的「兩監」，是指西京（長安）的國子監和東都（洛陽）的國子監。東都國子監置於高宗龍朔二年（六六二）。《舊唐書》卷四《高宗紀》龍朔二年正月記：「丙午，東都初置國子監，並加學士等員，均分於兩都教授。」②

《通典》有一個記載，是連中央和州縣學一起算的，謂：「弘文、崇文館學生五十員，國子、太學、四門、律、書、算，凡二千六百一十員，州縣學生六萬七百一十員，兩京崇玄館學生二百員。」（卷十五《選舉》三）這裡記州縣的學生有六萬多人，還不包括鄉校學生在內，可見唐代地方教育是比較發達的，它們不像中央學校那樣有嚴格的品階限制，入學的大部分是一般的中小地主、商人及自耕農的子弟。

唐朝中央的國學，大約以貞觀時爲最盛。武則天掌權，一方面崇信佛教，輕視儒學，另一方面大量從各地直接徵召文士，前來洛陽應試，這樣就造成學校的荒廢。韋嗣立於武則天時任鳳閣舍人（即中書舍人），曾上疏論事，《舊唐書》卷八十八《韋嗣立傳》載謂：

時學校頹廢，刑法濫酷，嗣立上疏諫曰：「……國家自永淳（六八二—六八三）已來，二十餘載，國學廢散，胄子衰缺。時輕儒學之官，莫存章句之選。貴門後進，競以僥幸升班；寒族常流，復因凌替弛業。考試之際，秀茂罕登，驅之臨人，何以從政？……」③

這種情況大約在開元、天寶年間稍有好轉（廣文館就是天寶時新設立的）。但安史亂後，中央的學校就一直不景氣，從此再也不能恢復舊觀。憲宗時李絳曾有《請崇國學疏》，談到這種情況，說：「自羯胡亂華，乘輿避狄，中夏凋耗，生人流離，儒碩解散，國學毀廢，生徒無鼓篋之誌，博士有倚席之譏，馬厩園蔬，殆恐及此。」（《全唐文》卷六四五）

中唐以後國學的衰落，一是表現爲學生人數的驟減，二是表現在入學資格的降低，前者如《新唐書·選舉誌》載：

元和二年，置東都監生一百員。然自天寶後，學校益廢，生徒流散。永泰中，雖置西監生，而館無定員。於是始定生員：西京國子館生八十人，太學七十人，四門三百人，廣文六十人，律館二十人，書、算館各十人；東都國子館十人，太學十五人，四門五十人，廣文十人，律館十人，書館三人，算館二人而已。

就是說，元和時所定國子監的入學人數，僅及開元以前的三分之一至四分之一。後者如韓愈《請復國子監生徒狀》：

> 國子監應三館學士等，準《六典》，國子館學生三百人，皆取文武三品已上及國公子孫從三品已上曾孫補充，太學館學生五百人，皆取五品已上及郡縣公子孫從三品已上曾孫補充，四門館學生五百人，皆取七品已上及侯伯子男子補充。右國家典章，崇重庠序。近日趨競，未變本原，至使公卿子孫，恥遊太學，工商凡冗，或處上庠。今聖道大明，儒風復振，恐須革正，以贊鴻猷。今請國子館並依《六典》，其太學館量許取常參官八品已上子弟充，其四門館亦量許取無資蔭有才業人充。……（《韓昌黎文集校注》卷一）

據韓愈所說，則除了國子學入學資格仍維持原來的以外，太學與四門學的入學資格，其標準都降低了。爲什麼會有這樣的變化呢？一方面固然與政府的財力不支有關，政府拿不出足夠的錢來建築和修理校舍（《全唐文》卷九十一載昭宗《修葺國學詔》，其中說：「國學自朝廷喪亂已來，棟宇摧殘之後，歲月斯久，榛蕪可知。宜令諸道觀察使、刺史與賓幕、州縣文吏等同於俸料內量力分抽，以助修葺。」修葺國學的校舍要靠抽官員的俸料，可見政府財力的拮据已到了何等程度），學校的物質基礎大爲削弱；另一方面，則與科舉有關，唐代前期，曾規定應試者須由兩監出身，有時雖然沒有這樣明確的規定，但人們的觀念中，「進士不由兩監者，深以爲恥」（《唐摭言》卷一《兩監》）。但到中唐以後，科舉競爭日烈，科場中的腐敗現象日益發展，貴要勢門出身的子弟，依仗權勢和財富，通關節，走後門，就能取得功名，而在學校中苦讀的，卻不一定就能及第。國子學等入學的貴要子弟，他們寧可走捷徑，憑仗父兄的權勢，直接從科場中去達到他們的要求。唐代的學校既然爲科舉而設，中唐以後出現的這種情況，當然導致學校教育的逐步荒廢和衰落。④

二

國子監的地點，在京兆府東萬年縣的務本坊。徐松《唐兩京城坊考》卷二，朱雀門街東第二街、街東從北第一務本坊：「半以西國子監（監東開街若兩坊，街北抵皇城，南盡一坊之地。監中有孔子廟，貞觀四年立），領國子監、太學、四門、律、書、算六學（《唐語林》：天寶中國學增置廣文館，在國學西北隅，與安上門相對。按國學之北即安上門）。」可知國子監占有半坊之地，國子學、太學、四門學、律學、書學、算學及玄宗時設置的廣文館，都在這裡。國子監的最高行政首腦爲祭酒，相當於後來的教育部長；其上則爲禮部。

中央各學的學官，據兩《唐書》的《職官誌》與《百官誌》，大致是：

國子學——博士二至五人，助教一至五人，直講四人，五經博士各二人，典學四人。

太學——博士三至六人，助教三至六人，典學四人。

四門學——博士三至六人，助教三至六人，直講四人，典學四人。

律學——博士一至三人，助教一人，典學二人。

書學——博士二人，助教一人，典學二人。

算學——博士二人，助教一人，典學二人。

廣文館——博士三至四人，助教一至二人。

崇文館——學士、直學士、文學、司直。（按弘文館、崇玄館未詳）

醫學——醫學博士一人，醫學助教一人；針博士一人，助教一人；按摩博士一人；咒禁博士一人；及醫師二十人，醫工百人，典藥二人，針師十人，針工二十人，按摩師四人，按摩工十六人，咒禁師二人，咒禁工八人。

皇城

朱雀門　安上門

興道	務本	平康
安仁	崇義	宣陽
光福	長興	親仁
靖善	永樂	永寧

朱雀門大街

由此可見，唐代醫學館所設的學官、教師及輔助人員，比其他學科，人數多，分工細，這是唐代醫學發達的反映。唐代的中央學，還設有律學、書學，這也說明唐代學校教育的內容是相當廣泛的。

又，上面所載，律學無直講，而據長安縣所存的萬歲通天元年（六九六）五月所立的《國子律學直講仇道朗墓誌銘》，則律學仍有設置直講的，清人毛鳳枝《關中金石文字存逸考》卷三，即據此論證云：「

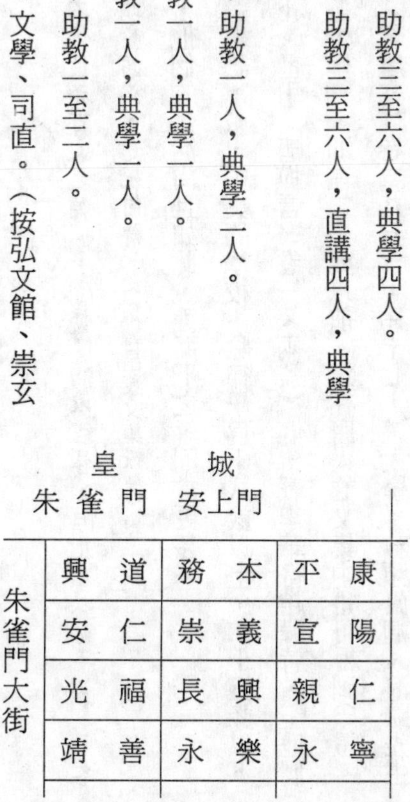

《新唐書・百官誌》，國子監有律學博士三人，從八品下，助教一人，從九品下，而無直講之名，得此可補其缺焉。」

學官除按品階高低領取俸祿外，還收受學生所送的束脩。不過在唐代，這種束脩只有象徵意義，並不佔重要地位。我們不大清楚唐代前期學官的生活情況，不過在中唐時，他們已不大受到人們的重視，實際生活相當清儉艱辛。如柳宗元說：

> 貞元中，王化既成，經籍少間，有司命太學之官，頗以爲易。專名譽、好文章者，咸恥爲學官。（《柳宗元集》卷二十六《四門助教廳壁記》）

韓愈的《進學解》則更維妙維肖地描寫國子博士的貧寒生活，這篇文章是韓愈抒憤懣之作，不無誇張，但當與實際情況相差不遠：

> 先生口不絕吟於六藝之文，手不停披於百家之編。……焚膏油以繼晷，恒兀兀以窮年。……冬暖而兒號寒，年豐而妻啼饑。頭童齒豁，竟死何裨。（《韓昌黎文集校注》卷一）

博士在國子監中還算是高級學官，他們的生活尚且如此，等而下之，則當更甚。

生徒入學的年齡，據《新唐書・選舉誌》載，中央的學校，除律學爲十八歲以上，二十五歲以下外，其他都爲十四歲以上，十九歲以下。前引《唐摭言》卷一《兩監》條，載李華寄趙驊詩，記他們早年在太學讀書的情況，也說「未冠遊太學」，即在二十歲以前。這在唐人的文集中也可得到印證。如韓修《許國文憲公蘇頲文集序》（《全唐文》卷二九五）：「十七，遊太學。」頻眞卿《浪跡先生玄眞子張志和碑》：「年十六，遊太學，以明經擢第。」（《顏魯公文集》卷九）《唐詩紀事》卷八郭元振條：「元振，魏州人。年十六，與薛振、趙彥昭同爲太學生，貲雄邁。」

中央各學的目標，就是爲了培養科舉的人材，入國子學、太學、四門學的生員，一進學就分爲舉進士或是舉明經（廣文館則是專爲培養進士科舉子的）。如楊炯《從弟去盈墓誌銘》稱：「國子進士楊去盈」（《楊炯集》卷九），就是說，楊去盈在國子學念書，是習進士科的。又如張說《唐故左庶子贈幽州都督元府君（懷景）墓誌銘》：「弱冠，以國子進士高第。」（《張說之文集》卷二十二）也是這樣的情況。又如《酉陽雜俎》續集卷一《支諾臯》上：「柳璟知舉年，有國子監明經，失姓名，晝寢，夢徙倚於監門。有一人負衣囊，衣黃，訪明經姓氏，明經語之，其人笑曰：『君來春及第。』……來春，明經與鄰房三人夢中所訪者，悉及第。」這裡所記的「國子監明經」，就是以後準備應明經試的學生。如果所習之業久不得第，也可改習他科。如韓愈《送陳密序》：「太學生陳密請於余曰：『密承訓於先生，今將歸覲其親，不得朝夕見，願先生賜之言，密將以爲戒。密來太學，舉明經，累年不獲選，是弗利於是科也，今將易其業而《三禮》是習，願先生之張之也。』」（《韓昌黎文集校注》卷四）《新唐書·選舉誌》又說：「即諸州貢舉省試不第，願入學者亦聽。」則來京師應試的舉子，禮部試落第，願意入中央學校的，也可繼續學習，準備再試（如《宣室誌》卷一載：「吳郡陸顒，家於長城之東，其世以明經仕。顒自幼嗜麥麵，餌食愈多而質愈瘦。及長，從本郡貢於禮部，既下第，遂爲生太學中」）。由此可見，國子學等學館的教育，主要目標並不是在於所謂進德修業，而是有著極其現實的目的，即是應科舉試。

正因如此，所以教學內容的安排，規章制度的訂立，都無不與科舉考試有關。如所學的儒家經書，也分大中小三種，由博士、助教教習：「凡博士、助教，未終經者無易業」；「凡《禮記》、《春秋左氏傳》爲大經，《詩》、《周禮》、《儀禮》爲中經，《易》、《尙書》、《春秋公羊傳》、《穀梁傳》爲小經。通三經者，大經、中經、小經各一。通五經者，大經皆通，餘經各一。《孝經》、《論語》皆兼通之。」這與進士、明經等科的考試所要求的，基本一致。

又如馮伉於憲宗元和初上《科處應解補學生奏》（《全唐文》卷四三八），講到國子監學生解退（即除名）的規定，除品行上的「遊處非類，樗蒲六博，酗酒喧爭，淩慢有司，不修法度」等等以外，還規定：「又有文章、帖義，不及格限，頻經五年，不堪申送者，亦請解退」；「又準格，九年不及第者，即出監」。這就是說，在學讀書，如果學業不及格，連續有五年不能向禮部荐送以應省試的，⑤就要解退；經過荐送，而又有九年應試落第的，也不能再入學讀書（但也有例外，如韓愈《太學生何蕃傳》（《韓昌黎文集校注》卷二）所記，何蕃入太學讀書，已有二十餘年，歲舉進士，從太學諸生到助教、博士及至司業、祭酒，對其學業都交口讚譽，荐於禮部，但因禮部有與何蕃不合的，何蕃終於累試而不中：「太學生何蕃入太學者廿餘年矣，歲舉進士，學成行尊，自太學諸生推頌不敢與蕃齒，相與言於助教、博士，助教、博士以狀申於司業、祭酒，司業、祭酒撰次蕃之群行焯焯者數十餘事，以之升於禮部而以聞於天子，京師諸生以荐蕃名爲文說者不可選記，公卿大夫知蕃者比肩而立，莫爲禮部，爲禮部者率蓄所不合者，以是無成功。」大約何蕃由於爲公卿大夫等所知，所以雖累試不第，還是在太學學習了二十餘年而未被解退）。

其他又有放假、朝參等規定，至爲瑣細，因與科試的關係不甚直接，這裡就不談了。⑥以下再就弘文、崇文二館，廣文館，州縣鄉學等，再作一些補充敘述。

三

唐太宗於武德九年（六二六）八月即位，就於當年九月設立弘文館，「精選天下文學之士虞世南、褚亮、姚思廉、歐陽詢……等，以本官兼學士」（《通鑑》卷一九二），又取三品以上官員的子孫爲弘文館學生。貞觀十三年（六三九），又於太子東宮置崇文館。

前面講過，弘文、崇文二館是貴族子弟學校，學生入學的要求極嚴，這所謂嚴，並不在於本人的學業品行，而在於家庭出身，它要求父祖的官階不是一般的高，還要是帝室和后族的近親。學生入學，都是「以資蔭補充」（《唐會要》卷七十七《貢舉中·弘文崇文生舉》）。貞元四年（七八八）正月，曾下敕令，說弘文、崇文的學生名額有限，但請求入學的很多，應當有先後次序。先後次序的根據是什麼呢？敕令中舉出德宗建中三年（七八二）十一月的一道敕令，說應以此爲準，這就是：

先補皇緦麻已上親，及次宰輔子孫，仍於同類之內，所用蔭，先盡門第清華，履歷要近者，其餘據官蔭高下類例處分。（《唐會要》卷同上）

這就是說，先是皇族，再其次是宰相的後代。所謂「門第清華，履歷要近」，就是在唐代發跡起來的上層新貴。設置兩館的目的，就是培養這一高級統治階層的後代，正如貞元六年（七九〇）九月敕令中所說，「本置兩館學生，皆選勛賢冑子」（《唐會要》卷同上）。這在當時是十分明確的。

譬如高宗時赫赫有名的大官裴行儉（他曾因評王勃等初唐四傑爲淺薄浮躁而在文學史上屢爲人稱引），據張說所作的神道碑（《張說之文集》卷十四《贈太尉裴公神道碑》），就是「以高蔭爲弘文生」。裴行儉的祖父是北周驃騎大將軍、光汾二州刺史、琅邪郡開國公，其父也爲大將軍、馮翊郡守，襲封琅邪郡公。可見是北朝沿襲下來的高門士族。肅宗時的宰相房琯，他的父親武則天時拜相，因此房琯也就「以蔭補弘文生」（《新唐書》卷一三八本傳）。柳宗元所作《邕州刺史李公墓誌銘》（《柳宗元集》卷十），記李位「以通經入崇文館」，而這個李位原來是唐太宗的玄孫，出於廢太子承乾之後。《劉禹錫集》卷三《薛公神道碑》，記薛謇曾祖爲雍州司馬、邠州刺史；祖繪爲州刺史，「累積至銀青光祿大夫，封龍門侯」；父承矩仕至大理丞，後云：「公幼承前人之覆露，補崇文生」。比較起來，薛謇的上代不是很顯赫，但可能是西北地區有勢力的士族。

這是以高蔭入學的例子，我們還可舉出相佐證的兩個例子。一是《舊唐書》卷一五四《許孟容傳》，記許任禮部員外郎時，「有公主之子，請補弘文、崇文館諸生，孟容舉令式不許」。於是這位公主去向皇帝申訴，皇帝命太監向禮部查問，許孟容堅持自己的主張，皇帝也沒有辦法。另一是《舊唐書》卷一五八《韋貫之傳》，記韋任禮部員外郎時，「新羅人金忠義以機巧進，至少府監，蔭其子爲兩館生，貫之持其籍不與，曰：『工商之子不當仕。』忠義以藝通權幸，爲請者非一，貫之持之愈堅。」一個是公主之子，一個是幸臣之子，他們都被拒於兩館的門外。這都是中唐時的情況，唐代前期當更是如此。

至於入學的年歲，則與國子學等相同，如顏眞卿《朝議大夫贈梁州都督上柱國徐府君神道碑銘》（《顏魯公文集》卷八）：「年十五，爲崇文生。」同書卷五《河南府參軍贈秘書丞郭君神道碑銘》：「年十七，崇文生。」

弘文、崇文兩館入學的要求雖然很高，但生員學習的成績卻很不理想，就一般而言，他們的實際水平遠比不上國子監的六學。其根本的原因，也就在他們是貴戚子弟，仰仗父祖餘蔭，以門第自負，認爲功名俯拾可取，就不好好學習，結果就如武則天時吏部侍郎魏玄同所說的那樣：「課試既淺，藝能亦薄。」這「課試既淺」，是唐朝廷有明文規定的，即兩館的學生，「宜依國子監學生例試帖，明經、進士帖經並減半，雜文及策，皆須粗通，仍永爲恒式。」（《唐會要》卷七十七《貢舉中・弘文崇文生舉》）。這是天寶十四載（七五五）。在這之前，已有人提出過意見，說是二館的學生，由於是「貴胄子弟，多有不專經業，便與及第」的（《唐大詔令集》卷七十三《親祀東郊德音》），說穿了就是雖然考試不合格，也給他通過了。這當然引起人們的不滿，於是唐朝廷幾次下令，命令他們要按照規定考試，但允許他們帖經只要達到明經、進士試的一半，雜文和時務策做到「粗通」就可以了（《唐六典》卷二《吏部考功員外郎》即已規定：「弘、崇生雖同明經、進士，以其資蔭全高，試亦不拘常例」）。

天寶十四載的敕令中，雖然明文規定是「仍永爲恒式」，但實際情況並沒有得到改善，無寧說是變得更壞。德宗貞元六年（七九〇）九月的敕文，講到兩館的學生，就指出：「比聞此色，幸冒頗深，或假市門資，或變易昭穆，殊愧教化之本，但長澆競之風」（《唐會要》卷七十七《貢舉中·弘文崇文生舉》）。這就是說，入學學生的門蔭也有假冒的。同一敕文中還提到：「用蔭既已乖實，試藝又皆假人。」竟然考試還可以用別人來代替。雖然唐朝廷曾下過好幾次整頓紀律的敕令（又如《全唐文》卷六十八敬宗《受尊號敕文》，《唐會要》所載文宗大和七年八月敕文），都沒有收到應有的效果。最主要的原因，當然是因爲學生是貴胄子弟，有恃無恐。這也可見出唐代科舉制與教育制的腐敗的一面。⑦

這裡可以補充的是，唐代中央學校的弊病，不獨弘文、崇文二館有，其他一些學校也是存在的。早在初唐，文學上的四傑之一王勃，就在送他的弟弟入太學時說：

> 今之遊太學者多矣，咸一切欲速，百端進取，故夫膚受末學者，因利乘便；經明行修者，華存實爽。至於振骨鯁，立風標，服聖賢之言，懷遠大之舉，蓋有之矣，未之見也。（《送劼遊太學序》，《王子安集注》卷八）

對學校的批評，中唐時更有所發展。李肇曾說「國子監諸館生，汚雜無良」（《國史補》卷中）。柳宗元則談得更加具體了，他在《與太學諸生喜詣闕留陽城司業書》中說：

始僕少時，嘗有意遊太學，受師說，以植志持身焉。當時說者咸曰：「太學生聚爲朋曹，侮老慢賢，有墮窳敗業而利口食者，有崇飾惡言而肆鬥訟者，有凌傲長上而誶罵有司者，其退然自克，特殊於衆人者無幾耳。」僕聞之，怐駭怛悸，良痛其遊聖人之門，而衆爲是沓沓也。遂退托於鄉閭家塾，考厲志業，過太學之門而不敢蹈顧，尚何能仰視其學徒者哉！（《柳宗元集》卷三十四）

太學生聚爲朋曹，因爭科舉而競相奔走者，我們在前面曾舉過劉長卿的例子。劉長卿在天寶時就曾爲太學生，當時太學生就已各分爲朋，朋有朋首，劉長卿即爲朋首之一。朋的作用，就是依靠各種關係，結托名公巨卿，爲本朋的人員造輿論，以利於登第，同時攻擊對立的那一朋，結果是互相攻訐，勢同水火，這也就是柳宗元在上述文章中所說的「有崇飾惡言而肆鬥訟者」。可見唐代學校的弊病，實是科試弊病的反映。

另外，中晚唐時整個政治的腐敗，也反映到學校中來。如宦官當權，有權勢的太監頭子，不但把持政治和軍事（中央禁軍），還向學校伸手，如代宗時權位不可一世的宦者魚朝恩，竟被任命爲判國子監事（等於國子監的總管事），就是一例。《舊唐書》卷一八四《宦官·魚朝恩傳》記載道：「朝恩性本凡劣，恃勛自伐，靡所忌憚。時引腐儒及輕薄文士於門下，講授經藉，作爲文章，粗能把筆釋義，乃大言於朝士之中，自謂有文武才幹，以邀恩寵。上（代宗）優遇之，加判國子監事，光祿、鴻臚、禮賓、內飛龍、閑廄等使。赴國子監視事，特詔宰臣、百僚、六軍將軍送上，京兆府造食，教坊賜樂。大臣群官二百餘人，皆以本官備章服充附學生，列於監之廊下，特詔給錢萬貫充食本，以爲附學生廚料。」這眞是中唐時宦官插足學校的一幕醜劇。

四

廣文館設立的時間，據《歷代名畫記》卷九所記鄭虔事跡，是在唐玄宗的開元二十五年（七三七），說鄭虔「開元二十五年爲廣文館學士。」《歷代名畫記》的作者張彥遠是唐中後期人，距玄宗時約一百來年，時間相距並不太久，但他的這一記載恐怕是不可靠的。因爲現在所見的有關材料，都是說廣文館是在天寶九載（七五〇）或天寶中設立的。如：

《冊府元龜》卷五九七《學校部．總序》：「天寶九年，置廣文館，領國子監進士業者，博士、助教各一人。」

《唐摭言》卷一《廣文》：「天寶九年七月，詔於國子監別置廣文館，以舉常修進士業者。」

《舊唐書》卷九《玄宗紀》天寶九載：「秋七月己亥，國子監置廣文館，領生徒爲進士業者。」

《新唐書．選舉誌》：「天寶九載，置廣文館於國學，以領生徒爲進士業者。」

《唐語林》卷二《文學》、卷五《補遺》，都說是天寶中置廣文館。

又《新唐書》卷二〇二《文藝中．鄭虔傳》說鄭虔天寶初爲協律郎，因得罪，「坐謫十年」，後還京師，玄宗愛其才，特設廣文館，以虔爲博士。從這些材料看來，則廣文館之設，確應在天寶九年。

廣文館的特點，一是專門培養進士試的人材，似乎是進士考試的補習班。二是雖設在國學，但房舍破敗，作爲博士先生的鄭虔，本人生活也是甚爲落拓窮困的。《唐語林》卷二《文學》條，《新唐書・鄭虔傳》，都記載鄭虔走馬上任時，對廣文館所在何處，還十分茫然。《唐語林》卷五《補遺》記載說：

> 天寶中，國學增置廣文館，在國學西北隅，與安上門相對。廊宇粗建，會十三年秋霖一百餘日，多有倒塌。主司稍稍毀徹，將充他用，而廣文寄在國子館中。尋屬千戈內擾，館宇至今不立。

廣文館最初設置時似乎就沒有稍具規模的打算，只不過在國子監的西北角稍稍闢置幾間房子而已，天寶十三載秋連續陰雨三個多月，房子多半倒塌，主管部門不但未予修復，而且還打算索性加以撤毀，挪作別的用處，後來安史之亂起，就更不提修建的事了。至於鄭虔，他確是詩書畫堪稱三絕的才士，但處於這樣的境地，也終於窮愁潦倒，杜甫詩裡對他這段時期的生活有具體的描敘：

> 諸公兗兗登台省，廣文先生官獨冷。甲第紛紛厭粱肉，廣文先生飯不足。……清夜沈沈動春酌，燈前細雨檐花落。但覺高歌有鬼神，焉知餓死塡溝壑。（《醉時歌贈廣文館博士鄭虔》，《杜詩詳注》卷三）

> 廣文到官舍，繫馬堂階下。醉時騎馬歸，頗遭官長罵。才名三十年，坐客寒無氈。賴有蘇司業，時時乞酒錢。（《戲簡鄭廣文（虔）兼呈蘇司業（源明）》，同上卷三）

杜甫與鄭虔是知交，杜甫本人這時也困守長安，過著「朝扣富兒門，暮隨肥馬塵」的生活。對於天寶後期的政治腐敗，社會風氣奢侈，才能之士備受壓抑得不到重用，杜甫有切身的感受，因此他對鄭虔充滿同情，也流露憂憫的情緒。作爲廣文博士鄭虔的生活，比韓愈《進學解》所寫的還不如。無怪乎後人往往以廣文稱教官，表示冷官的意思。⑧

這種情況還與廣文館入學的士子有關。前面已說過，弘文、崇文二館是最貴族化的學校，太學、國子學也是官品較高的官僚子弟才得入學，四門學的要求較低，有一部分是所謂庶人之子。據《唐摭言》卷一《廣文》條所載，貞元八年（七九二）進士登第的歐陽詹、李觀，是曾入廣文館學習的，而這兩個人，上代並沒有人做什麼大官，也可以說是庶人之子。而正因爲如此，晚唐自大中以後，由廣文生而登進士第的，在等第上往往列於末等。《唐摭言》記載道：「大順二年（八九〇），孔魯公在相位，思矯其弊（即按常例以廣文生爲末等—琮），故特置吳從璧於蔣肱之上。明年，公得罪去職，及第者復循常而已。悲夫！⑨《唐摭言》的作者王定保之所以發此感慨，就是爲貧寒的士子鳴不平，於此也可見出廣文館之所以受到岐視、輕視的原因。

五

《舊唐書》卷五《高宗紀》，咸亨元年（六七四）：「五月，丙戌，詔曰：『諸州縣孔子廟堂及學館有破壞並先來未造者，遂使生徒無肄業之所，先師缺奠祭之儀，深非敬本。宜令所司速事營造。』」這是由朝廷下命令，將各地州縣的學館作一次普遍的調查，並加以修葺。州縣學內設有博士，以資教學。⑩

唐代教育的發達，除了中央各學館有較完整的組織外，還表現在教育的普及上。有唐一代，除了州縣學以外，還有爲數衆多的鄉學。

《唐大詔令集》卷七十三《親祀東郊德音》（開元二十六年正月），其中說：「宜令天下州縣，每一鄉之內，別各置學，仍擇師資，令其教授。」⑪就是說，開元時期，即由朝廷下令，在州縣之下，每一鄉都設置學校，並由官府配備師資，教授生徒。至天寶三載（七四四），因令百姓讀《孝經》，又下制：「鄉學之中，倍增教授，郡縣官長，明申勸課。」（孫逖《天寶三載親祭九宮壇大赦天下制》，《全唐文》卷三一〇）。德宗貞元三年（七八七）正月，右補闕宇文炫曾上疏：「請京畿諸縣鄉村廢寺，並爲鄉學」（《唐會要》卷三十五《學校》）。這些都可見唐朝廷君臣對鄉學的重視。

鄉學一般是官府辦的，在鄉學之外，似還有一種村學。⑫這種村學，規模比鄉學要小，大抵只有一個教書先生，教著一二十個村童，他的衣食之費則由村中支給。如《玄怪錄》卷三《齊饒州》一篇，說湖州參軍韋會，其妻因妊娠，住在娘家（妻父乃饒州刺史齊推）。不料妻卻被一個已死的梁朝陳將軍作祟而死。韋會赴調長安，又被黜歸家，去饒州百餘裡，途中遇妻之魂訴冤，妻魂說她尚有二十八年命籍，現在還不至於死。於是夫妻共謀計策，其妻說：「此村東數里，有草堂中田先生者，領村童教授。」說這位田先生乃是奇人，可以相救。韋會便與僕人一起前去拜訪，到草堂前，有學徒說：「先生轉食未歸。」韋會只好稍等。「良久，一人戴破帽，曳木屐而來，形狀醜穢之極。」韋會前謁，這位先生說：「某村翁，求食於牧豎。……」這是一篇鬼怪傳奇小說，但這裡的細節描寫卻提供了唐代村學的眞切材料。這是在江西饒州地區的一個村學，設在村東數里，只有一個老翁，教著十幾個村童。⑬中午時教書先生要到村中人家「轉食」，他的生活費即出自於這些村童之家（所謂「求食於牧豎」）。先生戴破帽，曳木屐，「形狀醜穢之極」，確實是一個貧寒窮困的讀書人形象。

《太平廣記》卷二三三《竇易直》篇，有一段記述竇易直幼時在村學讀書的情況：「竇相易直，幼時名泌，家貧，就業村學，其教授叟有道術，而人不知。一日近暮，風雪暴至，學童悉歸家不得，而宿於漏屋之中，寒爭附火。唯竇公寢於榻，夜深方覺。」這裡寫村學，房子破敗，一有風雪，村童不得歸家，就爭著在屋中烤火避寒。所寫質樸而生動，唐代僻野地方的村學，清楚地呈現在我們的眼前。

至於村學中所教的，仍是儒家的經書，如《太平廣記》卷三五八《齊推女》篇所記田先生，「時老人方與村童授經」。又《太平廣記》卷三〇九《蔣琛》記：「霅人蔣琛，精熟二經，常教授於鄉里。」不過根據村學的實際情況，這種經學的講授，內容大約是較爲淺近的，或類似於啓蒙性質，與州縣學和中央諸學館所教的經書，在程度上當有很不同。

最後，附帶談一下學校與文學的關係。由於國子學、太學、四門學中有修進士業者（廣文館則更是專門培養進士試的舉子），而進士科自中唐後又特別看重詩賦，因此中央的這幾個學館，除了學習經書外，還很重視詩歌的學習和創作。如《唐摭言》卷十《海敘不遇》記長沙人李濤，頗寫過一些佳句，如「水聲長在耳，山色不離門」，「落日長安道，秋槐滿地花」，在當時膾炙人口。李濤也就學於太學：「溫飛卿任太學博士，主秋試，濤與衛丹、張部等詩賦，皆榜於都堂」。溫庭筠本是詩人，他將李濤等的佳作帖於都堂，可以看出學校中以詩什爭勝競強的風氣。

現存唐人詩作，也有監試詩，我們姑舉喻鳧的一首以見一斑：

> 霎霎復淒淒，飄松又灑槐。氣濛蛛網檻，聲疊蘚花階。古壁青燈動，深庭濕葉埋。徐垂舊鴛瓦，競歷小茅齋。冷與陰蟲間，清將玉漏諧。病身唯展轉，誰見此時懷。（《監試夜雨滴空階》，《全唐詩》卷五四三）

另外，劉得仁有《監試蓮花峰》（《全唐詩》卷五四五），薛能有《國學試風化下》（同上卷五五八），不具引。

至於鄉校村學，由於唐代詩歌的普遍發達，在這些地方小學，也往往能有名人的詩集。如皮日休兒童時在鄉校，就抄寫過杜牧的集子（《唐詩紀事》卷六十六《嚴惲》條引皮日休《傷嚴子重序》：「余爲童在鄉校時，簡上抄杜舍人牧之集，見有與進士嚴惲詩……」）。又如白居易《與元九書》，敘述元和十年（八一五）貶江西九江的沿途見聞，說：「自長安抵江西，三四千里，凡鄉校、佛寺、逆旅、行舟之中，往往有題僕詩者。」元稹爲白居易的集子作序（《白氏長慶集序》），記述他在浙東作官時的所見（元稹曾任浙東觀察使、越州刺史，治所在今紹興），說「予嘗於平水市中（自注：鏡湖傍草市名），見村校諸童，競習歌詠，召而問之，皆對曰『先生教我樂天、微之詩』。」這兩處所記，固然見出元、白兩人詩歌在當時社會的流傳之廣，但也說明了鄉校村學對於詩歌的傳播起了重要的作用。我們今天討論唐代詩歌的繁榮，這一點也不能不注意到。

【附註】

① 此表曾參考周予同《中國學校制度》一書（商務印書館出版「師範小叢書」本）。

② 《新唐書·選舉誌》亦謂：「龍朔二年，東都置國子監。」又關於貞觀時國學之盛，《唐會要》也有同樣的記載：「貞觀五年以後，太宗數幸國學太學，遂增築學舍一千二百間，國學、太學、四門亦增生員，其書、算等各置博士，凡三千二百六十員。其屯營、飛騎，亦給博士，授以經業。已而高麗、百濟、新羅、高昌、吐蕃諸國酋長，亦遣子弟請入國學。於是國學之內，八千餘人，國學之盛，近古未有。」劉禹錫《奏記丞相府論學生事》也說：「伏以貞觀中增築學舍千二百區，生徒三千餘人。時外夷上疏，請遣子弟入附於三雍者五國。」（《劉禹錫集》卷二〇）又《唐語林》卷五「補遺」：「太學諸生三千員；新羅、日本等國，皆遣子入朝受業。」

③ 陳子昂於武后光宅元年上疏謂：「臣竊獨有私恨，陛下方欲興崇大化，而不知國家太學之廢，積歲月矣，堂宇蕪穢，殆無人蹤，詩書禮樂，罕聞習者。」（《諫政理書》，《全唐文》卷二一三）

④ 《唐摭言》卷一《兩監》：「開元以前，進士不由兩監者，深以爲恥。李華員外寄趙七侍御詩，略曰：『昔日蕭邵友，四人才成童。」（注：華與趙七侍御驊、蕭十功曹穎士，故邵十六司倉軫，未冠遊太學，皆苦貧

共敝。五人登科，相次典校。）……文郭代公、崔湜、范履冰輩，怕由太學登第。李肇舍人撰《國史補》，亦云天寶中袁咸用、劉長卿分爲朋頭。是時尙重兩監。爾後物態澆漓，稔於世祿，以京兆爲榮美，同、華爲利市，莫不去實務華，棄本逐末。故天寶十二載敕天下舉人不得言鄉貢，皆須補國子及郡學生。廣德二年制京兆府進士，並令補國子生，斯乃救壓覆者耳。奈何人心既去，雖拘之以法，獨不能勝。」

⑤ 唐代中央學，每年冬都要向禮部荐送應試人員，如柳宗元《四門助教廳壁記》說：「其有通經力學者，必於歲之杪，升於禮部，聽簡試焉。」（《柳宗元集》卷二十六）

⑥ 唐時國子監生員，本人還可免除差役。《通考》卷四十二《學校考》二「太學」，載後唐天成三年八月十一日，宰臣兼判國子祭酒崔協奏，謂國子監學生「但一身就業，不得影庇門戶，兼太學書生亦依此例，不得因此便取公牒，輒免本戶差役。」則後唐時國子監學生本人可免差役，在此之前也當有合戶免差役的，故有此申令。

⑦ 兩館學生考試時策問的題目，我們在權德輿的文集中還可看到樣式，即《權載之文集》卷四十的《弘文崇文生策問》、《弘崇生問一道》。

⑧ 如宋趙升《朝野類要》卷二《冷官》：「凡緩慢優閑之職是也。因杜子美詩云『廣文先生官獨冷』，後人遂專以號教官。」宋戴埴《鼠璞》卷下《教官稱冷官》條：「唐玄宗愛鄭虔之才，以不事事，爲置廣文館，以虔爲博士，而無曹司。杜甫詩『諸公兗兗登台省，廣文先生官獨冷』。非以學官爲冷，及以登台省爲進用，蓋言諸公日趨局，獨廣文無職掌耳。今以教導之職爲冷官，意正相反。」

的譏嘲。

⑨《唐詩紀事》卷五十六《譚銖》條：「咸通末，鄭渾爲蘇州都郵，銖爲鹾院官，鍾輻爲院巡，皆廣文生。時湖州牧李超，趙蒙爲代，皆狀元。時語曰：『湖接兩頭，蘇聯兩尾。』」可見當時人對廣文登第者常列末第

⑩梁肅《昆山縣學記》（《全唐文》卷五一九）：「先是縣有文宣王廟，廟堂之後有學室。……大歷九年，太原王綱以大理司直兼縣令。……於廟垣之右，聚五經於其間，以邑人沈嗣宗躬履經學，俾爲博士，於是遐邇學徒，或童或冠，不召而至，如歸市焉。」

⑪又見《唐會要》卷三十五《學校》，《舊唐書》卷九《玄宗紀》開元二十六年正月。

⑫《唐會要》卷三十五《學校》，記開元二十一年（七三三）五月曾下敕，「許百姓任立私學，欲其寄州縣受業者亦聽。」這裡的文字過於簡略，不能確知所立私學，是鄉學還是村學，但由朝廷下令許私人辦學，這在封建社會中有著極大的進步性。

⑬《玄怪錄·齊推女》篇記有村童數十人。《太平廣記》卷四十四《田先生》，亦載此事，出《仙傳拾遺》，謂田先生「元和中隱於饒州鄱亭村，作小學以教村童十數人」。似以作十數人爲是。

第十七章　吏部銓試與科舉

這是本書的最後一章。這一章讀起來可能會感到枯燥一些。所謂銓試，一方面是指對未入仕者的甄錄，另一方面是對已在官位者政績的考核，這實際上包括了封建社會官僚制度的一個龐雜的體系，這個體系是如此的龐雜和繁瑣，以致現存的有關材料，沒有一份是敘述得既完整、準確，而又清楚、明潔的。近人的研究成果，也不是太理想。由此可見，要以一章的篇幅，來概括這樣的內容，結果只能記錄一些繁雜的術語和至爲瑣細的官場文書。寫起來既吃力，讀起來更無味。因此，在這一章中，我們準備全面討論銓試制，只是擇其與科舉、文人生活較有關係的幾點，向讀者提供一些基本的、或稍能感到興趣的材料。

一

唐人的詩文、筆記中常常提到關試，關試是什麼呢？簡略說來，它是由科舉而入仕的第一步。讓我們先來說說關試。

唐代禮部試進士、明經，及第以後，叫做出身，就是說已經取得做官的資格。但這時還不算入仕，須要再經過吏部考試，考試及格後，才分配官職，稱作釋褐，就是說可以脫去粗麻布衣服，已不是一般的平民百姓，而是步入仕途了。清人王鳴盛《十七史商榷》卷四十一《登第未即釋褐》條說：「東萊呂氏云：『唐制，得第後不即釋褐，或再應皆中，或爲人論荐，然後釋褐。』此說極爲中肯。」就是這個意思。

禮部及第後再應吏部的釋褐試，這就叫關試。

胡震亨《唐音癸籤》卷十八《進士科故實》有對關試的解說：「關試，吏部試也。進士放榜敕下後，禮部始關吏部，吏部試判兩節，授春關，謂之關試。始屬吏部守選。」這裡「禮部始關吏部」的「關」，當是關白的意思，指的是古代官府之間公文的往來，《文心雕龍·書記》篇謂：「百官詢事，則有關、刺、解、牒。」這就是說，禮部將及第舉子的姓名及有關材料移交給吏部，吏部則試判兩節，叫做關試；因爲關試的時間一般是在春天，因此也叫春關。在這以後，舉子就與禮部無關，而屬於吏部銓試。

《唐摭言》卷三《關試》條說：「吏部員外，其日於南省試判兩節。諸生謝恩。其日稱門生，謂之『一日門生』。自此方屬吏部矣。」

宋《蔡寬夫詩話》：「自聞喜宴後，始試制（琮按此當作『判』）兩節於吏部，其名始隸曹，謂之關試，猶今之參選。」

唐代尚書省在大內之南，因此稱尙書省爲南省。《唐摭言》所指，即謂吏部南院。《玉海》卷一一七《選舉・唐選院》載：「《六典》：吏部員外郎掌選院，謂之南曹（原注：開元十二年初定員外郎專判南曹）。《會要》：開元二十年八月，以考功貢院地置吏部南院，以懸選人文榜，或謂之選院」吏部南院與禮部南院，都在一個坊內，即承天門街之東第六橫街之北（參見本節前第十一章《進士放榜與宴集》）。宋敏求《長安誌》卷七記吏部選院云：「以在尚書省之南，亦曰吏部南院，選人看榜名之所也。」這就是說，關試由吏部員外郎主持，地點在吏部南院，也稱南曹。①

關試只試判兩節（北宋時似增爲三節，《宋史》卷一五五《選舉誌》一「科目」條：「登科之人，例納朱膠綾紙之直，赴吏部試判三道，謂之關試。」這是宋仁宗端拱時情況）。所謂判，就是判獄訟，唐人文集中保存了不少材料，比較集中的如張鷟《龍筋鳳髓判》，白居易《百道判》。這些判多用四六駢體，很多作爲戲謔之辭，無甚意義，宋人洪邁在《容齋隨筆》中曾有評述：

> 唐史稱張鷟早慧絕倫，以文章瑞朝廷。……今其書傳於世者，《朝野僉載》、《龍筋鳳髓判》也。……百判純是當時文格，全類俳體，但知堆垛故事，而於蔽罪議法處不能深切，殆是無一篇可讀，一聯可味。如白樂天甲乙判則讀之愈多，使人不厭。聊載數端於此。……若此之類，不背人情，合於法意，援經引史，比喻甚明，非青錢學士所能及也。元微之有百餘判，亦不能工。（卷十二《龍筋鳳髓判》）

洪邁極口稱讚白居易的甲乙判，實際上現存的白氏諸判也有不少是遊戲之作。

胡震亨以爲禮部放榜後稱《新及第進士》，關試及格後稱「前進士」（見前引《唐音癸籤》）。

《蔡寬夫詩話》也有同樣的說法：「關試後始稱前進士。故當時書曰：『短行書了屬三銓，休把新銜獻必先。從此便稱前進士，好將春色待明年。』」「短行」指所試之判，判詞一般是不長的，不過二三百字，故曰短行。但唐人是否將「新及第進士」與「前進士」區分得那麼清楚，還有可疑，此點俟考。

前面說過，關試也叫春關，春日舉行，而在禮部放榜之後。唐人詩中如無可《送邵錫及第歸湖州》：

春關鳥罷啼，歸慶浙煙西。（《全唐詩》卷八十三）

黃滔《送人明經及第東歸》：

亦從南院看新榜，旋束春關歸故鄉。（《唐黃御史公集》卷三）

關試之時鳥已罷啼，似在暮春。而由黃滔的詩，則知明經也須經關試，其時也在春日。曹鄴有一首題為《關試前送進士姚潛下第歸南陽》詩：

馬嘶殘雪沒殘霞，二月東風便到家。莫羨長安占春者，明年始見故園花。（《曹鄴詩注》）

曹鄴於宣宗大中四年（八五〇）登進士第，這首詩當即登第年作。姚潛其人不詳，他於禮部試後落第南歸，曹鄴則還須滯留長安應關試，因此送潛以詩。詩中說到「二月東風」，則放榜在二月，這時還未舉行關試。

我們從李商隱的作品可以考知關試的具體日子。《上令狐相公狀》五：「今月二十四日禮部放榜，某僥幸成名。」（《樊南文集補編》卷五）李商隱是文宗開成二年（八三七）進士登第的。《上令狐相公狀》六又云：「前月七日過關試迄。伏以經年滯留，自春宴集，雖懷歸苦無其長道，而適遠方俟遠於聚糧，即以今月二十七日東下。」（同上）又義山詩《及第東歸次灞上卻寄同年》有「行期未分壓春期」之句，馮浩注謂「在春杪，故曰壓」（《玉谿生詩集箋注》卷一）。由上述三條材料貫串起來看，則當是正月二十四日放榜，二月七日過關試，三月二十七日離京東下。

二

與關試性質相近而易致混淆的，是博學宏詞、書判拔萃兩科。這一章對此加以討論。

唐代制舉中有博學宏詞科和書判拔萃科。制舉的科目可參見前第六章《制舉》。徐松《登科記考》卷五開元五年（七一七）載博學宏詞科，徐松按云：「按博學宏詞置於開元十九年，則此猶制科也。」徐松這裡的意思，似乎開元五年的博學宏詞是制科，開元十九年（七三一）的博學宏詞非制科。但《登科記考》卷七開元十九年的博學宏詞科下列蕭昕名。據《舊唐書》卷一四六《蕭昕傳》，蕭昕曾於進士登第後兩舉博學宏詞，一在開元十九年，及第後授陽武縣主簿；一在天寶初，及第後授壽安縣尉。這兩次都算是制科。又《唐才子傳》卷六張又新傳，謂「初應宏詞第一，又爲京兆解頭，元和九年禮部侍郎書貫之下狀元及第，時號爲張三頭。」《登科記考》卷十八元和九年引此。則是先宏詞及第，又第進士。這也是不合唐代禮部試的慣例的。可見前人關於博學宏詞試的記述確有混淆之處。

《通典》卷十五《選舉》三謂：「選人有格限未至而能試文三篇，謂之宏詞，試判三條，謂之拔篇，謂之宏辭；試判三條，謂之拔萃。中者即授官。」《新唐書·選舉志》曾據此意概括爲：「選未滿而試文三篇，謂之宏辭；試判三條，謂之拔萃。中者即授官。」無論是《通典》和《新唐書·選舉志》，似都講得不明晰。王鳴盛《十七史商榷》稍加解釋，說：「此蓋指登第未得就選，故曰選未滿，中宏詞、拔萃即授官，此呂氏所謂再應皆中然後釋褐也。」（卷八十一《登第未即釋褐》）這就是說，一個舉子，禮部試登第，並經關試合格，但還未授官，可再應博學宏詞或書判拔萃科，這兩科及第，一般即授與官職。這是一種解釋。但實際上，唐代也有已授官職而又應宏詞、拔萃科的，如錢起《送鍾評事應宏詞下第東歸》詩有云：「世事悠揚春夢裡，年光寂寞旅愁中。」（《錢考功集》卷八）這位鍾評事就是已任官職而再去應宏詞的。這宏詞試屬吏部，而不是名義上由天子親策的制科。

博學宏詞之別於制科者，就是它由吏部的官員主持。如韓愈於貞元八年（七九二）進士登第後曾數次應博學宏詞試，都未中第，所以說「四舉於禮部乃一得，三選於吏部卒無成」（《上宰相書》，《韓昌黎文集校注》卷三）。韓愈又有《答崔立之書》，說得更爲清楚：「四舉而後有成，亦未及得仕，聞吏部有以博學宏辭選者，人尤謂之才，且得美仕，就求其術。」（同上卷三）又如權德輿《唐故尚書工部員外郎贈禮部尚書王公改葬墓誌銘》，記王端「以文學策名，舉進士、宏詞，連得儁於春官、天官之下」（《權載之文集》卷二十四）。《劉賓客嘉話錄》還記德宗時權臣裴延齡子裴藻應宏詞舉，裴延齡急切於知道其子是否能得第，乃「於吏部候消息」。這時苗粲與杜黃裳「爲吏部知銓」，將出門，裴延齡就連忙迎上去，「採偵二侍郎口氣」。而作爲制科的博學宏詞，考試官是不由吏部擔任的，可詳參本書論制舉一章（又清沈德潛《歸愚文鈔》卷三《博學宏詞考》，雖也引韓愈《與崔斯立書》「二試於吏部，一既得之，而又黜於中書」文，但對博學宏詞何者屬制科，何者屬吏部銓試，也沒有說清楚）。

爲更明確起見，可以把《舊唐書》的《懿宗紀》和《僖宗紀》所載有關宏詞試考官的文字摘錄於下：

咸通二年（八六一）八月，「以兵部員外郎楊知遠、司勛員外郎穆仁裕試吏部宏詞選人」。

咸通六年（八六五）二月，「以吏部尚書崔愼由、吏部侍郎崔從讜、吏部侍郎王鐸、兵部員外郎崔謹、張彥遠等考宏詞選人；金部員外郎張義思、大理少卿董賡試拔萃選人」。

咸通八年（八六七）十月，「以吏部侍郎盧匡、吏部侍郎李蔚、兵部員外郎薛崇、司勛員外郎崔殷夢考吏部宏詞選人」。

咸通九年（八六八）正月，「以兵部員外郎焦瀆、司勛員外郎李岳考宏詞選人」。

咸通十年（八六九）十二月，「以吏部尚書楊知溫、侍郎於德孫、李玄考官；司封員外郎盧蕘、刑部侍郎楊戴考試宏詞選人」。

咸通十二年（八七一）三月，「以吏部尚書蕭鄴、吏部侍郎歸仁晦、李當考官；司封郎中鄭紹業、兵部員外郎陸勛等考試宏詞選人」。

咸通十三年（八七二）三月，「以吏部尚書蕭鄴、吏部侍郎獨孤雲考官；職方郎中趙蒙、駕部員外郎李超考試宏詞選人」。

乾符五年（八七八）三月，「以吏部尚書鄭從讜、吏部侍郎崔沆考宏詞選人」。

乾符六年（八七九）三月，「以吏部侍郎崔沆、崔澹試宏詞選人；駕部郎中盧蘊、刑部郎中鄭項爲考官」。

從以上的記載可以看出，博學宏詞試，主考官都由吏部尙書、吏部侍郎擔任，具體的考試閱卷官間或可由其他部的郎官充任。②（這裡還可補充一點情況，即博學宏詞雖被吏部試取中，仍可被中書覆審後駁下，像李商隱就是如此。李商隱《與陶進士書》：「前年乃爲吏部上之中書，歸自驚笑，又復懊恨。周（墀）、李（回）三學士以大德加我，夫所謂博學宏詞者，豈容易哉？……私自恐懼，恍若囚械，後幸有中書長者曰：『此人不堪，抹去之！』乃大快樂。」（《樊南文集詳註》卷八）李商隱是開成二年進士登第後又試博學宏詞的，張采田《玉溪生年譜會箋》開成二年條謂：「蓋唐代選人應科目者，皆先試於吏部。取中後，銓曹銓擬，上之中書，以待覆審。玩書語，當是宏詞之試，已取中於吏部，至銓擬注官之後，始被中書駁下也。」韓愈也有這種情況，他在《答崔立之書》中說：「凡二試於吏部，一既得之，而又黜於中書。」（《韓昌黎文集校注》卷三）韓愈對屢試被黜的情況是很不滿的，在這期間他寫了著名的《送孟東野序》，大談物不得其平則鳴的道理，以舒發其憤懣。《登科記考》卷二十二大中九年（八五五）據《東觀奏記》，載本年博學宏詞試漏洩題目事，此事《舊唐書．宣宗紀》載於三月，《東觀奏記》載正月十九日制，徐松謂當作正月爲是。據《東觀奏記》所載，可知以下幾點：一、本年博學宏詞試在正月，則是與本年的進士、明經等禮部試約略同時。二、主考官爲吏部侍郎兼判尙書銓事裴諗，另有吏部郎中周敬、朝議郎守尙書刑部郎中唐扶、將仕郎守尙書職方員外郎裴紳。三、制詞中有「昨者吏部以爾（按指唐扶、裴紳一琮）秉心精專，請委考核」，可見博學宏詞試屬吏部。《東觀奏記》敘事中又有云：「初裴諗兼上銓主試宏詞兩科」，則博學宏詞與書判拔萃似爲同時考試，且皆屬吏部。四、《東觀奏記》中又記應試者，云：「應宏詞選前進士苗台符、楊嚴、薛訢、李詢古、敬翊已下一十五人就試」，又：「前進士柳翰，京兆尹柳熹之子也。」這幾個人，薛沂、李詢古、敬翊、柳翰情況未詳，苗台符爲大中六年（八五二）進士及第，楊嚴爲會昌四年（八四四）進士及第，都非本年進士及第的。

《東觀奏記》載大中九年博學宏詞試在正月舉行，前所引材料也有記二月舉行的，又孫樵《唐故倉部郎中康公墓誌銘》謂：「自宣城來長安，三舉進士登上第，是歲會昌元年也。其年冬，得博學宏詞，授秘書省正字。」（《孫樵集》卷八）從現有的一些文獻材料看來，博學宏詞的考試時間大致在冬春兩季，這也與吏部銓試是從上一年的冬天到第二年的春季這一段時間相合的。

王鳴盛《十七史商榷》說博學宏詞試「皆用詩賦」，說得不完全準確。應當說當時除了試詩賦外，還考論議。前面引過的《劉賓客嘉話錄》，記裴延齡在試院前等候苗、杜二侍郎，想探聽他兒子裴藻考得如何，說：「延齡乃念藻賦頭曰：『是沖仙人。』黃門顧苗給事曰：『記有此否？』苗曰：『恰似無。』」延齡仰頭大呼曰：『不得！不得！』」這裡的記述是很生動的，由此可見這一年博學宏詞考試中有試賦的。又如韓愈有《省試學生代齊郎議》（《韓昌黎文集校注》卷二），題下注云：「諸本此下有『貞元十年應博學宏詞試』九字。」文末又注云：「《文苑》此篇前後有『議曰』、『謹議』四字。」韓愈於貞元八年（七九二）應進士第，這篇《代齊郎議》當是貞元十年應博學宏詞的試文。韓愈又有《省試顏子不貳過論》（同上），題下注也說「貞元十年應博學宏詞科作」。則這年的宏詞試，是又試議又試論。又《唐詩紀事》卷二載：「宣宗十二年，前進士陳玩等三人應博學宏辭選。所司考定名第，及詩賦論進訖，上於延英殿詔中書舍人李藩等對。上曰：『凡考試之中，重用字如何？』中書對曰：『賦即偏枯駁雜，論即褒貶是非，詩即緣題落韻。……』」可見詩、賦、論乃同時考試。李商隱對博學宏詞試的範圍之廣及要求之高曾有一段評論，說：

> 夫所謂博學宏辭者豈容易哉？天地之災變盡解矣，人事之興廢盡究矣，皇王之道盡識矣，聖賢之文盡知矣，而又下及蟲豸、草木、鬼神、精魅，一物已上，莫不開會。此其可以當博學宏辭者邪？恐猶未也。設他日或朝廷或持權衡大臣宰相問一事詰一物，小若毛甲，而時脫有盡不能知者，則號博學宏辭者，當其罪矣。（《與陶進士書》，《樊南文集詳注》卷八）

李商隱的話不免有誇大，但從他的這段話中也可看出當時人對博學宏詞是相當重視的。

《歐陽行周文集》卷六有《懷州應宏詞試片言折獄論》。按歐陽詹與韓愈同爲貞元八年進士登第，歷史記載沒有說他於進士及第後應博學宏詞試，但韓愈於進士登第後曾數次應宏詞試，恐歐陽詹也當如此。這裡可以注意的是，這篇《片言折獄論》乃是在懷州應試時所作。另外，韓愈《答崔立之書》中也說到：「聞吏部有以博學宏辭選者，……因又詣州府求舉，凡二試於吏部，一既得之，而又黜於中書。」（《韓昌黎文集校注》卷三）則韓愈也是求州府舉，再應省試的。博學宏詞的考試，先要在州府舉試，然後荐送到中央，這一點過去的文獻材料沒有明確的記載，其具體情況，還有待進一步考查。

書判拔萃科的情況較爲簡單，故附論於此。

《登科記考》卷四武周大足元年（七〇一）載拔萃科崔翹登第，引《唐語林》：「大足元年置拔萃，始於崔翹。」又孫逖所作其父嘉之墓誌銘，說「久視初預拔萃，與邵炅、齊澣同升甲科。」（《宋州司馬先府君墓誌銘》，《全唐文》卷三一三）而《舊唐書·文苑傳》記齊澣弱冠時以制科登第。由此看來，大足元年開始設立的拔萃科尚爲制科，後來衍變，遂與博學宏詞同爲吏部銓試選人的一個科目。如歐陽詹《上鄭相公書》中說：「五試於禮部，方售鄉貢進士；四試於吏部，始授四門助教。」（《歐陽行周文集》卷八）其下自注云：「某兩應博學宏詞不受，一平選被駁，又一平選授助教。」可見書判拔萃與博學宏詞在此時都屬於吏部。③陶翰《送王大拔萃不第歸睢陽序》，說：「今茲有天官之厄矣。」（《全唐文》卷三三四）則玄宗時即有以拔萃科歸吏部的。④至於試判的情況，及唐人對判詞的批評，見下節所述，此從略。

三

唐朝建立了空前統一的中央集權的封建國家，與此相適應，對官吏的考核和任命權，也最大限度地集中到中央。這種中央集權的情況是過去所沒有的。譬如兩漢時，地方上的州府長官由中央任命，但下級掾屬可以由長官自行選拔。《續漢書・百官誌》說公府掾史，皆自辟除。漢宣帝時，張敞任膠東相，就曾「上名尙書，調補縣令者數十人」（《漢書》卷七十六《張敞傳》）。至於魏晉南北朝時期，豪門大族的勢力大大發展，他們更控制了地方上的用人權，中央政府對地方的權限受到很大的限制。唐朝的情況有很大的變化，我們在唐人的詩集中可以經常看到送縣令、縣丞、縣尉和外地州縣參軍奉調赴京的篇什，而在唐人的一些傳奇小說中更可以看到有關這方面的具體描寫。各地基層官員入京調選是相當頻繁的，不了解這方面的情況，我們在讀唐人詩文集時，就會有一定的困難。

李復言《續玄怪錄》卷一《辛公平上仙》，記「洪州高安縣尉辛公平，吉州廬陵縣尉成士廉，同居泗州下邳縣，於元和末偕赴調集」。他們兩人冒著雨住入「洛西榆林店」，後來經過一些不平常的遭遇，第二年，辛公平被授爲揚州江都縣簿，成士廉則授爲兗州瑕丘縣丞。這是江西的兩個縣尉入京調選，結果是一赴揚州，一赴兗州。

又如張讀《宣室誌》卷六記：「大歷中，有呂生者，自會稽上虞尉調集於京師，既而僑居永崇裡。」浙江偏遠地區的一個縣尉，爲了調選，也須千里迢迢跑到長安去。這種情況不獨大歷中爲然，初唐就已經如此，如駱賓王《送王贊府上京參選賦得鶴》詩，中有云：「振衣遊紫府，飛蓋背青田。」清陳熙晉《駱臨海集箋注》卷二引《元和郡縣誌》所載「江南道處州青田縣」，說「此喻贊府所處之地」。贊府是唐人對縣丞的別稱。青田縣在浙江的南部，比上虞更爲偏僻，而這個地方的縣丞卻也是必須赴京參選的。又如唐太宗貞觀年間，兗州的一位姓張的縣尉，也是到期要赴長安候選的。⑤

牛僧孺《玄怪錄》卷三《齊饒州》，記江西地方饒州刺史齊推，把女兒嫁給浙江地方的湖州參軍韋會。長慶三年（八二三），韋會以調期將到，而其妻又快要妊娠，就將妻子送到鄱陽（饒州治所）岳父家中，自己上路去長安。後其妻死，齊推「遣健步者報韋會」，而此時「書以文籍小差爲天官所黜」。由此可見，一個外州的參軍，不遠千里赴京調選，卻爲文書上的一個小小過差被貶黜，⑥又從關中經長途跋涉返回東南。

這些情況可以提供我們對唐代社會一個側面的認識。當時的長安爲中心，在通往四方各地的大道上，有多少來往奔波的行人、商賈不必說，應考的士子一年有幾千人，還有如上面所說的，爲數衆多的應吏部銓試的地方上各級基層官員。至於州刺史以上大員的調動及隨從人員，就更不用說了。這就是我們可以想見到的唐代驛道上的繁雜匆忙的景象。

這些外地的低級基層官員，來到長安以後，並不能立即就可由吏部進行考核並授與官職，他們往往要等待相當長的時間，得耗費不少時日。長安百物騰貴，「居大不易」，而且爲求得好的職務，少不得要各處打點，這就需要錢財；時間一長，錢花光了，生活就難免窮困，不少人竟落到無以自存的地步。如康駢《劇談錄》卷上《郭鄩見窮鬼》篇記道：「通事舍人郭鄩，罷櫟陽縣尉，久不得調，窮居京輦，委困方甚」。櫟陽算是畿縣，離長安很近，而候選的縣尉郭鄩因「久不得調」而「委困方甚」，則遠地更可想而知。又如《集異記》中的《賈人妻》一篇，寫江西餘干縣尉王立，調選入京，僦居於大寧里。「文書有誤，爲主司駁放」。這與前面所說《玄怪錄·齊饒州》裡的韋會「以文籍小差爲天官（吏部）所黜」一樣，可見調選的官員因不合於繁瑣的文簿條例而被駁放，爲數一定不少。且說王立這樣以來，就「資財蕩盡，僕馬喪失，窮悴頗甚」。《集異記》在這一篇中就寫了這一細節：「每丐食於佛祠，徒行晚歸」。王立已經窮到早出晚歸，在佛寺中乞討齋食的地步。當然，小說中描寫王立後來遇見一個商人的遺孀，兩人由漸次接近而訂爲夫妻，王立得到她錢財的接濟，終於「小康」，那是後話。

《集異記》中還有一篇《王四郎》的故事，也很有意思。說洛陽尉王琚，有一個侄子小名四郎，四歲時其母改嫁，即隨之而至後父家，「自後或十年或五年至琚家，而王氏不復錄矣」。憲宗元和時，王琚赴長安調選，在洛陽城中天津橋上，忽然見一人「布衣草履，形貌山野」，跪拜於馬前。王琚最初不識，四郎自報名姓，琚見他如此裝束，「哀愍久之」。這四郎卻說：「叔今赴選，費用固多，少物奉獻，以助其費」。說罷從衣兜裡掏出約五兩重的金子一塊，「色如雞冠」。王琚到了京都，「時物翔貴，財用頗乏」，想起四郎所贈之物，乃質之於金市張蓬子，不想此物卻爲奇寶，「西域商胡專此伺買，且無定價」。王琚因而大獲其利。從四郎的話中，可以看出，當時官員入京調選，用途之廣，所費之多，已成爲一種沉重的負擔。

上面幾件地方基層官員調選的事例，牽涉到唐代考核和注擬官吏的時間。

據文獻記載，隋代就有這種候選的制度，參加這種候選或調選的，稱爲「選人」。每年十一月，將選人集中於京師，進行考核和授予新職（稱作注擬），至第二年春天結束。據說當時有反映這期限過於短促，考核的工作做得不夠細緻周到。太宗貞觀初，劉林甫任吏部侍郎，就奏請「四時聽選，隨到注擬」（《舊唐書·卷八十一《劉祥道傳》，又《通鑑》卷一九二貞觀元年條）。唐代初期，剛經過大亂，秩序還未充分安定，一些地主階級知識分子對新政權還存有觀望心理，不願輕易出仕，因此各地州縣以下的基層官吏相當缺乏，史稱「（尚書）省符下諸州差人赴選，州府及詔使多以赤牒補官」（以上《通鑑》）。劉林甫採取四時聽選，打破十一月至明春的時間上的限制，而又「隨才銓敘」，正是適合貞觀初期百廢待與而又缺乏必需的行政管理人才這一特殊情況，因此歷史上稱他的措施「甚以爲便」，「時人稱之」。

但是過了一些年，社會安定，封建政權機構擴充，選人也急速增加，這就給吏部的有關機構造成很大的壓力。於是在貞觀十九年（六四五），馬周以中書令兼判吏部尚書時，就改變四時聽選的辦法，按照隋制，「始奏選人取所由文解，十月一日赴（尚書）省，三月三十日畢」（《封氏聞見記》卷三《銓曹》）。⑦從這以後，就成爲唐代銓選官吏的時間上的定格，《通典》卷十五《選舉》三就說「凡選始於孟冬，終於季春」。《冊府元龜》卷六二九《銓選部·條制》一也說：「唐制，凡選始於孟冬，終於季春。」⑧如岑參《送嚴詵擢第歸蜀》詩中說：

工文能似舅，擢第去榮親。十月天官待，應須早赴秦。（《岑參集校注》卷五）

嚴詵於春天進士登第，歸蜀覲親，岑參勸其十月再赴長安，以應吏部調集。岑參又有《送張升親宰新淦》：「官柳葉尚小，長安春未濃。送君潯陽宰，把酒青門鍾。水驛楚雲冷，山城江樹重。」《送張子尉南海》：「海暗三江雨，花明五嶺春。」《送鄭少府赴滏陽》：「春草迎袍色，晴花拂綬香。」（均見《岑參集校注》卷五）這幾首詩都作於長安春日，被送者當都是這時調選得官，離京赴任的。

唐代前期曾規定，凡選人於十月內會集於京師，但考慮到地理的遠近，又規定，凡是距京師五百里之內的在十月上旬集中，五百里以外一千里以內的在十月中旬集中，一千里之外的在十月下旬集中（見《唐六典》卷二《吏部尚書》，《唐會要》卷七十七《尚書省諸司·吏部尚書》）。雖然會集的時間已經考慮到地理的遠近而有所區別，但對於幅員如此廣大的帝國來說，縣一級的地方官吏也須到京都來參加候選注擬，不僅增加中央有關機構的工作負擔，對候選的官員以及已登第而未入仕的士子，也意味著經濟上的重荷和時間上的浪費；——這當然也是封建主義中央集權國家的一個弊病。《通典》中曾載洋州刺史趙匡議論科舉的弊端，關於集中於京師的候選，趙匡歸納爲兩條，說：

大抵舉選人以秋初就路，春末方歸，休息未定，聚糧未辦，即又及秋，事業不得修習，益令藝能淺薄，其弊六也。羈旅往來，縻費日甚，非惟妨缺正業，蓋亦隳其舊產，未及數舉，索然已空，其弊七也。（卷十七《選舉》五《雜論議》中）

趙匡是就選人立論的，他所說的第六點是說秋初就得上路進京，至明年春末方得歸家，休息未定，還來不及準備，即又到了秋天，又即將出發了，這使得選人沒有足夠的時間來進修學業。他所說的第七點係就經濟而言，說來回奔波，所費甚多，有時不得不出賣「舊產」，往往是經過幾次候選，家產一空。這大約是當時調選中存在的普遍現象，因此趙匡作了這樣的概括。

大量舉子及選人於冬春時節集中於京師，也造成長安糧食供應的困難。高宗開耀二年（六八二）四月十一日就曾由朝廷下了一道公文：「吏部、兵部選人漸多，及其銓量，十放六七，既疲於來往，又虞費資糧。宜付尚書省集京官九品已上詳議。」（《唐會要》卷七十四《選部·論選事》）對這個問題要集合京官九品以上予以討論，可見問題已經相當嚴重了。但會議的結果也沒有好辦法，如當時任尚書右僕射的劉仁軌就說，希望兵吏部的尚書、侍郎分頭考核，抓緊注擬的時間，使「留放速了」、「公私無滯」，「應選者暫集，遠近無聚糧之勞；合退者早歸，京師無索米之弊。」這些只是空議論，並無補於實際。因此一碰到水旱災害，糧食欠收，就只好停止舉選，如德宗貞元十九年（八〇三）七月就命令：「以關輔饑，罷今歲吏部選集。」（《唐會要》卷七十五《選部·雜處置》）⑨爲了此事，韓愈在當時還寫了一篇奏狀，反對停選，那是因爲他沒有考慮到糧食緊張的實際困難。

一般來說，唐代是每年舉行官員的候選注擬的，但安史之亂以後，因戰爭及戰爭所造成的財政上的困難，則乾元（七五八—七六〇）以後曾一度改爲三年一次，到陸贄於貞元時爲相（貞元八年，七九二），又改爲每年一次。《舊唐書》卷一三九《陸贄傳》記載道：

> 國朝舊制，吏部選人，每年調集，自乾元以後，屬宿兵於野，歲或凶荒，遂三年一置選。由是選人停擁，其數猥多，文書不接，眞僞難辨，吏緣爲奸，注授乖濫，而有十年不得調者。贄奏

吏部分內外官員爲三分，計缺集人，每年置選，故選司之弊，十去七八，天下稱之。（《新唐書》卷一五七《陸贄傳》略同）

總之，唐朝中央集權的建立，把官吏的任免權最大限度地集中到中央，打破南北朝時豪門大族對政治的干涉和操縱，以適應統一的國家發展的需要，這在歷史上是有進步意義的。但州縣以下的基層官員也須頻繁地赴京都候選考核，再加上封建官僚行政上的繁瑣條文以及舞弊營私，不少人往往連年不得注擬，來回奔波，公私困竭，這又是封建主義中央集權政治的帶有根本性的弊病。

四

地方州縣以下的低級基層官員之所以須到京師候選，是與唐朝政府規定的官員任命的規格有關的。唐朝規定：三品以上官的任命，稱冊授；五品以上的，稱制授；六品以下的，稱敕授。冊授、制授，由宰臣進擬名單，由皇帝決定。六品至九品官員的任命，由尚書省的兵部（管武官）、吏部（管文官）擔任考核，並可初步決定人選，這就叫做銓選。因此，嚴格說起來，所謂銓試或銓選，即是指六至九品的官員（包括流外補流內的）。當然也有例外，像員外郎、御史及起居郎、補闕、拾遺等，雖是六品以下，但因職務重要，也屬敕授，不屬於選司。⑩

至於銓試的官員，據《通典》記載是這樣的：「凡吏部、兵部文武選事各分爲三銓，尚書典其一，侍郎分其二。文選，舊制尚書掌六品七品選，侍郎掌八品九品選。景雲初，宋璟爲吏部尚書，始通其品員而合典之，遂以爲常。」（卷十五《選舉》三《歷代制》下）「尚書典其一」，稱作《中銓》；「侍郎分其二」，即「東西銓」。這就是所謂「三銓」（參《通鑑》卷二一〇景雲元年十二月條並胡注）。這就是說，文官，吏部尚書掌六、七品，吏部侍郎（二員）掌八、九品，景雲元年（七一〇）宋璟爲吏部尚書，打破這種分品銓試的舊規定，吏部尚書與侍郎都通銓六至九品的官員。不過《唐會要》卷五十八《尚書省諸司郎中·吏部尚書》條載「蘇氏駁議」，說：「貞觀二十年二月，民部侍郎盧承慶兼檢校兵部侍郎，仍知五品選事，承慶辭曰：「五品職事，職在尚書，臣今掌之，便是越局。」太宗不許，謂：『朕今信卿，卿何不自信也。』由此言之，即尚書兼知五品選事也。」蘇氏（冕）意在說明在貞觀時，就有尚書銓試五品官員事，但這只是發生在貞觀年間，而且未見於諸書所載的正式規定，恐不能作爲通例。

尚書與侍郎是主持者，參加銓試的還應該有其他考官。白居易於元和十五年（八二〇）所上的《論重考科目人狀》說：「伏以今年吏部科第，不置考官，唯遣尚書、侍郎二人考試。」（《白居易集》卷六十）白居易以這一年的吏部考試只有尚書與侍郎，而不另外委派考試官員而成異議，可見按照通例，吏部試還應有其他官員的。如《舊唐書》卷七〇《岑羲傳》載羲於神龍初爲中書舍人，後因忤武三思，轉秘書少監，再遷吏部侍郎：「時吏部侍郎崔湜、太常少卿鄭愔、大理少卿李允恭分掌選事，皆以贓貨聞，羲最守正，時議美之。」這裡所載，則除了吏部侍郎以外，還有太常少卿、大理少卿等官員。即使主持者，有時也不一定是吏部的官員，張采田《玉溪生年譜會箋》開成三年（八三八）條曾云：

「凡銓事吏部主之，然亦有他官兼判者，如崔龜從以戶部侍郎判吏部尚書銓事，鄭肅以尚書右丞權判吏部西銓事，史傳中此類極多。」

吏部考試的項目有四，就是通常所說的身言書判：「其擇人有四事，一曰身（取其體貌豐偉），二曰言（取其言詞辨正），三曰書（取其楷法遒美），四曰判（取其文理優長）」（《通典》卷十五《選舉》三《歷代制》下）考試的程序，是先試書判，也就是書法和判案的文詞，這叫試；這一關通過後，就察看身和言，看形貌是否端正豐偉，說話的言詞是否清晰有條理，這叫銓。書判和身言都合格，接著詢問被試者的意願，並考慮其本身的情況，擬訂出所授的官職，這叫注；最後，就集合候選者，當衆宣布新職，這叫做唱。這銓試的過程就大致完畢。

由此可見，銓試的關鍵是書判，尤其是判。所謂判，就是考察被試者如何處理獄訟。唐代對試判的要求從一開始就是比較嚴的，而且從武則天時起，就實行糊名考試的辦法，以示不徇私情。⑪但事情難免不走向反面，判的考試也是這樣。關於這一點，《通典》有一概括的敘述：

初吏部選才，將親其人，覆其吏事，始取州縣案牘疑議，試其斷割，而觀其能否，此所以爲判也。後日月寖久，選人猥多，案牘淺近，不足爲難，乃採經籍古義，假設甲乙，令其判斷。既而來者益衆，而通經正籍，又不足以爲問，乃徵僻書曲學隱伏之義問之，惟懼人之能知也。（卷十五《選舉》三《歷代制》下）

判的考試本來是測驗一個人的實際吏治能力，因此最初考試時往往將州縣中實際遇到的疑難案件拿來，讓應試者對這些案件給以判決，看看是否合乎封建法律的要求，以及是否符合事件的實際情況。但後來因爲應試者增多，而能授予的官職少，於是就在試題中設法提高其難度，就在古代儒家經書中找題目，後來又發展爲在冷僻的書中故意找含混不清的地方發問，這就完全與原來的主意相違背了。而按照宋元之際的馬端臨所說，試判的文詞也無非是四六駢文，這樣，實際上與禮部的詩賦試也沒有多大差別。馬端臨《文獻通考》卷三十七《選舉考》十《舉官》說：

> 吏部則試以政事，故曰身、曰言、曰書、曰判。然吏部所試四者之中，則判爲尤切，蓋臨政治民，此爲第一義，必通曉事情，諳練法律，明辨是非，發摘隱伏，皆可以此覘之。今主司之命題則取諸僻書曲學，故以所不知而出其不備，選人之試判則務駢四驪六，引援必故事，而組織皆浮詞。然則所得者不過學問精通，文章美麗之事耳。蓋雖名之曰判，而與禮部所試詩賦雜文無以異，殊不切於從政，而吏部所試爲贅疣矣。

現在傳世的唐人文集，以及《全唐文》中，還保存了不少判詞，這些判詞，有的是應試時所作，有的是試前練習之作，有的可能是任官期間的實際案判。這些判詞幾乎都是用駢文寫成的，其中夾雜有不少經史典故（而且當時還規定，上下句中，不能以經書對經書，以史書對史書，非常繁瑣）。號爲作判詞能手的張鷟，他留傳於今的《龍筋鳳髓判》，除了堆砌詞藻，講求對偶以外，大多是沒有什麼意思的遊戲之作。又如元稹與白居易於貞元十九年（八〇三）應吏部試，白居易以書判拔萃及第，元稹以平判入等。在試前元、白二人曾有判詞的習作，也有不少是戲謔之作，如元稹有《對宴客鱉小判》（《元稹集》外集卷八），判頭爲：「甲饗客饈，鱉小，客怒其不敬，辭云水頑非傲。」判詞爲：「燕以示懷，鱉於何有？姑宜欽德，豈消水煩？責外骨之不豐，顧褊心之奚甚？……水潦方涂，且乏大爲貴者；壺飧苟備，何必長而食之。……」這些，都是格調不高的遊戲文章，比起禮部所試詩賦雜文還不如。

唐代人就曾對考判的情況作過嘲笑，譬如張鷟《朝野僉載》中寫道：

周天官選人沈子榮誦判二百道，試日不下筆。人問之，榮曰：「無非命也。今日誦判，無一相當。有一道頗同，人名又別。」至來年選，判水磑，又不下筆。人問之，曰：「我誦水磑，乃是藍田，今問富平，如何下筆！」聞者莫不撫掌焉。（卷四）

從這則故事中，可見當時應吏部試的人在試前要背不少現成的判文，這些判文大約是社會上流傳以供應試者揣摩之用。這位沈子榮也是個教條主義者，只知背現成的文章，不知變化，試題稍有不同，事先背誦的文章一句也用不上來，以至鬧出了這樣的笑話。由此可以推想，凡是按照這種模式考選出來的會是什麼樣的「人才」。《朝野僉載》就記載過另一則笑話：

滑州靈昌尉梁士會，官科鳥翎，里正不送。舉牒判曰：「官喚鳥翎，何物里正，不送鳥翎！佐使曰：「公大好判，『鳥翎』太多。」會索筆曰：「官喚鳥翎，何物里正，不送雁翅！」有識之士聞而笑之。（卷二）

這位梁士會，大約也是前面一則中的沈子榮一流的角色，枵腹得可以，三句判文中，就重覆了兩個「烏翎」，其佐使提醒他，總算改了，想不到竟改爲「雁翅」，眞使人絕倒。劉嶢曾說：「況於書判，借人者衆矣。」（《唐會要》卷七十四《選部上·論選事》）這「借人者」既可理解爲請人代筆，也可理解爲事先背誦各種不同內容的程文，考試時依題對答就是了。可見當時一本正經的吏部試判，實際上竟是那樣的一種情況。

倒是身言書判的「書」，後人對它有較多的肯定，認爲唐人普遍工書法，與吏部試須考楷法大有關係，如說：

唐以身言書判設科，故一時之士無不習書，猶有晉宋餘風，今間有唐人遺跡，雖非知名之人，亦往往有可觀。（宋朱弁《曲洧舊聞》卷九）

唐人書皆有楷法，今得唐碑，雖無書人姓氏，往往可觀。說者以爲唐以書判試選人，故人竟學書，理或然也。（宋趙彥衛《雲麓漫鈔》卷五）

既以書爲藝，故唐人無不工楷法。（宋洪邁《容齋隨筆》卷十《唐書判》）

五

唐人對銓試中的弊病，曾有過一些議論，如被舉爲開元賢相的張九齡，在開元三年（七一五）任左拾遺時，就對「以一詩一判定其是非」的考試辦法提出過異議，認爲這種辦法「適使賢人君子從此遺逸」，「亦明代之缺政，有識之所嘆息」（《通典》卷十七《選舉》五《雜議論》中，又見《唐會要》卷十四《選部上·論選事》）。在這之後，天寶十二載（七五三），候選者劉迺也曾上書，對身言書判的一套銓試規定提出過批評，認爲這種「察言於一幅之判，觀行於一揖之內」，不可能識拔眞才（《通鑑》卷二一六；《唐會要》卷七十四《選部上·論選事》係於天寶十載）。這些意見都能切中時弊，但它們遠不足以概括唐代實際存在的銓試中的腐敗現象與各種弊病。

唐代銓試中的最大弊病，對於吏部的官員來說，莫過於納賄賣官，對於選者來說，則是憑錢財權勢以謀取美仕要職，上下其手，弄虛作假，冒名頂替，冗官濫員，猥雜於中央和地方。如高宗時李義府本無品鑒之才，他主持銓選時，「惟賄是利」，其「母、妻、諸子賣官市獄，門如沸湯」（《新唐書》卷二二三上《奸臣上·李義府傳》）。《朝野僉載》卷四還記載崔湜的一則故事：

> 唐崔湜爲吏部侍郎，貪縱，兄憑弟力，父挾子威，咸受囑求，贓污狼籍。父挹爲司業，受選人錢，湜不之知也，長名放之。其人訴曰：「公親將賂去，何爲不與官？」湜曰：「所親爲誰？吾捉取鞭殺！」曰：「鞭即遭憂！」湜大慚。

崔湜在武則天時曾參預修撰《三教珠英》，後又依附於武三思、韋后、太平公主，玄宗即位後終於在上層統治集團的內部紛爭中被殺。這裡所寫他主銓時貧贓賣官事，是他在中宗朝任吏部侍郎之時，而短促的中宗朝廷也正是唐前期政治極端腐敗的時期。⑫據史籍所載，崔湜典選時，因招財納賄，濫注了不少人，不僅把本年的員缺都用光了，還預佔了後兩年的名額（見新舊《唐書·宋璟傳》）。

《太平廣記》記述有一士人李敏求，久困長安，累次應進士舉都未得中，後爲憲宗時受到寵信的武將伊慎的女婿，「獲錢二百四十貫」。在這之前，李敏求已從其他途徑取得功名，現在「仍用此錢參選，（元和）三年春，授鄴州向城尉」（卷一五七《李敏求》）。這就是憑錢財和權勢謀取官職的例子。又據《通鑑》卷二一一載，開元四年（七一六）五月，有人上書，說今年銓選太濫，所授的縣令都非其才。於是玄宗命令重考，試以「理人（民）策」，結果韋濟考了第一名，而其他二百多人都未及格，其中「或有不書紙者（即交白卷）」（《舊唐書》卷八十八《韋嗣立傳》附韋濟傳）。這種情況使唐朝廷很爲難，只好採取妥協的辦法，大多數人還是讓他們赴任，只有四十五人放歸，以後再考。可以想見，這二百多人中必定有不少是因賄而得官的。交白卷的情況也非開元四年所獨有，如天寶二年（七四三）春的銓試，御史中丞張倚的兒子張奭參選，吏部侍郎苗晉卿見張倚爲玄宗所寵信，就將張奭拔爲第一名。張奭之不才是出名的，而竟選爲第一，一時輿論大嘩，就有人告到安祿山那裡。安祿山這時任范陽節度使，也正受到玄宗的恩寵，就將此事向玄宗報告。玄宗命令重考，並在花萼樓親試，結果是「登第者十無一二，而奭手持試紙，竟日不下一字，時謂之『曳白』。」（《舊唐書》卷一一三《苗晉卿傳》）可以想見，如果此年無人告安祿山，安祿山不上告玄宗，則張奭之流不就順利通過而奔赴新職了嗎？開、天號稱盛世，尚且如此，其他幾朝就更可想而知，唐朝吏部銓試的實際於此也可想見。

穆質於貞元元年（七八五）應賢良方正能直言極諫科，對銓試之弊，寫道：「古則爲官擇人，今則爲財擇官。」（《全唐文》卷五二四）這種情況在唐前期已有，中晚唐更甚，唐朝廷的正式文誥中也不得不承認：「脂膏之地，須因有賄而升；迂辟之官，即是孤寒所受。」（《唐大詔令集》卷一〇一《釐革選人敕》）

正因爲銓試中這種行賄請托之風盛行，遂使得吏部中有些較能堅持公道的官員十分苦惱，視銓選爲苦事，如：

久視元年（七〇〇）七月，顧琮除吏部侍郎。時多權幸，好行囑托，琮性公方，不堪其弊。嘗因官齋至寺，見壁上畫地獄變相，指示同行曰：「此亦稱君所爲，何不畫天官掌選耶！」（《唐會要》卷七十四《選部上·掌選善惡》）⑬

顧琮身爲吏部侍郎，而把吏部掌選事比喻爲地獄變相，可以見出他的苦恨和厭煩。《封氏聞見記》也記有一事：

陸元方嘗任天官侍郎。臨終，曰：「吾年當壽，但以領選之日傷苦心神。」（卷三《銓曹》）

據《新唐書》卷一一六《陸元方傳》，陸元方是在武后朝任天官（吏部）侍郎的，臨終時說：「吾當壽，但領選久，耗傷吾神。」

類似的情況，唐代前後期都有。懿宗、僖宗時人孔緯爲吏部侍郎時，「權要私謁至盈几」，但孔緯一不開視，結果爲「當路」所不悅，「改太常卿」（《新唐書》卷一六三《孔緯傳》）。

五代時人牛希濟對中晚唐銓試之弊，曾有過一次概括的評論，說：

以天下之大，九州之衆，職官將萬餘員，令長簿尉，官秩至卑，理民與下最親，朝廷輕之，委有司而已。今吏部自尚書至郎吏五人，抱案者向百餘輩，桀黠詭譎，必出於是，視其官屬，如弄嬰兒，若啖之以利，即左右手之，不如皆舐筆署名且未之暇，焉能得其過者。掄材爲官，久廢其事，爲人擇官，殆無虛日。其稍留心者，止於詰其蔭緒，循其資歷，黜其升遷，求其殿犯，豈有問其爲政之本，爲理之道。至若試以章判，拘以棘圍，鬻文之徒，偏得其便，乞憐之子，略無愧容，大爲笑端，不可以取。亦有居官清苦，罷無資財，考秩既深，然後送堂。時宰視之，不成芻狗。區區風塵，殍死者衆。衆胥使賄賂之交，嗔咽街巷，聒於耳目，清資劇邑，必有主者，朝列之中，以樂爲之。某官若干萬錢，某邑若干束帛，公然大言，曾無畏懼，憧憧政路，指期而取。某之官也，納賄償債且未之能，豈復爲政爲理。是以生民致困，歲月凋弊，逋逃林藪，竄伏萑苻，小者掠行旅，大者破井邑，天下九州，蜂飛蝟起，以至於阽危宗社。（《銓衡論》，《全唐文》卷八四六）

牛希濟指出銓試中因賄得官，到任後就大肆刻剝百姓，這當然會進一步加劇官府與人民的矛盾，而逼使窮困之民，逃亡於山林，「小者掠行旅，大者破井邑」。─唐末農民大起義的威力給於封建地主階級印象之深，於此可見。牛希濟說唐朝廷就在這種自我腐蝕中滅亡，確也反映了一定的客觀實際。作爲詞人，牛希濟不算得特別突出，但作爲史論家，他的議論是有一定的歷史眼光和識見的。

【附註】

①關於南曹，舉三條材料如下：錢易《南部新書》丙卷：「唐制，員外郎一人判南曹，在選街之南，故曰南曹。」權德輿《吏部員外郎南曹廳壁記》：「初上元中，天官趙郡李敬玄號爲稱職，以覆視官簿，差次裁成，端本肇末，不得不重，乃請外郎一人，專南曹之任。其後或詔同曹郎分主之，或詔他曹郎權居之，皆難其材而愼斯舉也。（《權載之文集》卷三十一）《冊府元龜》卷六二九《銓選部・總序》：「其小銓，郎中、員外主之，謂之南曹。載初元年加置，聖歷三年省。開元三年，兵、吏部各專定人判南曹，尋又一人專判；貞元元年又以二人同判，十二年又一人判。」

②《日知錄》卷十六《制科》條謂「（宋）高宗立博學宏詞科」又小注云：「沈作喆《寓簡》云：予中進士科後，從石林於卞山，予時欲求試博學宏詞，石林曰：『宏詞不足爲也，宜留心制科工夫。』據此，則宋世所謂博學宏詞，非制科也。」可見南宋初之博學宏詞也非制科。

③王鳴盛《十七史商榷》卷八十一《登第未即釋褐》：「歐陽詹文集第八卷《與鄭相公書》，自言『五試於禮部，方售鄉貢進士；四試於吏部，始授四門助教』。自注：『詹兩應博學宏詞不售，一平選被駁，又一平選授助教。』平選疑即應書判拔萃舉。詹與昌黎同登進士舉，其再應宏詞不中，與昌黎同，其後昌黎蓋一應平選不中，不再應，惟上書求荐，而詹則以再平選得之。」

④陶翰於開元十八年（七三〇）進士及第，天寶時又登宏詞、拔萃兩科，後仕歷太常博士、禮部員外郎，見顧況所作《禮部員外郎陶氏集序》（《全唐文》卷五二八），又見陳振孫《直齋書錄解題》卷十九，《唐才子

晉獨多賞拔，甚得當時之譽。」

⑫ 中宗時吏部銓試之弊，見於記載的有：《封氏聞見記》卷三《銓曹》：「中宗景龍末，崔湜、鄭愔同執銓管，數外倍留人。及注擬不盡，則用三考二百缺。通夏不了，又用兩考二百日缺。其或未能處置，即且給公驗，謂之比冬。選人得官，有三年不能上者，……選司綱維紊壞，皆以崔、鄭愔為口實。」《通典》卷十五《選舉》三《歷代制》下：「及神龍以來，復置員外官二千餘人，兼超授閹官為員外官者又千餘人。時中宮用事，恩澤橫出，除官有不由宰司，特敕斜封便拜，於是內外盈溢，居無廨署，時人謂之三無坐處，言宰相、御史及員外官也。時以鄭愔為吏部侍郎，大納貨賄，留人過多，無缺注擬，逆用三年缺員，於是綱紀大紊。」《冊府元龜》卷六二九《銓選部・條制》一：「中宗神龍元年，李嶠・韋嗣立同居銓部，多引用權勢，求取聲望，因請置員外官一千餘員。由是僥幸者趨進，其員外官悉恃形勢與正官爭事，百司紛競，至有相毆擊者。」

⑬ 《封氏聞見記》亦記此事，載顧琮語為：「此亦至苦，何不晝天官掌選乎？」

——全稿完，一九八四年十二月寫畢於北京。